山东省社会科学规划研究项目“文明交融背景下北美传教护士与山东现代护理的起源和发展研究”（20BLSJ01）

梦萦中国

——纪念加拿大传教医生子女的在华岁月

【加】颂雅·格里普玛　著
吕 军　姚大伟　曹英娟　主译

China Interrupted
Japanese Internment and the Reshaping of a Canadian Missionary Community

山东大学出版社
SHANDONG UNIVERSITY PRESS
·济南·

图书在版编目(CIP)数据

梦萦中国:纪念加拿大传教医生子女的在华岁月/(加)颂雅·格里普玛著;吕军,姚大伟,曹英娟主译.—济南:山东大学出版社,2022.9
ISBN 978-7-5607-7601-9

Ⅰ.①梦… Ⅱ.①颂… ②吕… ③姚… ④曹… Ⅲ.①医生—传教事业—研究—中国—近代 Ⅳ.①B979.2

中国版本图书馆 CIP 数据核字(2022)第 160128 号

First published in English under the title
China interrupted : Japanese internment and the reshaping of a Canadian missionary community
By Grypma Sonya
Copyright © Grypma Sonya, 2012
This edition has been translated and published under licence from Wilfrid Laurier University Press.

策划编辑 徐 翔
责任编辑 蔡梦阳
封面设计 王秋忆

梦萦中国
MENGYING ZHONGGUO
——纪念加拿大传教医生子女的在华岁月

出版发行 山东大学出版社
社 址 山东省济南市山大南路 20 号
邮政编码 250100
发行热线 (0531)88363008
经 销 新华书店
印 刷 济南乾丰云印刷科技有限公司
规 格 720 毫米×1000 毫米 1/16
20.5 印张 300 千字
版 次 2022 年 9 月第 1 版
印 次 2022 年 9 月第 1 次印刷
定 价 76.00 元

版权所有 侵权必究

参译人员

（按照姓名笔画排序）

王娅琳	叶大深	白华羽	宁宪敏
刘　燕	刘芸宏	刘家峰	米文杰
李　丽	李　苹	李　敏	李晓雁
李梦丽	张　敏	张心悦	陈　璐
周　敏	徐亚楠	郭卫婷	唐妙申
董文烁	韩　萍	焦建芬	颜　艳

序一

我和颂雅·格里普玛(Sonya Grypma)博士的友谊始于九年前与她的一次电话交流。作为护理史学专家,她当时正在研究加拿大传教护士在中国的工作,其中就包括我的母亲贝蒂·盖尔(Betty Gale)。那时,我还没有预料到我们将来的生活会如此紧密地交织在一起。随着我们谈话的深入,我逐渐意识到与她的结识对我和我的家人来说是一个多么好的契机。因为多年以来,我和弟弟肯德尔·盖尔(Kendall Gale)、妹妹帕特丽夏·盖尔(Patricia Gale)以及其他家人,经常会谈到如何让更多的人知道母亲的故事,而颂雅的研究让我的夙愿成为可能。长期以来,加拿大对本国护士在推动中国现代卫生保健发展中的作用一直保持沉默,不过值得庆幸的是,颂雅重新翻开了这一历史篇章。

颂雅的第一本著作《行医河南:华北使团加拿大护士在 1888～1947》(*Healing Henan*: *Canadian Nurses at the North China Mission*, *1888-1947*)已于 2008 年出版。现在,我们继续探讨她对我母亲生活和经历的研究。母亲在第二次世界大战期间既是一名传教护士,也是一位普通侨民。1911 年,她出生于一个在华传教士家庭,后来在多伦多接受专业培训,并于 1939 年作为传教护士回到中国。当时的中国已经处于战争状态,尽管加拿大传教护士分布在中国各地,但她们同属于一个庞大而有凝聚力的传教士组织。本书描述了她们在中国的生活,讲述了她们如何应对战争,讲述了这些经历又是如何影响她们的生活。为此,颂雅仔细查阅了所有可及的资料,并与许多传教士家庭成员会面或通信，其中就包括我的家人。

当她邀请我为本书作序时，我开始重新审视一些突发的历史事件当时是如何彻底改变了人们的生活轨迹。我的父母于1939年在中国相识，我的父亲戈弗雷·盖尔(Godfrey Gale)是一位在齐鲁行医的英国传教医生。他们于1940年结婚，而我出生于1941年7月。五个月后，珍珠港事件爆发，我们当即被日本人拘禁，并在华东的平民集中营里度过了战争时期。那时，我的父母新婚不久，还要肩负起照顾孩子的责任，他们忍受着多年的监禁、贫困以及社会动荡带来的折磨。

被拘禁期间，我母亲坚持写日记。日记中的她，兼具女性、妻子、母亲和护士的多重身份。上帝赋予了她照护他人的天赋，她用仁慈的爱心、良好的职业素养，细心照料着我的父亲与我，还有其他难友。现在，我们已经更为充分地认识到，父母的一言一行以及对世界的认知，对于儿童早期的发展是何等重要。但在当时，我们的母亲已非常清楚这一点了，虽然生活是如此艰难，可是她在我们面前总是呈现出积极、乐观、向上的一面。当她和我父亲在一起应对日常生存挑战以及满足各种难友的医疗需求时，我就和我的朋友伊丽莎白·乔伊斯(Elizabeth Joyce，一般我叫她伊莱)一起玩。伊莱的父母都是英国医生，从被拘禁开始，就一直跟我们在一起。伊莱和我年龄相仿，而集中营是我们所知道的唯一的家。虽然我从未在海滩上度过一天，也没有吃过冰淇淋蛋卷，但这些简单的童年乐趣会被我的父母描述为即将到来的事情。也因如此，父母口中欢乐的海滩和美味的冰淇淋蛋卷，经常成为我憧憬的童年乐趣。

随着时间的推移，我发现自己对集中营生活的记忆逐渐淡漠，但我们被释放那天的情景却清晰地留在我的脑海里。那时我四岁，战争结束了，日本军队也已撤离。当难友们收拾好行囊含泪道别时，集中营里沸腾了。我还记得当时的兴奋，也对即将发生的事情充满了好奇。当我们离开大楼时，伊莱和我跑在父母的前面，向着敞开的大门跑去。我们在门槛前犹豫了一下，回头看了看，我的母亲安慰我们说没关系，我们现在可以到外面去了。

我的母亲谴责所有的暴力行为，包括盟军犯下的种种罪行。战争年代的经历从未改变她的世界观，母亲对中国的热爱伴随着她的一生。她极有兴趣地关注着中国所发生的一切，而内心充满了复杂、矛盾的情感。遗憾的是，她再也没有回到中国。

在颂雅开始研究我母亲在中国经历的同时，我整理了一些被遗忘在角落里的资料，找到了尘封多年的旧照片和书信，其中一些还是我以前从未见过的。在我试图向她提供尽可能多的家庭信息的过程中，我重新回首了那些如烟的往事。

2003 年，我打算回到中国看看，颂雅和她丈夫欣然与我同行。之前他们住在加拿大西部，而我住在安大略，借此机会，我们终于见了第一面。她安静观察的能力和对细节的关注给我留下了深刻的印象，她看起来非常适合她的职业。

2006 年，我和颂雅夫妇一起回到了中国，同行的还有我的妹妹帕特丽夏。我们受邀参加河南卫辉医院 110 周年院庆的活动，这所医院建于 1896 年，也是加拿大传教士在中国建立的第一家医院。同时，我们还参加了在原址、原建筑中建立的博物馆的开馆典礼。当我们和其他受邀的加拿大人到达时，受到了数百人的欢迎，其中包括大量身穿白色制服的护士。这是一场精心组织的活动，他们向多年前从异国他乡来到中国提供援助的人们表示感谢。这场庆祝仪式在绚烂绽放的烟花中结束。

当我和颂雅谈及有关她写本书的更多计划时，我才意识到她的生活和我母亲的生活有很多相似之处。她们都是加拿大人、基督徒、护士、母亲和医生的妻子。我们的相遇是多么幸运啊！

肯德尔、帕特丽夏以及我们的家人都想感谢颂雅他们呈现了这段历史，我们的母亲会因此感到欣慰和荣幸。我真希望她能和颂雅见个面，这样她就可以亲自感谢颂雅了，而且通过对母亲生活的细致描写，我深信她们也一定能够成为好朋友。

玛格丽特·怀特曼(Margaret Wightman)

2012 年 2 月于加拿大安大略省布兰普顿

序二

在本书中，学者颂雅·格里普玛巧妙地分析了加拿大传教组织错综复杂的社会史，以及护士贝蒂·盖尔的个人故事。贝蒂·盖尔是一名出生和成长都在中国的加拿大传教士的女儿，并决心致力于延续她家族的传教事业。1939年，她以注册护士的身份回到中国，她的两个来自同一个组织的护士朋友也是如此。这时，日本人已入侵中国，盖尔和她的护士同事就这样来到了一个饱受战争摧残的国家。尽管她们有专业的献身精神、宗教召唤和个人决心，但她们从未有机会在中国人群中从事传教事业。恰恰相反，从1941年到1945年间，她们和自己新组建的家庭被一起关押在中国的多个集中营中。

通过对加拿大传教组织在中国的历史进行考察和对盖尔个人生活史的着重介绍，颂雅指出，日本占领期间，这个群体在中国过着充满戏剧性的、既复杂又矛盾的生活。这不仅代表着加拿大"传二代"[①]护士在集中营里的故事，也代表更广义上的加拿大传教士的历史。因此，这些卓越的历史叙述和清晰的分析远远超过了个人故事的意义。本书是一部关于整个传教组织的社会史，是一部关于加拿大传教史上一个时代终结的社会史，也是一部关于加拿大护理和卫生保健史上一个时代终结的社会史。颂雅生动详细地描绘了贝蒂·盖尔在中国生活的多个方面，并重建了整个加拿大传教士及其后

---

① 来华传教士和加拿大人的子女，这些子女也为传教士。

代传教组织(尽管这个组织很小)的共同身份,使这些西方传教士和护士的拘禁经历产生了更广泛的社会意义。1941 年,日军拘禁了许多传教士,从象征意义和现实意义上来说,这都代表着加拿大在中国的传教工作即将结束。

这项工作弥补了现有关于日本人在亚洲拘禁西方护士历史研究的不足,尤其是对更普遍的拘禁经历的研究。此外,本书也大大丰富了加拿大传教士的历史。截至目前,关于平民在中国被拘禁经历的报道还是少数。颂雅在撰写这段社会史的过程中,收集了大量令人着迷的原始文献和个人故事,撰写了一本引人入胜、富有意义的书。本书将有助于塑造我们对国际护理和传教史上这一重要时期的集体记忆。

格蒂·波斯玛(Geertje Boschma)

2012 年 2 月于加拿大不列颠哥伦比亚省温哥华

(格蒂·波斯玛,博士、注册护士、英属哥伦比亚大学护理学院副教授,目前重点研究加拿大西部护理史和精神卫生保健史)

序三
为生命守护者留存历史

身体是每个人生存的基本依托，病痛是每个人最刻骨铭心的生命体验。在与病痛抗争的艰难历程中，医护人员与亲人一样，是每个病人最依赖的生命支撑。医护人员作为生命的守护者，与每个人都息息相关，是格外崇高、格外值得尊重的。在人文关怀、生命关怀的意义上，医护人员在人类历史上发挥的作用、体现的精神，应该特别值得书写、弘扬。但遗憾的是，在传统史学中，人们更关注的是影响历史宏观发展的政治“大人物”“大事件”，社会史、民众史、行业史是被忽略的，医疗史在传统史学中更是匮乏。虽然也有名医的身影在历史记载中偶或闪现，但往往也是作为“大人物”的配角、政治史的附庸，作为整体的医疗史，基本上在传统史学中声息极微。历史学本来就是以“人”为中心的学科，对于生命的关切、对于生命守护者的关注，却在历史记述、历史研究中如此稀缺，是历史研究的重大缺憾！

20世纪以来，随着世界史学主潮的变迁，医疗史研究逐步受到学术界的关注。特别是进入21世纪以来，随着一系列疾病的全球传播与蔓延导致严重的全球公共安全危机，更让学术界的目光投向医疗史，产出了一些学术成果。但不得不指出的是，虽然史学界已经将医疗史作为重要的研究区域，但作为生命守护者的护理人员的角色与地位却依旧在史学界没有得到足够的重视，对护理史的研究几乎是一片空白。护理人员是医疗团队中不可或缺的主力，她们的工作应该予以特别尊重，她们在职业中展现的对岗位的情怀、对生命的关怀,在工作中体现的精细、精心,都值得称道、发掘、彰显。不能不说,在医疗史勃兴的学术图景中,中国学术界对护理史的研究的依然缺失,是学术界的一大遗憾。学术界理应为生命守护者留存历史!加拿大学者、护理历史学家颂雅·格里普玛著、山东大学第二医院党委副书记吕军、山东省内分泌与代谢病研究所姚大伟研究员和山东大学齐鲁医院护理部主任曹英娟博士主译的《梦萦中国——纪念加拿大传教医生子女的在华岁月》以一名外籍护理工作者贝蒂·盖尔为主角,依托日记、书信、图片等历史素材,还原了一批外籍医护工作者在抗日战争期间的困顿处境,留下了一份原汁原味的记录,材料丰富,记叙翔实,为护理史研究提供了一部珍贵的范本,也给人们提供了一个重新理解护理工作的意义与护理精神的范本,具有重要价值。

跳出专业史、行业史的范畴,这部书也提供了 20 世纪历史波澜中一个“小人物”的个体经历视角、感知视角。20 世纪,中外史学都发生了重大变化。与过去人们更多关注上层、关注政治、关注宏大历史不同,20 世纪史学的一个重大转向就是对民间、对社会生活、对细节的关注。我对这些以个体视角切入的历史著作尤其关切。这些宏大历史的私人“切面”是弥足珍贵的时代缩影、历史载体,是民众生活史、社会变革史的第一手材料,更能启发人们进行深度思考。这些“个人史”提供的往往是最鲜活的“历史”!拿本书为例,作者让我们回到 20 世纪前半期的动荡时代,跟随主人公贝蒂·盖尔体验她在中国从事卫生保健事业时的所见所闻所经历,历史情景格外真切,历史感受十分强烈。在动荡年代特别是血与火的战争时期,个体生命具有极大的不确定性,社会的演进与飘摇、底层的渺小与无助、个体的颠沛与浮沉、人性的复杂与考验、生命的沉重与痛楚,都在“小人物”的个人史中得到最淋漓的体现。传主贝蒂·盖尔及其家人、同行在战争中与中国人民共同经历的苦难,对于我们思考“人类命运共同体”这一命题也提供了切身感受、个体案例。

译者吕军、姚大伟和曹英娟等都在大型医院从事管理、科研或临床工作,工作极其繁忙。但就在繁重的日常工作之余,他们还怀着强烈的学术热忧，翻译了这部书，是很难得的。我们都知道，译作达到“信、达、雅”标准很不容易。这部书不仅达到了这个标准，而且我们还在字里行间感受着译者奔涌的激情。优秀译作必然融入译者自己的精神、情怀。我要为译者们勤奋于工作、精湛于技艺、致力于学术的人文底色、工匠精神、悲悯情怀点赞。

王学典

全国政协常委、国际儒联副会长、

山东大学儒学高等研究院执行院长、《文史哲》主编

2022年8月

中文译本作者序

本书的故事起始于山东，而该书的中文版又恰好在山东大学出版社翻译出版。作为一名生活在距该地半个地球之遥的加拿大护理历史学家，我真不知道该如何表达内心的喜悦。我要向将此事变成现实的曹英娟博士以及为本项目付出辛劳的所有参与者致以深深的谢意。

2006 年，我第一次访问了山东大学和齐鲁医院，当时有四位出生于中国的加拿大“传二代”与我同行——他们已经 60 多年没有回中国了。他们中的两位，玛丽·斯特拉瑟斯·麦基姆(Mary Struthers McKim)和玛格丽特·盖尔·怀特曼，都曾与作为传教士的父母居住在齐鲁大学校园里；玛丽的父亲恩尼斯特·斯特拉瑟斯医生(Ernest Struthers，中文译名为杜儒德)和叔叔戈登·斯特拉瑟斯医生(Gordon Struthers)都是在中国工作了 50 多年的加拿大传教士，他们和玛格丽特的父母(戈弗雷医生和贝蒂·盖尔)在日占时期都被软禁在学校里。我们发现，承载着他们童年的家依然还屹立在那里。另一位同行者诺拉·麦克卢尔·巴斯比(Norah McClure Busby)的祖父罗维灵医生(William McClure)，是最早到中国的加拿大传教士之一，他在中国工作了近 50 年，在他的帮助下，山东建立了医学院。诺拉的父亲罗光普(Robert McClure)，也是一名医生，在中国行医 25 年。熟悉的旧址和气息，连同那些已经遗忘多年的乐曲，唤起了他们的童年记忆。通过这些已经年逾古稀的“传二代”的眼睛观察济南，对我来说真是特别的荣幸。

2017 年，时值齐鲁医学百年庆典之际，曹英娟博士邀请我去济南做一场关于护理史的讲座。那时本书的英文版已经出版，我对抗战时期发生的事情也有了更全面的了解。尤其是，我更理解玛格丽特的母亲贝蒂·盖尔在 1941 年与丈夫和年幼的女儿住在齐鲁大学校园时，为是否撤离中国而陷入的挣扎、纠结，更体会到那种挣扎、纠结究竟意味着什么。在阅读了在中国生活和工作的加拿大女性的信件和日记原件后，尤其是那些像上面提到的四位一样在中国出生的“传二代”，我逐渐理解他们对中国的归属感有多么深厚，当他们永远离开中国时的失落感又有多么强烈。

书写历史的乐趣之一是有机会认识、了解那些素昧平生且大多数已逝世的人，去揭示他们的个性特征，理解他们对当时特殊挑战的回应——在这个故事中，特殊挑战就是日本侵略中国。我的父母是在德国侵占荷兰时期长大的。那时，我母亲的家被炸毁了，她和 12 个兄弟姐妹被迫住在社区会堂里，分散在亲戚中间，战后才移民到加拿大。我父亲的家乡是敌占区抵抗组织工作人员的秘密避难所，祖父把收音机、印刷机和枪支藏在战争期间犹太女人的藏身之处。通过撰写本书，不仅让我更好地了解了战时的中国，也让我了解了中加两国人民在那段黑暗时期相互支持的程度。我希望这本书的中文版读者也能像我一样，有幸体会由此锻造的人类深层联系。

颂雅·格里普玛博士

2021 年 8 月 5 日于加拿大不列颠哥伦比亚省兰利

译者前言

大多数中国人对于加拿大这个国家的了解，恐怕与一位叫做白求恩的医生有千丝万缕的联系。1938年3月，为了帮助中国的抗日战争，受加拿大共产党和美国共产党的派遣，白求恩率领一支医疗队不远万里，来到中国。1939年11月，在晋察冀抗日前线不幸以身殉职。他去世后不久，毛泽东同志写了一篇文章以志纪念，也就是那篇影响了几代中国人的《纪念白求恩》。在这篇文章中，毛泽东称赞白求恩"是一个高尚的人，一个纯粹的人，一个有道德的人，一个脱离了低级趣味的人，一个有益于人民的人"。

正是因了这篇文章，让无数中国人了解了白求恩，知道了加拿大。

白求恩或许不知道，1938年，正当他在中国的北方抗日前线救治八路军伤病员的时候，他的一位同胞，也在中国的西南重镇——成都，为中国的抗战贡献着自己的力量，他就是时任华西协和医院（由南迁的南京中央医院、齐鲁医院和华西医院组成）内科主任、齐鲁大学医学院加拿大籍教授 Ernest Struthers，中文名为杜儒德。

白求恩和杜儒德，职业相同，都是医生；来自于同一个国家，加拿大；毕业于同一所学校，多伦多大学医学院，确切地说，杜儒德还是白求恩的学兄，杜儒德1912年毕业于多伦多大学医学院，白求恩1916年毕业于多伦多大学医学院，比杜儒德晚四年毕业。不同的是，两人信仰不同，来华的目的不同，派遣方也不相同。白求恩是加拿大共产党员，受加拿大共产党和美国共产党派遣，率领医疗队来华帮助中国抗战；杜儒德是传教医师，受加拿大长老会派遣，来华藉医传教，而且他来华的时间要早于白求恩。

虽然两人在诸多方面存在差异，但客观上都以自己的方式为中国的医学事业、中国人民的抗战做出了自己的贡献。白求恩更为中国的抗战献出了宝贵的生命，他作为伟大的国际共产主义战士将永远为中国人民所铭记。

无论是杜儒德还是白求恩均不是最早或最晚来华的加拿大医师，在他们之前和之后还有许多加拿大籍的医生护士来到中国，他们在中国生活了十几年、几十年，他们在这里娶妻生子，成家立业，把人生最美好的时光都留在了这片热土上。

他们及他们的子女对他们曾经生活过的这方土地充满了感情，魂牵梦萦。

现任加拿大西三一大学环球学院院长，也是加拿大护理学院协会会长的颂雅·格里普玛博士，是一位护理历史学家。她在攻读护理学博士期间，几封早期在中国工作的传教护士的书信，引起了她对加拿大传教医护人员在华工作生活经历的浓厚兴趣。为了再现那段历史，她历经数年，查阅大量的教会档案资料和传教士回忆录，走访当事人及其后代，搜寻珍贵的家书和老照片，并多次来中国实地考察。经过不懈努力，2007 年她的《行医河南：华北使团加拿大护士在 1888～1947》问世，一段尘封已久的岁月重新展现在我们面前。继《行医河南：华北使团加拿大护士在 1888～1947》之后，2012 年她的另一本力作 *China Interrupted Japanese Internment and the Reshaping of a Canadian Missionary Community* 在加拿大出版，2020 年我们非常荣幸地得到颂雅博士的授权，可以在中国翻译出版此书。

说起与颂雅博士的相识并拿到著作的翻译出版权，可以说是一个非常机缘巧合的事情。2016 年本书的主译者之一，山东大学齐鲁医院护理部的曹英娟博士受国家留学基金委派遣，以访问学者的身份赴美国约翰·霍普金斯大学访学交流。其时，正值齐鲁医学诞生 100 年（1917～

2017年)和齐鲁医院建院130年(1890～2020年)前夕，齐鲁医院决定建一所医学博物馆以志纪念，由笔者负责筹建(目前此馆已建成，坐落于广智院内，名字改为山东大学齐鲁医院院史馆)，因苦于手头掌握的齐鲁医学和齐鲁医院的史料匮乏，故在曹博士行前，叮嘱她能否在完成国家交付的访学交流任务的同时，于约翰·霍普金斯大学以及美国其他著名医学院校的图书馆或档案馆寻一些有关齐鲁医学尤其是齐鲁医院和齐鲁医院创始人聂会东先生的史料。

曹博士果然不辱使命，在宾夕法尼亚大学图书馆查找到聂会东先生的20余篇文章、书信以及大量有关齐鲁医学和齐鲁医院资料的同时，还有了意外的惊喜，那就是与护理史学家、加拿大西三一大学的颂雅博士建立了联系，并邀请她于2017年秋来华参加齐鲁医学办学百年庆典。2017年9月颂雅博士来到济南，参加了为庆祝齐鲁医学办学100年而举办的学术活动，并做题为"加拿大传教护士与齐鲁医学历史回眸"的学术讲座。也就是在这次学术活动后，颂雅博士欣然将她著作在中国的翻译出版权交给了我们。感谢颂雅博士的信任!

本书向读者呈现了在"西医东渐"的大背景下，加拿大传教医生、护士及其子女在华工作、生活、成长的经历以及抗战时期被困日寇集中营的苦难岁月。书中收集了包括当事人的日记、日志以及与家人的通信等在内的大量原始资料，有些资料更是首次面世，极为珍贵，为中国近现代医学史和齐鲁医学史的研究提供了很大帮助。

该书内容丰富，涉及了诸多人物和历史事件，翻译该书的过程也是一个学习中国近现代史的过程，同时这也给我们这个年轻的翻译团队带来了不小的难度和挑战。所幸的是，我们得到了齐鲁医院领导、同事以及齐鲁医院护理史学术组成员的关怀支持，得到了中华护理学会吴欣娟理事长、中华护理杂志社姜小鹰社长、南方医科大学史瑞芬教授以及山东大学护理与康复学院、历史文化学院等领导与专家，尤其是颂雅·格里普玛博士的悉心指导帮助，在此一并表示诚挚的谢意。

尽管所有参与本书翻译的人员反复斟酌字句，力求既符合中文习惯，又能忠于原文，但其所涉及的不仅是护理专业，还涉及史学、文学等多学科内容，故由于知识储备、翻译能力所限，在中文译本中难免出现挂一漏万、鲁鱼亥豕之误，深望海内外方家和读者朋友不吝赐教。

吕军

山东大学第二医院党委副书记、纪委书记

2022年8月

略语表

CCC (Columbia Country Club):哥伦比亚乡村俱乐部

GMA(Glenbow Museum and Archives):葛伦堡博物馆和档案馆

ICN (International Council of Nurses):国际护士会

ICRC (International Committee of the Red Cross):红十字国际委员会(国际红十字会)

LAC (Library and Archives Canada):加拿大图书馆和档案馆

LMS (London Missionary Society):伦敦传道会(伦敦会)

MWPC (Margaret Wightman Private Collection):玛格丽特·怀特曼私人收藏

NAC (Nurses Association of China):中华护士会(今中华护理学会)

NCM (North China Mission):华北传教使团,简称华北使团

PUMC (Peking Union Medical College):北京协和医学院

RVH [Royal Victoria Hospital (Montreal)]:皇家维多利亚医院(蒙特利尔)

TGH (Toronto General Hospital):多伦多总医院

UBC (University of British Columbia):英属哥伦比亚大学

UCCA (United Church of Canada Archives):加拿大联合教会档案馆

UWO [University of Western Ontario (London)]:西安大略大学(伦敦)

VGH (Vancouver General Hospital):温哥华总医院

WCM (West China Mission):华西使团

WGH/HSCA (Winnipeg General Hospital/Health Sciences Centre Archives):温尼伯总医院/卫生科学中心档案馆

WMS (Woman's Missionary Society):女性传教士协会

致谢

假如没有那么多个人和组织的鼓励与支持，这样一个长达九年、跨越两大洲的研究是不可能实现的。首先，我要感谢贝蒂·盖尔和戈弗雷·盖尔的女儿——玛格丽特·盖尔·怀特曼，她是一位优秀的合作者。玛格丽特慷慨地提供了数百页（精心整理过的）家庭文件、照片、影片、书籍、录音带以及她母亲的原始日记。她还把我介绍给了她的叔叔、婶婶，为我与她在安大略省和英国的亲戚进行面谈的事情铺平了道路。我们一起去过中国两次，玛格丽特邀请我和她一起重返她的出生地（济南）和她最后两年的被拘禁地（上海浦东）。如果没有玛格丽特的贡献，那将没有这一切。

还有一些其他在中国出生的传教士子女（或“传二代”）也一直给予我支持与鼓励。我尤其要感谢已故的露丝·汤姆森·劳斯（Ruth Thomson Laws）、默里·汤姆森（Murray Thomson）、穆里尔·汤姆森·瓦伦汀（Muriel Thomson Valentien）、玛丽·斯特拉瑟斯·麦基姆（Mary Struthers Mckin）、诺拉·巴斯比、亚瑟·孟席斯（Arthur Menzies）和梅维斯·奈特·韦瑟海德（Mavis Knight Weatherhead，中文译名艾美凤）。尤其令人难忘的是 2005 年作为默里·汤姆森的晚餐客人我在渥太华度过的一个夜晚，默里还邀请了多年未见的玛丽·麦基姆，在享用了一顿美味的晚餐之后，他们打开记忆的大门，坦率地叙述着童年往事，我则津津有味地听着那些既滑稽又可怕的事件。在阿尔伯塔省，梅维斯·韦瑟海德携中国政要来到我们家访问。几个小时后，她就成了令我的孩子们尊敬的奶奶。2006 年，我应河南卫辉原教会医院院长的邀请，与玛格丽特、玛丽、诺拉和梅维斯等传教士亲属一同前往中国。迄今为止，见证这样历史性的“回家”是我职业生涯中无与伦比的荣幸。

一些曾遭拘禁的人提供了对中国集中营生活的见解。其中最引人注目的是格雷格·莱克(Greg Leck)和德斯蒙德·鲍尔(Desmond Power)。他们除了煞费苦心地建立了一个包含13500多名在中国和香港关押的侨民数据库外,还热情地回应了我的询问。当年集中营里的罗恩·布里奇(Ron Bridge)、亚历山大·斯特兰奇[Alexander (Zandy) Strangman]和唐纳德·曼齐(Donald Menzies)也为我指点迷津。

我很感激我们在中国得到的来自个人和单位的支持,他们为把加拿大传教士的故事带回河南和济南付出了巨大的努力。我特别要感谢安阳人民医院院长宋先忠、新乡医学院第一附属医院院长张新中、新乡任继娟、北京李显东、潍坊卢露西和北京孙索菲娅的努力和善意。我也很感谢那些在此过程中协助我进行口译和翻译的人:李慧慧、朱静(莱斯布里奇大学)和吴娜(西三一大学)。研究助理林赛·佩恩(Lyndsay Payne)和莉迪亚·维滕布鲁克(Lydia Wytenbroek)在组织材料方面提供了宝贵的帮助。电影制作人迈克·维瑟(Mike Visser)是一个非常宝贵的盟友,他也陪同我进行了一次较为复杂的中国之行,帮助我制作了一部纪录片。他不仅是一个颇有天赋的电影制作人,而且也是一个很好的兄弟。

作为一名护理历史学家,我十分荣幸能够成为国内外备受支持的学者团体的一员。当这个项目发展成为加拿大社会科学与人文研究理事会(SSHRC)资助项目时,我在英属哥伦比亚大学护理学院进行了为期两年的博士后研究。这次经历使我有幸与格蒂·波斯玛进行密切的合作。格蒂提出了一些难以回答的问题,还向我推荐了一些重要出版物,并不断给予我鼓励。我很感激我们在神学院书店外无数次的午餐交谈。同样,我也珍惜与加拿大护理历史学家,特别是与加拿大社会科学与人文研究理事会护理领域民族主义和殖民主义相关项目的成员进行正式和非正式探讨的机会。他们分别是马林·斯图尔特(Meryn Stuart)、辛西娅·托曼(Cynthia Toman)、杰恩·艾略特(Jayne Elliott)、凯瑟琳·麦克弗森(Kathryn McPherson)、劳里·梅耶尔-德雷斯(Laurie Meijer-Drees)、迈拉·卢瑟戴尔(Myra Ruth-erdale)、马里昂·麦凯(Marion McKay)以及约翰妮·戴格尔(Johanne

Daigle)。加拿大护理史协会和不列颠哥伦比亚省护理史协会也给予了大力支持。我尤其要感谢格兰尼斯·齐尔姆(Glennis Zilm)、雪莉·史汀生(Shirley Stinson)、弗娜·霍夫曼·斯普莱恩(Verna Huffman Splane)、珍妮特·比顿(Janet Beaton)、弗洛伦斯·梅尔考尔(Florence Melchoir)、苏珊·阿姆斯特朗-里德(Susan Armstrong-Reid)和西沃恩·纳尔逊(Sioban Nelson),感谢他们在这个项目不同阶段的浓厚兴趣和及时建议。

健康和护理领域的国际历史学者也给予了同样的支持。美国护理史协会、宾夕法尼亚大学芭芭拉·贝茨,护理史研究中心以及弗吉尼亚大学护理史研究中心的成员给我提供了演讲、学习与合作的机会。我尤其要感谢芭芭拉·曼·沃尔(Barbra Mann Wall)和芭芭拉·布罗迪(Barbara Brodie),她们向我敞开大门,同时也为我提供了与她们的学生以及当地学者交流的绝佳机会。芭芭拉·布罗迪、阿琳·基林(Arlene Keeling)和弗吉尼亚大学的研究生教员和学生认为,这里真正的故事是关于传教士子女的。他们的想法是对的,我对此深表感激。

多年来,加拿大高校的同事和学生为我提供了许多宝贵的机会,这些机会让我在餐厅、教室和会议室得以验证自己早期的想法。我非常感谢阿尔伯塔大学[特别是珍妮特·罗斯·科尔(Janet Ross Kerr)]、莱斯布里奇大学[尤其是朱迪思·库利格(Judith Kulig)、琼·哈罗因(Jean Harrowing)、克莉丝·霍斯古德(Chris Hosgood)],以及西三一大学[特别是谢乐尔·赖默尔·柯卡姆(Sheryl Reimer-Kirkham)]、阿利森·朱尔(Allyson Jule)、里克·索茨基(Rick Sawatzky)、罗彬·希利(Robynne Healey)和兰达·特布兰赫(Landa Terblanche),感谢他们为教会史与护理史的发展提供的实际支持与建议。我也非常感谢加拿大社会科学与人文研究理事会、莱斯布里奇大学和弗吉尼亚大学历史研究中心(芭芭拉·布罗迪奖学金)的资助。

最后,我要感谢我的孩子迈克(Mike)和珍妮莎(Janessa),我的父母汉克·维瑟(Henk Visser)和科比·维瑟(Cobi Visser),安·德霍普(Ann de Hoop),兄弟姐妹迈克·维瑟(Mike Visser)和西尔维娅·斯拉格特(Sylvia Slagter),丈夫的姐姐玛莎·格里普玛(Martha Grypma)。特别是我无与伦比的丈夫马丁·格里普玛(Martin Grypma),因为我对中国传教士的关注激发了他极大的热情。诚然，对于一个与中国或联合教会没有任何联系的荷兰移民的孩子来说，这是一种奇怪的追求，但我的家人一直积极支持这项工作。我的孩子是听着中国的故事长大的，我的丈夫、哥哥和女儿曾多次陪我去那里，而我的父母在这一过程中也一直给予我切实的支持。我的家人一直在倾听——我对新发现的兴奋，我对研究旅行的描述，甚至是我的公开演讲。他们用无数细微的方式肯定了这项研究的重要性，所以夫复何求呢？

颂雅·格里普玛博士

目录

引　言

昨天，1941 年 12 月 7 日，是一个耻辱的日子。这一天美利坚合众国遭受了日本帝国海军和空军的突袭。

——摘自美国总统富兰克林·罗斯福(Franklin Roosevelt)的广播讲话

1941 年 12 月 8 日

玛格丽特今天称重有 15 磅！我要先把这件令人兴奋的事情写下来，然后再说日本昨晚对美国和英国宣战了。无论如何，想到玛吉会长这么多磅，都减少了我对日本宣战这件事的恐慌。

今天宣战了！

是的，我知道，但是更重要的是，玛吉已经 15 磅重了。

——摘自加拿大护士贝蒂·盖尔的日记

1941 年 12 月 8 日

1941 年 12 月 8 日，星期一早上九点十五，加拿大传教士护士贝蒂·盖尔穿过山东基督教共合大学(齐鲁大学)的校门。从这一刻起，她便开始了在日本占领中国时期的四年监禁生活。她一直在齐鲁大学医学院指导护理系学生进行注册考试。她的家，与齐鲁大学所有传教士的家一样，就在美丽的树木环绕的校园里，离医院只有几个街区的距离。贝蒂·盖尔在返回工作岗位之前正准备回家喂她年幼的女儿玛格丽特(玛吉)，她正在回家的路上，此时她的英国丈夫戈弗雷·盖尔博士正在医学院里，向他的学生讲解有关脊髓、细胞膜和神经的知识。贝蒂·盖尔快到学校时，眼前突然出现了一辆卡车，数十名全副武装的日本士兵下车。

贝蒂·盖尔停顿了一下，一阵强烈的恐慌瞬间袭来，她意识到玛吉还在校园里：

> 我疯狂地冲过马路，混入日军的队伍，随他们进入校园大门，大门在我们身后紧紧关上。在激动和混乱的人群中，没有人注意到我，当军队按照命令左转时，我没有跟随命令，而是向右转，然后向前疯狂地奔跑，回家找我的孩子……我一把抓住她并紧紧抱在怀里，我的心怦怦直跳，大脑飞转。[①]

这场万众瞩目的战争终于降临在齐鲁大学的盖尔一家头上，随之而来的是九个月的软禁，以及三年的拘禁。拘禁是为了关押敌方的外国人员（即与日本交战的盟国公民）。

这是一个关于加拿大华北传教士和"传二代"（传教士子女）在1941～1945年作为"敌国侨民"被日本拘禁期间，生活和使命不可逆转地改变的故事。本书植根于传教士在华工作的社会大背景，当时从事护理工作是那些渴望回到出生地的"传二代"很好的职业选择。本书从加拿大贝蒂·汤姆森·盖尔[②]的角度出发，描述了她在华被拘禁的生活经历。实际上，她的遭遇标志着传教护理工作在中国不可逆转的中断，以及来华传教工作60年历史的终结。加拿大传教士组织植根于这个"中央王国"（"Middle Kingdom"）已经几十年了，而加拿大传教护士则是从这个组织中延伸出来的，并且依赖于这个组织。

从贝蒂·盖尔的故事里我们可以了解到传教士是如何从小圈子扩展开来并维持联系的。在她的童年时期，位于河南省的加拿大联合教会华北使团[③]从最初由巡回牧师和医生组成的福音传道机构，发展成为一个拥有现代医院、护士培训学校和齐鲁大学在内的组织良好的人道主义教育网。

---

① 《贝蒂·盖尔日记：在中国日占区四年拘禁生活实录》（1941年7月至1945年9月，未出版）中的内容，来自玛格丽特·怀特曼的私人收藏。

② 原名伊丽莎白（贝蒂）·杜里·汤姆森，在这本书中称为贝蒂·汤姆森（一般指她的童年时期）和贝蒂·盖尔（婚后）。

③ 加拿大联合教会在河南和山东的组织简称。

当贝蒂·盖尔和其他五名传二代在20世纪20至30年代作为传教护士回到河南时，现代护理已在中国稳固发展起来。与此同时，传教工作的未来也变得越来越不确定。由于加拿大和中国都质疑它与帝国主义的关系，基督教在华事业在这两个国家都受到了严格审查。在加拿大，传教护士仍然受到高度重视，但进行海外宣教的热度正在逐渐减弱。由于当时妇女从事专业工作的障碍越来越少，对女性基督徒来说，传教工作不再像以前一样具有如此大的吸引力。此外，中国由此进入了最艰难的十四年抗战时期，成为一个愈加危险的居住地。

该书通过贝蒂·盖尔及其家人的故事，主要揭示了日本占领时期来华加拿大传教士组织中"传二代"护士(以及该领域其他传教士)的被拘禁生活。这不仅深刻改变了她们对使命感的理解，也深刻体现了加拿大传教士在中国的付出。1941年12月8日，日本对美国和英国宣战时，居住在日占区的所有15名加拿大传教士被捕。随后被拘捕的10名传教士中，有3名是加拿大传教护士，其中包括贝蒂·盖尔。

"传二代"护士的传教价值观(她们将接受危险和磨难作为工作的一部分，相信上帝会帮她们渡过难关)在三个方面起着重要作用：一是盖尔一家(及其他人)不听从领事撤离的建议而选择留在中国的决定，二是她们从拘禁的困苦与情感挑战中生存下来的能力，三是她们试图理解并积极描绘这些经历的方式——她们经历的艰难困苦最终会带来美好。[①]

该书探讨了在日本人统治下加拿大人被拘禁生活的未知领域，"传二代"护士的故事对于全面了解加拿大在中国传教护理的历史是不可或缺的。1922年以后，加拿大联合教会华北使团的大多数护士都是"传二代"。这六名护士中有五名在中国结婚并从华北使团辞职，加入了其丈夫所在的使团。华北使团于1939年至1945年撤离后，她们便从中国历史中消失了。尽管五名已婚的"传二代"护士仍留在日占区，其中三名在战争期间被拘禁，但她们已不再属于华北使团，她们的战争经历也未列入加拿大联合教会的传教记

① 我要感谢这个手稿早期版本的一位匿名读者，他对这个故事三个主要方面的简要描述非常贴切，所以我在这里重复了这位读者的书面报告。

录。这个故事阐明了中国传教事业和传教护理工作中扑朔迷离的部分，而这在很大程度上是无法从公开记载中得来的。这本书主要以大量的个人家庭信息来源为基础，如贝蒂·盖尔的拘留日记，并补充了档案文件，讲述了加拿大传教组织一个时代的终结，该组织如何应对战争和分离，以及如何重塑。

作为一段社会史，本书强调传教士作为一个社会组织在中国的社会结构与影响。本书以时间结构为框架描述了战时的传教工作（重点是“传二代”时期），同时探索性别、宗教、文化和现代护理跨国发展等主题。它突出了贝蒂·盖尔及其亲人的经历和观点，认为1941年他们无视领事建议是为“传二代”提供了前所未有的机会，这种机会是检验医疗使命的新前提——无论在什么条件下，基督教护士和医生都善于在不稳定地区减轻痛苦。但最终他们与所要服务的中国民众隔离开来，他们的被拘禁颠覆了对传教士身份的原有观念。为了保持影响力，他们不得不将目光重新聚焦于由三十多个民族的西方侨民组成的多元又绝望的新微型社会。为了生存，他们将不得不重新分配有限的物资和社会资源，并在这一过程中重建他们的生活叙事，以适应日益贫困的生活。

获释后，加拿大传教士离开了中国，其中一些人计划在恢复健康后就返回中国。加拿大联合教会在战后试图重建华北使团的计划由于1947年的内战而搁置，这也意味着加拿大在华传教60年的最后几个月仅仅是被拘禁时代的尾声。事实证明，拘禁经历标志着传教护士在中国职业生涯的结束，也标志着中国传教护理事业作为加拿大人护理工作重要分支的结束。

寻找故事：被忽视的加拿大传教护士

尽管大量的回忆录和著作记载了有关在华平民拘禁者和太平洋战争中

中国战区的战俘事迹[①]，但没有关于加拿大或其他平民护士或护理人员的详细描述。这里"被拘禁者"一词是指关押在日本集中营的敌方外国平民，而"战俘"指的是军事人员，通常被关押在专门为军事囚犯设立的战俘营中。虽然这两个词都涉及拘禁、忽视、饥饿和贫困，但由日本军方管辖的战俘营有更多的虐待和暴行。在平民集中营(由民政当局，如日本领事警察进行管理)中，这种情况并不常见。[②] 学术界对集中营内护士群体的研究不足，其中的原因包括护理史课程的缺失[③]，对中国传教护理研究的匮乏，以及1949年外国人回国后对基督教在华事业的讳莫如深。[④] 此外，对平民拘禁者进行全面分析的研究也很少，最主要的原因可能是遭到拘禁的护士数量非常少。与在菲律宾和印度尼西亚的83名美国护士和64名澳大利亚随军护士相比，在中国的只有2名随军护士、13名非传教护士和5名传教护士。也就是说，在中国的13544名拘禁者中，只有17人是加拿大护士(见附录)。然而，其中有三名华北"传二代"。正如哈米什·杨(Hamish Ion)所指出的，尽管加拿大战俘和拘禁者数量相对较少，但加拿大人在日本集中营经历的重要性并不在于其人口规模，而在于我们可以从问题中获得哪些经验。在这种情况

① 例如 Peggy Abkhazi, *A Curious Cage: Life in a Japanese Internment Camp, 1943-1945*, Victoria BC: SonoNis Press, 2002; Bernice Archer, *A Patchwork of Internment: The Internment of Western Civilians under the Japanese, 1941-1945*, New York: Routledge Curzon, 2004; Pierre Boulle, *The Bridge over the River Kwai*, New York: Presidio Press, 2007; Bruce Elleman, *Japanese American Civilian Prisoner Exchanges and Detention Camps, 1941-1945*, London: Routledge, 2006; Greg Leck, *Captives of Empire: The Japanese Internment of Allied Civilians in China, 1941-1945*, Bangor PA: Shandy Press, 2006; Oliver Lyndsay、John R. Harris, *The Battle for Hong Kong 1941-1945 Hostage to Fortune*, Hong Kong: Hong Kong University Press, 2005; Elizabeth Norman, *We Band of Angels: The Untold Story of American Nurses Trapped on Bataan by the Japanese*, New York: Random House, 1999.

② 日本领事警察是隶属于日本驻中国领事馆的私人警察部队。参见 Erik W. Esselstrom, *Crossing Empire's Edge: Foreign Ministry Police and Japanese Expansionism in Northeast Asia*, Honolulu: University of Hawai Press, 2009.

③ Janet C. Ross Kerr, "Nursing History at the Graduate Level: State of the Art", *Canadian Bulletin of Medical History*, vol. 11, no.1 (1994), p.230.

④ Sonya Grypma, "Withdrawal from Weihui: China Missions and the Silencing of Missionary Nursing, 1888-1947", *Nursing Inquiry*, vol. 14, no. 4 (2007), pp.306-319.

下，加拿大使团、传教护士和加拿大传教组织的重塑为我们提供了更丰富的信息。①

传教护理的销声匿迹

加拿大传教护士在中国的历史笼罩着一层沉默的面纱。传教士历史悠久，涵盖了中国 9 个省 60 年间的护理服务和教育，最著名的联合教会是位于河南和山东的华北使团与位于四川的华西使团。从 1888 年第一位加拿大传教士到来，至 1947 年内战导致华北传教工作戛然而止，大约有 100 名加拿大传教士为建立南丁格尔式的以医院为基础的护理实践和教育体系做出贡献，该模式一直延续至今。②

在中国传教初期，加拿大传教士得到来自本国的强大支持。他们被誉为上帝手下自愿牺牲的仆人，这源自关于他们身陷危险、疾病和死亡的故事。那些在悲惨中获得胜利的故事，如 1900 年义和团运动，1920 年孟恩赐医生(James R. Menzies)遇害，以及 1927 年国民革命军进军南京等事件，都在积极推动和资助传教事业的加拿大教民中引起了共鸣。但是，20 世纪 30 年代经济大萧条，以及关于传教士道德和能力辩论的日益激烈，逐渐削弱了公众对传教士的兴趣。1939 年至 1945 年间欧洲的战争引起了大多数加拿大人的关注。到 1947 年，中国内战期间华北传教中心关闭之时，传教士已经在加拿大民众中失宠。疲惫感和失败感，再加上公众对全球传教运动的批评，使得加拿大“传二代”不愿在自己的圈子之外宣传他们在中国的经历。③

隐匿的记录

鉴于当时的社会环境导致传教护士保持沉默，因此很少有人关注在中

① Hamish Ion, “Much Ado about Too Few: Aspects of the Treatment of Canadian and Commonwealth POWs and Civilian Internees in Metropolitan Japan, 1941-1945”, *Defence Studies*, vol. 6, no. 3 (2006), pp.292-317.

② Sonya Grypma, *Healing Henan: Canadian Nurses at the North China Mission, 1888-1947*, Vancouver: University of British Columbia Press, 2008.

③ Sonya Grypma, “Withdrawal from Weihui: China Missions and the Silencing of Missionary Nursing, 1888-1947”, *Nursing Inquiry*, vol. 14, no. 4 (2007), pp.316-319.

国遭拘禁的少数加拿大传教护士。但是,还有许多其他因素也导致了她们被忽视。首先,传教记录中鲜有记载在中国结婚的传教护士。由于加拿大不允许已婚妇女担任护士工作,而且加拿大联合教会女性传教士协会(WMS)仅支持未婚女性,因此在中国结婚的传教护士只能放弃工作,选择辞职。已婚护士会跟随夫姓,加入丈夫所在的教会,这些教会将负责妇女的经济收入。因此,人们不会轻易将伦敦会戈弗雷·盖尔的夫人视为加拿大人贝蒂·汤姆森,将美国外事专员局(American Board of Commissioners for Foreign Missions)约翰·斯坦利(John Stanley)的夫人视为玛丽·博伊德[Mary Boyd,婚后改名为玛丽·斯坦利(Mary Stanley)],将美国浸礼会成员约翰·刘易斯(John Lewis)的夫人视为乔治娜·孟席斯[Georgina Menzies,婚后改名为乔治娜·刘易斯(Georgina Leuis)]。

出于相同的原因,这三名加拿大传教护士的身份在官方集中营名单中被隐藏起来。在日本人详细列出的在中国的13544名被拘禁者中,只有希尔达·伊丽莎白·麦克罗伊(Hilda Elizabeth McIllroy)被列为"加拿大传教士"。[①] 贝蒂·盖尔被视为英国传教护士,玛丽·博伊德·斯坦利被视为加拿大家庭主妇,乔治娜·刘易斯被视为加拿大人的妻子。[②] 加拿大传教护士苏西·凯尔西(Susie Kelsey)根本没有出现在名单上,因为她在1943年编写营地清单前就已被遣返回国。因此,在这项调查中,五名被拘禁的加拿大传教护士中有四名没有被列入现有的最全面的集中营被拘禁者名单。至于希尔达·麦克罗伊,除了她的名字和传教任务记录于英国海外传教组织(一个英国机构)之外,其他信息则鲜为人知。[③]

---

① 希尔达·伊丽莎白·麦克罗伊就职于英国圣公会,她曾被关押在扬州B营、扬州C营和浦东集中营。Greg Leck, *Captives of Empire: The Japanese Internment of Allied Civilians in China, 1941-1945*, Bangor, PA: Shandy Press, 2006, p.688.

② Greg Leck, *Captives of Empire: The Japanese Internment of Allied Civilians in China, 1941-1945*, Bangor, PA: Shandy Press, 2006, p.679.

③ 1945年,《环球邮报》(*Globe and Mail*)的一篇文章认为希尔达·麦克罗伊是多伦多加利大街139号亨丽埃塔·麦克罗伊夫人(Henrietta McIlroy)的女儿,并且认为麦克罗伊是加拿大传教士协会的成员,毕业于多伦多圣约翰医院。六年前,她以传教士护士的身份来到中国,被俘时正派驻在汉州的一家医院。

最初,当我对华北使团中的加拿大传教护士进行研究时①,是一位参与者告诉了我贝蒂·盖尔被拘禁期间日记的存在,这才让我发现了这些被拘禁的侨民。一开始我只是怀疑是否有其他华北传教士也被拘禁,但直到我在山东省潍县集中营纪念墙上刻着的拘禁者名单中找到玛丽·博伊德·斯坦利的名字时,这一点才得到证实。大约就在那时,一位曾经的英国平民侨民给我传送了电子邮件,确认了乔治娜·孟席斯·刘易斯曾被拘禁在上海沪西第二集中营(Ash Camp)。1943 年《加拿大护士杂志》上发表的一封信让我想起了苏西·凯尔西的被拘禁经历。

也许还会有更多加拿大传教护士在中国被拘禁,但可能性不会太大。在中国的多数加拿大传教护士都受雇于加拿大联合教会,而且未发现四川华西使团或广东华南传教护士被拘禁的相关记载。日本占领中国期间只有华北使团留在那里,加拿大传教士在中国遭遇拘禁似乎是华北使团的特有经历。

大众眼中的"战俘"

加拿大护士遭遇拘禁的经历不被人所知的另一个原因,是她们在被拘禁期间不属于任何一个公众所熟知的群体。在菲律宾的美国随军护士②或在印度尼西亚的澳大利亚随军护士③,因其身份在战争期间和战争后迅速为公众所熟知,而被拘禁的五位加拿大传教护士则被官方认定为来自美国、英国和加拿大的不同传教组织。她们住在中国的不同城市,分别被捕和被拘禁,而且被拘禁后她们彼此之间就失去了所有联系。

这与美国和澳大利亚随军护士一同被拘禁的经历形成了鲜明对比,与她们一同被拘禁的人有着不同国籍、职业和性别。例如,83 名美国护士作为一个团队参加了菲律宾战争,随后遭到了日军袭击并被拘禁,之后又被释

---

① Sonya Grypma, *Healing Henan: Canadian Nurses at the North China Mission, 1888-1947*, Vancouver: University of British Columbia Press, 2008.

② Elizabeth Norman, *We Band of Angels: The Untold Story of American Nurses Trapped on Bataan by the Japanese*, New York: Random House, 1999.

③ Betty Jeffrey, *White Coolies*, Sydney: Angus and Robertson, 1985.

放。1942年科雷希多岛沦陷后，媒体的报道将她们被拘禁的经历带到公众面前。随军护士的困境引发了美国军事宣传家的联想，他们将护士被拘禁的经历描述为她们爱国主义的证据，并宣扬随军护士的故事，以此激励其他人拿起武器。例如，第二次世界大战的一幅海报刊登了科雷希多战俘营护士的照片，描绘了六名戴着蓝色帽子、穿着整洁白色制服和蓝色披风的护士，由一名手拿刺刀、面如土色的日本士兵在带刺的铁丝网后面看守着。标题为“去战斗吧！为了自由！去战斗吧！为了时刻保持战斗状态！”

这些护士的经历也引起了好莱坞的注意。1943年，环球影城发行了一部根据她们的经历改编的长故事片——《火线英雌》（*So Proudly We Hail*），但该影片只是一个带有虚构结局的浪漫版本。令人震惊的是，这部电影创作期间，护士们仍然在押，影片发行的两年后她们才得以释放。1945年2月，83名护士被全部释放后，媒体记者用摄像机记录了这件事。这些护士被誉为女英雄，回到美国后，她们对自己的名人身份感到很惊讶，而影片中护士遭遇抓捕后又被释放的戏剧化片段令她们感到十分尴尬。40年后，一部关于护士痛苦经历的学术作品——伊丽莎白·诺曼（Elizabeth Norman）的《我们的天使》（*We Band of Angels*），重新唤起了公众对这个故事的兴趣。另外，美国国防部也制作了一部纪录片《她们都回家了》（*They All Came Home*）。因此，美国护士被拘禁的经历为公众所熟知。

在印度尼西亚沦为战俘的澳大利亚随军护士也受到公众的极大关注，不仅出版的护士回忆录在战后广泛流传，而且在堪培拉的澳大利亚护理服务战争纪念馆中也占有一席之地。然而，令人悲痛的是，与美国幸存者的故事相反，只有三分之一的澳大利亚护士在战争中幸免于难。在一艘被日军轰炸的军舰上，64名护士中有11人溺水身亡。在岸边，日军将另外22名登岸的人排成一排，开枪射杀，只有薇薇安·布温克尔（Vivienne Bullwinkle）侥幸逃脱。作为此次事件的唯一见证人，她后来被抓了起来，和她所在部队的其他33名幸存的随军护士一起关进了监狱。到战争结束时，又有11人死于环境严酷的战俘营。最初的64名澳大利亚随军护士中，仅有22人幸存。

加拿大随军护士凯瑟琳·乔治娜·克里斯蒂（Kathleen Georgina Christie)和安娜·梅·沃特斯(Anna May Waters)也曾沦为战俘。就在1941年12月8日,即突袭发生前六个星期,这些妇女与加拿大军队一起抵达中国香港。之后在12月25日,中国香港沦陷,随后她们就与另外1900名加拿大人一起被捕。尽管她们的故事不是本书的主题,但是这些故事也同样未曾受到关注。克里斯蒂和沃特斯最初被拘禁在宝云道医院(Bowen Road Hospital),于1942年8月转移到斯坦利集中营,于1943年9月被遣返回国。①

随军护士(战俘)和平民(被拘禁者)的经历是不同的,两者的主要区别在于关押前的创伤程度,以及是否缺乏对战争和被拘禁现实的心理准备。通常,随军护士从本国出发之际,才会得知她们即将前往的目的地。大多数人在战争爆发前几周就到达了目的地,在投降之前就全部遭到日军的恐怖袭击。相比之下,来华平民护士在被捕之前已经在那里居住了好几年甚至几十年。与随军护士不同的是,"传二代"护士并未经历过战争洗礼。尽管随军护士和传教护士在平民集中营中有同样的遭遇,但传教护士因为在逮捕前几个月就已经预料到会有更糟糕的情况发生而对此感到释然,而随军护士则受到更大程度的身心创伤,甚至精神崩溃。

与日本战俘营的惩罚性质不同,设立集中营是为了防止敌国从事间谍活动或以其他方式阻碍当地战事。在战俘营中,囚犯被迫从事体力劳动,此举也被用作证明亚洲已经从西方帝国主义统治中解放出来的宣传工具。②日本的战俘集中营中,无论平民还是军人都应受到1929年《日内瓦公约》的管辖。日本表面上根据公约负责提供食物、水、住所,分发邮件和红十字会包裹,还允许中立国观察员(通常为瑞士领事)进入营地视察,以确保这些义务的履行。囚犯可以自己组织做饭、打扫卫生、洗衣、娱乐、教育和保健工作。简而言之,平民集中营的囚犯主要是受到了忽视而非虐待。但是,随着战争进行,战俘和平民的处境愈加恶劣。正如哈米什·杨所说,多数情况下

---

① Greg Leck, *Captives of Empire: The Japanese Internment of Allied Civilians in China, 1941-1945*, Bangor P.A.: Shandy Press, 2006, p.620, p.652.

② Hamish Ion, "Much Ado about Too Few: Aspects of the Treatment of Canadian and Commonwealth POWs and Civilian Internees in Metropolitan Japan, 1941-1945", *Defence Studies* vol. 6, no. 3 (2006), p.294.

日本人会无视《日内瓦公约》,声称该公约从未得到正式批准,因而他们可以不受该公约的约束。①

最终,中国成了加拿大传教士的第二故乡。虽然1941年他们由于日本侵略而遭拘禁,但这并不突然。他们和家人早在1928年就经历了日本人的恐怖威胁,在日军入侵中国的三年前,日本人就曾将齐鲁大学附近一家医院的所有患者刺伤。② 此外,日本的侵略与其说是对外国敌人的新威胁,不如说是对中国持续威胁的延伸。1941年,贝蒂·盖尔、玛丽·斯坦利和乔治娜·刘易斯等传教士不顾领事劝告,选择留在中国,使自己陷入危险之中。尽管她们认为自己的工作是在最需要的地方提供医疗救助,但她们没有想到自己需要照顾的是"墙内的人们",而不是"墙外的人们",即铁丝网围栏内的难友,而非居住在传教大院外的中国人。因此,她们不得不改变她们的传教使命。

加拿大联合教会华北使团与护理使命

1938年,当"传二代"护士与朋友贝蒂·汤姆森、玛丽·博伊德和多萝西·博伊德(Dorothy Boyd)作为加拿大联合教会女性传教士协会护士一起回到中国时,她们延续了50年前的传统。1884年,第一位美国传教护士来到中国;1888年,第一位加拿大传教护士来到中国。③ 加拿大的传教士在中国传教组织中处于特殊地位。④ 作为法国和英国的殖民地,加拿大既是传教士接收国,又是传教士派遣国,拥有两种不同语言、文化和宗教(英国新教

---

① Hamish Ion, "Much Ado about Too Few: Aspects of the Treatment of Canadian and Commonwealth POWs and Civilian Internees in Metropolitan Japan, 1941-1945", *Defence Studies*, vol. 6, no. 3 (2006), p.303; Charles Roland, *Long Night's Journey into Day: Prisoners of War in Hong Kong and Japan, 1941-1945*, Waterloo ON: Wilfrid Laurier University Press, 2001, p.xv.

② Sonya Grypma, *Healing Henan: Canadian Nurses at the North China Mission, 1888-1947*, Vancouver: University of British Columbia Press, 2008, pp.106-107.

③ 分别是伊丽莎白·麦克奇尼(Elizabeth McKechnie)和哈里特·萨瑟兰(Harriet Sutherland,中文译名苏紫兰)。

④ Alvyn Austin, *Saving China: Canadian Missionaries in the Middle Kingdom, 1888-1959*, Toronto: University of Toronto Press, 1987, p.85.

徒、法国和英国罗马天主教徒)。[①] 1919 年,超过四分之一的英国传教士是加拿大人。根据其规模和资源比例,加拿大教会在国内外资助的传教士比其他任何一个基督教国家都多。[②]

总体而言,加拿大人在中国主要有六个组织:台湾基督教长老会(建于 1871 年)、河南基督教长老会(建于 1888 年)、四川卫理公会教派(建于 1891 年)、广东基督教长老会(建于 1902 年)、浙江天主教斯卡伯勒国外传教协会(建于 1902 年)和河南加拿大圣公会(建于 1910 年)。[③] 1925 年,加拿大卫理公会、公理会人士和大多数长老会教徒共同成立了加拿大联合教会,它成为加拿大在中国最大的教会,包括河南的华北使团、四川的华西使团和广东的华南使团。加拿大联合教会也是加拿大传教护士的最大组织机构。[④] 在此期间,估计至少有 100 名加拿大护士在中国的九个省工作过。[⑤] 当三名"传二代"到父母所在的河南省加拿大联合教会华北使团工作时,加拿大人已经在那里建立了四家医院和当地第一所护士学校,并开展了 16 年的护士培训。

---

① Alyvn Austin, Jamie S. Scott, Canadian Missionaries, *Indigenous Peoples: Representing Religion at Home and Abroad*, Toronto: University of Toronto Press, 2005, p.4.

② Alvyn Austin, *Saving China: Canadian Missionaries in the Middle Kingdom, 1888-1959*, Toronto: University of Toronto Press, 1987, p.85.

③ Yuehua Zhang, *Missionary Medicine in China: A Study of Two Canadian Protestant Missions in China before 1937*, Lanham MD: University Press of America, 1988; Grant Maxwell, *Partners in Mission: The Grey Sisters in Assignment in Chekiang: Seventy-one Canadians in China, 1902-1954*, Scarborough ON: Scarboro Foreign Mission Society, 1984;另见丽塔·麦克奎尔修女,《来华修女(1929～1943,1946～1952)》(未发表),来自无原罪圣母格雷修女会,彭布罗克档案馆。

④ 肯尼斯·比顿在《中国西部 50 年灾难,1891～1941》(*Serving with the Sons of Shuh: Fifty Fateful Years in West China, 1891-1941*)中提到华北使团雇用了 21 名单身护士,华西使团雇用了 24 名,而斯加尔波罗会海外传教使团只雇用了 5 名无原罪圣母格雷修女,加上一份 1891～1939 年的华西传教士名单(有 14 名女医生和 32 名已婚注册护士),可知华西注册护士与传教医生之比为 56∶14。另外,参见珍妮特·比顿发表于加拿大护理史协会第十四届年会的《加拿大传教护士在中国:1894～1951》,可知成为护士的修女有圣·奥斯瓦德(St. Oswald)、玛丽·安东尼(Mary Anthony)、玛丽·吉纳维芙·安德查克(Mary Genevieve Anderchuk)、圣·安格拉·林奇(St Angela Lynch)和玛丽·丹尼尔·奥康纳(Mary Daniel O'Connor),但并不清楚她们的培训记录,不过一个叫玛丽·凯瑟琳·多伊尔(Mary Catherine Doyle)的修女,显然接受过药剂师培训。根据麦克奎尔的《来华修女(1929～1943,1946～1952)》记录,亦可知在 1929～1952 年,有 9 位修女一起来过中国。

⑤ 该估计包括已婚护士,如华西使团除了 24 名女性传教士协会的护士外,还有 32 名已婚护士。

因此,传教护士是加拿大华北使团中不可或缺的一部分。更重要的是,传教护士在中国现代护理建立和发展初期起着关键作用。第一批训练有素的美国和加拿大护士到达中国时,中国文化中还没有一种与弗洛伦斯・南丁格尔(Florence Nattingale)推广的护理概念类似的理念,即护理是一种高尚的职业,是一种适合于未婚女性的职业。在19世纪晚期的中国,人们难以想象名门望族的妇女会照顾不是自己亲人的病人。① 也没有类似的"基督教伦理",该伦理认为关怀可以提升到道德义务的层面,成为一个"受人尊敬的职业"。对当时的中国来说,这个伦理使得护理这个职业中最不愉快的工作也可以得到升华。② 对当时的中国来说,护理作为一种光荣职业的传教理念过于前卫,以至于"中国人无法用恰当的语言来形容这一职业的崇高"③。20世纪前10年,虽然仅有一小部分中国妇女和男子愿意参加由教会资助的护士培训,但是总体人数在不断增加。④ 1914年,新成立的中华护士会(NAC)中的美国传教护士采用"hu shih"(直译为"爱心学者")一词来形容现代中国护士所扮演的角色。1922年,也就是NAC成立八年后,中华护士会加入了国际护士会(International Council of Nurses),中国护士也加入日益壮大的世界各地的妇女群体,她们都认同妇女从事护理工作。⑤ 同年,加拿大联合教会华北使团在河南卫辉开设了第一家现代化医院和护士培训学校,多伦多总医院毕业生琼・孟席斯[Jean Menzies,婚后改名为琼・斯坦利(Jean Stantly)]成为六名"传二代"护士中第一个回到华北的人。

---

① Liu Chung-tung, "From San Gu Liu Po to 'Caring Scholar': The Chinese Nurse in Perspective", *International Journal of Nursing Studies*, vol. 28, no. 4 (1991), pp.315-324.

② Liu Chung-tung, "From San Gu Liu Po to 'Caring Scholar': The Chinese Nurse in Perspective", *International Journal of Nursing Studies*, vol. 28, no. 4 (1991), p.320.

③ Liu Chung-tung, "From San Gu Liu Po to 'Caring Scholar': The Chinese Nurse in Perspective", *International Journal of Nursing Studies*, vol. 28, no. 4 (1991), p.322.

④ Sally Chanandces Wong, "Development of Basic Nursing Education in China and Hong Kong", *Journal of Advanced Nursing*, vol. 29, no. 6 (1999), pp.1300-1307. 中国早期护理工作主要是在西方传教护士的带领下进行的,中华护士会成立于1914年,1915年开始通过考试颁发护士证书。

⑤ Barbara L, Brush et al., *Nurses of All Nations: A History of the International Council of Nurses 1899-1999*, Philadelphia: Lippincott, 1999, p.65.

华北"传二代"护士在她们的职业目标和传教士群体目标之间找到了一种"天然契合",分享关于肥皂、水、光和新鲜空气的知识,其价值并不比分享基督的福音低。到 20 世纪 30 年代,华北使团不再将传递福音视为传教医生和护士的主要任务。相反,对病人的同情与关怀被视为基督徒在行动上的一种有意义的表达,这本身就是一项有价值的付出。[①] 华北传教士将自己视为基督教在华医疗事业迅速发展值得信赖的贡献者,他们致力于通过培养中国护士来发展护理服务。但是他们需要精通现代护理实践知识的护士来进行教学,而这些护士很难找到。在华北新建的加拿大医院中,已在加拿大完成护士培训的"传二代"护士是未来医疗保健的最大希望。

讲述故事:社会史研究的优势

运用社会史方法来探讨日本侵华战争时期华北地区加拿大传教护士的故事,使我们能够分析两个不同时期(拘禁前和拘禁时)加拿大传教士组织的社会结构和关系。通过追踪贝蒂·盖尔和其他"传二代"护士童年时代在中国被拘禁的复杂经历,我们可以了解拘禁经历如何改变了她们的生活、人际关系和集体使命感。档案和私人信件是完成这项研究的关键,1941 年关于拘禁后的相关记录非常少,而私人信件和日记则恰好弥补了这部分缺失,并且接下来四年里从软禁到各种监狱集中营的故事都有记录。这样,社会史研究使我们将拘禁视为加拿大在华北传教历史的延续,而不是一种独立现象。

运用社会史方法对"传二代"护士进行研究的第二个优势,它允许将身份作为分析的中心。这使我们能够探索性别、宗教、文化、职业和其他社会结构如何影响人际关系和决策,据此我们可以了解"传二代"如何在私人生活和公共生活之间无缝链接,个人和家庭经历如何影响公众选择。[②] 在中

---

① Sonya Grypma, *Healing Henan: Canadian Nurses at the North China Mission, 1888-1947*, Vancouver: University of British Columbia Press, 2008, p.136.

② Patricia D'Antonio, "Revisiting and Rethinking the Rewriting of Nursing History", *Bulletin of the History of Medicine*, vol. 72 (1999), pp.268-290.

国，传教士护理工作不局限于教会医院，也不局限于有偿工作范围。正如帕特里夏·德·安东尼奥（Patricia D'Antonio）指出的那样，女性的文化和经验无法仅凭她们与有偿劳动的关系就被完全理解，了解女性在组织、邻里和家庭的社会结构中所处的位置是了解她们意识、角色和作用的关键。[①] 社会史促使人们反思：作为虔诚且受过高等教育的冒险者，华北传教士的社会认同如何影响个别"传二代"的自我认同？这也有助于解释为什么对"传二代"来说护理与其说是一项独立的职业，不如说是家族事业的延伸：成为一名受过训练的护士是"传二代"能够与传教士父母团聚，并且可以重回童年故乡的为数不多的方式。

"传二代"是来华传教士和加拿大人的结合体。在双语和双文化背景下，"传二代"对世界有着独特的看法，对自己在世界中的地位也有着独特的见解。1922～1941 年，"传二代"在传教护理事业中更具代表性。这证明该事业不仅符合传教士的理想，而且也是这些理想的集中体现。20 世纪 20 年代后，华北传教护士的身份在很大程度上是由包括贝蒂·盖尔在内的六名成年女性的童年经历塑造的。

资料来源

本书基于广泛的公共（档案）和私人（家庭）收集的资料。私人资料主要来自来华"传二代"及其家庭，特别是汤姆森·盖尔家族的成员，这些人手中的原始文件成为这项研究的关键。这些资料包括贝蒂·盖尔的记录、随笔和日记本（下文进一步介绍），数百页往返于中国的家信、相册和散装照片，一些有纪念意义的收藏品（如接种证明、护理证书、毕业典礼和结婚仪式照片）、报纸剪报、医院年度报告、集中营新闻刊物和一部八毫米胶片（记录了贝蒂·盖尔 1940 年在天津举行的婚礼）。加拿大联合教会档案馆提供了传教士的传记档案、官方传教公报和来自华北使团的照片。加拿大图书馆和档案馆向国际红十字会提供了有关中国集中营情况的报告。

---

① Patricia D'Antonio, "Nurses-and Wives and Mothers: Women and the Latter-day Saints Training School's Class of 1919", *Journal of Women's History*, vol. 19, no. 3 (2007), pp.112-136.

其他资料包括各种中国回忆录，既有书面的，也有口述的。口述历史包括 1991 年玛格丽特·盖尔·怀特曼录制的对六名被拘禁者[包括贝蒂·盖尔、肯尼斯·麦卡勒（Kenneth McAll）和弗朗西丝·麦卡勒（Frances McAll）]的录音采访，以及我自己对贝蒂·盖尔尚存的三个兄弟姐妹的采访。书面回忆录包括已出版的自传资料，如玛丽昂·法利斯·孟席斯·赫梅尔（Marion F. Menzies Hummel）的《"传二代"回忆录》（*Memoirs of a Mishkid*）、艾佩琪（Peggy Abkjazi）的《神秘监狱》（*A Curious Cage*）以及弗朗西丝·麦卡勒与肯尼斯·麦卡勒合著的《月下》（*Moon Looks Down*）。自行出版的传记来源通常包括抄写的注明日期的传教士书信和日记，以及他们孩子的回忆记录，包括默里·汤姆森（Murray Thomson）的《无所畏惧的自信》[Murray Thomson（*A Daring Confidenc*）讲述安德鲁·汤姆森（Andrew Thomson，中文译名汤善）的故事]和《母亲，上帝保佑她》[（*Mother*，*God Bless Her*）讲述玛格丽特·汤姆森（Margaret Thomson）的故事]，普雷斯顿·罗伯（Preston Robb）的《废墟中的花朵》[（*Flowers Amongst the Debris*）讲述彭纯修（Clara Preston）的故事]。其他一些见解来自与来华"传二代"之间的无数次非正式对话，包括那些陪伴我到中国安阳、卫辉、济南和上海进行研究访问的人，其中最值得感谢的是贝蒂·盖尔的女儿玛格丽特，她的慷慨和支持是非常重要的。虽然研究使用正式的记录和录音，但是无论是否有意，这些非正式对话和相关见解不可避免地影响了我对材料的解释。

值得注意的是，由于大部分社会史学的内容都聚焦回忆性质的工作，包括日记、回忆录和口头访谈（贝蒂·盖尔和其他人的访谈），而叙述生活的过程会将特定的身份特征带入其中，因此我以一种感性的方式来进行这项研究。回忆往往反映了叙述者的主观思想，这些故事的来源有时候是不可靠的，因为它们被视为带有自我中心主义、夸张和选择性记忆的色彩。① 例如，

① M. Louise Fitzpatrick, "Historical Research: The Method", in Patricia Munhall and Carolyn Oiler Boyd, eds., *Nursing Research*: *A Qualitative Perspective*, 2nd ed, New York: National League for Nursing Press, 1993, pp.364-370.

路易丝·菲茨帕特里克(M. Louise Fitzpatrick)表示,回忆最适合填补现有文档留下的空白,而不是作为主要资料来源。而爱丽丝·韦克斯勒(Alice Wexler)并不像菲茨帕特里克那样持怀疑态度,她认为只要研究者清楚地了解记忆与实际生活之间的区别,那回忆就很有价值。① 我同意韦克斯勒的观点,回忆的真正价值在于它们如何代表一个人的自我建构,并能洞察人们在性别、种族、经济和文化自我之间持续的紧张关系,这也是一个人多重身份的体现。格蒂·波斯玛和其他人也对此表示同意,并补充说,尽管口述历史有时与当权者所记录的正统历史背道而驰,但也有助于构建普通百姓的生活史。②

在研究华北地区女性传教士如传教护士时,回忆录尤为重要。虽然在过去 20 年中人们做了很多工作来恢复被忽视、误解或遗忘的维多利亚时期女传教士的应有地位③,但是关于第二代女传教士的历史记录仍然缺乏。④ 正如前面提到的,护士不仅被纳入了她们丈夫的"历史记录"中,而且在传教医学领域传教护士也经常"被忽视"。⑤ 尽管医学史上对护士记录的"遗漏"被归因于性别偏见,但这种偏见使(男性)医生的话语权高于(女性)护士。⑥

---

① Alice Wexler, "Emma Goldman and the Anxiety of Biography", in Sara Alpern et al.eds., *The Challenge of Feminist Biography: Writing the Lives of Modern American Women*, Urbana, IL: University of Illinois Press, 1992, pp.34-50.

② Geertje Boschma et al., "Oral History Research", in Sandra B. Lewenson and Eleanor Krohn Herrmann eds., *Capturing Nursing History: A Guide to Historical Methods in Research*, New York: Springer, 2008, pp.79-98.

③ Jacquelyn Dowd Hall, "Second Thoughts: On Writing Feminist Biography", *Feminist Studies*, vol. 13, no. 1 (1987), p.23.

④ 关于第一代女传教士的研究见 Ruth Compton Brouwer. *New Women for God: Canadian Presbyterian Women and India Missions, 1876-1914*, Toronto: University of Toronto Press, 1990; Modern Women, *Modernizing Men: The Changing Missions of Three Professional Womenin Asia and Africa, 1902-1969*, Vancouver: University of British Columbia Press, 2022; Rosemary Gagan, *A Sensitive Independence: Canadian Methodist Women Missionariesin Canadaand the Orient, 1881-1925*, Montreal: McGill-Queen's University Press, 1992; Rhonda Anne Semple, *Missionary Women: Gender, Professionalism and the Victorian Idea of Christian Mission*, Rochester, NY: Boydell, 2003.

⑤ Christoffer Grundmann, *Sent to Heal! Emergence and Development of Medical Missions*, Landham, M.D.: University Press of America, 2005, p.154.

⑥ 罗斯·克尔.研究生阶段的护理史:发展现状.加拿大医学史公报,1994,11(1):230.

就像克里斯托弗·格伦曼(Christoffer Grundmann)指出的那样,与传教护理有关的文件和传记是缺失的,没有人能够否认这样一个事实。[①] 因此,回忆录和口头回忆不仅填补了传教记录的空白,甚至在许多情况下它们就是"纪录"。本研究提供了一个描述性的背景,即居住在那里的外国人观察到的中国,以及他们个人和集体对当时中国的解读,并用使团官方和政府文件对叙述进行补充(而不是反过来)。

正如口述历史学家萨利·钱德勒(Sally Chandler)所指出的那样,依靠回忆作为集中营内部主要信息来源时,最重要的应该是意识到:主观性(无论是我们的研究主题还是我们自己的主观思想)决定着我们工作的内容和性质。[②] 就像历史学家必须明确研究主题一样(因为他们的研究内容往往会主观带入研究者的价值观和信念),研究人员也要明确自己的定位和观点,否则这些主观思想会影响到我们的工作。波斯玛认为,无论是书面记录还是口头访谈,都始终反映了研究者的主观立场。[③] 帕梅拉·苏吉曼(Pamela Sugiman)对日裔加拿大人进行的研究证明了这一点。作为第三代工薪阶层的日裔加拿大人,珍珠港事件发生后他们在不列颠哥伦比亚省被捕,苏吉曼意识到自我反省在研究过程中的重要性。苏吉曼认为自己是口头访谈中叙述故事的共同建构者,有必要将自己和研究对象的动机与需求放在一起考虑。[④]

考虑到上述几点,我将在海外教会工作过的加拿大传教护士作为本研

---

① Christoffer Grundmann, *Sent to Heal! Emergence and Development of Medical Missions*, Landham, M.D.: University Press of America, 2005, p.154.

② Sally Chandler, cited in Geertje Boschma, Sonya Grypma, and Florence Melchior, "Reflections on Researcher Subjectivity and Identity in Nursing History", in Sandra B. Lewenson and Eleanor Krohn Herrmann, eds., *Capturing Nursing History: A Guide to Historical Methods in Research*, New York: Springer, 2008, p.99.

③ Sally Chandler, cited in Geertje Boschma, Sonya Grypma, and Florence Melchior, "Reflections on Researcher Subjectivity and Identity in Nursing History", in Sandra B. Lewenson and Eleanor Krohn Herrmann, eds., *Capturing Nursing History: A Guide to Historical Methods in Research*, New York: Springer, 2008, p.100.

④ Pamela Sudjiman, "Life is sweet: Vulnerability and Composure in the Wartime Narratives of Japanese Canadians", *Journal of Canadian Studies*, vol. 43, no. 1 (2009), pp.186-218.

究的核心。如果我没有分享过一些“传二代”护士的特征，我也不确定是否会被邀请走进来华“传二代”及其家人的生活。在九年的时间里，我们的关系发展得很慢，直到我遇到了加拿大传教护士的幸存亲属，他们把我介绍给他们圈子里的其他人认识。最终，这些关系促成了我的两次中国考察之旅，涉及加拿大传教士的12名亲属，其中4名“传二代”是60年来首次回到中国，这其中包括已经60多岁的贝蒂·盖尔的女儿玛格丽特。我们在穿越中国的旅途中分享了故事，同时再次参观了长城、上海外滩、黄河、齐鲁大学校园、潍县集中营纪念馆和前卫辉传教医院。除此之外，一些传教士家庭成员还通过电子邮件、信件或电话的方式与我联系，一些人寄给我已出版和未出版的回忆录、信件和照片。这些都有助于我了解传教士后代及其在拘禁期间发生的故事，有助于我对加拿大传教士组织的理解。

苏吉曼将口头访谈视为对访谈者和受访者均有利的对话叙事法，信件、日记、访谈记录和书面回忆中的对话叙述也是如此，这对他们和听众都是有益的。最后，历史学家必须尊重叙述者所说和所写的内容。苏吉曼指出，叙述者总是在他们想要分享的记忆方面进行自我选择。因此，尽管许多传教士对事件的描述和他们对事件的反应是在事件发生时，但他们的描述却是自我选择的。这样的自选叙述体现了令人钦佩的且与宗教教育相一致的品质，同时也减轻了个人的焦虑和挫折感。苏吉曼认为，叙事包含了叙述者希望传达给更广泛受众的信息——包含道德而非经验的信息。[①] 考虑到需要把叙述者置于她所在的文化和历史背景下，在接下来的内容中，我的一个目的是阐明“传二代”的道德信息，揭示激发其创作的潜在社会价值。

有几个资料来源特别值得一提。关于最后几年被拘禁时光的章节（特别是第七章）几乎完全取材于贝蒂·盖尔撰写的材料，主要的资料来源是她未出版的日记。这本日记是贝蒂·盖尔晚年手写的，作为送给女儿玛格丽特的礼物。《贝蒂·盖尔日记：在中国日占区四年拘禁生活实录》（未出版）是根据贝蒂日记、笔记本和家书整理而成，记录了贝蒂自1941年7月（玛格

① Pamela Sudjman, “Life is sweet: Vulnerability and Composure in the Wartime Narratives of Japanese Canadians”, *Journal of Canadian Studies*, vol. 43, no. 1 (2009), p.191.

丽特出生)至1945年8月(从浦东集中营释放)在中国的生活。这部231页的作品根据拘留地点(齐鲁、哥伦比亚乡村俱乐部、扬州、浦东)分为四个部分,包括戈弗雷·盖尔的引论,大量关于集中营生活的照片和插图,其中许多是由同为被拘禁者的肯尼斯·麦卡勒绘制的。这些记录包括日常事件的快照描述与贝蒂·盖尔的回应。未出版的"贝蒂·盖尔日记"(以下简称"日记")与当时传教士撰写的其他未出版的回忆录相似,最好将其视为回忆录而非日记。例如,戈弗雷·盖尔基于在中国的日记,完成了长达37页的题为《太平洋战争》的手稿(未注明日期、未出版),开头写道:"让我(现在)继续用我当时、当场所写的日记,除了偶尔要进行一下解释或补充说明。就让我从我们失去自由的前一天——1941年12月7日星期日开始。"[①]贝蒂·盖尔日记是这项研究的动力和关键来源。

在我进行研究的几年后,盖尔一家人发现储藏室里藏着两份非常宝贵的资料,并将它们邮寄给我。其中一份材料是贝蒂·盖尔皮面装订的《五年日记》(未出版),日记开始于她返回中国的那一天,简短描述了一些日常事件(从1939年2月15日至1943年12月31日)。另一份材料是已经破碎发黄、发霉缺页的笔记本,但对贝蒂·盖尔在被关押期间(从1944年1月1日至1945年10月2日)发生的事情进行了更为详细的描述。这本残缺的笔记本包括80页的手写笔记。当她的孩子找到笔记本时,他们还发现了另外17页的手写笔记,这些笔记是贝蒂·盖尔在中国抗战胜利后写的未注明日期的粗稿(可能是演讲笔记,大约是在她释放九年半后写的,即1955年)。贝蒂·盖尔在整个关押期间的日记和笔记本都保留着。综上所述,贝蒂·盖尔的主要资料(信件、日志、笔记本、日记和便签)之间可以相互佐证。由于日记、日志和笔记本中都有注明日期的条目,所以可以了解贝蒂·盖尔在日记(回忆录)中想要主观呈现的内容,这是她精心准备送给女儿玛格丽特的礼物。因此,这本日记不仅是为后代留下的一份记录,而且是她希望传递给孩子道德信息和潜在社会价值的见证。从这个意义上讲,贝蒂·盖尔的日

---

① 戈弗雷·盖尔的《太平洋战争》(未出版的回忆录或日记),来自玛格丽特·怀特曼的私人收藏。

记表达了她所认同的传教士群体的价值观。

这些资料之间存在一些值得注意的差异。日常记录简要描述了贝蒂·盖尔的日常社交活动和她所拜访的人，而笔记本和日记则更为完整地描述了她对这些人和事件的反应。在将事件从笔记本记录到日记中时，她特地地将某些难友的全名改为首字母缩写，尤其是在描述不喜欢的人或事时。她掩饰了那些可能被视为贬低或损害某人声誉的细节(例如，在一场有争议的集中营组织的戏剧表演后，牧师被指控为“伪君子或其他反面角色”)或者拘禁者之间发生冲突的细节。为防止隐私泄露，在记录对丈夫的亲密称呼时，也往往会特别标注(在笔记本边沿标注“私人”一词)。贝蒂·盖尔在她的笔记本和日记中都认为，拘禁生活也是一段珍贵的经历。回想起来，以积极的态度对待拘禁生活并不是她所做的唯一一件事。例如，1945 年 1 月 22 日，她在笔记本上写道：“拘禁生活在某些方面对我来说是不可思议的，而且我非常确定上帝希望玛格丽特和我待在这里，我们与上帝同在。”这句话与她被释放后描述的想法相一致。最后，贝蒂·盖尔在日记中展现了她对内心精神生活的一些反思。例如，在 1944 年 8 月 21 日的日记中写到她从布道中悟到彼得是耶稣基督的门徒，他生命中经历的磨难将会彻底改变他对基督教的认识，而那些磨难最终以他的殉道而告终。

贝蒂·盖尔的日记不像她笔记本里记录的那样坦率，而且也并不总是准确的。例如，根据她的笔记本，1945 年 4 月 16 日之前为李爱锐(Eric Liddell)举行了追悼会，日记里却写到追悼会是在 4 月 17 日之后举行的。两个消息来源都指出，纪念馆开幕是在 1945 年 3 月 30 日耶稣受难日，说明两处信息来源是正确的。尽管存在一些这样的错误，贝蒂·盖尔的日记还是非常宝贵的历史资料，尤其是作为她社会价值和特定身份的象征。她在日志里避而不谈但在日记和笔记本中提到的内容，让我们更好地了解到她是如何将自己的隐私、内心生活与母亲这一不那么私人的角色区分开来的。她日记本(和回忆录草稿)中的内容使我们对传教士机构的社会价值有了更深刻的了解。她传递的道德思想既反映了她个人的价值观，也反映了她所在社会群体的价值观。对我们而言，贝蒂·盖尔的日记是她自己对事件及其反应的可靠资料来源。除非资料之间存在差异，否则该笔记可与当时所写的资料相互印证。

章节概述

该书的中心主题是在日本占领中国前后传教护士的社会身份与加拿大“传二代”护士在中国日趋分散和孤立的本质之间的交集。故事从贝蒂·盖尔的角度，以1941年为关键年份，按时间顺序，描述了那些不接受领事建议而留在中国的传教士的经历。因此，这本书大致分为两个部分：拘禁前和拘禁时。第一部分探究了塑造来华传教身份的社会环境。“传二代”身上体现出一种优雅与从容，同时他们也渴望像父母一样通过经历一些刺激且危险的事情来建构属于自己的中国传教故事，这样他们就可以说这是属于他们这代人所独有的经历。第二部分是对上一部分叙述的延续，主要是通过例证的方式来讲述身为传教护士的贝蒂·盖尔在1941～1945年拘禁期间的生活经历。

本书共分为七章，每章包括叙事部分和综合分析部分。第一章探究了1911～1934年贝蒂·盖尔和她的同龄人在联合教会华北使团的童年经历，以及在河南地区涌现的信念坚定的“传二代”。第二章探讨了为什么“传二代”决定作为传教护士返回中国，反映了1935～1938年在中国战乱初期“传二代”对逐渐成熟的亚文化的期望和现状。第三章探讨了传教护士在1939～1940年的早期经历，这是关于“新一代”来华传教士的部分，他们沉浸在一个充满派对、浪漫和婚姻的保护世界中，而他们在中国工作的传教医院遭到袭击，因此被迫撤离。第四章叙写了贝蒂·盖尔和其他传教护士在1941年日本袭击珍珠港之前的几个月里，不听从领事建议而选择留在中国的关键决定。第五章研究了贝蒂·盖尔和其他难友如何适应被拘禁在齐鲁大学的生活，日本人也在这里找到了自己的新角色，即作为平民集中营的管理员。第六章探讨了贝蒂·盖尔在1942～1943年探寻她和家人从华北迁至上海的意义——并非像他们想象的那样是为了自由，而是因为被拘禁。首先是在平民集会中心，与其他350名难友在一起，然后作为囚犯中的医疗人员，负责扬州的一个偏远集中营。第七章探讨了贝蒂·盖尔在浦东一家关押囚犯的烟草仓库中与其他 1200 名被拘禁者在一起的两年。在这两年里，日益匮乏的物资和日益危险的情况使贝蒂·盖尔的个人使命感限制在不断缩小的社交圈里。在 1945 年被释放前的几个月里，浦东遭到了持续不断的空袭，贝蒂在那几个月里更多的是独处。结论部分强调了本书的突出主题和新的见解，作者认为贝蒂·盖尔和其他传教士所写的书信、日记、拘禁生活回忆录和反思都反映了他们当时的生活，充分体现了他们架构在宏大救赎叙事中的集体传教信仰，通过与来华传教士的密切联系以及作为来华传教士的身份，能够加深对于拘禁的理解。

第一章　播种梦想　静待未来(1910～1934年)

我想,我们身体里一定都流淌着中国人的血液。

——加拿大传教护士玛丽·博伊德,摘自1941年1月信件

我们今天讲述的这些人物,他们的童年不同寻常。他们出生在20世纪初的中国,父母是加拿大传教士。他们熟悉黄包车、筷子、"奶妈"(女佣)就像熟悉勃朗特的小说、钢琴课、圣诞剧一样。父母忙着在中国传教时,孩子们则沉浸在"尘土飞扬但像天堂一样的世界里"——在北戴河的海滩上骑驴、唱"苦力"(非技术劳工——以下均称"劳工")的劳动号子、坐船沿渭河逆流而上、从教会门外的小贩那里购买零食,这些其实对于土生土长的加拿大孩子来说都是不常见的。①

1923～1939年,六位加拿大华北传教士的女儿回到中国,作为传教护士加入她们父母的队伍。这六名"传二代"护士都在河南出生,父母也长期工作于此。琼·孟席斯(Jean Menzies)和她的妹妹乔治娜·孟席斯是孟恩赐和戴维娜·孟席斯(Davina Menzies)之女,弗洛伦斯·麦肯齐[Florence Mackenzie,婚后改名为弗洛伦斯·利德尔(Florence Liddey)]是休·麦肯齐(Hugh Mackenzie)和爱格妮思·麦肯齐(Agnes Mackenzie)之女,贝蒂·汤姆森是汤善和玛格丽特·汤姆森(Margaret Thomson)之女,多萝西·博伊德和她的妹妹玛丽·博伊德(Mary Boyd)是博伊德牧师(H.A. Boyd)和杰西·博伊德(Jessie Boyd)之女。② 这六名"传二代"的生活紧密相连,她们在加拿大联合教会华北传教使团度过了成长的关键期,在多伦多总医院护士

① Marnie Copland, *Moon Cakes and Maple Sugar*, Burlington ON: G.R. Welch, 1980, p.9.

② 孟席斯、汤姆森、麦肯齐和博伊德家族分别于1895年、1906年、1909年和1912年来到这里。

学校(Toronto General Hospital Training School for Nurses)学习护理，在此之后也都回到了中国。这种经历也使她们对这个世界有着独特的双文化、双语言的理解。在成长的重要岁月里，她们彼此依赖，有着相似的世界观，也面临相同的困境，这也将她们的一生紧密地联系在一起。恰巧是在这六名“传二代”的童年时期，护理工作正在由边缘转变为传教工作的重心，因此她们回到中国的决定也加快了这一转变。

其实，华北使团并不是一直重视护理工作。在早期的传教活动中，一些知名的加拿大传教士认为医学(具体而言，就是护理)不过是一种传播福音的手段。也就是说，传教士的首要目的是让中国人相信基督教福音，早期传教士只是勉强把治疗病人作为传教的一部分。在此背景下，医疗护理是一种赢得潜在皈依者的方式——治愈身体是拯救灵魂的一种手段。教会医生富有远见，他们说服了传教士，推动了护理在中国的发展，促进了护理的现代化进程。1888年，第一批加拿大传教士(当时是长老会教徒)曾派遣一名传教护士到河南工作，但直到1911年(贝蒂·盖尔和弗洛伦斯·麦肯齐的出生之年)华北使团才开始有计划地招募传教护士。

此时的中国正处于民族危机之中，自从外国列强镇压了义和团运动(反对外国人在中国从事商业、宗教和政治活动)之后，中国就一直处于动荡之中，而且清政府软弱无力，导致中国落后于时代。1908年，慈禧太后和光绪皇帝相继去世，年仅两岁的爱新觉罗·溥仪继位。1911年，推翻清王朝统治的一系列运动达到高潮，孙中山当选为中华民国临时大总统。同年，华北暴发肺鼠疫。历史学家张越华(Yuet-wah Cheung)说，华北各地的传教医生为新政府提供服务，帮助其控制了这场瘟疫。[①] 他称，1911年肺鼠疫期间，西医的价值得到了证实并受到中国官方的认可。

也正是在1911年，华北使团护理工作的发展迎来了春天，其中主要有三个社会和政治方面的原因：第一，孙中山当选中华民国临时大总统后，中国

---

① Margaret Brown, "History of the Honan (North China) Mission of the United Church of Canada, Originally a Mission of the Presbyterian Church in Canada" (unpublished, n.d.), United Church of Canada Archives (hereafter UCCA), 46:4.

社会广泛接受西方思想；第二，中华博医会(Christian Medical Association of China)大力宣传加强护理服务；第三，华北传教士弗莱德·敖尔德(Fred Auld)医生富有远见，说服了传教团体推动护理发展。

成功治疗肺鼠疫为医学传教特别是护理工作带来了新的契机，因为中国各地的传教士医生意识到他们新开办的西式医院需要护士。[①] 中华博医会在《1911 年医学传教工作》一文中指出，护理是"医学传教中最薄弱的一环"，在中国有一半的医院甚至只有一名护士。[②] 因此，医院需要外籍护士培训中国护士，并监管医院的护理工作。在河南，弗莱德·敖尔德医生考虑了中华博医会的建议，在仔细研究了其他大型教会医院的情况后得出结论：河南的护理工作需要转型，要从以门诊为主转为以住院服务为主。他推荐当时在河南的寡居护士饶秀贞(Jeannette Ratcliffe)担任卫辉华北使团医院(North China Mission hospital)的院长。[③]

尽管医院建成之后(1922 年)饶秀贞才正式履职，但在医院建设期间她为新工作做了万全的准备。她在多伦多接受了研究生教育，并在济南齐鲁大学医院做实习护士长，还学习了汉语。护士珍妮特·布莱登(Janet Brydon)成为她的伙伴。然而，第一次世界大战中断了她们的计划，因为1918～1919 年华北使团的大部分男性传教士都去了法国战场，为战争服务。当这些人返回中国后，华北使团得以再次推动护理事业的发展。此时，医疗和护理服务的前景一片光明。他们计划在三个使团所在地开设新医院，并将其中一家作为河南卫辉的第一所护士培训学校。加拿大与中华基督教会合作，计划从当地华人教会中招募基督教护理学生。

然而，1920 年加拿大传教士先驱孟恩赐医生遇害，推进医院护理工作的

---

① Sonya Grypma, *Healing Henan: Canadian Nurses at the North China Mission, 1888-1947*, Vancouver: University of British Columbia Press, 2008, p.58.

② Margaret Brown, "History of the Honan (North China) Mission of the United Church of Canada, Originally a Mission of the Presbyterian Church in Canada" (unpublished, n.d.), United Church of Canada Archives (hereafter UCCA), 57:12.

③ Margaret Brown, "History of the Honan (North China) Mission of the United Church of Canada, Originally a Mission of the Presbyterian Church in Canada" (unpublished, n.d.), United Church of Canada Archives (hereafter UCCA), 57:12.

计划又一次中断。事情起因是布莱登和室友赛蒂·莱斯布里奇(Sadie Lethbridge)在住所遭遇袭击,孟恩赐医生听到她们在阳台上的呼救声前来帮忙,不幸被土匪射杀。这场悲剧摧毁了小小的华北使团,虽然过去 30 年该团体经历了一些暴力和疾病的威胁,但这是他们第一次直面这种飞来的横祸。据说,赛蒂·莱斯布里奇一直未能从这场打击中恢复过来,几个月后死于痢疾。布莱登则留在河南,在怀庆的教会医院工作,同时协助其他传教士在卫辉附近开办新医院和护士学校。三年后,三名新护士加入了她和饶秀贞的队伍,其中包括第一个华北"传二代"护士琼·孟席斯——遇害的孟恩赐医生的女儿。

"传二代"护士的出现

"传二代"护士的出现可以追溯到孟恩赐医生遇害的那一年。[①] 1920 年 3 月 26 日,电报带来噩耗,此时孟恩赐的妻子戴维娜正和三个女儿暂住在多伦多。长女琼·孟席斯 22 岁,刚开始在多伦多总医院护士学校接受培训,14 岁的乔治娜·孟席斯还在上中学。之后,琼·孟席斯则是回到怀庆,在父亲奋斗了 30 年的医院工作,罗光普医生回来接替孟恩赐,琼·孟席斯将和他一起继续父亲的工作。该医院刚刚改名为孟恩赐纪念医院,虽然不清楚是什么让她做出了如此非凡的决定,但是我们可以确定,中国和加拿大的传教团对她的决定十分欣喜。

1923 年,琼·孟席斯与母亲和妹妹抵达华北使团,之后追随她脚步的五个女孩当时已经意识到,琼重返中国对于华北使团来说是一个多么令人振奋的消息。当时,琼的妹妹乔治娜 17 岁,弗洛伦斯·麦肯齐和贝蒂·汤姆森 12 岁,玛丽和多萝西·博伊德分别是 10 岁和 7 岁,这些女孩目睹了孟恩赐"殉难"后人们的悲痛。作为传教士的第一个"自己人",毫无疑问,琼受到了

---

① Sonya Grypma, *Healing Henan: Canadian Nurses at the North China Mission, 1888-1947*, Vancouver: University of British Columbia Press, 2008, p.66; James R, "Menzies: Preaching and Healing in Early 20th-Century China", *Canadian Medical Association Journal*, vol. 170, no. 1 (2004), pp.84-85.

热烈欢迎。对于那些因失去孟恩赐而伤心欲绝的华北传教士来说，孟恩赐女儿的归来让他们安心——有谁比传教士的子女更适合继承传教工作这份遗产呢？如果琼愿意回到父亲曾经工作的医院，愿意与父亲的同事一起工作，那么任何一个传教士的孩子也都能做到。

琼的回归比受人尊敬的罗光普医生的回归更能强化这种观念，那就是传教工作的价值与自我牺牲的程度是成正比的。琼在父亲遇难的地方工作，这意味着她愿意像父亲一样置身危险之中。孟恩赐医生为此牺牲了生命，琼也做好了同样的准备。1923年，对其他五个年轻女孩来说，她们清楚地认识到两件事：一是传教工作本身就存在风险而且需要自我牺牲；二是华北使团将永远对自己人敞开大门。琼·孟席斯和罗光普医生的回归标志着新一代传教士的到来，他们既尊重思想传统、传播福音的老一代传教士，也尊重为河南医学发展开疆拓土的下一代传教士。此外，琼和罗光普医生骨子里就是中国人，他们会说中文，能理解中国文化，而这是老一代和下一代加拿大传教士都无法做到的。

琼在怀庆没有待太久，这也许并不奇怪。关于她决定转到卫辉附近的教会医院这件事，历史资料中没有记载，但这似乎可以合理地推测，毕竟在一个依然有着父亲身影的地方工作，这种精神上的创伤是她难以承受的。历史资料也没有记载传教团对她决定离开怀庆有何反应，后来，当琼嫁给英国浸信会的汉德利·斯托克利医生(Handley Stockley)时，她无意中为年轻的“传二代”设定了两个标准：一是嫁给一个来华传教士；二是不管中国情况如何，都要在那里扎根。但是由于北伐战争爆发，汉德利·斯托克利在西安被国民革命军围困了8个月。[①]

蒋介石是孙中山的继任者，1925年孙中山去世后，蒋介石接替他成为国民党的领导人。在脆弱的新政府统治下，利益集团的分歧日益扩大。[②] 1926

---

① Margaret Brown, “History of the Honan (North China) Mission of the United Church of Canada, Originally a Mission of the Presbyterian Church in Canada” (unpublished, n.d.), United Church of Canada Archives (hereafter UCCA), 46: 4.

② 有大量关于这一时期政治和文化史的学术研究，特别是乔纳森·斯宾塞的作品。例如，乔纳森·斯宾塞在纽约诺顿出版社1990年出版的 *Search for Modern China*。

年全国动乱不断加剧,学生示威游行、骚动频发,军阀割据、战乱不休。为了打着民族主义的旗帜统一中国,1926年,蒋介石发动了为期两年的“北伐战争”。相关的军事冲突迫使外国领事馆命令其传教士撤出内地。华北使团96名传教士全部从河南撤离,四川的华西使团有200多名传教士撤离。然而,令人惊讶的是,五个加拿大人拒绝离开四川,甚至在收到一封询问“到底是什么耽搁了你们五人”的电报后仍熟视无睹。[①] 因为在危机时刻表现出的无私奉献的英雄精神,他们后来被授予“金星传教士”的称号。或许有人认为拒绝撤离是鲁莽的,但是这也表明他们对传教事业的坚定信念。1927年1月,在动乱之中,琼和汉德利·斯托克利医生喜结连理。

在著名的1927年“大撤离”事件中,8000多名新教传教士(包括贝蒂·汤姆森及其家人)从中国撤离,其中有3000人再也没有回来。加拿大联合教会华北使团的96名传教士中有20人离开。[②] 危机发生时,留在中国的加拿大人在天津等待时机。在那里,15岁的弗洛伦斯·麦肯齐第一次见到伦敦会的李爱锐(Erick Liddell)。李爱锐也是一个“传二代”,1902年在天津出生,返回中国之前,他因在苏格兰赢得了奥运金牌而声名大噪。1924年奥运会期间,他拒绝在“安息日”跑步,后来的电影《烈火战车》就取材于此。1930年,弗洛伦斯·麦肯齐和李爱锐订婚。弗洛伦斯的父母很赞成这门婚事,但她的父亲休·麦肯齐很有先见之明,认为所有的女人都应该在结婚前接受一些训练,以防她们的丈夫遭遇不测。[③] 因此,订婚后不久弗洛伦斯就前往多伦多接受护士培训。在弗洛伦斯学习护理课程的第三年,她最好的朋友兼同事贝蒂·汤姆森也开始了第一年的课程。1933年,弗洛伦斯毕业后回到中国嫁给了31岁的李爱锐,成为第三个回到中国的“传二代”护士。在此之前,乔治娜·孟席斯在两年前(1931年)就回到了中国。

---

① Alvyn Austin, *Saving China: Canadian Missionaries in the Middle Kingdom, 1888-1959*, Toronto: University of Toronto Press, 1987, p.208.

② Sonya Grypma, *Healing Henan: Canadian Nurses at the North China Mission, 1888-1947*, Vancouver: University of British Columbia Press, 2008, p.103.

③ 出自2003年4月作者对露易丝·麦肯齐·麦克莱恩(Louise Mackenzie McLean)的采访。

抗战中的护理工作

乔治娜·孟席斯是第二个作为传教护士回到中国的“传二代”。1931年，从多伦多总医院护士学校毕业后，她回到了河南省的华北使团，在安阳和卫辉的加拿大教会医院工作了八年。乔治娜·孟席斯撰写的1936～1937年安阳妇女医院报告描述了这段时期内教会医院病房里的残酷现实。[①] 乔治娜·孟席斯记录了七名因严重烧伤、枪伤、鸦片成瘾、天花和黑热病(一种主要发生在脾脏、肝脏和骨髓的系统性疾病，由微小原生生物引起，通过白蛉传播)而长期住院治疗的患者。其中，一名8岁的儿童和一名60岁的妇女是被匪徒开枪射伤的。这个孩子是在匪徒袭击村庄后被俘的，他被扔在一个空荡荡的深坑里，手脚都冻僵了，最终中国士兵救出了他，但在战斗中他的肘部中枪。该妇女的手臂也中了枪，却两周后才被送往医院，“现在她的上臂仍在流脓”。[②] 烧伤的是一个10岁的小乞丐，在一个寒冷的夜晚他躺在敞开的火炉旁，他的衣服着了火，胳膊和身体的侧面都被严重烧伤，之后火被扑灭。瘾君子是一个20岁的妇女，因为“明年起将枪毙所有吸毒者的规定将正式实施”[③]，她的丈夫送她来住院。

1937年7月7日，战争全面爆发，当时乔治娜正在安阳工作。随着日本军队从中国北部向河南推进，难民开始从北方涌入河南。1937年10月，安阳遭到猛烈轰炸，女传教士被疏散到卫辉。在卫辉，医生和护士照顾伤员时，3000名难民躲到医院避难。在怀庆，日本飞机无差别轰炸中国士兵和平民，仅在24小时内，两名医生和两名传教护士就为102名重伤员做了手术。

几周后，日军进入河南，日军轰炸机在上空盘旋。由于战争，安阳、卫辉和怀庆的传教士收到政府警告，要求他们撤离，但这次大多数人选择留下

① 乔治娜·孟席斯的查房记录，1936/37，来自加拿大联合教会档案馆，83.058C，58号档案盒，26号文件，第3辑。

② 乔治娜·孟席斯的查房记录，1936/37，来自加拿大联合教会档案馆，83.058C，58号档案盒，26号文件，第3辑。

③ 乔治娜·孟席斯的查房记录，1936/37，来自加拿大联合教会档案馆，83.058C，58号档案盒，26号文件，第3辑。

来。因为日本人已经答应不破坏英国人的住宅,所以华北的传教士开始悬挂英国国旗。他们还在所有建筑物的屋顶和卫辉传教大院的墙外面画上了大型英国国旗。传教医生和护士整天都在照顾伤员和难民。华北使团历史学家玛格丽特·布朗(Margaret Brown)表示,中国政府肯定了传教士留在中国的决定,称由于传教士的努力,成千上万人免于疼痛、苦难和死亡,女孩和妇女也摆脱了比死亡更悲惨的命运。[①] 违抗领事命令是英雄所为,这种想法在传教士中已经根深蒂固。

此时,华北使团的护理工作面临严峻考验。三家教会医院继续为生病或受伤的患者提供门诊服务,同时也接收那些需要重症监护和手术的患者,但医院没有足够的护士来护理患者。与西方一样,中国的现代医院依靠护生管理病房,医院为护生提供培训和食宿,而毕业的护士则从事行政和教学工作。正常情况下,这三家医院里共有8名加拿大护士和两名中国毕业生教导和管理30名中国护生。然而,到1937年10月底,大多数中国员工已经放弃了这项工作(至少在卫辉是这样)。1938年,《加拿大护士杂志》(*Canadian Nurse Journal*)发表了饶秀贞的一封信,信中她悲叹道:"满载炸弹的飞机从头顶呼啸而过,一个又一个伤员被抬进手术室。恐惧蔓延开来,在这个永远不能忘记的日子里,我们的20名工作人员离开了(加入他们在军队和红十字医院的中国同胞)。不到两周,我们的员工仅剩一名加拿大医生、两名加拿大护士和七名中国毕业生及护生。"[②]

到1938年1月初,大部分中国员工已经返回,他们为三名护士举行了毕业典礼。教会又招收了十余名学生,"不是因为我们现在想要更多的年轻女性从事护理工作,"饶秀贞写道,"而是因为这些中学和师范学校的毕业生是难民,与成千上万的人一样无家可归。"[③]到1938年,华北使团只剩下五名加

---

① Margaret Brown, "History of the Honan (North China) Mission of the United Church of Canada, Originally a Mission of the Presbyterian Church in Canada" (unpublished, n.d.), United Church of Canada Archives (hereafter UCCA), 96: 7.

② Jeannette Radcliffe, "War in Weihwei", *Canadian Nurse*, vol. 34, no. 7 (1938), p.357.

③ Jeannette Radcliffe, "War in Weihwei", *Canadian Nurse*, vol. 34, no. 7 (1938), p.357.

拿大护士，有三人辞职结婚。[①] 其中一位是“传二代”护士乔治娜·孟席斯，1938年她与浸信会的医生约翰·刘易斯订婚。[②] 这样一来，教会医院护士的工作量变得越来越大。

果不其然，华北使团很难找到接替这三位护士的人。父母不愿意让女儿去饱受战争蹂躏的中国，更糟糕的是，加拿大人也开始质疑传教事业的价值。阿尔文·奥斯汀(Alvyn Austin)指出，1927～1935年《基督教世纪》(*The Christian Century*)刊登的文章显示，从人类学和社会学的角度对传教的批评越来越多，人们认为传教就是破坏文化。1930年，有一篇文章这样问道：“传教士还是纯粹的基督徒吗？”[③]为了回应日益增多的批评(这些批评导致对传教的慈善捐赠骤减)[④]，一群美国浸信会信徒设立了一个评估委员会[⑤]，审查包括中国在内的东亚地区的传教工作。评估委员会由美国七个主要教派的成员以及美国和加拿大外交使团联合委员会组成。经过九个月的东亚之旅，他们开始分阶段向公众发布报告。他们最后一份报告发表于1932年，名为《重新思考传教：百年后的非专业人士调查》，结论是：如果要让传教活动继续发挥作用，就必须改变传教方式，少一些福音传道(不以讲道为重点)，而更多地注重实用性(以服务为导向)、综合性(与多种教派、组织和宗教合作)和本土性(项目责任移交给本国国民)。[⑥]

联合教会海外传教委员会[⑦]对这次调查感到震惊，一些人开始复兴保守

---

① 剩下的五名护士是盖麻姑(Margaret Gay)、饶秀贞、珍妮特·布莱登、彭纯修和科拉尔·布罗迪(Coral Brodie)，她们从1928年起被借调到济南。三个辞职结婚的人分别是爱兰歌娜·史密斯(Allegra Smith，1935年返回加拿大)、雷润田[Isabel Leslie，1937年嫁给了华北使团传教士约翰·弗莱明(John Flemming)]和乔治娜·孟席斯(1938年嫁给浸信会传教士约翰·刘易斯)。

② 来源为加拿大联合教会档案馆“乔治娜·孟席斯”传记档案。

③ Alvyn Austin, *Saving China: Canadian Missionaries in the Middle Kingdom, 1888-1959*, Toronto: University of Toronto Press, 1987, pp.228-229.

④ 参见1932年11月28日《时代周刊》刊登的《宗教：传教反思》一文。

⑤ 评估委员会(Commission of Appraisal)主席为威廉·欧内斯特·霍金(William Ernest Hocking)。

⑥ William Ernest Hocking, *Re-Thinking Missions: A Laymen's Inquiry after One Hundred Years*, New York: Harper, 1932, pp.325-329.

⑦ 不久前改名，原名是“外方传教委员会”(Board of Foreign Missions)。

主义,回归基本教义,以此来应对长达十年的经济和精神萧条。[①] 1937 年,已经退休的华北传教医师先驱史美德(James Fraser Smith,也是传教护理的早期支持者)出版自传,为福音基督教传教争取公众支持。这部名为《生命的觉醒》(*Life's Waking Part*)的自传,回顾了他过去 50 年在河南传教的历程。该书序言写道:本书尖锐地批评了《重新思考传教》这一报告,驳斥了法学教授西德尼·史密斯对传教的批判,他认为传教只是美好的幻想。人们对传教的担忧并不是无缘无故的。一些国内专家所谓的"重新思考传教",给人们留下这样一种印象:在世界范围内传播福音是毫无价值的。有一些人因此赞同西德尼·史密斯的观点:传教不过是个白日梦,空有梦想,而无实现之可能。[②] 华北传教士认为传教工作意义深远,但此时世界正处于大萧条时期,经济衰退,欧洲和亚洲动荡日益加剧,教会质疑福音传教的性质,这意味着几乎没有加拿大人愿意关注和支持中国的传教工作,所有这些都使得招募护士愈发困难。

罗光普医生被借调到中国国际红十字会后,曾在加拿大短暂停留,因为中国急需护士,他向多伦多总医院护士学校校长珍·甘恩(Jean Gunn)和多伦多的美国教会发出呼吁。在寻找到河南工作的护士时,罗光普意识到贝蒂·汤姆森和她的一些护士朋友可能是最佳人选。[③] 为了将贝蒂·汤姆森和其他候选人从多伦多总医院的职位上解脱出来,罗光普医生拜访了珍·甘恩。但是她"不喜欢女孩子们去中国。"[④],罗光普医生后来回忆道:

我们在她的办公室里,她严肃的态度使我感到很害怕。当我说出

① Alvyn Austin, *Saving China: Canadian Missionaries in the Middle Kingdom, 1888-1959*, Toronto: University of Toronto Press, 1987, pp.230-231.

② 约翰·H.麦克维卡(John H. MacVicar)写于 1937 年出版的《生命的觉醒:中国河南医学传教先驱及中亚传教士史美德牧师自传》(*Life's Waking Part: Being the Autobiography of Reverend James Frazer Smith, Pioneer Medical Missionary to Honan, China, and Missionary to Central Asia*)一书的前言。

③ 罗光普,《贝蒂·盖尔回忆录》(未发表,写于贝蒂和戈弗雷结婚 40 周年纪念日),来自玛格丽特·怀特曼的私人收藏。

④ 罗光普,《贝蒂·盖尔回忆录》(未发表,写于贝蒂和戈弗雷结婚 40 周年纪念日),来自玛格丽特·怀特曼的私人收藏。

此行目的时，她坦率地告诉我为什么不喜欢“她的护士”去一个陌生的国家从事这样一份富有魅力但又有风险的工作。她说道：“罗光普医生，感谢您为我的护士们提供这种迷人的工作，但万一她们出事了怎么办？如果她们在工作中受伤或生病了，你能提供什么保障？如果她们造成永久的伤残，谁来照顾她们？”这些顾虑十分重要，我一时不知道说什么好。然后，我抬头看到桌子上方的墙上挂着一幅南丁格尔的照片，我有了灵感。我直视着珍·甘恩小姐的眼睛，指着桌子上方的那张照片说：“甘恩小姐，这些女孩的工作条件和那位女士一样，做的工作也差不多。”①

最后，珍·甘恩同意了。

罗光普医生也在汤姆森家的餐桌上谈了自己的想法。1926 年，贝蒂·汤姆森从中国撤离(1927 年“大撤离”的一部分)后就一直住在这里。她的妹妹露丝·汤姆森·劳斯说，一想到中国的孩子们忍饥挨饿、痛苦万分，姐姐就去联合教会女性传教士协会办公室报了名，同去的还有她儿时的朋友多萝西·博伊德和玛丽·博伊德。② 她们的父母仍在中国，她们了解中国文化，接受的是专业的教育，因此这三位未婚女性是理想的传教士人选，她们约定一起回到中国。1939 年3 月 4 日，三人乘坐“亚洲皇后”号回到中国。③这样，华北就有了六名“传二代”护士。

那时很少有人愿意去中国，但这六名传教护士却义无反顾地回到中国，那么，在华北度过的童年对她们成为思想独立的女性有什么影响呢？要了解这个问题就必须探究她们的成长历程。下面我们将介绍传教士子女成长过程中的三个重要时期，这些时期给“传二代”护士的生活留下了不可磨灭的印记(即便并非有意为之)：第一个时期是与中国人民和文化亲密而又“禁

---

① 罗光普，《贝蒂·盖尔回忆录》(未发表，写于贝蒂和戈弗雷结婚 40 周年纪念日)，来自玛格丽特·怀特曼的私人收藏。

② 来自 2004 年 6 月作者对露丝·汤姆森·劳斯的采访。

③ 教会新闻《三位来华新护士》(*News of the Church*: *Three New Nurses for China*)未注明发表日期，来自玛格丽特·怀特曼的私人收藏。

忌”的关系(成为中国人);第二个时期包括与父母痛苦地分离,在寄宿学校成长(成为加拿大人);第三个时期包括与多伦多的来华传教士一起生活(成为护士)。

成为中国人:学习语言和发展人际关系

小时候耳濡目染,因此长大后我们既适应西方的生活,也适应中国的生活。

——玛丽昂·孟席斯·赫梅尔(Marion Menzies Hummel)

华北的“传二代”生活在外国人专为自己建立的聚居区里,他们成长在一个既安全又危险、既有序又不可预测的世界里。作为“英国臣民”(1947年《加拿大公民法》颁布之前,正式场合加拿大人被称为“英国臣民”),“传二代”与父母和其他传教士享有同样的特权,比如能自由地去往中国各地。然而,实际上“传二代”是在教会内部长大的(后来教会建起围墙和大门与外界分隔),他们住在能够自给自足的外国人聚居区,里面有一排排西式住宅,还带有繁盛的花园、网球场、教堂和医院。表面上看,“传二代”与中国人是分离的,后来这些孩子又与父母分离,但他们还是找到方法打破了这种社会壁垒,一方面他们偷听大人的秘密谈话,另一方面则偷偷地与中国员工、小孩说话。“传二代”关注传教士的世界,并且对此非常好奇,他们看到中国人过节的时候,父母会在搭建好的帐篷里布道,看到父母在家中举办英式茶话会、领唱歌曲,看到传教士因中国的政局倍感焦虑。艾美凤(Mavis Knight Weatherhead)是卫辉医院院长诺尔曼·奈特(Norman Knight)的女儿,她回忆起在客厅里听到的热烈讨论:

当在我们家客厅举办会议时,我们这些孩子坐在前排。正上方是我们的卧室,卧室地板的角落里有一个洞,以前是用来装暖气的。过去我们常常把遮挡的东西拿开,从洞口偷看,并听听发生了什么事。一般会议结束前,大家会突然鸦雀无声,接着有人说:“让我们祈祷吧!”然后,大家会喃喃地祈祷好几分钟,我们着急地等待着,直到听到熟悉的隆隆声，这声音越来越大，不过只持续了几秒钟，之后会听见响亮的“哼”声，会议就结束了。有人尽职尽责地戳了一下我们亲爱的朋友麦克伦南小姐(Miss McLennan)的肋骨，想把她叫醒。[①]

贝蒂·汤姆森也回忆起自己不上学的时候和父母一起参加帐篷会议的情景：“我还记得我经常和父母一起外出去乡下，一去就是好几天。父亲主持会议，母亲弹奏手风琴、领唱。我和妹妹佩吉(Peggy)会坐在楼梯上倾听，人们会在纸窗上戳洞盯着我们，我们有时也用目光回击。”[②]

“传二代”会两种语言，他们过着既不纯粹中式也不纯粹西式的生活。他们在后院走廊上用汉语流利地与奶妈和厨师交谈，或是和中国玩伴在院子里玩，然后坐在布置正式的餐桌前，享用由中国仆人准备的西餐。语言是他们在这些场景之间转换的关键。在这些场景下他们学到了非常实用的中文，有时也会学到脏话，小罗光普的父亲听到后会禁止孩子们说这种话。

传教士父母需要孩子们做翻译。例如，玛丽昂·孟席斯可以帮助祖母和奶妈沈大嫂交流，把中文翻译成英文，再把英文翻译成中文[③]，但他们也担心孩子长大后不能适应加拿大的生活。罗维灵医生经常用粉笔在门口画一条线，罗光普回忆说：“如果我们在那条线以里说一句汉语，他就会狠狠地打我们一顿，他说，‘你整天都说中文，和中国人玩耍，但英语必须在回加拿大之前学会’。”[④]

---

① 来自2008年5月11日艾美凤与作者的交流。

② Murray McCheyne *Thomson*, *A Daring Confidence*: *The Life and Times of Andrew Thomson in China*, *1906-1942*, Ottawa: Murray Thomson, 1992, pp.188-189.

③ Marion F. Menzies Hummel, *Memoirs of a Mishkid*, comp. and ed. Elizabeth Mittler, Beamsville ON: Elizabeth Mittler, 2001, p.8.

④ 1976年7月14日，在多伦多彼得·斯特斯堡(Peter Stursberg)对罗光普的采访，来自加拿大图书馆和档案馆(Library and Archives Canada), MG 31, D78系列，44卷，文件44-29。

约在1917年,麦凯·汤姆森、贝蒂·汤姆森、琼·汤姆森和他们的
母亲玛格丽特·汤姆森在一艘日本蒸汽船上

"传二代"因为父母不允许自己说中文而感到不安,罗光普也是如此。他感到奇怪的是,他们通常和奶妈、厨师、园丁这些中国人一起阅读《圣经》和祈祷,所以大家都说中文,但是在家里父母却禁止他说中文。中文是他的第一语言,有些中文词在英语中没有对应的词。① 正如他在76岁时所描述的,"中文是我的自然语言,我发火的时候用的都是中文,而不是英语"②。

尽管父母不准孩子说中文,但是"传二代"自己创造机会讲中文,有时候还会兴致勃勃地说脏话。艾美凤是诺尔曼·奈特夫妇的独生女,日本侵华期间她说脏话逗自己玩。她爬到墙上,用中文说脏话,充满了叛逆,父母不让她说这些话,她偏要说,她还拿这个区分"自己人"(中国兵)和"敌人"(日本兵)。看着下面士兵的反应,艾美凤就能分辨出他们是中国人还是日本人,因为日本人不会对脏话进行回应。③

---

① McClure, *The China Years of Dr. Bob McClure*, Toronto: Canec Publishing, 1977, p.9.

② 来自彼得·斯特斯堡对罗光普的采访。

③ 来自2006年11月作者对艾美凤的采访。

除了学会说中文,“传二代”们还喜欢上了中国美食,对中国哲学和价值观也有了一些深刻的理解,比如面子是很重要的。正如玛尔妮·劳海德·柯普兰(Marnie Lochead Copland)评论道:

> 美国传教委员会的一位干事曾对我们说,在他接触过的所有传教士中(全世界),老中国通是最团结的,对他们所选择的国家也是奉献最多的。无论我们来自哪个西方国家,无论我们生活在中国的哪个地方,我们都因对中国的爱和对彼此的忠诚而团结在一起。这位干事说,我们已经开始像中国人一样思考。我们不再直来直去,我们学会了含蓄地表达自己的真实想法。①

虽然传教士父母对孩子们的成长环境和使用的语言有所限制,但他们并不反对所有的文化影响。传教士把中国视为第二故乡,希望自己的孩子也是如此。1911 年,11 岁的罗光普跟随父亲回到中国,而母亲则留在加拿大与祖父母在一起。罗维灵不希望儿子在成长的关键时期与周围环境分离太久。正如罗光普的传记后来所写的那样:“毫无疑问,在罗维灵医生和他儿子的心目中,‘周围环境’就是指中国河南北部,这一点非常重要。”②

成为加拿大人:卫辉寄宿学校

对于不在加拿大出生的“传二代”来说,成为加拿大人是一种奇怪的想法。他们到加拿大休假,或者学习有关加拿大的课程,通过这种直接或间接的接触方式,“传二代”们逐渐理解了“加拿大人”这个词的真正含义,也学着适应这个身份。

七岁时的某一天,玛尔妮·劳海德·柯普兰和亲戚在安大略省森林里制作枫糖浆。正是从那天起,她觉得自己“成了加拿大人”。玛尔妮回忆说:“那时我只知道我的父母在中国生活,之后我很惊讶地发现,在我出生前,他

---

① Marnie Copland, *Moon Cakes and Maple Sugar*, Burlington ON: G.R. Welch, 1980, p.51.

② Munroe Scott, *McClure: The China Years of Dr. Bob McClure*, Toronto: Canec Publishing, 1977, p.23.

们在加拿大生活。”[①]每七年才有一次休假，传教士父母认为培养“加拿大”孩子最好的方式就是按照加拿大的标准和课程来教育他们。无论在中国还是加拿大，正规教育都是非常重要的，通过教育，孩子们不仅可以懂得历史(这是必须要明白的)，还可以了解未来。所以“传二代”们开始了对英语语法、加拿大地理和英国历史的多年学习。

教育好子女是传教士父母最重要的观念之一。传教士子女都将返回加拿大，他们需要达到加拿大中学和大学的入学标准。1908年，卫辉已经成为传教士子女的教育中心。同年，10岁的琼·孟席斯离开怀庆前往卫辉，与麦克卢尔一家住在一起。两地相距约150公里，琼·孟席斯的父母认为，与其自己教，不如把孩子留在玛丽亚·斯隆(Maria Sloan)女士身边，那样她能接受更好的教育。[②] 到了麦克卢尔家之后，琼·孟席斯和小她两岁的罗光普一起成长。1910年，饶秀贞受邀担任卫辉教会儿童寄宿学校的校长；1922年，她担任卫辉医院和护士培训学校的第一任护士长。因此，那些回到中国当护士的“传二代”们对饶秀贞早就有所耳闻。

卫辉的华北使团传教大院里有一家医院、一所中学、一座中式教堂，以及大约十幢传教士房屋和一所寄宿学校。传教期间，学校中“传二代”不足二十人，有时会更少。[③] 学校是一栋两层的灰砖建筑，男生宿舍和女生宿舍分列两侧，中间有两间卧室，一间是女舍监的卧室，一间是教师的卧室。楼下中央大厅的一边是会客厅，另一边是两间教室。这算不上奢侈：

> 没有电，也没有抽水马桶，每晚我们都要借着烛光走去卧室。在盥洗室的天花板附近有存积雨水的蓄水池，方便洗手。浴室一侧的小隔间里有一个公共浴室，每个人都能在那里洗澡。中国仆人会为我们端来热水……每当铃声响起，我们就会在长桌旁吃饭。我们吃西餐，但有

---

① Marnie Copland, *Moon Cakes and Maple Sugar*, Burlington ON: G.R. Welch, 1980, p .5.

② Munroe Scott, *McClure: The China Years of Dr. Bob McClure*, Toronto: Canec Publishing, 1977, p.10.

③ Marion F. Menzies Hummel, *Memoirs of a Mishkid*, comp. and ed. by Elizabeth Mittler, Beamsville ON: Elizabeth Mittler, 2001, p.18.

时我们也享用中餐。[①]

与父母住得近的传教士子女可以每隔几周就回家探亲。对于离家较远的孩子们而言,只有圣诞节、复活节和暑假可以回家。孩子们非常期待回家。贝蒂·汤姆森回忆说,从卫辉坐火车到道口时,父亲会骑着自行车在车站等他们,她说:“我们坐着人力车穿过狭窄的街道,街上总是挤满了人。一些人喊我们‘洋鬼子’,但这些称呼都没什么恶意。哥哥麦凯(MacKay)最受大家欢迎,大家喊他宝贝(他的中文名字),他会很高兴地和大家打招呼。”[②]贝蒂·汤姆森还记得,走进大院,沿着绿树成荫的小路回家时,她是多么激动,妈妈和家里最小的穆里尔总是在门口等着他们,她说:“我们受到了非常热烈的欢迎。我们冲进房子里,看看穆里尔在我们上学期间又做了什么新奇的事儿。”[③]

这些回忆让我们了解到传教士子女是如何度过与父母长期分离的日子。“传二代”很小的时候就和父母分开了,如贝蒂·汤姆森的哥哥麦凯5岁(1914年)就离家去了卫辉。虽然一些孩子适应了寄宿学校的生活,但也有一些孩子倍感孤独和寂寞。后来弗洛伦斯·麦肯齐不带丈夫李爱锐回加拿大正是因为她对于分离已习以为常,而贝蒂·汤姆森、玛丽·博伊德和乔治娜·孟席斯决定与丈夫一起留在中国则是深知这种分离的痛苦。

20世纪的基督徒重视家庭团结,这是他们精神生活的追求。团结的家庭也代表着他们拥有强大的精神生活,然而让人感到讽刺的是,传教士和亲人总在分离。父母不能常年陪伴孩子,夫妻常年分居两地。分离的原因有很多,有时因为中国爆发民族危机,国内局势动荡,形势严峻,妇女和儿童就撤回加拿大;有时因为传教士的妻子们负责照顾生病的家人,如她们需要回到加拿大照顾年迈的父母;大多时候是因为孩子们要接受更好的教育,在日

① Marion F. Menzies Hummel, *Memoirs of a Mishkid*, comp. and ed. Elizabeth Mittler, Beamsville ON: Elizabeth Mittler, 2001, p.18.

② Murray McCheyne Thomson, *A Daring Confidence: The Life and Times of Andrew Thomson in China, 1906-1942*, Ottawa: Murray Thomson, 1992, p.188.

③ Murray McCheyne Thomson, *A Daring Confidence: The Life and Times of Andrew Thomson in China, 1906-1942*, Ottawa: Murray Thomson, 1992, p.188.

本神户的加拿大学院建立之前，传教士子女必须回到加拿大学习大学入学前所需的课程。在那些日子里，女孩子通常与父母住在一起或住在父母附近(通常在多伦多或多伦多附近)。那里，与在中国一样，传教士家庭经常为彼此提供实质性的帮助和支持，如必要时为彼此的孩子提供食宿。

玛丽昂·孟席斯·赫梅尔因父母对她疏于照管，饱受分离之苦。玛丽昂于 1913 年出生，是明义士牧师(James Mellon Menzies)和安妮·孟席斯(Annie Menzies)之女，她与贝蒂·汤姆森、多萝西·博伊德和玛丽·博伊德是同时代的人。在她的回忆中，父亲既冷漠又严厉，相比于传播福音，明义士对考古更具热情，并因此出名。明义士在安阳的华北传教点发现了甲骨文(龟甲和其他骨头碎片)，其上刻有商代(公元前 1300 年)卜官(商代为商王占卜的官)的预言。他越来越痴迷于收藏这些东西，这些收藏品在日后也变得价值不菲。[①] 玛丽昂回忆说："父亲很严厉，因为患有偏头痛，总是十分暴躁，我记得他只打过我一次，当时我和弗洛伦斯·麦肯齐吵得很凶，父亲用苍蝇拍抽我们的腿。小时候，父亲不经常给我们写信，总是让母亲写，但父亲写的信让我们铭记一生。"[②]

因为孩子与父母分离，所以写信是他们生活中不可或缺的一部分。无论相隔黄河还是太平洋，孩子和父母都定期通信。玛丽昂·孟席斯·赫梅尔说："回顾在寄宿学校的那些年，很多时候是母亲的信让我们成长。这些信满载着母亲的爱，它启发我们，激励我们，教我们信仰上帝，教我们学习《圣经》中的神迹并提升自己。"[③]父母通过写信向孩子们灌输价值观，培养种族、宗教和民族认同感，但孩子们不是全部都接受的。1926 年，13 岁的玛丽昂·孟席斯·赫梅尔在寄宿学校上学时，她母亲在信中写道：

> 感谢上帝，你不是一个可怜的中国小女孩。还记得我学校里的那

---

① Linfu Dong, *Cross Culture and Faith: The Life and Work of James Mellon Menzies*, Toronto: University of Toronto Press, 2005.

② Marion F. Menzies Hummel, *Memoirs of a Mishkid*, comp. and ed. by Elizabeth Mittler, Beamsville ON: Elizabeth Mittler, 2001, p.29.

③ Marion F. Menzies Hummel, *Memoirs of a Mishkid*, comp. and ed. by Elizabeth Mittler, Beamsville ON: Elizabeth Mittler, 2001, pp.94-95.

个棕色头发的女孩冬来(DungLai)吗,她经常上门来要东西。真想不到!上周冬来结婚了,和一个40岁左右的男人,他们从没见过面。冬来的妈妈因此拿到了150美元。亲爱的,你怎么看这件事?她哭了又哭,不想结婚。我也哭了……我知道跟妈妈分开很难过,但是在莫迪(Maudie)6岁和伯莎(Bertha)8岁的时候,他们的妈妈就去世了。你看,当他们不快乐的时候,并不能写信告诉妈妈。亲爱的,请感恩你所拥有的一切。①

传教士父母试图通过写信让孩子建立种族认同感,强调加拿大和中国的差异,表达加拿大文化优于中国文化,让孩子接受与父母分开。然而,孩子们通常抵触甚至厌恶这种优越感。事实上,一些孩子认为他们小时候在中国没有经历过任何种族歧视。例如,罗光普称,他第一次遇到所谓的"种族偏见"是1915年在多伦多哈伯德学院(Harbord Collegiate)。在那里,他被视作是一个不与犹太人或天主教徒交往的"WASP"(白人盎格鲁-撒克逊新教徒)。对罗光普来说,种族或宗教歧视是北美特有的现象:"(15岁)来到加拿大之前,我从未听说过(也不知道)任何种族问题。"②

玛丽昂·孟席斯·赫梅尔母亲的信体现了后殖民研究中一个老生常谈的问题——帝国主义或殖民主义的观点:"传二代"不像他们的父母那样认为"中国即他国"。不管孩子们抗拒父母表现出的歧视是他们不成熟的表现,还是因为对中国有着深厚的感情,他们始终认为自己与中国人没有什么不同。这样看来,依据爱德华·赛义德(Edward Said)的东方主义观点和弗朗茨·法农(Franz Fanon)的观点(殖民者或殖民意识对"我们"和"他们"的感觉复杂化),人们很难解释"传二代"的这种现象:对"传二代"来说,"我们"是在中国出生的,"我们"在原本分隔的华人和加拿大群体之间自如地转换身份,"我们"对传教士父母制定的"分离规则"感到困惑,"我们"抵制基于种

① Marion F. Menzies Hummel, *Memoirs of a Mishkid*, comp. and ed. Elizabeth Mittler, Beamsville ON: Elizabeth Mittler, 2001, p.31.

② 来自彼得·斯特斯堡对罗光普的采访。

族、宗教或国籍的优越感。[①]

汤姆森家族和老麦凯(R.P. MacKay)

虽然孩子们在上学期间感到孤单,但在暑假就完全不同了。北戴河是河北省秦皇岛市的一处海滨胜地,在那里度过暑假对孩子们而言意义非凡,他们都认为在北戴河的那段时间是童年最美好的时光。从天津坐火车到北戴河很方便,北戴河海滩覆被细腻的黄沙,绵延10公里,宽约几百米。在孩子们的回忆中,那里是最与世隔绝的地方——普通中国民众不能轻易进入的特权之地。

华北的外籍人士通常聚集在北戴河,其中有传教士、商人和外交官。母亲会带着孩子来这里待一整个夏天,父亲有时会来住几个星期。这些日子里他们会打网球,在沙滩聚会和野餐等。很多传教士还在北戴河修建了避暑别墅。据穆里尔·汤姆森·瓦伦汀回忆,她曾和哥哥默里在海滩上玩耍,一玩就是好几个小时,只有一个十几岁的大哥哥或大姐姐负责照看他们,穆

① Edward W. Said, *Orientalism*, New York: Pantheon, 1978; Franz Fanon, *The Wretched of the Earth*, New York: Grove Press, 2004.

里尔和默里全然不顾几米高的浪花冲过来，游到水深远远超过他们身高的地方。[①] 海滩尽头没有救生员，只是立着一个“小心暗潮”的警告牌。[②]

20世纪30年代加拿大传教士乘船游览大明湖

（照片由玛丽·斯特拉瑟斯·麦基姆提供）

令人惊奇的是，无论在平时还是在北戴河过暑假，父母都毫不避讳地把孩子交给别人照看（中国的奶妈、其他传教士家庭、寄宿学校的老师，或者十几岁的兄弟姐妹）。第二次世界大战之后，北美地区才开始重视儿童水上安全（基督教青年会和红十字会开设游泳课程，游泳成为一种越来越普遍的休闲运动）。传教士不是唯一把孩子交给寄宿学校和家庭教师抚养的新教（广泛存在的白人盎格鲁-撒克逊新教文化）父母。一方面，父母需要工作，作息不规律，无法抚养孩子；另一方面，也更重要的是，父母坚信孩子的命运最终掌握在全知全能、无所不在的上帝手中。正如穆里尔所说：“父母相信，在生活中，在更高的世界中，有一种精神引导和支持他们还有我们。在之后的人

---

① Mother, *God Bless Her! A Memoir Based on the Letters and Stories of Margaret Mackay Thomson, 1881-1973*, Ottawa: Murray Thomson, 2005, p.10.

② Mother, *God Bless Her! A Memoir Based on the Letters and Stories of Margaret Mackay Thomson, 1881-1973*, Ottawa: Murray Thomson, 2005, p.10.

生中,我们也坚定了此种信念。”[①]让孩子们在无人监督的情况下游泳、独自乘火车旅行,或者交由相对陌生的人照顾,这些都是有风险的,但与传教生活相比,这些风险也就算不得什么了。对传教士及其孩子们来说,传教工作本就危险重重。

成为护士:与多伦多总医院(TGH)的联系

1926 年夏天,汤姆森一家撤回加拿大。玛格丽特·汤姆森(汤善妻子)的父亲老麦凯(R.P. Mackay)医生在玫瑰公园大道 33 号为他们买了一套房子,距离多伦多总医院和多伦多大学大约 5 公里。当时贝蒂 15 岁,那是她第一次在加拿大学校读书。1929 年,老麦凯医生去世,汤善回到中国,玛格丽特和七个孩子留在了多伦多。汤善独自在道口工作了两年,之后才与家人在多伦多团聚。一年后,即 1932 年,玛格丽特和汤善再次踏上了前往中国的旅程,这次他们只带了最小的三个孩子,四个年纪稍长的孩子则留在了多伦多。贝蒂在多伦多总医院护士学校接受护士培训,她和最好的朋友弗洛伦斯·麦肯齐一起学习。

在联合教会的传教史上,如果说豫北是“侨居地”,那多伦多则像“都市酒店”。在这些年里,许多联合教会传教士家庭来到多伦多躲避战乱,并且让子女在多伦多接受更好的教育。这些传教群体在多伦多和在中国一样活跃。多伦多是加拿大联合教会的总部,大多数教会家庭也会在此休假。多伦多有很多有名的教育机构,能够培训牧师、医生、社会工作者、女执事和教师,如多伦多大学、维多利亚大学、长老会传教士和女执事培训学校,以及多伦多总医院。许多传教士曾在多伦多总医院接受培训,所以人们十分推崇这家医院,传教士也会把自己的家人送去多伦多总医院学习。[②] 这就是六名“传二代”护士[琼·孟席斯(1922 年)、乔治娜·孟席斯(1929 年)、弗洛伦

① Mother, *God Bless Her! A Memoir Based on the Letters and Stories of Margaret Mackay Thomson, 1881-1973*, Ottawa: Murray Thomson, 2005, p.10.

② Marnie Copland, *Moon Cakes and Maple Sugar*, *Burlington*, ON: G.R. Welch, 1980, p.45.

斯·麦肯齐(1934年)、贝蒂·汤姆森(1935年)、多萝西·博伊德(1936年)、玛丽·博伊德(1937年)][①]为什么都在多伦多总医院的护士学校(以下简称"护士学校")学习。当父母一方或者双方都在中国时,他们会让孩子在自己认可的地方学习和生活,而且那里有其他传教士家庭可以给孩子提供帮助。例如,穆里尔的父亲坚持让她去多伦多大学(穆里尔的父亲的母校)读书,她回忆道:

> 我将和教会的朋友博伊德一家住在一起,他们正在休假,住在教会里……博伊德一家愉快地接纳了我。玛丽(博伊德)在多伦多大学读二年级(主修公共卫生),我们在学校很少见面。在维多利亚学院,还有一些从日本、印度和非洲回来的"传二代"——那些曾在神户就读基督教学院的人组成了一个名为"Chushinguru"的团体,这是日语中的一个说法,意思是"忠诚的伙伴"。[②]

从这个意义上说,传教领域从中国延伸到多伦多,而多伦多也为传教士提供了诸多便利。因此,传教士父母选择把孩子送到多伦多接受教育就不足为奇了。一方面,孩子能够在学业上获得所需的社会支持;另一方面,他们依靠支持传教工作的行政人员,这些人员可以放宽"传二代"入学标准。例如,1930年弗洛伦斯·麦肯齐回到多伦多学习护理,她的年龄和学历并不符合学校的录取要求。李爱锐的传记作者大卫·麦卡斯兰(David McCasland)说:"弗洛伦斯还差三个月就满19岁,而19岁是申请入学的最低年龄。此外,她在天津文法学校(Grammar School)的学习没有达到加拿大的入学标准,也没有学习过拉丁文。"[③]但是,招生主任写了一封"推荐信",表示弗洛伦斯已经接受了相当于安大略省四年制高中的课程,并希望护士学校副部长海伦·洛克(Helen Locke)能够推荐弗洛伦斯入学,海伦也欣然应允。

---

① 多萝西·博伊德和玛丽·博伊德的日期是估算的,这些信息尚未得到证实。

② Marion F. Menzies Hummel, *Memoirs of a Mishkid*, comp. and ed. by Elizabeth Mittler, Beamsville ON: Elizabeth Mittler, 2001, p.101.

③ David McCasland, *Eric Liddell: Pure Gold*, MI: Discovery House, 2001, p.153.

珍·甘恩也会给予支持:七年前,珍就批准了艾米·希斯洛普(Amy Hislop,后来成为罗光普的妻子)进入多伦多总医院护士学校学习,因为艾米曾告诉她自己想去海外的教会医院工作。珍对传教情有独钟,一提到传教工作,她就好像"解冻"了一般。[①] 如果传教士的女儿想独自返回中国,那么作为传教护士回去是最顺理成章的方式,而多伦多总医院是最合适的培训场所。

关于贝蒂·汤姆森在多伦多(1926～1938年)的生活几乎没有记录。这些年来,贝蒂和家人们有团聚也有分离。家书一如既往是他们沟通和维系亲情的重要方式。贝蒂在就读护理专业的第二年凭借优秀的个人品质而获得了奖学金,她的三个兄弟姐妹立即写信给远在中国的父母,告诉了他们这个好消息。1934年6月15日,玛格丽特·汤姆森给贝蒂写了一封信,信的开头写道:"你可能不想让其他兄弟姐妹看到我们有多自豪!"母亲激动地赞扬了她。[②] 贝蒂读完信后因能得到父母的认可非常开心:

> 我亲爱的小姑娘……你知道吗,自从你进入医院学习,我心里就一直想着,你会得到这份奖学金。没有人比你更值得得到这个奖学金,如果你没有得到,那是因为同学们没有应有的判断力!爸爸高兴得快哭了!……宝贝,我们一直相信你具有出色的能力,而你再一次证明了这一点…… 所有的奖学金中,由同学评选出的奖学金是大家都想得到的……我再一次意识到,尽管相隔万里,我们的心仍紧紧相依……你能感受到外公(R.P. Mackay)对你充满赞赏的微笑吗?[③]

不难想象为什么这封信是贝蒂年轻时保存下来的为数不多的几封信之一。这封信就像她人生的里程碑,承载着父母的祝福,其意义自然不言而喻。1935年5月22日,贝蒂从多伦多总医院护士学校毕业,父母分别给她

---

① Munroe Scott, *McClure: The China Years of Dr. Bob McClure*, Toronto: Canec Publishing, 1977, p.62.

② 玛格丽特·汤姆森(道口)给贝蒂·汤姆森(多伦多)的信,1934年6月15日,来自玛格丽特·怀特曼的私人收藏。

③ 玛格丽特·汤姆森(道口)给贝蒂·汤姆森(多伦多)的信,1934年6月15日,来自玛格丽特·怀特曼的私人收藏。

写了一封信。玛格丽特写道:“今天是你毕业的日子,我们在早上就想着你,今天一定要开心。”[①]汤善写道:“我不在乎你是否获得第一名,你已经通过了比考试更高的考验,你乐于助人、无私乐观。”[②]汤善和妻子告知了其他家庭成员这个好消息并祭祀了祖先,他们相信已故的亲人会在另一个世界支持贝蒂。这种信仰,与中国文化有共通之处,“尽管我再也不能见到你的祖父、祖母和其他人,但我毫不怀疑,他们一直都在”。同时,汤善强调了女儿的血统,他说在女儿身上看到了一些重要的特质:“你的外貌和性格都很像你的祖母[伊丽莎白·杜里(Elizabeth Durie)],你的名字里还带着她的名字,听起来就让人很开心。你的祖母是这一带(欧文桑德)的护士,即使是需要她埋葬穷人的尸体,她也不觉得辛苦和可怕。现在我在你身上又看到了她的影子。”[③]

汤善和妻子都认为这段时期女儿正站在人生的十字路口,对于她下一步该做什么两人都有自己的想法。在汤善看来,女儿有三个选择:一是从事私人护理;二是留在医院继续学习;三是攻读公共卫生等相关学科的研究生课程。[④] 在玛格丽特看来,女儿应该在多伦多大学攻读研究生课程,但是联合教会传教护士彭纯修则建议贝蒂再等几个月,因为她第一次完成这样高难度的本科课程,需要休息一下。玛格丽特希望女儿能找到一个合适的丈夫(那时贝蒂24岁),因为贝蒂最近有一段不愉快的恋情。“我很遗憾,大学期间你没有结识到真正优秀的男生,”玛格丽特写道,“远离那些酒鬼,你会更快乐。”[⑤]对汤善和妻子来说,基督徒是不能饮酒的。汤善曾撰写《酒精还是基督?》《教会复兴运动:酒精必胜吗?》这两本书。汤善滴酒不沾,因而在

① 玛格丽特·汤姆森(道口)给贝蒂·汤姆森(多伦多)的信,1934年6月15日,来自玛格丽特·怀特曼的私人收藏。

② 汤善(道口)给贝蒂·汤姆森(多伦多)的信,1935年5月22日,来自玛格丽特·怀特曼私人收藏。

③ 玛格丽特·汤姆森(道口)给贝蒂·汤姆森(多伦多)的信,1934年6月15日,来自玛格丽特·怀特曼的私人收藏。

④ 玛格丽特·汤姆森(道口)给贝蒂·汤姆森(多伦多)的信,1934年6月15日,来自玛格丽特·怀特曼的私人收藏。

⑤ 玛格丽特·汤姆森(道口)给贝蒂·汤姆森(多伦多)的信,1935年5月22日,来自玛格丽特·怀特曼的私人收藏。

教会获得了好名声。[1] 女儿坚决不碰酒体现了她做事“非常有原则”，这也说明汤善夫妇对子女的教育很成功。

1935年贝蒂·汤姆森于多伦多总医院护士学校毕业

1935年6月，贝蒂获得奖学金一年后，再次得到同学们的推选，凭借高效的床边护理获得了格特鲁德·奥哈拉奖(Gertrude O'Hara Prize)。[2] 父亲说：“最重要的是，你从来没有违背自己的原则，你始终坚守最崇高、最高尚的原则。如果你没有全面发展，没有充分发挥你的个性，没有为老师和同学们服务，你就不会获得这个奖项。”[3]1935年6月22日，母亲在她生日这天写信夸奖她：

这是快乐的一天，因为24年前的今天你来到了这个世界上！这些

① 玛格丽特·汤姆森(道口)给孩子(多伦多)的信，1934年9月23日，来自玛格丽特·怀特曼的私人收藏。

② “多伦多总医院护士学校毕业实习计划”，1935年5月22日，来自玛格丽特·怀特曼的私人收藏。

③ 汤善(道口)给贝蒂·汤姆森(多伦多)的信，1935年6月15日，来自玛格丽特·怀特曼的私人收藏。

年里，你给我们带来了骄傲和快乐……我们为你获得奖学金、为你在医院的出色表现感到高兴，我们会一直为你感到骄傲……你值得所有荣誉，你是那么真诚善良，但又不是那种在外人眼里可爱却和自己家人过不去的自私的女孩。正如玛格丽特（贝蒂在中国的妹妹）所说："贝蒂就是贝蒂，她代表着优秀。"①

无论贝蒂选择怎样的人生，她都将在家人的深爱和支持下，不畏风雨，勇敢前行。

结语

20 世纪初，华北的"传二代"通常对传教团体有一种归属感，这种归属感远超对家庭的归属感。传教士的孩子们能够轻松适应从一个家搬到另一个家，无论是父母的传教点、卫辉、日本神户的传教士儿童寄宿学校、北戴河的避暑胜地还是多伦多的大城市，他们都显示出惊人的适应能力。例如，汤姆森的孩子们能够安稳地度过旅途时光，因为他们很早就知道，在旅途的终点（无论是乘火车、坐人力车还是骑驴子）等待他们的都会是其他传教同伴。他们有着相同的价值观和信仰，他们互相信任。尽管把孩子交给其他人（如看护人或教会代理人）照顾，可能会让孩子陷入危险，比如遭遇火车盗匪、霍乱或海滩暗流，但作为父母的他们依然坚持。他们知道书信很重要，因此会写信向孩子传达价值观念，而且孩子们定期与父母通信则会更自信，更快乐。写信的频率、信件的长度和在信件中的语气都能体现他们对孩子们的爱。

汤姆森夫妇在信中表达了对贝蒂的支持，而玛丽昂父母却在信中采用劝诫的口吻，两方形成巨大反差。人们为玛丽昂感到难过，因为她的父亲既冷漠且严厉，她的童年是孤独的。她说："我是由信件养大的。"这听起来真实又令人心碎。令人惊讶的是，大部分"传二代"，我采访的八个孩子中有七

① 玛格丽特·汤姆森（北戴河）给贝蒂·汤姆森（多伦多）的信，1935 年 6 月 22 日，来自玛格丽特·怀特曼的私人收藏。

个都与父母关系亲密，而且有着快乐的童年。但我们说起采访结果时，一位 90 多岁的老人却有不同的意见，他指责传教士父母对孩子“神圣的”忽视。他嘲讽道，父母过分关注在中国的传教事业，他们没有太多精力来关心孩子、陪伴孩子。对于他来说，那种被遗弃的感觉持续了 80 年，但贝蒂却不是这样，她认为父母非常爱她。

孩子们可以在中西方文化之间自由转换。尽管他们说英语、吃西餐、接受加拿大教育，知道自己是加拿大人，但他们也接受了中国奶妈、家仆和邻居的观念和习俗。例如，孩子们相信祖先灵魂依然游荡在世间。贝蒂相信已故的外祖父会守护着她，已故的祖母会影响自己与护理事业有关的决定。逝者会从另一个精神世界关注着生者，虽然这种想法仍属于基督教传统观念，但贝蒂父母认为逝者并不能影响现实生活。

“传二代”在中国度过童年，这让他们能够与其他传教士的孩子建立亲密关系。在这种情况下，传教士朋友往往比加拿大的家人更重要，如“传二代”之间的相处比他们与加拿大的堂兄弟姐妹之间的相处更融洽。贝蒂和最好的朋友弗洛伦斯都于 1911 年出生于河南，她们一起在北戴河度过了童年，后来又在多伦多相遇，当时弗洛伦斯正在学习护理(1930 年)，贝蒂的家人暂居多伦多。两年后，贝蒂决定学习护理，这一决定与弗洛伦斯有多大关系不得而知，但在弗洛伦斯回到中国之前，她们一起在多伦多总医院学习了一年。1939 年，贝蒂作为传教护士乘船抵达天津，弗洛伦斯在那里迎接她，同年夏天贝蒂去北戴河继续学习中文，和正在那里度假的弗洛伦斯住在一起。后来，她们面临艰难的抉择——是否撤离中国，两人也为此征求了彼此的意见。贝蒂和弗洛伦斯志趣相投、性格相近，童年相似且非同寻常。这六名“传二代”护士在中国长大，她们是一小部分特殊的人——她们认为自己骨子里就是中国人。正如博伊德所说：“我们身上流淌着中国的血液。”①

① 玛丽·斯坦利(北京)给泰勒夫人(多伦多)的信，1941 年 1 月 16 日，来自加拿大联合教会档案馆 83.058C，58 号档案盒，7 号文件，第 3 辑。

第二章　为了梦想　迎难而上(1935～1938年)

对基督信仰的探索往往伴随着危险，当然，这不是愚蠢的选择，而是明智地迎接挑战。这句话应该不自相矛盾吧！

——汤善牧师，《无所畏惧的自信》

我们"在那里"的童年时代，充斥着革命、军阀混战、动荡、干旱、洪水和饥荒。尽管我们的成人世界致力于减轻痛苦，我们却对这一切一无所知。我们在家里有绝对的安全感——这句话是为自己而讲的。无论以后生活怎样，这都是让我感到自在的根基。

——穆里尔·汤姆森·瓦伦汀，《无所畏惧的自信》

"传二代"护士在战时返回中国的决定与加拿大社会希望女性远离危险的期望——妇女应受到保护，免受战争，而不是卷入战争——相悖。1937年，日本全面入侵中国，中国的政治形势变得越来越危险，西方政府和教会机构的反应是敦促妇女和儿童离开中国。那么，为什么贝蒂·汤姆森、玛丽·博伊德和多萝西·博伊德会在1938年前往中国呢？在这一章中，我认为返回中国的决定反映了"传二代"身上的亚文化。危险被认为是传教工作中不可避免的，如果加拿大的"传二代"想要延续家族事业，他们就必须像自己的父母那样学会承担和接受风险。

贝蒂·盖尔的妹妹穆里尔·汤姆森·瓦伦汀将她们在中国的童年描绘的奇怪而又如田园诗般。"奇怪"是因为她们实际上成长在中国最艰难的时期之一，那时的中国充满了暴力和痛苦。大院围墙、寄宿学校的生活，以及夏季的度假胜地无疑让汤姆森这样的"传二代"免遭中国普通民众所承受的巨大痛苦。但他们并不是在西方化、国际化的通商口岸长大的，他们的童年是在一个远离北京、天津或上海的偏远乡村度过的。汤善的孩子们陪同父母进行传教,听父亲充满激情地谈论给中国带去和平的必要性,看他在面对世界上最美好和最糟糕的事物时"泪流满面"——无论是浓烈的美还是不公正。①

汤善的第六个孩子露丝·汤姆森回忆起儿时的情景:"我看到一个严重烧伤的中国小男孩被送到父亲那里治疗。"②露丝本不应该看,但在被送出房间之前她看见"一个小男孩的脸和头露在外面,身体却像一只长着羽毛的大鸟。这个孩子从头到脚都被烧伤了,他的母亲用泥土和羽毛盖住了这可怕的景象。感染和化脓随之而来,她万不得已才把男孩带到外国人这里。溃烂的脓疮散发出可怕的恶臭"③。因为道口没有医院,汤善牧师准备了一盆温水慢慢地浸透了泥土和羽毛,每天都有一点点烧伤暴露出来,并用药膏进行治疗。露丝回忆说:"我记得当时我在想,爸爸也可以当医生。"④从这个意义上说,汤善的孩子并没有幸免于痛苦的环境,只是他们学会了泰然应对。传教团的人认为在中国传教是一件冒险的事,正如罗光普所理解的那样:"风险是存在的,但传教士必须承担这些风险,这是现代工作的一部分。"⑤

玛尔妮·劳海德·柯普兰对童年的回忆引起人们对传教士子女如何适应危险生活的关注。回忆起20世纪二三十年代中国动荡的军阀混战时期,柯普兰写道:

> 街上传来消息说,两个敌对的军阀在争夺北京至汉口的铁路段。父亲阿瑟·劳海德(Arthur Lochead)认为,步行回家比在小旅馆过夜更

---

① Murray McCheyne Thomson, *A Daring Confidence*: *The Life and Times of Andrew Thomson in China*, *1906-1942*, Ottawa: Murray Thomson, 1992, p.182.

② Murray McCheyne Thomson, *A Daring Confidence*: *The Life and Times of Andrew Thomson in China*, *1906-1942*, Ottawa: Murray Thomson, 1992, p.181.

③ Murray McCheyne Thomson, *A Daring Confidence*: *The Life and Times of Andrew Thomson in China*, *1906-1942*, Ottawa: Murray Thomson, 1992, p.181.

④ Murray McCheyne Thomson, *A Daring Confidence*: *The Life and Times of Andrew Thomson in China*, *1906-1942*, Ottawa: Murray Thomson, 1992, p.181.

⑤ Margaret Brown, "History of the Honan (North China) Mission of the United Church of Canada, Originally a Mission of the Presbyterian Church in Canada" (unpublished, n.d.), United Church of Canada Archives (hereafter UCCA), 112:1.

可取。但他们还没走多远,枪声就开始响起,周围扬起阵阵灰尘……父亲和我妹妹露丝发现自己卷入了一场军阀战争。一个敞开的坟墓碰巧就在路边,于是父亲跳了进去,把露丝也拉了下去……一个小时后,父亲说:"亲爱的,如果有一颗子弹打中了你,而我又帮不了你,那就把你的发带取下来,包扎在被子弹打中的地方。明白了吗?好!现在让我们享用这顿美味的午餐吧……"过了一会儿,露丝说:"爸爸,我可以咀嚼,但我咽不下去。"①

院墙和海边平房代表了20世纪初加拿大人和其他外国人在中国享有的特权地位,但这种保护的必要性并不是虚幻的,因为华北传教士自从1888年来到中国后就经历了各种形式的暴力。② 虽然记录中并不清楚贝蒂·汤姆森是否认为自己在道口的童年特别危险,但她的弟弟默里·汤姆森形容他们的家庭"只有一堵很容易攀爬的墙来保护自己不受成群结队的强盗和军阀的侵扰"③。

1924年的一天,贝蒂·汤姆森和她的妹妹玛格丽特在卫辉的寄宿学校上学时,一路军阀从南方沿铁路向道口进军,与此同时,另一路军阀从北方而来。据贝蒂的弟弟默里说:"双方都拥有可以洗劫和摧毁这座城市大部分地区的武器。"④他们的到来吓坏了城市居民,其中一些人在教会大院避难。天主教牧师汤善和市政官员达成了为期三天的停火协议,之后从南方来的军阀撤退到卫辉并"炸毁了他身后的铁轨"⑤。尽管这件事在默里的记忆中留下了深深的烙印,但他的父母一生中从未在他面前再提起过这件事。我们可以合理地假设:他的父母很害怕,因为他们家里有一个五岁和一个两岁

① Marnie Copland, *Moon Cakes and Maple Sugar*, Burlington ON: G.R. Welch, 1980, p.43.

② Sonya Grypma, *Healing Henan: Canadian Nurses at the North China Mission, 1888-1947*, Vancouver: University of British Columbia Press, 2008.

③ Murray McCheyne Thomson, *Mother, God Bless Her! A Memoir Based on the Letters and Stories of Margaret Mackay Thomson, 1881-1973*, Ottawa: Murray Thomson, 2005, p.13.

④ Murray McCheyne Thomson, *Mother, God Bless Her! A Memoir Based on the Letters and Stories of Margaret Mackay Thomson, 1881-1973*, Ottawa: Murray Thomson, 2005, p.13.

⑤ Murray McCheyne Thomson, *Mother, God Bless Her! A Memoir Based on the Letters and Stories of Margaret Mackay Thomson, 1881-1973*, Ottawa: Murray Thomson, 2005, p.13.

的孩子,更不用说他们还有孩子住在卫辉了。然而,默里·汤姆森说,他的父母只是将这五天的对峙视为“办公室里普通的一天”。[①] 他推测他的父母会因暴力行径没有成功而感到极为欣慰,但不知道他那保守的父母会做些什么来庆祝这一道德上的胜利,因为他们已经戒了烟酒。默里调侃他的妹妹穆里尔就是在这件事情之后九个月出生的。

那么“传二代”父母的传教生活是怎样的呢?“传二代”出生的传教团体的文化和宗教精神是什么?为了解华北“传二代”所处的社会环境、价值观和信仰,我们将注意力转向贝蒂·汤姆森·盖尔的大家庭,他们作为加拿大人,但把在中国传教视为家族事业的典范。

贝蒂·盖尔的外祖父麦凯牧师对中国传教团有着浓厚的兴趣。1887年,他和查尔斯·戈登牧师(Rev. Charles Gordon)[牧师兼小说家,人称“拉尔夫·康纳”(Ralph Connor)]说服了一个叫古约翰(Jonathan Goforth)的神学院学生放弃了跟随戴德生(Hudson Taylor)的中国内地传教会一起前往中国的计划,转而成为加拿大长老会第一个到中国传教的人。[②] 这位热情的福音传道牧师古约翰在中国工作了47年,是世界上最知名的传教士之一。在1900年的义和团运动中,古约翰在一场刀剑袭击中幸存下来,他的11个孩子中有5个在中国丧生。1925年,他与华北传教士同事拒绝加入新成立的加拿大联合教会。麦凯牧师不仅是古约翰的导师,而且也是加拿大联合教会的创始人(这个教会正是古约翰极力反对的)。1906年8月,麦凯的女儿玛格丽特嫁给了汤善,并计划在六周后前往中国,长老会外国传教委员会的助理干事指出:“汤善的夫人是麦凯牧师的独生女。”他又针对性地补充道:“这具有不同寻常的传教士精神。”[③]听着父亲讲述中国传教团的奋斗与成功,玛格丽特·汤姆森一定已经对未来的道路做好了充分的准备。

---

① 来自2004年6月作者在渥太华对默里·汤姆森的采访。

② Murray McCheyne Thomson, *A Daring Confidence*: *The Life and Times of Andrew Thomson in China*, *1906-1942*, Ottawa: Murray Thomson, 1992, p.40.乔治·莱斯利·麦凯牧师早些时候去过中国台湾,但仍处于来华使团的边缘。

③ Murray McCheyne Thomson, *A Daring Confidence*: *The Life and Times of Andrew Thomson in China*, *1906-1942*, Ottawa: Murray Thomson, 1992, p.44.

汤善:无所畏惧的拓荒者

1906年汤善和玛格丽特·汤姆森抵达中国后,首先在卫辉的华北使团大院定居下来。然而,不到两年的时间,他们就被吸引到传教的边缘地带,选择作为唯一的外国人住在卫辉以东50公里的一个小村庄。汤善是一个固执、独立、足智多谋的人,所以他对教会政治几乎没有耐心。他认为传教的目的是直接满足与他生活在一起的人的迫切需要,而不是花精力建立和支持传教士的官僚机构,如委员会和长老会。他的个人使命是要有意义地满足他周围村民的精神和物质需求,无论这是不是华北使团的首要任务。他的"大胆自信"不止一次地让他惹上麻烦。

在中国任职的36年里,汤善沉浸在各种各样的项目中,包括监狱探访、在垃圾场种植花草、修建道路,甚至还开过一家小医院(尽管他没有接受过医疗培训,也没有可用的护理人员)。汤善的工作重点是满足与他生活在一起的中国人的迫切需要。例如,1936年河南发生严重饥荒时,他做出了一个激进的决定,把自己的一部分钱借给了滑县县长谢先生,帮助他在危机最严重的时候购买粮食。他的计划是每月收取2%的利息(这是由中国政府设定的利率),而且将利息用于"建设计划",比如让没有土地的人建造道路。他的想法是,该计划将惠及约1000个家庭,直到小麦丰收。[①] 汤善承认他的做法存在风险,包括来自邻省陕西的不稳定因素,以及农作物歉收的可能性,他还推断:"如果农作物再歉收一年,就会导致社会混乱。"[②]在他看来,他已经没有什么可失去的。

当时,汤善写信给天津的华北使团财务主管休·麦肯齐,要求发放必要的资金,当听到休·麦肯齐不支持他的计划时,他很失望。此外,华北驻多伦多外交使团的外事干事伯特·阿姆斯特朗(Bert Armstrong)也同意麦肯

---

① Murray McCheyne Thomson, *A Daring Confidence: The Life and Times of Andrew Thomson in China, 1906-1942*, Ottawa: Murray Thomson, 1992, p.136.

② Murray McCheyne Thomson, *A Daring Confidence: The Life and Times of Andrew Thomson in China, 1906-1942*, Ottawa: Murray Thomson, 1992, p.136.

齐的观点:“我认为,对于任何一个传教士来说,由于自己的慷慨冲动而借出这样一笔钱是不明智的,因为这样做可能会开创先例。”[①]汤善带着一种反抗精神,决定无视这一建议,转而寻找另一种获得资金的方式。他在1936年的一份报告中写道:“我从多伦多商业银行借了一万墨西哥元(约3000加元),之后我又添了几百美元,通过与谢县长以及饥荒救济委员会合作,从河南南部购买了四车粮食,分发给灾民。”[②]收到这批粮食的人一共有11576人。[③]三个月后迎来了大丰收,汤善偿还了包括利息在内的商业银行贷款。汤善觉得自己的判断是正确的,并且更加相信自己有能力做出明智的决定,不管有没有得到上级的批准。他非常清楚,因为冒这个险,许多人会认为他很愚蠢。然而,他若有所思地说:“我怀疑这些批评家是否仔细研究过《新约全书》。我必须讲授《新约全书》,但我如果不去实践,我就无法去讲授。”[④]

汤善无视所在传教团权威,是他传教生涯中最引人注目的方面之一。由于他是唯一一个生活在道口的外国人,所以他的独立思想对他帮助良多。汤善相信他的权威完全来自上帝,当面临各种危机时,《圣经》会指引方向(让饥饿的人吃饱饭、治愈病人、照顾孤儿寡母)。出于这个原因,他悄然地在1933年做出了一个非凡的决定:在道口开办了自己的医院。痢疾、斑疹伤寒、肺结核都是“地方病”,但最近的医院是50公里外的卫辉华北传教医院,对贫穷的人来说坐火车太贵,步行又太远。他的决定并不是自发的,1918年他和妻子玛格丽特决定从自己的财产中拿出3000加元,在道口建立一家医院。[⑤] 几年后,他们的计划被打断了,首先是由于1927年“大撤离”,他们被迫撤回加拿大,然后是经济大萧条(Great Depression)。在此期间,国内的传

① Murray McCheyne Thomson, *A Daring Confidence: The Life and Times of Andrew Thomson in China, 1906-1942*, Ottawa: Murray Thomson, 1992, p.137.

② Murray McCheyne Thomson, *A Daring Confidence: The Life and Times of Andrew Thomson in China, 1906-1942*, Ottawa: Murray Thomson, 1992, p.138.

③ Murray McCheyne Thomson, *A Daring Confidence: The Life and Times of Andrew Thomson in China, 1906-1942*, Ottawa: Murray Thomson, 1992, p.138.

④ Murray McCheyne Thomson, *A Daring Confidence: The Life and Times of Andrew Thomson in China, 1906-1942*, Ottawa: Murray Thomson, 1992, p.138.

⑤ Murray McCheyne Thomson, *A Daring Confidence: The Life and Times of Andrew Thomson in China, 1906-1942*, Ottawa: Murray Thomson, 1992, p.117.

教委员会没有资金开展新项目。

当汤善 1929 年独自回到中国时，他发现道口传教大院的大部分建筑已经被摧毁，而且军事冲突引发了大规模的传教士撤离。1932 年，在写给多伦多教会办公室的一封信中，他恳求教会支援医院服务，并暗示如果有必要，他将独自行动。“我已经在一个荒凉的院子里生活了三年多。在这段时间里，已经出现了六次军事占领恐慌。有一次，在午夜时分，我与一位军官及其 15 名卫兵进行了一次战斗。这些卫兵是翻墙进来的，其中两人拿着上了膛的左轮手枪站在那里，但最后我还是强迫他们离开了。”[①]

在描述了道口持续遭受抢劫威胁和被士兵占领的画面后，汤善提出了自己的建议：利用现有的建筑和一位当地华人医生张会亭（H.T. Chang）的协助建立新医院，而不是等待联合教会的支持，因为他清楚地知道在未来的一段时间内，加拿大人被分配到道口的希望渺茫。张医生的到来除了可以提供医学专业的帮助外，还可以陪伴自己。他们所拥有的建筑都将被医院占用，这肯定比闲置着要好。这个计划几乎能确保大院不被军事占领，并且也是抵御强盗的重要手段。[②]

汤善为自己的提议申请了 500 美元：“如果申请不到，我和妻子将支付医院运转所需的所有费用，不会让教会付出任何代价。”[③]虽然还不清楚联合教会是否支持他的计划，但“加拿大一些慷慨的朋友帮助了他们”[④]。汤善在他 1933 年的报告中写道，对原本用作男子学校的空置建筑进行了改造，作为男病房、女病房和门诊部。除了张会亭的服务支持外，汤善还获得了护士和助理的服务支持，这些护士和助理几乎都在加拿大的传教机构（位于河南和山

---

① Murray McCheyne Thomson, *A Daring Confidence*: *The Life and Times of Andrew Thomson in China*, *1906-1942*, Ottawa: Murray Thomson, 1992, pp.117-118.

② Murray McCheyne Thomson, *A Daring Confidence*: *The Life and Times of Andrew Thomson in China*, *1906-1942*, Ottawa: Murray Thomson, 1992, pp.117-118.

③ Murray McCheyne Thomson, *A Daring Confidence*: *The Life and Times of Andrew Thomson in China*, *1906-1942*, Ottawa: Murray Thomson, 1992, pp.117-118.

④ Murray McCheyne Thomson, A Daring Confidence: The Life and Times of Andrew Thomson in China *1906-1942*, Ottawa: Murray Thomson, 1992, p.118.

东)接受过培训。[①]

道口医院于1933年11月21日开业。汤善给他住在多伦多的几个年长的孩子写了一封信,妻子和三个年幼的孩子前年就过来跟他一起生活了。他写道:"这对我们来说是一个重大的日子,我们的新医院正式开业了,现在我在大门上方挂上了正规的教堂十字架,落成典礼就是在它的庇护下进行的……主门内客房的四面墙壁挂满了丝绸横幅和来自教会成员的祝贺卷轴。"[②]

在回应当地地方官员的发言时,汤善回答说:"我希望今天在场的人会觉得这不是我的医院,也不仅仅是教会的医院,而是一项社会事务。"[③]他的目标是让中国人自己组织一个合作委员会,作为他们自己对医院进行投资的一种方式。

一年后,汤善报告说有700多名难民在这家医院接受了治疗,他们表示愿意接收和照顾处在洪水泛滥边缘地区40个难民营里的所有孕妇:"这些难民营人满为患,人们穿着衣服睡在稻草上和地上,没有任何隐私保护。从这样的住处转到有干净的床、有护士和医生的悉心照料、有明亮温暖的病房、有营养丰富的食物、有周到的服务,是他们从来没有听说过或梦想过的。52位产妇得到了照顾,并且没有一个婴儿死亡。"[④]

在1936年的报告中,汤善指出,在三年运营中,这家道口的小型医院完成了6698次首诊、10947次复诊,以及对509名住院病人的照护,并为附近洪灾地区的孕妇提供免费庇护所。[⑤] 医院没有因为无法支付治疗费用而拒

---

① Murray McCheyne Thomson, *A Daring Confidence*: *The Life and Times of Andrew Thomson in China*, *1906-1942*, Ottawa: Murray Thomson, 1992, p.118.

② Murray McCheyne Thomson, *A Daring Confidence*: *The Life and Times of Andrew Thomson in China*, *1906-1942*, Ottawa: Murray Thomson, 1992, pp.118-119.

③ Murray McCheyne Thomson, *A Daring Confidence*: *The Life and Times of Andrew Thomson in China*, *1906-1942*, Ottawa: Murray Thomson, 1992, p.119.

④ Murray McCheyne Thomson, *A Daring Confidence*: *The Life and Times of Andrew Thomson in China*, *1906-1942*, Ottawa: Murray Thomson, 1992, p.120.

⑤ Murray McCheyne Thomson, *A Daring Confidence*: *The Life and Times of Andrew Thomson in China*, *1906-1942*, Ottawa: Murray Thomson, 1992, p.120.

绝任何人。这些全部费用为5000美元,其中1700美元由位于卫辉的华北使团医院捐赠。当卫辉方面无法再提供资金支持时,张医生勇敢地冒着自己的经济风险提出继续留在医院。[①]

当汤善夫妇建立这家不起眼的医院时,贝蒂·汤姆森正在加拿大提升她作为护士和医院管理人员的技能。虽然没有证据表明汤善夫妇希望他们的女儿能在道口工作,但他们在医院的努力会影响贝蒂在加拿大从事护理职业产生的价值的看法。1938年,罗光普医生将中国对护理工作的迫切需求告诉了贝蒂·汤姆森、多萝西·博伊德和玛丽·博伊德,当贝蒂·汤姆森读到报纸上有关被拘禁者和孤儿的报道时,她知道这些并不是夸大其词。

玛格丽特·汤姆森:分离的窘境

玛格丽特·汤姆森在所选择的工作上做的并不比丈夫逊色。她深知自己在传教中的角色是“作为女性并为妇女而工作”[②],因此她对妇女和儿童需求的回应很大程度上是基于一位母亲的视角。例如,1915年玛格丽特·汤姆森的第五个孩子安德鲁·麦克卢尔·汤姆森(Andrew McClure Thomson)在四个月大时死于痢疾,她向一个来自小村庄的女人(郭太太)倾诉了她的悲伤,该妇女曾在一次会面后与她交谈。这位郭太太在一个月前刚刚失去了一个孩子,她“因为邪灵的存在”而无法在家中入睡。[③] 她对汤姆森的宗教信仰很好奇,汤姆森与她分享了自己的信仰如何帮助她走出失去孩子的悲伤。最终,郭太太成了那个村子里第一个受洗的女人。

1934年,玛格丽特·汤姆森为了应对黄河的重大洪涝灾害,将百位妇女和儿童安排在教会大院里一座两层的空房子里过冬。她和其他妇女们把稻

---

① Murray McCheyne Thomson, *A Daring Confidence: The Life and Times of Andrew Thomson in China, 1906-1942*, Ottawa: Murray Thomson, 1992, p.120.

② Rhonda Anne Semple, *Missionary Women: Gender, Professionalism and the Victorian Idea of Christian Mission, Rochester*, NY: Boydell, 2003; Ruth Compton Brouwer, *Modern Women, Modernizing Men: The Changing Missions of Three Professional Women in Asia and Africa, 1902-1969*, Vancouver: University of British Columbia Press, 2002.

③ Murray McCheyne Thomson, *Mother, God Bless Her! A Memoir Based on the Letters and Stories of Margaret Mackay Thomson, 1881-1973*, Ottawa: Murray Thomson, 2005, p.17.

草铺在地上,用草席盖住,这样大家都有了睡觉的地方。[1] 玛格丽特·汤姆森为丈夫的工作感到骄傲,但她认为自己在中国的角色不仅仅是支持丈夫的事业,她也有自己的工作要做。这并不是说她认为传教工作是庄重严肃的,显然,她有一种"奇特的幽默感",她在一个黑色的小笔记本上收集诗歌和笑话。其中一个是这样写的:"老师要求一个小女孩讲创世记的故事,她说,上帝创造了亚当,然后他看着亚当说:'我觉得我能做得更好。'所以,他又创造了夏娃。"[2]玛格丽特在决心和自食其力方面与她丈夫很相配。

1929～1942年,玛格丽特和汤善分开了大约5年,分别是1929～1931年(18个月)、1936～1937年(12个月),1938年12月至1942年夏天,他被遣返加拿大(30个月)。因此,从贝蒂·汤姆森18岁开始,她父母中的一人或双方就缺席了她一些最关键的决策,无论是参加护士培训、研究生教育、传教护理、结婚,还是抗日战争期间从中国撤离。与她母亲一样,贝蒂已经习惯了自己做决定。

成为传教士:坚定信念的召唤者

1923～1939年,回到中国的六名"传二代"护士组成了一个不同寻常的群体。不管有意与否,她们作为传教护士回到中国为她们提供了延续在中国童年时光的机会,甚至有可能为她们自己的孩子提供这种机会,因为她们中的五人嫁给了来华传教士。虽然"传二代"护士并不这样看待自己,但她们确实是一群女性精英,在一些重要方面与普通护士和普通传教士子女都有所不同。与接受护士培训的普通加拿大妇女相比,这些"传二代"受到了自然灾害、贫困和武装冲突的直接影响。她们知道良好的护理可以给个人和组织带来怎样的影响,她们是在一个护士受到高度尊重的组织里长大的。她们还知道,如果想成年后回到中国,就必须通过提供公认的技能来"赢得"

---

① Murray McCheyne Thomson, *A Daring Confidence: The Life and Times of Andrew Thomson in China, 1906-1942*, Ottawa: Murray Thomson, 1992, p.18.

② Murray McCheyne Thomson, *Mother, God Bless Her! A Memoir Based on the Letters and Stories of Margaret Mackay Thomson, 1881-1973*, Ottawa: Murray Thomson, 2005, p.53.

机会，但并不是每个想要回中国做传教士的“传二代”都能如愿。例如，玛丽昂·孟席斯曾和多萝西·博伊德、玛丽·博伊德一起在卫辉和神户的寄宿学校上学，但因为超重，玛丽昂·孟席斯不符合成为传教士的条件。尽管孟席斯在1945年被暂时允许以联合国善后救济总署工作人员的身份进入中国，但她一直为不能更早地返回中国而遗憾。

> 1938年初夏，我感到很失望。联合教会的女性传教士协会(Women's Missionary Society，WMS)已经接受我为潜在候选人，并打电话让我去接受他们的体检。几个多伦多女执事培训学校的女学生一起去接受埃德娜·盖斯特医生(Dr. Edna Guest)的检查。我记得她让我们几个人同时裸体，这是为了确保我们不会因为过于羞怯而被赤裸的身体吓倒。令人难过的是，我被拒绝了。盖斯特医生解释说，我之所以这么胖是因为我的腺体失衡，而海外传教工作会使其加剧。我试图告诉她我已经习惯了中国种植的蔬菜和食物，但是没有用，这让我伤心欲绝。[①]

当汤善夫妇为贝蒂返回中国的决定感到高兴的同时，他们也对她的成功感到焦虑：女儿的成功与否会影响他们作为父母和传教士的形象。在这种情况下，成功并不意味着作为一名护士的成功——毕竟，已婚护士是应该辞职的。相反，成功意味着嫁给一个优秀的基督徒，并一起参与有意义的基督教服务。在1938年写给贝蒂的一封信中，母亲玛格丽特告诉她，她将在中

---

① Marion F. Menzies Hummel, *Memoirs of a Mishkid*, comp. and ed. by Elizabeth Mittler, Beamsville, ON: Elizabeth Mittler, 2001, p.104；埃德娜·盖斯特是一位备受尊敬的内科医生，1989年的《加拿大医学会杂志》上发表了一篇文章，以表彰她的成就，特别是她在妇女保健问题上发挥的作用，其中包括性病的治疗(参见 Shabir Bhimji and Rose Sheinin, “Dr. Edna Mary Guest: She Promoted Women's Issues Before It Was Fashionable”, *Canadian Medical Association Journal*, vol. 141 (1989), pp.1093-1094)但最近，埃德娜·盖斯特以前的一位患者对她的描述并不是太好，该患者以其自身在女子监狱的经历，将埃德娜·盖斯特描绘为一个愤怒而压抑的医生，其对年轻女性的体格检查近似病态(参见 Velma Demerson, *Incorrigible*, Waterloo, ON: Wilfrid Laurier University Press, 2004.)。

国传教界遇到有教养的英国人。[①] 她暗示说，如果贝蒂想嫁给一个像李爱锐这样有教养的人，就要密切注意自己的举止。1938年，贝蒂在加拿大女性传教士协会的成员面前发表第一次正式演讲。为了不让贝蒂演讲时显得粗野无礼，玛格丽特·汤姆森给贝蒂写了一篇演讲样文，她想让贝蒂对自己可能要说的话有个大概的了解。[②] 玛格丽特·汤姆森认为自己的女儿应该为这次演讲全力以赴，并且要付出巨大的努力，确保用语准确。"你以后会为今天付出的努力而感到高兴。"[③]玛格丽特·汤姆森希望贝蒂取得好成绩还有一个额外的原因——多伦多的观众包括玛格丽特的同龄人。她为贝蒂写的演讲稿中有这样一段：

> 会长女士和朋友们：
>
> ……最近一个做过演讲的人告诉我，在他演讲结束后，一位听众说："你的演讲有三处地方不对：一是您阅读了；二是您没有很好地阅读；三是这不值得阅读。"我要感谢女性传教士协会的成员，感谢他们让我们有机会去河南，并且我向你们保证，被允许到像中国这样勇敢的国家中参与工作是一种荣幸。我们将努力成为你们在那片土地上重要的代表。[④]

虽然我们不清楚贝蒂·汤姆森给她母亲的回信，也不知道她是否使用了母亲所写的演讲样文，但这篇演讲稿揭示了传教工作的理想，以及传教士感受到了国内教会成员对他们的期望，同时也揭示了书信在来华传教士中所起的作用和展现的力量。贝蒂·汤姆森在寄宿学校读书时，书信是将她与父母联结起来的生命线，同样也是她十几岁在多伦多时与父母维持关系

---

① 日期未定、未署名的信，显然是玛格丽特·汤姆森寄给其女儿贝蒂的(在贝蒂抵达华北使团发表演讲前不久)，1938年，来自玛格丽特·怀特曼的私人收藏。

② 日期未定、未署名的信，显然是玛格丽特·汤姆森寄给其女儿贝蒂的(在贝蒂抵达华北使团发表演讲前不久)，1938年来自，玛格丽特·怀特曼的私人收藏。

③ 日期未定、未署名的信，显然是玛格丽特·汤姆森寄给其女儿贝蒂的(在贝蒂抵达华北使团发表演讲前不久)，1938年来自，玛格丽特·怀特曼的私人收藏。

④ 日期未定、未署名的信，显然是玛格丽特·汤姆森寄给其女儿贝蒂的(在贝蒂抵达华北使团发表演讲前不久)，1938年来自，玛格丽特·怀特曼的私人收藏。

的关键。当时先是她的父亲在中国,随后母亲也来到中国工作。玛格丽特・汤姆森对女儿的教导透露出她们关系的本质:爱和教导都是自由的、发自内心的。

玛格丽特・汤姆森在1938年的信中也明确表达了对家人的期望。除了希望贝蒂能嫁得好,玛格丽特还希望她能在晚年照顾自己。"当然,如果你嫁给一个英国人或苏格兰人,"玛格丽特写道,"你会发现很难做到这一点。换句话说,与我一起度过'我生命中最后的十年'难以实现不是吗?"事实证明,贝蒂实现了她母亲在信中明确表达的两个愿望:她嫁给了一个英国传教士,在母亲生命的最后28年里一直住在她附近。事实上,玛格丽特・汤姆森于1973年在贝蒂和戈弗雷・盖尔居住的多伦多韦斯顿郊区去世。[①]

结语

1888年,中国内陆传教先驱戴德生呼吁传教士来到中国,他认为这里每个月有100万人在没有上帝庇护的情况下死去。[②] 50年后,"传二代"医生罗光普敦促加拿大护士来到中国,因为河南有数千人死于缺乏护理照护。"传二代"响应呼吁是出于无私奉献的精神,这也是他们父母的使命,但没有福音派那样热情。实际上,到20世纪30年代,在河南的加拿大传教护士已将关注的焦点从早期先驱护士传播福音转移到对高质量护理教育和服务这一更广泛的专业目标和组建联盟(如建立中华护士会,规范全国护理教育)上来。[③] 对于"传二代"护士来说,护理是一项实用的服务,也是她们返回出生地中国的门票。她们明白其中的利害关系,传教工作是有风险的,但在其他任何地方,她们都感受不到同样的使命感和归属感。

---

① Murray McCheyne Thomson, *Mother, God Bless Her! A Memoir Based on the Letters and Stories of Margaret Mackay Thomson, 1881-1973*, Ottawa: Murray Thomson, 2005, p.65.

② Alvyn Austin, *Saving China: Canadian Missionaries in the Middle Kingdom 1888-1959*, Toronto: University of Toronto Press, 1987, p.6.

③ 从福音目标到专业目标的转变见 Sonya Grypma, *Healing Henan: Canadian Nurses at the North China Mission, 1888-1947*, Vancouver: University of British Columbia Press, 2008.

没有任何迹象表明，贝蒂·汤姆森或其他“传二代”护士参加护士培训是为了回到中国做传教士护士。贝蒂·汤姆森的父亲独自一人在道口开了一家小医院，她意识到了中国对护士的需求，但她似乎对自己在多伦多总医院的工作感到满意。她在多伦多总医院工作了六年，其间当了三年护士生，获得了各种荣誉和奖项。贝蒂·汤姆森当了三年护士，同时兼修了大学课程，因此赢得了尊敬的珍·甘恩的关注。罗光普在厨房餐桌上慷慨激昂的恳求，让她回到了传教的道路上。传教护理为贝蒂·汤姆森、多萝西·博伊德和玛丽·博伊德提供了一个为她们的出生地做些有意义事情的机会，还有一些甚至是多伦多都无法提供的，如一个由志同道合的年轻人组成的充满活力的社会团体。更重要的是，在对多伦多约会对象的性格感到失望之后，贝蒂·汤姆森意识到中国是寻找未来灵魂伴侣的地方。贝蒂追随她的朋友弗洛伦斯·麦肯齐的脚步，来到多伦多总医院护士学校，然后回到中国。贝蒂秘密地寻找弗洛伦斯已经找到的人——一位优雅和有献身精神的传教士，他们可以一起开始新的生活。

去中国当传教护士是有风险的，但也并非没有回报。从专业的角度来看，护理为年轻的单身女性提供了一个契机，来证明她们有照顾病人和伤员的勇气与技能。她们前往战区的做法会增加她们的护理同伴和导师对传教护士的钦佩。从宗教的角度来看，传教工作为年轻的单身女性提供了一个通过慈善和服务表达她们信仰的机会。加拿大联合教会的精神让那些最需要帮助的人接受了社会正义的概念。在加拿大传教史上，中国这片土地被长期视为危险之地。而“传二代”回到中国，被视为榜样和基督教理想的化身。从个人家庭的角度来看，回到中国为这些年轻女性提供了一个可以遇见符合条件的配偶的机会，因为他们的价值观可能与加拿大传教士一致。中国是危险的，这为护理工作增加了一种迷人的、令人满意的、受人尊敬的职业吸引力，也增加了对适婚“传二代”护士的吸引力。

第三章　传递梦想　代代发芽(1939～1940 年)

傍晚六点半，贝蒂精装打扮，头发微卷，香味萦绕，就像多伦多市中心一样迷人。

——玛丽·博伊德·斯坦利，摘自信件

当贝蒂·汤姆森、多萝西·博伊德和玛丽·博伊德决定回到中国时，华北传教士已经在河南生活了 50 年之久。她们将回到一个久负盛名的传教士组织，而非她们父母几十年前所献身的崎岖偏远的乡村。她们也不会被人要求如父母一般做出终身承诺。早期的传教士每七年才有一次探亲假，而贝蒂、多萝西和玛丽则可以通过一项招募计划，与加拿大联合教会女性传教士协会签订一份为期更短(三年)的合同。从来没有觉得成为一名传教士护士会如此有吸引力：在相对较短的合约期内，这三个“传二代”护士有望找到一份有意义的工作，如果幸运的话还可以找到合适的丈夫。对处于适婚年龄的宗教女性来说，世界上很少有地方能像中国传教区这样拥有如此多合意又合适的单身汉。

作为“传二代”中的一员，“传二代”护士对传教工作的观点与其父辈不同。她们是一个乐观的群体，乐于证明人的本性和生活的质量可以通过上帝之爱和信仰的力量改变。[①] 罗光普和琼·孟席斯是第一批作为传教士返回河南的华北“传二代”，他们不安于现状，不甘于现实，渴望改变。第一代传教士以传播福音为主要任务来到中国，即分享基督的福音。第一代传教士强调人们因为罪过与上帝分离，而耶稣基督为所有人类的罪行付出了死

① Munroe Scott, *McClure: The China Years of Dr. Bob McClure*, Toronto: Canec Publishing, 1977, p.101.

亡的代价，因此人类必须承认自己的罪行(以及他们对基督献祭的信仰)，以得到神的赦免，恢复与神的完整关系。换言之，第一代传教士通过引导人们成为基督的信徒即皈依基督教来拯救“迷失的灵魂”。相比之下，新一代传教士则更倾向于社会福音——一个更大的愿景，即运用基督教的信条与社会中的不公正、苦难和贫穷作斗争。在20世纪20年代和30年代的战后时期，社会福音与加拿大和美国现代护理行业的目标相契合，“传二代”希望看到实际效果。事实上，大多数回到中国的“传二代”都是护士，或者像罗光普一样是医生。罗光普巧妙地指出了这种务实传教方式的原因：医学传教士知道自己什么时候可以正常工作，而福音传道者“仅仅是希望”自己可以正常工作。[①] 当“传二代”回到中国时，医疗传教已经超越了福音主义，成为华北使团存在的理由。“尽管受到英国强权的庇护，但他们批判殖民主义，同情中国的民族主义；他们在神学上倾向于自由和宽容；他们往往是清教徒，认为喝酒、抽烟和玩弄女人是彻头彻尾的恶行；他们是激进派，相信学校、医院像教堂一样重要。”[②]这也许就是罗光普的传记作家门罗·斯科特(Munroe Scott)对罗光普这样的年轻传教士的最佳描述。

新一代传教士是耀眼的一代，渴望充实的生活，如跳舞就是常有的事。当这些传教士发现自己身处北京这样的国际大都市时，在咖啡馆喝杯可口可乐，在餐馆吃顿北京烤鸭，或者去剧院看戏，都与游览一样平常了。虽然节俭是一种备受推崇的美德，但荒唐之事并非没有：罗光普和加拿大护士科拉尔·布罗迪买了几匹退赛的小马，理由是“它们是失败者，所以非常便宜”[③]。但影响贝蒂·汤姆森、多萝西·博伊德和玛丽·博伊德做出重返中国的决定因素无疑是能在困难时期帮助中国人。即使是在战时的中国，传教组织也可以充满活力，这一点“传二代”们并没有忘记。

---

① Munroe Scott, *McClure: The China Years of Dr. Bob McClure*, Toronto: Canec Publishing, 1977, p.106.

② Munroe Scott, *McClure: The China Years of Dr. Bob McClure*, Toronto: Canec Publishing, 1977, p.108.

③ Munroe Scott, *McClure: The China Years of Dr. Bob McClure*, Toronto: Canec Publishing, 1977, p.142.

1939 年 4 月到达中国后，贝蒂·汤姆森、多萝西·博伊德和玛丽·博伊德开始在北京华文学校学习语言，但学校的课程在去年 9 月就开始了，因此她们要补很多功课。可大量的社交活动使她们学习变得困难，虽然这不足为奇。顺便说一句，1939 年 6 月 4 日，贝蒂·汤姆森在写给母亲的信中描写了篇幅长达六页的社交活动。她紧接着写道："虽然我没有提，但我是会经常学习的！"[①]

贝蒂·汤姆森在 1939 年抵达中国。从她早期给母亲和加拿大兄弟姐妹写信的语气中，可以捕捉到她在重温旧友、购物、就餐和听音乐会时的兴奋。她在信中很健谈，写满了名字(很多都与华北使团有关)，如："猜猜谁昨天从河南来的？景佐智(G.K.king)先生！我很高兴看到这么多人一个接一个地来到这里。"[②]那是一段令人陶醉、快乐的时光，他们聚会的方式都是上一代传教士闻所未闻的。这些信件中可以看出，贝蒂·汤姆森并不关心中国其他地区的战争。除了语言课之外，她还花时间在"广播室"里混日子["很有趣，与比尔·布雷斯特德(Bill Braestid)也越来越熟悉"]、主持教堂礼拜("我们每个人都'尝试过'")以及和多萝西·博伊德打网球("多萝西发球最好。在网球比赛中被击败是极好的，没有什么比轻易地获胜更让我抓狂了")。[③]

这并不是说学生们觉得一切都很舒适，战争导致食品价格上涨，造成大学伙食质量低劣，住宿条件也很差。不过，贝蒂·汤姆森还是很务实的："我只是想让玛丽(博伊德)相信，她在房间里发现的不是一只车轮虫，而是一只甲虫！她把它放在一个盒子里，一定会向派特医生(Dr. Petters)汇报的。我已经有六年没在多伦多总医院工作了，不知道这些小昆虫长什么样。"[④]

---

① 贝蒂·汤姆森(北京)寄给亲属(多伦多)的信，1939 年 6 月 4 日，来自玛格丽特·怀特曼的私人收藏。

② 贝蒂·汤姆森(北京)寄给亲属(多伦多)的信，1939 年 5 月 14 日，来自玛格丽特·怀特曼的私人收藏。

③ 贝蒂·汤姆森(北京)寄给亲属(多伦多)的信，1939 年 5 月 14 日，来自玛格丽特·怀特曼的私人收藏。

④ 贝蒂·汤姆森(北京)寄给亲属(多伦多)的信，1939 年 5 月 28 日，来自玛格丽特·怀特曼的私人收藏。

1939年,玛丽·博伊德在北京

尽管如此,但毫无疑问,语言学习阶段很充实,至少这确实是单身传教士寻找婚姻伴侣的沃土。在她们到达后的几个月内,贝蒂·汤姆森和玛丽·博伊德都将与来华传教士订婚。虽然最先引起约翰·斯坦利注意的是贝蒂,但最终嫁给约翰·斯坦利的却是玛丽。

1939年5月28日,贝蒂·汤姆森在她每周的家信中首次提到约翰·斯坦利。她在信中写道,她和约翰·斯坦利等13人一行出去吃"鸭宴",并在括号中加上"稍后解释"。约翰·斯坦利是一位来华传教士(在济南)的儿子,过去两年他一直在学习中文,希望能成为北京燕京大学的图书管理员。在他们见过面的几天后,约翰就出现在贝蒂所在的图书馆。他们一起学习了几个小时,之后他邀请贝蒂星期一晚上和他一起去听音乐会。贝蒂把头发烫好,几乎要热昏过去,她和约翰一起吃晚饭,听音乐会。后来,她和另外两对夫妇去了约翰·斯坦利的家里("他的租住地非常可爱"),他们在那里听"盛大音乐",吃着坚果,"直到我们差点吃爆了"。[①] 五天后,贝蒂·汤姆森和几个朋友在约翰·斯坦利的住所举办了一个"小小的即兴派对":"我们在收

① 贝蒂·汤姆森(北京)寄给亲属(多伦多)的信,1939年5月28日,来自玛格丽特·怀特曼的私人收藏。

音机里发现了一些音乐，所以[比尔·马西森(Bill Matheson)和我]卷起地毯‘开始了我们的舞蹈’……周围都是观众(只有年轻人，别担心!)。”[1]尽管有如此美好的开端，却没有任何浪漫的后续，或者有但没有明显的迹象罢了。不到三个月，玛丽·博伊德就爱上了约翰·斯坦利，而另一个单身传教士——伦敦会的戈弗雷·盖尔医生，正在追求贝蒂·汤姆森。

撤离日占区

贝蒂·汤姆森、多萝西·博伊德和玛丽·博伊德预计将在1939年夏天完成她们在河南华北教会医院新岗位的准备工作。到1939年6月，她们已经完成了中文笔试，并在为7月前将要完成的口试做着准备。由于酷暑难耐，新学员不得不在北戴河通过私人课程继续学习语言。贝蒂·汤姆森对北戴河有着美好的回忆。1939年6月，当听说要回到那里时，她几乎无法抑制自己的兴奋之情。她给远在加拿大的母亲写信:“想想看！下周我们要去北戴河。很难想象吧！我简直不敢相信……但玛丽和多萝西说这是真的，所以我想应该是真的。”[2]

北戴河已经成为传教经历的一个重要组成部分——传教士们认为这既是对传教工作的奖励，也是对传教工作考验的缓冲。“传二代”毫不怀疑她们在北戴河的特权地位，比如中国的厨师、男仆和女佣都会提前三天到那里的别墅为她们的到来做准备。[3] 这个神奇的地方曾是她们童年的闪光点，现在贝蒂·汤姆森、多萝西·博伊德和玛丽·博伊德可以凭借自己的传教士身份，靠她们自身的魅力来到这里。

贝蒂·汤姆森和玛丽·博伊德经天津来到北戴河，在那里她们遇上了弗洛伦斯·利德尔。因为李爱锐要到8月才能休假，所以弗洛伦斯计划在

---

① 贝蒂·汤姆森(北京)寄给亲属(多伦多)的信，1939年6月4日，来自玛格丽特·怀特曼的私人收藏。

② 贝蒂·汤姆森(北京)寄给亲属(多伦多)的信，1939年6月4日，来自玛格丽特·怀特曼的私人收藏。

③ 贝蒂·汤姆森(北京)寄给亲属(多伦多)的信，1939年5月14日，来自玛格丽特·怀特曼的私人收藏。

6月与7月抽出一部分时间和她的两个女儿还有贝蒂·汤姆森一起住在北戴河。多萝西·博伊德和玛丽·博伊德会和父母住在一起。对贝蒂·汤姆森来说,这种生活再好不过了。在写给母亲的一封信中,她写道:“你猜怎么着!李爱锐和弗洛伦斯的假期要到8月,所以弗洛伦斯和孩子们要和我们一起住在北戴河梅林的家里!天哪!太棒了!不是吗!”[①]贝蒂·汤姆森、弗洛伦斯·利德尔和玛丽·博伊德意外重逢,她们表现得更像是莽撞的青少年,而不是稳重的女传教士。当暴风雨打断了她们的购物计划时,她们把地毯顶在头上,还是毅然选择继续购物![②] 贝蒂·汤姆森的朋友们都珍惜在北戴河的时光,享受着北戴河丰富多彩的社交生活。集体聚餐、海滩野餐和网球比赛占据了她们的生活,贝蒂·汤姆森的信里充满了青春的欢乐,甚至有些可爱。在一封特别坦率的信中,她抱怨一位女士坚持要求她们组织的女子网球锦标赛在她住所附近的一个球场举行:“为了安排比赛,我们已经(到东海滩)跑了两次,但是其中一位‘女士’的母亲愤怒地说,这是什么主意!她心爱的孩子为什么要一路跑到西海滩去玩呢!为什么她要走得累到都打不动球!她的脑子里(如果她有脑子的话)似乎没有意识到,我们必须走同样的距离!”[③]无论从字面意义还是象征意义上来说,北戴河都离河南很远。

当贝蒂·汤姆森、多萝西·博伊德和玛丽·博伊德在北戴河重续旧情时(并发展新的重要朋友,这一点我们将稍后介绍),在河南华北传教点的传教士正在紧急应对那里的严重洪灾。河南的雨季来得比预期要早,1939年7月,黄河泛滥成灾。在怀庆的传教点,墙壁和建筑物倒塌,地下室被灌满了水,花园被毁。在卫辉,居民被迫在城里乘船出行。但洪水似乎还不是最令人担忧的,日军在河南的军事行动变得更加猖狂,宣称他们作为亚洲同胞,是“致力于实现东部经济活力和稳定的共同目标,而英国(和加拿大)人在那里是为了私利”,这使得公众对外国传教士的不信任和愤怒情绪被煽动起

① 贝蒂·汤姆森(北京)寄给亲属(多伦多)的信,1939年5月14日,来自玛格丽特·怀特曼的私人收藏。

② 贝蒂·汤姆森(北京)寄给亲属(多伦多)的信,1939年5月14日,来自玛格丽特·怀特曼的私人收藏。

③ 贝蒂·汤姆森(北戴河)寄给亲属(多伦多)的信,1939年8月15日,来自玛格丽特·怀特曼的私人收藏。

来。当华北传教士对当地的紧张局势进行了判断后，他们发出消息说，现在不是召回三名在北戴河的加拿大护士的时候，在河南的危机结束之前，这些“传二代”护士将不得不留在北戴河。

1939 年，北戴河的欢乐时光

在动乱中，这三个女人没有更好的地方可选，因为前途未卜，她们决心利用这次机会在北戴河充分享受乐趣。事实上，那年夏天，北戴河有五个“传二代”护士：贝蒂·汤姆森、多萝西·博伊德、玛丽·博伊德、弗洛伦斯·利德尔，以及刚刚嫁给约翰·刘易斯医生的乔治娜·刘易斯。情况是这样的，在乔治娜还是小姑娘的时候，她的父亲就在河南去世了，所以是由贝蒂的父亲汤善在他们的婚礼上把新娘交给了新郎。大家都叫她“乔吉(Georgie)·刘易斯”，她比贝蒂大五岁，刚刚在安阳的华北使团结束了七年的传教护理工作。乔吉和约翰是来北戴河度蜜月的。这是贝蒂·汤姆森和乔治娜·刘易斯第一次有机会真正了解对方。“我都不知道原来乔吉这么有趣！”贝蒂在家信中惊呼道。[①]

乔治娜·刘易斯的母亲，是一位令人敬畏的传教士的遗孀——戴维

① 贝蒂·汤姆森(北戴河)寄给亲属(多伦多)的信，1939 年 8 月 15 日，来自玛格丽特·怀特曼的私人收藏。

娜·孟席斯(Davina Menzies)夫人,也在北戴河。戴维娜·孟席斯担心她的新女婿将不能在陕西工作,于是主动写信给加拿大联合教会总部,看能否将她的新女婿留在安阳:“我希望约翰·刘易斯医生在他所属的传教点开放之前,能够在河南待上几个月。我知道在彰德(安阳)大家都说,如果我们能留下刘易斯医生并留住乔治娜就好了。不过,我想目前我们还不能确定是否要回到内地去。”[①]作为在华北地区任职时间最长的传教士之一,也是传教团“殉道”先驱的妻子,戴维娜·孟席斯有一定的影响力,如果这对她或她的家人有利,她愿意利用这种影响力。然而,在现实情况下,她的请求变得毫无意义,因为不久之后安阳使团也撤离了。

1939年8月15日,也就是戴维娜·孟席斯写信给联合教会的同一天,贝蒂·汤姆森写信给她的家人,说她刚刚注射了第一针斑疹伤寒疫苗。[②] 尽管河南局势不明朗,但代表团仍在为这三名护士在那里开始新工作做准备,“看来我们真的得打算什么时候过去,不是吗?”贝蒂·汤姆森写道,暗示她也对这个想法感到紧张。[③] 但事实并非如此,在华北传教士在北戴河度过了一个无忧无虑、享有特权的盛夏,放松了精神,加强了社会关系后,河南发生的危机却导致了一场长达六年的传教士撤离事件。事实上,“传二代”护士再也没有回到河南。

关闭安阳传教点

1939年8月30日,日军在安阳召集了加拿大教会医院的中方工作人员。在教堂里,日本当局站在他们面前,描述了据称是加拿大人所犯下的一系列罪行,并警告说中国人不应再与这些外国人交往。他们以这样的警告来威胁工作人员:如果第二天中午之前不离开,就会被砍掉胳膊或腿。消息

① 戴维娜·孟席斯(北戴河)给泰勒夫人(多伦多)的信,1939年8月15日,来自加拿大联合教会档案馆83.058C,58号档案盒,26号文件,第3辑。

② 贝蒂·汤姆森(北戴河)寄给亲属(多伦多)的信,1939年8月15日,来自玛格丽特·怀特曼的私人收藏。

③ 贝蒂·汤姆森(北戴河)寄给亲属(多伦多)的信,1939年8月15日,来自玛格丽特·怀特曼的私人收藏。

很快在传教大院传开了，大家都认为这个威胁是真的。传教士们预感这个有着50年历史的传教点即将关闭，随即开始向即将离开的工作人员分发传教设备和用品。在日军宣布这一消息的几个小时内，实习护士们就收到了她们的课堂记录和课外书，毕业护士收到了器械和产科包，缝纫妇女收到了缝纫机，厨师收到了厨房用具，牧羊人收到了活山羊。当天晚上九点，传教士和传教团的所有华人成员一起享用了最后的晚餐，然后匆匆告别。[①]

到第二天中午，只有六名加拿大传教士留在了安阳的两处传教大院，传教护士彭纯修、唐·法利斯（Don Faris）牧师和伊莎贝尔·麦克塔维什医生（Isabelle MacTavish）留在了西院，比尔·米切尔（Bill Mitchell）、格蕾丝·赛克斯（Grace Sykes）和马西森（J.C. Mathieson）牧师留在距离西院10分钟路程的东院。传教士分析自己不会被日本人赶出去，所以他们自己便在各自的住所待了三个星期，通过电话保持联系。加拿大人之所以拒绝离开，是希望日本人允许他们留在中国。一名日本卫兵守在院落门口，以确保中方人员不会返回。然而，三个星期后，有人放火烧了这两处院落的大门。彭纯修、伊莎贝尔·麦克塔维什和比尔·米切尔组建了一个临时救援队，扑灭了东院的大火，但西院却因为没有自来水而无法幸免。[②]

由于疲惫和焦虑，传教士的决心开始动摇。1939年9月16日晚，当9枚手榴弹（其中4枚爆炸）被扔到东院围墙上时，传教士完全崩溃了。院落大门上贴着一张海报，画的是一个倒地的外国人，脖子上流着血，上面写着："英国人，三天之内如果你们不离开这个地方，你们的生命肯定会有危险。"[③]这就是结局，他们留下来没有任何意义。彭纯修和格蕾丝·赛克斯乘火车去了北京。彭纯修去了北京协和医学院，在病房里做了一个月的记录观察

---

① Sonya Grypma, *Healing Henan: Canadian Nurses at the North China Mission, 1888-1947*, Vancouver: University of British Columbia Press, 2008, p.148.

② Sonya Grypma, *Healing Henan: Canadian Nurses at the North China Mission, 1888-1947*, Vancouver: University of British Columbia Press, 2008, pp.148-149.

③ Margaret Brown, "History of the Honan (North China) Mission of the United Church of Canada, Originally a Mission of the Presbyterian Church in Canada" (unpublished, n.d.), United Church of Canada Archives (hereafter UCCA), C:10.

工作，最终她被调到天津，在那里她与多萝西·博伊德和玛丽·博伊德一起为那些躲避洪水和日本侵略的难民工作。而格蕾丝·赛克斯则回到加拿大休假。

关闭卫辉传教点

直到1939年9月4日，卫辉的一切都相对平静。那天，工作人员被叫到医院，当地反英委员会主席张先生(Mr. Chang)命令传教士立即离开，不要再回来。加拿大护士盖麻姑后来回忆说，一个脸色苍白、神情惊恐的矮小中国男人告诉工作人员，医院要立即关闭，病人、雇员和外国人必须离开，违令者会被处死。[①] 其中一位中国医生，可能是段美卿医生[②]，指出这将造成巨大的损失，因为工作人员的家都在大院里，还有40个病人仍在医院里。段医生与传教士商量后，同意由他负责接手医院。1939年10月5日，卫辉传教士接到消息，他们必须在10月12日前离开，否则日军将在13日采取"极端行动"。之后，他们三三两两离开位于卫辉的传教点，最终在天津团聚。[③]

关闭怀庆传教点

1939年10月6日，日军开始占领怀庆大院，80名士兵进入大院，要"喝茶休息"。[④] 当天晚上，日军宣传部门要求我们为600名日本士兵提供临时宿营，所以这些士兵在那里共待了三天。10月19日，日本人要求张医生与他们合作，"把外国人赶出去后接管医院"。[⑤] 张医生告诉加拿大人，日本人打算接管医院。大家决定所有人必须撤离。张医生是第一个离开的人，

---

① 盖麻姑的信：1939年秋河南事件，未注明日期，来自穆里尔·盖伊的私人收藏集。

② 根据新乡医学院(原卫辉医院)的年鉴，加拿大人在1939年的反英运动后无条件把医院管理权转给了中国人，中国医生段美卿担任医院院长。

③ Sonya Grypma, *Healing Henan: Canadian Nurses at the North China Mission, 1888-1947*, Vancouver: University of British Columbia Press, 2008, p.150.

④ 1939年10月29日，来自步亚德牧师给福布斯(Forbes)的信，加拿大联合教会档案馆，83.058C，56号档案盒，11号文件，第3辑。

⑤ 1939年10月29日，来自步亚德牧师给福布斯(Forbes)的信，加拿大联合教会档案馆，83.058C，56号档案盒，11号文件，第3辑。

10月24日午夜，他和家人坐独轮车逃走了。[①] 他们在途中乘坐多种交通工具，还走了一段很长的路后平安抵达西安。[②] 10月26日，第一批加拿大人从怀庆逃了出来，但加拿大护士盖麻姑因为从卫辉去怀庆护理一个患伤寒的传教士而成了流亡者。[③]

虽然对加拿大传教士来说，他们和中国同事因面临威胁而不得不撤离河南，但当他们在天津团聚时，依然充满疑虑。景佐智在一份关于10月事件的报告中问道："我们以这种方式离开生活和工作的这片土地，是对的吗？"[④] 除了贝蒂的父亲汤善于1939年8月在北戴河与贝蒂短暂团聚后又返回道口待了一年外，所有华北传教士在1939年10月前全部撤离河南。这是华北使团历史上第三次大规模撤离。[⑤]

汤善的女儿恋爱了

1939年夏，华北使团河南传教点的传教士都在思考日本加剧侵略意欲何为，而贝蒂·汤姆森和其他滞留在北戴河的传教士则正在享受他们的"流放生活"。北戴河的自然之美见证了传教士之间友谊建立与强化的过程。此外，沙滩、海浪和月光皎洁的夜晚都是孕育浪漫关系的理想之物。贝蒂·汤姆森就是在这里认识了她未来的丈夫戈弗雷·盖尔医生。

戈弗雷·盖尔也是传教士的孩子。肯德尔·盖尔(Kendall Gale)牧师和夫人曾在马达加斯加为伦敦会服务，这项任务为戈弗雷的父亲赢得了"马达加斯加盖尔"的绰号。[⑥] 现在肯德尔·盖尔牧师已经去世了，寡居的盖尔

---

① 盖麻姑的信：1939年秋河南事件，未注明日期，来自穆里尔·盖伊的私人收藏集。

② 1939年12月14日，景佐智给阿姆斯特朗医生的信，来自加拿大联合教会档案馆，83.058C，56号档案盒，11号文件，第3辑；盖麻姑在信，中写道，几个月后，她与张医生在华西进行了会面。

③ Sonya Grypma, *Healing Henan: Canadian Nurses at the North China Mission, 1888-1947*, Vancouver: University of British Columbia Press, 2008, p.151.

④ 景佐智的报告：1939年10月12日导致加拿大联合教会传教士撤离河南卫辉医院的事件，来自加拿大联合教会档案馆，83.045C，9号档案盒，56号文件。

⑤ 汤善身穿中式服装，设法在道口的小型传教中心又停留了7个月。他在1940年5月离开河南前往山东，并于同年9月主持了他女儿伊丽莎白的婚礼。参见汤善1940年7～12月的报告，来自加拿大联合教会档案馆，83.045C，10号档案盒，163号文件。

⑥ Godfrey Gale, *Interned in China*, London: Livingstone Press, 1946, p.iii.

夫人住在英国。戈弗雷·盖尔是伦敦会的一名医生,在位于济南的山东基督教共合大学医科(齐鲁医院)工作。根据贝蒂·汤姆森 50 年后的回忆,她和戈弗雷·盖尔的相遇是在他到达北戴河的第一个晚上。[①] 他们和大约 20 名传教士一起参加一个晚宴,坐在两张圆桌旁。贝蒂·汤姆森和戈弗雷·盖尔背靠背坐在相邻的桌子旁,晚饭后桌子被移到一边让年轻人跳舞。贝蒂记得她和戈弗雷一起跳了舞,当然她也和其他传教士一起跳了舞。之后,戈弗雷·盖尔和伦敦会的传教士肯尼斯·麦卡勒一起送贝蒂回家。根据贝蒂的日记,他们会面的日期是 1939 年 8 月 20 日。她的日记记录了发生在战争边缘地带的浪漫爱情、护理工作,以及与传教士生活相互交织的紧张和兴奋:"关于战争的可怕消息传来——似乎又要爆发战争了,天津的避难者(或者是使团?)抵达这里。在莲花山的斯图克利聚会上,我遇到了肯尼斯·麦卡勒和戈弗雷·盖尔。肯尼斯和李爱锐一样喜欢在角落里跳舞。那真是个盛大的夜晚。"[②]几天后,贝蒂才开始注意到戈弗雷·盖尔的魅力,虽然他将于 9 月 6 日返回济南,不过事实证明,好事将近。在不到一周的时间里,他们就坠入情网。

1939 年 8 月 27 日,一个星期天,贝蒂·汤姆森在日记中写道:"戈弗雷·盖尔在布道,他外表英俊,有一头红发。"[③]8 月 30 日,贝蒂·汤姆森和戈弗雷·盖尔一起参加了伦敦会传教士的野外早餐。之后,戈弗雷·盖尔和贝蒂·汤姆森打算在 9 月 2 日开始第一次约会。他们原计划在莲花山上来一场"午前茶点",但贝蒂却因为滂沱大雨而未能赴约。[④] 贝蒂在日记中只记了几句:"和比尔的野餐、与戈弗雷的上午茶以及在马查蒂(MacHatties)的茶会都被取消了。雨越来越大!第二天听说戈弗雷为了午前茶点确实到山

---

① 贝蒂·盖尔对玛格丽特·怀特曼的访问,来自玛格丽特·怀特曼的私人收藏。

② 贝蒂·盖尔的《五年日记》(1939 年 2 月 15 日至 1943 年 12 月 31 日,未出版)中 1939 年 8 月 20 日的内容,来自玛格丽特·怀特曼私人收藏。

③ 贝蒂·盖尔的《五年日记》(1939 年 2 月 15 日至 1943 年 12 月 31 日,未出版)中 1939 年 8 月 27 日的内容,来自玛格丽特·怀特曼的私人收藏。

④ 贝蒂·汤姆森(北京)寄给亲属(多伦多)的信,1939 年 9 月 12 日,来自玛格丽特·怀特曼的私人收藏。

上去了。”[①]据玛丽·博伊德40年后的回忆，戈弗雷·盖尔和贝蒂·汤姆森的约会重新安排在了那天晚上。

1939年夏末，一个星期六晚上，利梅·盖尔(Limey Gale)和一个法裔加拿大女子汤普森(Thompson)在莲花山咖啡厅约会，共进晚餐，这件事震惊了整个北戴河。几天来，这件事传遍了西海滩、石岭，甚至传遍了东海滩。那天早上，海滩上没有一个加拿大人(他们三人都没在)，贝蒂整个下午都在烫发。傍晚六点半，贝蒂精心打扮，头发微卷，香味萦绕，就像多伦多市中心一样迷人。六点半后，贝蒂在前廊荡秋千，克拉克太太(Mrs. Clark)在精神病院里瞎忙活，各种各样的加拿大人熙熙攘攘。但那都什么时候了？六点二十五分，戈弗雷才沿着克拉克家后面的公路从中海滩以每分钟一英里的速度迎着落日骑行，目的是准时到达咖啡馆。轮胎嘎吱作响，后门散落着碎石，他消失在一片充满“强烈欲望”的乌云里。第二天，在教堂里，二重唱响起时(在铜板的哗啦声中)发出一个声音：“那你昨晚到底在哪里！”尽管这声音只发出过一次，但正在合唱的大家都听到了。从这件事中得到的教训是，在女人盛装打扮之后，男人是一定要去欣赏的。[②]

1939年9月3日是星期天，戈弗雷·盖尔以从欧洲带来了有关战争的消息为借口，拜访了贝蒂·汤姆森和她的父亲。戈弗雷和贝蒂一起吃午饭，一起去游泳，一起送玛丽和多萝西去火车站。星期一，戈弗雷·盖尔和贝蒂·汤姆森到莲花山上看日落；星期二他们去山上野餐；星期三，即他们第一次见面的一周后，两人已形影不离，他们知道戈弗雷·盖尔将于当天晚些时候返回济南。几周前汤善来到北戴河与女儿会合时，他显然赞成这场恋爱，考虑到这是戈弗雷·盖尔在那里的最后一晚，汤善允许这对恋人在莲花

---

① 贝蒂·盖尔的《五年日记》(1939年2月15日至1943年12月31日，未出版)中1939年9月2日的内容，来自玛格丽特·怀特曼的私人收藏。

② 玛丽·斯坦利(弗吉尼亚州的斯汤顿)为戈弗雷和贝蒂·盖尔结婚40周年纪念日写的信，1980年10月16日，来自玛格丽特·怀特曼的私人收藏。

山进行最后一次私人野餐。[①] 之后,戈弗雷·盖尔与贝蒂·汤姆森和她父亲一起收听广播,然后一起前往火车站,戈弗雷·盖尔赶上了晚上十一点半开往济南的火车。“我还是很讨厌去往外地的火车!”不久之后贝蒂·汤姆森在给她母亲的信中说道。[②] 贝蒂·汤姆森在日记里羞涩地写道:“送戈弗雷走时,他跟我说了很多,还问我记住了吗?”[③]无论戈弗雷·盖尔在1939年9月6日对贝蒂·汤姆森说了什么,这些都使得他们的关系更加牢固。五天后,贝蒂·汤姆森去了北京,终于踏上了前往华北使团的旅程。

戈弗雷·盖尔回到济南的山东基督教共合大学(齐鲁医院)做医学传教士。戈弗雷·盖尔在1939年9月11日给“我亲爱的贝蒂”的一封长达八页的手写信中,明确表达了他的爱慕之情(并且很巧妙地表达了他的愿望):“你时时刻刻都在我的脑海里,每次想起你,我都会喃喃自语‘愿上帝保佑你’,因为你真的是一个很棒的女孩子,我想念你。不知怎么,当我一个人回到这所大房子里独自生活时似乎很孤独。”[④]戈弗雷·盖尔在用六页的篇幅描述了他从天津到济南经过日占区的漫长旅程,以及他换乘了人力车、帆船和火车等交通工具之后,又描绘了一个与之形成鲜明对比而又引人入胜的画面(毫无疑问,贝蒂会为之着迷):“家里负责起居的男仆和女佣给了我热烈的欢迎。他们把房子打扫得一尘不染,擦亮了所有铜器,清洗了全部窗帘,在花瓶里插满了鲜花。”[⑤]

戈弗雷·盖尔是一个聪明而真诚的追求者,他被贝蒂·汤姆森的冒险精神、宗教信仰、家庭生活、浪漫主义和职业生涯吸引。他知道贝蒂·汤姆森对中国很熟悉,他写道:“如果你没有体验过在大运河上航行,有机会一定

---

① 玛丽·斯坦利(弗吉尼亚州的斯汤顿)为戈弗雷和贝蒂·盖尔结婚40周年纪念日写的信,1980年10月16日,来自玛格丽特·怀特曼的私人收藏。

② 贝蒂·汤姆森(北京)寄给亲属(多伦多)的信,1939年9月12日,来自玛格丽特·怀特曼的私人收藏。

③ 贝蒂·盖尔的《五年日记》(1939年2月15日至1943年12月31日,未出版)中1939年9月6日的内容,来自玛格丽特·怀特曼的私人收藏。

④ 戈弗雷·盖尔(济南)寄给贝蒂·汤姆森(北京)的信,1939年9月11日,来自玛格丽特·怀特曼的私人收藏。

⑤ 戈弗雷·盖尔(济南)寄给贝蒂·汤姆森(北京)的信,1939年9月11日,来自玛格丽特·怀特曼的私人收藏。

要体验一下。”他还强调了他们共同的宗教信仰，写道：“我每天都为你感谢上帝很多次。”此外，戈弗雷·盖尔还与贝蒂·汤姆森分享了自己的专业，恰巧与贝蒂·汤姆森的护理身份能产生共鸣：“今天上午，我到齐鲁医院拜访老朋友，下午像往常一样去了我的门诊部。他们现在给我提供了一名耳鼻喉科的中国助手，并答应再派给我一名门诊护士，或者更确切地说，是一名护士来帮我做苦力，所以我们觉得很幸运。”他在表达了自己的希望——“很快就能收到你的来信”之后，礼貌地请贝蒂“代我向汤姆森先生和博伊德一家问好”，并祝她的卫辉之旅愉快。

戈弗雷·盖尔的关心得到了回报。贝蒂·汤姆森离开北戴河去北京的那天，卫辉又出现了新的“麻烦”：“传二代”护士们的返程又一次被推迟了。这三个“传二代”护士在北京等待机会，毫无疑问，玛丽·博伊德会很高兴能有更多时间与约翰·斯坦利在一起。这几天，华北使团最终决定不派这些新护士去河南。贝蒂·汤姆森、多萝西·博伊德和玛丽·博伊德获得了齐鲁医院的护理职位，自 1918 年以来，华北使团在该医院的人数一直很少。1939 年 9 月 19 日，三人收到了来自济南的邀请：“欢迎三位护士，请她们马上来济南。”[①]第二天，约翰·斯坦利把他的兄弟会徽章给了玛丽·博伊德——这是订婚前的承诺。“传二代”护士的生活从此进入了一条新的轨道，家庭将会在她们对加拿大联合教会与加拿大女性传教士协会的承诺之上。

1939 年 9 月 27 日，贝蒂·汤姆森到达济南，目前还不清楚玛丽和多萝西什么时候到达。几周之后，她们被重新安排到其他传教点。不久，齐鲁大学提出请求，要求华北使团允许贝蒂·汤姆森在齐鲁大学一名护理人员休假期间接任手术室主管一职，这无疑是因为得到了戈弗雷·盖尔医生的支持。尽管贝蒂·汤姆森表示自己愿意在济南或华西工作，但她还是写信给她的雇主（女性传教士协会），表示该大学医院的职位“对她非常有吸引

① 贝蒂·盖尔的《五年日记》(1939 年 2 月 15 日至 1943 年 12 月 31 日，未出版)中 1939 年 9 月 19 日的内容，来自玛格丽特·怀特曼的私人收藏。

力”[1]。华北使团理事会于1939年12月批准她调任齐鲁大学。[2]

订婚

齐鲁大学始建于1917年，原名山东基督教共合大学，后并入山东大学。齐鲁大学是浸信会和长老会教育事业的“联合”大学，齐鲁大学汇集了美国长老会学院(1864年建于山东登州)、英国浸礼会中学和神学院(1885年建于青州)以及英国浸信会和美国长老会联合教育计划的三个学院(建于1904年)，即潍县的文理学院、青州的神学院和济南的医学院。1918年，加拿大传教士第一次加入齐鲁大学，罗维灵医生受命协助医学院。之后，罗维灵搬到了济南，直到1938年退休一直都在那里教书。1925年，该大学获得了加拿大执照，正式建立了与加拿大联合教会传教团与加拿大女性传教士协会的关系。1931年，学校在中国政府教育部注册。

山东基督教共合大学共合校门

① 景佐智给泰勒夫人的信，1939年12月14日，来自加拿大联合教会档案馆，85.058C，56号档案盒，11号文件，第3辑。

② 海伦·麦克杜格尔(Helen McDougall)(北京)给泰勒夫人(多伦多)的报告，1939年12月14日，来自加拿大联合教会档案馆，85.058C，56号档案盒，11号文件，第3辑。

1937 年戈弗雷·盖尔到齐鲁大学时，医学系共有 44 名教员，其中包括 30 名中国人和 14 名外国传教士。除了联合教会传教士，齐鲁大学的教职人员还包括来自美国（长老会南北传教团、卫理公会北方女性传教士协会和美国公理会）和英国（浸信会、英国长老会、伦敦会、循道公会、卫理公会女性传教士协会和福音传播协会）的传教士。齐鲁大学有 1600 名中国毕业生，其中大多数人以教师（690 人）、医生（370 人）、牧师、传教士或社会工作者（350 人）等身份在中国的不同地方工作。

加拿大联合教会华北使团决定正式加入齐鲁大学，是出于对进一步从事医学教育的渴望。尽管传教士有机会选择在齐鲁大学还是在北京协和医学院工作，但他们依然选择了齐鲁大学，因为齐鲁大学的课程是用中文而不是用英文讲授的。20 世纪 30 年代，许多加拿大人在齐鲁大学工作，包括科拉尔·布罗迪护士、R.A.牧师、米切尔夫人（Mrs. Mitchell）、斯特拉瑟斯夫妇（Ernest Struthers and Margaret Struthers）和罗维灵夫妇（Dr. William and Margaret McClure）。

1937 年抗日战争全面爆发时，国民党政府敦促所有教育机构迁往中国未被日本占领的地区。[①] 四川华西协合大学邀请齐鲁师生来校，它也是一个得到加拿大联合教会部分支持的跨教派机构。1937 年秋，医学院的三名上层领导和四名工作人员应邀踏上了长达 1500 公里的华西陆路之旅。接下来的几个月，大部分中国员工和学生都到了华西。齐鲁医院仍在运行，但人手严重不足。当华北传教士伊莎贝尔·麦塔维什医生后来被借调到齐鲁大学而不是华西协合大学时，她为自己能去齐鲁大学而感到很高兴，因为在这种情况下，有很多东西深深吸引了她："中国本土的大学和医院在这种状况下运转艰难，但并非毫无希望，我很高兴能成为其中一员。"[②]

① 直到 1939 年 6 月，已有 47 家机构迁往非日占区，21 家机构迁往上海租界。这种大规模搬迁涉及成千上万名学生和数百名教授，他们搭乘轮船、公共汽车和（或）步行，跋涉数百英里的危险路途，这被郭查理（C.H. Corbett）称为"抗日战争中最令人惊讶的现象之一"。

② 伊莎贝尔·麦克塔维什（在"格里普索姆"号船上）给泰勒夫人（多伦多）的信，1942 年 8 月 8 日，来自加拿大联合教会档案馆，83.045C，11 号档案盒，174 号文件。

齐鲁大学占据了济南市区以南的大片区域，以及城墙外的一片区域，大学外面是群山。城墙内有几间职工宿舍和一所非常好的医院，在某些方面比我们在英国所知道的任何一所医院都要好。[①] 原齐鲁医院是1915年时建于济南，但在1935年时，它有110张床位，并号称"华北地区设备最好的医院"。[②] 1935年，新建的医院增加了60张床位和一个宽敞的门诊部。1937年，计划将医院扩大到240张床位，包括门诊部和一座隔离大楼，并为住院医生和护士增加住房设施。在1935～1936的年度报告中，共有2806名病人入院，另有门诊病人84252名。此外，齐鲁医院的教职员工和学生还照料了济南周边27个难民营中约19500名洪灾难民。

1939年12月，贝蒂·汤姆森成为齐鲁医院第二位华北传教士护士。科拉尔·布罗迪原本是1923年和好友琼·孟席斯一起来到中国的，1927年河南华北使团因内乱撤离时，她被"临时"借调到齐鲁医院。[③] 贝蒂·汤姆森来的时候，科拉尔·布罗迪已经在齐鲁工作了11年。贝蒂·汤姆森入住了科拉尔·布罗迪在齐鲁校区的传教士宿舍。贝蒂一到，戈弗雷·盖尔就立马联系上了她。他寄了一张手写的便条，收信人为汤姆森小姐，上面写着："亲爱的贝蒂，欢迎来到'Cheeloo'(齐鲁)！很高兴你终于来了。我想听听你这次奇妙的旅行，今天下午五点四十五分我会设法悄悄溜到布罗迪小姐家去。祝好，戈弗雷。"[④]

1939年圣诞夜，戈弗雷·盖尔向贝蒂·汤姆森求婚，她立马接受了。贝蒂·汤姆森在日记里惊呼道："我和我的男人订婚了！"[⑤]第二天，她写信告诉

---

① Frances Mcall and Kenneth McAll, *The Moon Looks Down*, London: Darley Anderson, 1987, p.18.

② 中国基督教大学校董联合会的资料，来自玛格丽特·怀特曼的私人收藏。

③ 1927年3月24日，国民党占领南京，引发了中国各地的传教士撤离浪潮，共有8300名新教传教士撤离了中国，其中有3000人再也没回来，这一事件被称为"传教团大撤离"。

④ 戈弗雷·盖尔给贝蒂·汤姆森的手写便条，未注明日期，来自玛格丽特·怀特曼的私人收藏。

⑤ 贝蒂·盖尔的《五年日记》(1939年2月15日至1943年12月31日，未出版)中1939年12月24日的内容，来自玛格丽特·怀特曼的私人收藏。

母亲订婚的事，说："我答应得太快了！我觉得我好像幸福得要爆炸了！"[①]她的父母渴望收到这样的消息。女儿订婚前五天，汤善在写给妻子的一封信中对女儿的男友表示认可："你会很高兴认识戈弗雷·盖尔的。我写信给伊丽莎白(贝蒂)说，如果上帝保佑他们成为夫妻，我会很高兴的。在与戈弗雷几次短暂的会面中，他给我的印象是一个保持崇高的基督原则、智商和文化都不差的人。"[②]九个月之后，汤善将会去济南把新娘交给新郎。然而，直到六年后的1945年，玛格丽特·汤姆森才从集中营获释，在此之前都无法见到她的女婿。

贝蒂·汤姆森和戈弗雷·盖尔决定对在齐鲁医院订婚一事保密，直到信件可以寄给他们在加拿大多伦多、中国道口和英国伯明翰的父母。在1940年2月3日写给母亲的一封信中，贝蒂·汤姆森对未婚夫充满热情，她的评论符合她母亲的阶级价值观："戈弗雷太美妙了！他越来越精彩了，我幸福得要死！……我知道你会爱他的。他很有教养，很有绅士风度……而且很有音乐天赋！他演奏得非常出色，还能哼唱大师的作品。"[③]他不仅是英国人，还是来华传教士。医生是西方最受尊敬的职业之一，而他就是一名医生。考虑到玛格丽特·汤姆森对英格兰人和苏格兰人的优雅与教养的钦佩，就知道她对这门婚事的认可是毋庸置疑的。

棘手的辞职风波

因为加拿大联合教会的女性传教士协会只雇用单身女性，像贝蒂·汤姆森这样嫁给来华传教士的护士理应辞职，调到她们丈夫所在的传教委员会。然而，辞职是一项艰巨的任务，女性传教士协会对违反合同的传教士并不友善。可是现在不是辞职的好时机，因为女性传教士协会最近已经失去

---

① 贝蒂·汤姆森(济南)寄给玛格丽特·汤姆森(多伦多)的信，1939年12月25日，玛格丽特·怀特曼的私人收藏。

② 汤善(道口)寄给家人(多伦多)的信，1939年12月19日，玛格丽特·怀特曼的私人收藏。

③ 贝蒂·汤姆森(济南)寄给玛格丽特·汤姆森(多伦多)的信，1940年2月3日，来自玛格丽特·怀特曼私人收藏。

了科拉尔·布罗迪和饶秀贞两位护士。在贝蒂·汤姆森和戈弗雷·盖尔订婚的那晚,科拉尔·布罗迪中风了,饶秀贞前往济南照顾布罗迪,并最终陪同她返回加拿大。目前,华北使团留在中国的护士中,绝大多数都是"传二代"护士。

贝蒂·汤姆森在1940年1月18日写给联合教会的信中宣布了订婚的消息。这封信是写给她和父母都很熟悉的景佐智的:

> 如果不是这事,就会是那事。你可能在想,你把我安顿在济南之后,我为什么这么快又来烦你了。这是一封"友好"的信,与业务无关,但内容非常重要。我写信是要宣布我与伦敦会的戈弗雷·盖尔医生订婚的消息,很遗憾爸爸不在这里,不然他可以替我们宣布,但我们不能再等了。伦敦会的年会在2月,戈弗雷想在年会时告诉他们这件事,我不能让他的协会在我的协会之前得到消息!当然,我们得到了爸爸的许可,很令人兴奋吧!我太幸福了,如同乐在云霄。①

贝蒂·汤姆森知道自己现在面临一场棘手的政治博弈,这冲淡了她订婚时的兴奋感。她想继续在齐鲁医院工作,但讽刺的是,作为一名已婚妇女,她必须辞去在女性传教士协会的职务,然后向伦敦会申请成为一名得到充分支持的传教护士,这么做只为保留她在齐鲁医院手术室主管的职位。辞职和申请都带有职业风险:从女性传教士协会辞职意味着违反合同,因为华北使团极度缺乏护士;申请伦敦会意味着会冒着因潜在健康威胁而被拒绝的风险,因为汤姆森年轻时做过结核菌素的检测,结果为阳性。② 1938年在加拿大的一次胸部X线检查中,医生发现了她肺部有"斑点"。③ 所以这么做不但是要她放弃女性传教士协会的职位,还需要承受不被伦敦会接受的风险。

---

① 贝蒂·汤姆森寄给景佐智的信,1940年1月18日,来自加拿大联合教会档案馆,83.058C,58号档案盒,36号文件,第3辑。

② 贝蒂·汤姆森(济南)寄给玛格丽特·汤姆森(多伦多)的信,1940年2月3日,来自玛格丽特·怀特曼的私人收藏。

③ 1940年9月14日,默里·汤姆森写的"济南闲谈"(时事通讯,这是送给贝蒂·汤姆森的结婚礼物),来自玛格丽特·怀特曼的私人收藏。

在1940年2月3日写给母亲的信中,贝蒂·汤姆森透露了她的焦虑。贝蒂·汤姆森注意到伦敦会的干事要求她提供一份“品格证明书”和一份医疗证明,她担心伦敦会可能会因为她的健康史而拒绝她的申请。此外,根据戈弗雷·盖尔的说法:“伦敦会不会正式承认我们的订婚或者批准我们结婚,除非我们能证明(她胸部X线片上的)斑点是无害的。”[①]1940年2月11日,贝蒂·汤姆森写信给多伦多总部的休·泰勒夫人(Mrs. Hugh Taylor),提议要么提前解除合同(同年9月贝蒂的合同已经过半),要么允许她作为一个已婚妇女完成三年合同中的一部分工作。

> 你会很惊讶,在收到我第一封信之后不久就看到我的第二封信,但是我这些天都在忙着“制定计划”,并想把我的计划告诉您……如果让我待在家里完全放松下来(一直到9月份),我觉得还为时过早。您会考虑让我今年秋天结婚,同时允许我全职工作到明年3月吗?这将留给使团和医院足够的时间来填补布罗迪小姐生病导致的工作人员空缺。[②]

按照社会习俗,新人订婚应该得到父母同意,但在实际生活中,这并不是必须的。相反,教会董事会不仅有权决定贝蒂·汤姆森的就业,而且有权进一步决定她的结婚自由。贝蒂·汤姆森意识到另一个选择是推迟婚姻,直到她在女性传教士协会的合同结束。贝蒂·汤姆森以一个家庭朋友的身份获得了露丝·泰勒(Ruth Taylor)的同情:“这个世界如此混乱,没人知道我们即将面临的是什么,我很遗憾在我们能在一起的时候却要分开两年。我相信,如果我们在结束一天的工作后能够回到自己的家,我们都将会为我们的中国朋友和病人提供更优质、更快乐的服务。”[③]

贝蒂·汤姆森继续寻找补救办法,她给在多伦多的母亲寄了一封信,要求她们的多伦多医生斯科蒂(Scottie)立即把她最后一次胸部X线片检查结

---

① 贝蒂·汤姆森(济南)寄给玛格丽特·汤姆森(多伦多)的信,1940年2月3日,来自玛格丽特·怀特曼的私人收藏。

② 贝蒂·汤姆森(济南)寄给休·泰勒夫人(多伦多)的信,1940年2月11日,来自加拿大联合教会档案馆,83.058C,58号档案盒,36号文件,第3辑。

③ 贝蒂·汤姆森(济南)寄给休·泰勒夫人(多伦多)的信,1940年2月11日,来自加拿大联合教会档案馆,83.058C,58号档案盒,36号文件,第3辑。

果寄给齐鲁医院。在齐鲁医院，她的医生可以比较X线片，看看过去两年是否有什么变化。汤姆森注意到齐鲁医院的医生正计划把最近的X线片送到北京协和医学院再次征求意见，汤姆森惊呼："这不是一团糟吗？还记得两年前的这个时候我在担忧什么吗？请快点让斯科蒂把X线片给我寄过来吧。"[①]整个状况让汤姆森很恼火，她写道："毕竟，我是嫁给一个传教士，我根本不会离开这个领域……尤其是我不在河南，这里的(齐鲁)医院不在乎我是单身还是已婚……所以伦敦会为什么要这样做？"[②]

除了对自己在伦敦会的未来感到焦虑外，贝蒂·汤姆森还对自己担任齐鲁手术室主管感到沮丧。她在给母亲的信中罕见地流露出愤怒，表达了对齐鲁医院另外一位传教护士的不满：

> 我仍在监管护士们，而且可能整个星期都会这样。真的，妈妈，真是太蠢了，我对埃文斯小姐(Miss Evans)的不配合很生气，我几乎控制不住自己。她在这里已经有十多年了，她知道这里的所有部门、语言、人员、风俗习惯、难题等，但她把问题都留给了我……我从未遇到过能比她更容易激怒我的人。[③]

在到达齐鲁医院后的几周内，她需要负责两栋楼的手术室，这让她很不安。贝蒂·汤姆森对埃文斯小姐大发脾气，她认为埃文斯小姐是一位经验丰富的护士，却不愿意帮助她：

> 除了她所在的医院供给部门，她对任何事都不感兴趣。……第一天早晨，奥尔德森小姐(Miss Alderson)不在，我去征求她的意见。她在分发物资，停下手头的活，时间短得仅能容许她露出一个漠然的微笑，说："对不起，恐怕你得自己想办法了，我没时间。"没时间！我需要负责

---

① 贝蒂·汤姆森(济南)寄给玛格丽特·汤姆森(多伦多)的信，1940年2月3日，来自玛格丽特·怀特曼的私人收藏。

② 贝蒂·汤姆森(济南)寄给玛格丽特·汤姆森(多伦多)的信，1940年2月3日，来自玛格丽特·怀特曼的私人收藏。

③ 贝蒂·汤姆森(济南)寄给玛格丽特·汤姆森(多伦多)的信，1940年2月3日，来自玛格丽特·怀特曼的私人收藏。

手术室，两栋楼里都有(116～118名病人)，所有相关工作都需要我这个新手承担，而她却在发放医疗用品。老实说，我差点犯了谋杀罪！[①]

据贝蒂·汤姆森的说法，埃文斯小姐不仅对她来说是一个相当难相处的同事，而且对奥尔德森小姐和布罗迪小姐来说也是如此，她们和贝蒂·汤姆森有同样的麻烦。对汤姆森来说，埃文斯小姐打扮起来非常有魅力："但当她穿上她的护士服时，天呐！"[②]从汤姆森的角度来看，传教是一种选择，而不是一种义务："毕竟，我和她都不必这么做。为忍受脾气暴躁的同事而浪费了宝贵的精力。"她安慰自己说，埃文斯小姐作为一个单身女人是可怜的，"她没有戈弗雷，我真的很可怜她"。[③]

让贝蒂·汤姆森感到自豪的是，尽管她对埃文斯小姐感到"精疲力尽""火冒三丈"，但她能够"控制"自己的脾气。[④] 接下来的一个月，她没有跟埃文斯小姐说话，这让她略感宽慰。在"十天无言的战争"之后，她找到埃文斯小姐，为自己对她的行为道歉：

(我)请她试着重新开始，并告诉我她为什么要这样做。对我来说，这不完全是出于谦卑，因为大部分事情都是她的错，我同样也告诉了她我的看法。令我大吃一惊的是，她说她认为我想要手术室主管的工作，并且憎恨她的干涉！当我们发现彼此的感受和想法时，我们只是放声大笑。[⑤]

---

① 贝蒂·汤姆森(济南)寄给玛格丽特·汤姆森(多伦多)的信，1940年2月3日，来自玛格丽特·怀特曼的私人收藏。

② 贝蒂·汤姆森(济南)寄给玛格丽特·汤姆森(多伦多)的信，1940年2月3日，来自玛格丽特·怀特曼的私人收藏。

③ 贝蒂·汤姆森(济南)寄给玛格丽特·汤姆森(多伦多)的信，1940年2月3日，来自玛格丽特·怀特曼的私人收藏。

④ 贝蒂·汤姆森(济南)寄给玛格丽特·汤姆森(多伦多)的信，1940年2月3日，来自玛格丽特·怀特曼的私人收藏。

⑤ 贝蒂·汤姆森(济南)寄给玛格丽特·汤姆森(多伦多)的信，1940年2月22日，来自玛格丽特·怀特曼的私人收藏。

齐鲁医院传教士护士(贝蒂·汤姆森,后排右一)

直到1940年5月,贝蒂·汤姆森仍未收到女性传教士协会的消息。与此同时,伦敦会伦敦办事处要求与她进行一次正式面谈,以批准她与戈弗雷·盖尔结婚并随后将她调往伦敦会传教团。贝蒂·汤姆森对这种做法感到恼火又恐惧,她向妈妈坦诚道:"我有点害怕!如果他们不同意怎么办?戈弗雷有点生气,但他们自然不能为他破例。你认为他们会让我做一个《圣经》测验(原文如此)吗?就像《汤姆·索亚历险记》中一样:谁是最初的那两个门徒?大卫(David)和歌利亚(Goliath)!"[①]在此之前,汤姆森从未怀疑过她实现自己设定目标的能力。现在她觉得自己的前途似乎岌岌可危,这仅仅因为她缺乏主日学校(又名"星期日学校",Sunday School)的知识,就可能阻碍自己未来的道路。

当贝蒂·汤姆森最终获得了女性传教士协会的许可解除合同时,她认为这是一个值得庆祝的事情,刚从道口来的父亲也这样认为。贝蒂·汤姆森"最亲爱、最慷慨"的父亲汤善给了她一张高达1000美元的支票,以庆祝她

① 贝蒂·汤姆森(济南)寄给家人(多伦多)的信,1940年5月28日,来自玛格丽特·怀特曼的私人收藏。

从使团中解脱的好消息。[1] 值得赞扬的是，女性传教士协会支持贝蒂·汤姆森的决定，承认中国的现状同她最初签署协议时已经发生了变化。

> 女性传教士协会的执行官认为，虽然这项安排是三年，但（河南）目前的混乱状况已经完全改变了局面，我们没有理由要求汤姆森小姐完成她三年的工作……我们对失去汤姆森小姐感到非常遗憾，但是，我们的损失将是别人（即伦敦会）的收获，她并没有放弃在中国的基督教工作。[2]

在婚礼前的几个月里，贝蒂·汤姆森和戈弗雷·盖尔都在做准备。两人把科拉尔·布罗迪的家具搬进他们共同的房子，然后在花园里种了洋蓟，以此庆祝戈弗雷27岁的生日。因为华北使团传教点已经关闭，一个由景佐智夫妇、福布斯夫妇（Mr.and Mrs. Forbes）和诺尔曼·奈特先生组成的临时委员会于1940年5月搬到济南，等待最后一次撤离的消息。与此同时，加拿大传教士护士玛丽·博伊德、多萝西·博伊德、彭纯修和盖麻姑被派往天津难民营工作。到了春天，多萝西·博伊德和玛格丽特·盖伊被调到了四川的华西使团，而玛丽·博伊德则是从华北使团借调到黄河以南的加拿大圣公会传教团。这个小型传教站仍在运行，由加拿大传教护士苏西·凯尔西负责护理工作。最终，玛丽·博伊德和苏西·凯尔西被拘禁在潍县集中营，这是她们1940年初开始合作时无法预见的。

1940年，贝蒂·汤姆森和玛丽·博伊德在北戴河再次相遇，共度一年一度的暑假。自从去年她们一起度过田园诗般的夏天以来，情况发生了很大的变化，现在两人都订婚了。贝蒂·汤姆森和戈弗雷·盖尔已把婚期定在9月14日，玛丽·博伊德和约翰·斯坦利已经初步计划在第二年春天结婚。伊莎贝尔·麦克塔维什医生为戈弗雷·盖尔和贝蒂·汤姆森主持了一场婚

---

① 贝蒂·汤姆森（济南）寄给玛格丽特·汤姆森（多伦多）的信，1940年2月3日，来自玛格丽特·怀特曼的私人收藏。

② 露丝·泰勒夫人寄给景佐智的信，1940年4月2日，来自加拿大联合教会档案馆，83.058C，56号档案盒，12号文件，第3辑。

礼,客人中有11岁的艾美凤,她帮忙带来了一堆很棒的礼物。[1] 艾美凤回忆起那个夏天,她因高烧和关节酸痛而卧床不起时,是贝蒂·汤姆森在照顾她,后来在北京确诊她患有风湿热。[2] 据她回忆:

> 我以前每天早上都会发烧到104华氏度(摄氏37.8度)甚至更高。大约十点左右,当烧褪去,开始出汗时,我就会对妈妈说我在"洒水",然后她就每天给我在床上擦洗。之后,妈妈的耳部严重感染,她和我都需要护理,所以贝蒂来帮忙了。我记得贝蒂说我应该祈祷妈妈的听力会恢复,因为那时她已经完全失聪了。我是个淘气的孩子,我只是想验证一下这件事的真实性。所以当妈妈转身要离开我的房间时,我选择了几个完全禁止使用的中文单词。是的,妈妈完全失聪了。但如果她听到了我的话,我会在早上洗澡时得到额外的"奖励"![3]

对贝蒂·汤姆森来说,这个夏天充满了魔力。来自华北使团和伦敦会的女性参加了送礼聚会[4],朋友们赠送了咖啡壶、茶巾和桌布,还有音乐和诗歌(几乎每个人都写了一首,这些诗令人叫绝)。[5] 汤善、戈弗雷·盖尔、玛丽的未婚夫约翰·斯坦利和他的父亲一度打断了女士们的聚会,唱了一首关于"贝蒂和她的盖尔"的歌。通过这些歌曲、戏剧和艺术创建组织是意义非凡的传教经历,之后将在集中营中再现。

在济南的婚礼

传教士在中国的结婚仪式有两种:一种是在英国驻天津领事馆登记结婚,另一种是在教堂举行宗教仪式。贝蒂·汤姆森和戈弗雷·盖尔定于

---

① 贝蒂·汤姆森(北戴河)寄给亲属(多伦多)的信,1940年8月12日,来自玛格丽特·怀特曼的私人收藏。

② 艾美凤与作者的通信,2005年12月11日。

③ 贝蒂·汤姆森(济南)寄给玛格丽特·汤姆森(多伦多)的信,1940年2月3日,来自玛格丽特·怀特曼的私人收藏。

④ 译者注:为即将结婚或分娩的妇女举行的聚会。

⑤ 贝蒂·汤姆森(北戴河)寄给亲属(多伦多)的信,1940年8月12日,来自玛格丽特·怀特曼的私人收藏。

1940年8月29日登记结婚，教堂仪式定于9月14日举行。唯一出席的家庭成员将是贝蒂的父亲汤善，她的母亲和兄弟姐妹则寄来了结婚礼物——一个装满亚麻布和衣服的箱子。贝蒂·汤姆森淹没在纷至沓来的信件和礼物中，她很感激传教士们的关心："他们正试图弥补我母亲的缺席。"但贝蒂想念她的母亲："如果您能在这里，我愿意付出一切。我有那么多事情想和您谈，有些事是无法用信件表达的。"[①]然而，8月29日上午，贝蒂·汤姆森由于高烧和剧烈抽筋病倒了，登记结婚也随之取消。他们把时间改到9月4日，因为对贝蒂·汤姆森来说，登记结婚是次要的，重要的是教堂仪式。

在女儿婚礼前夜，玛格丽特·汤姆森写了一封信，信中写道："我今天非常想念你。我在火炉旁写这封信的时候，是晚上八点二十分，这意味着你那里是星期六早上快九点了，你的婚礼已经开始了！"[②]虽然贝蒂·汤姆森要过几个星期才能收到这封信，但对玛格丽特·汤姆森来说，在婚礼当天写信是很重要的。按照汤姆森家族的传统，贝蒂·汤姆森母亲的信是在一个具有里程碑意义的日子里送给女儿的一种祝福：

> 你的新生活正在开始，一种充满欢乐、比原来更丰富的生活。我知道你不仅会让自己快乐，而且会尽你所能使与你生活在一起的中国人幸福——他们是多么需要能给他们带来长久幸福秘诀的朋友啊。明天我们要把闹钟定在四点，这样在婚礼举行的时候，我们就可以醒着，想着你。这会拉近我们的距离，是仅次于和你本人在一起的最好的事情。[③]

1940年9月14日星期六下午五点，戈弗雷·盖尔医生和贝蒂·汤姆森小姐在齐鲁大学宏伟的康穆礼拜堂(Kumler Memorial Chapel)举行了婚礼。这是一件大事，据报纸报道，教堂里装饰着从白到粉再到深红色的大丽花，还有一丛丛粉红色的紫菀和米迦勒雏菊，给灰色的石栏和台阶增添了色

---

① 贝蒂·汤姆森(北戴河)寄给玛格丽特·汤姆森(多伦多)的信，1940年8月29日，来自玛格丽特·怀特曼的私人收藏。

② 玛格丽特·汤姆森(多伦多)寄给贝蒂·汤姆森的信，1940年9月13日，来自玛格丽特·怀特曼的私人收藏。

③ 玛格丽特·汤姆森(多伦多)寄给贝蒂·汤姆森的信，1940年9月13日，来自玛格丽特·怀特曼的私人收藏。

彩。[1] 贝蒂·汤姆森穿着一件简单迷人的白色高领乔其纱长袍,她的伴娘穿着一件蓝绿色塔夫绸及地长裙,而两个花童则穿着高腰的粉色网眼长裙,系着蓝绿色的腰带。男人们身着燕尾服,戈弗雷·盖尔戴着一顶大礼帽。戈弗雷·盖尔后来写信给他的岳母,说:"你的女儿穿着结婚礼服,看起来非常可爱,挺拔而优雅,她完成了整个婚礼和招待会,美丽优雅又富有魅力。我从没见过她这么漂亮。"[2]

贝蒂·汤姆森的父亲主持了这场仪式,一些著名的传教士参加了这场仪式,齐鲁大学副校长赖恩源(H.P. Lair)和伦敦会的阿诺德·布赖森牧师(Rev. Arnold Bryson)协助主持了这次仪式,齐鲁神学院的罗斯牧师(Rev. G.M. Ross)将贝蒂·汤姆森交到新郎手上,齐鲁医院院长斯坦利·普雷斯科特(Stanley Prescott)教授(后来成为爵士)是伴郎,玛丽·博伊德是伴娘。在玛格丽特·汤姆森缺席的情况下,加拿大传教士玛格丽特·斯特拉瑟斯主持了宴会。婚礼是用 8 毫米厚的胶片相机拍摄的,这在当时很奢侈。如果不是因为穿着传统服装的中国人在场,黑白胶片的镜头捕捉到的场景很容易被认成是欧洲:西方风格的砖房、汽车、燕尾服、银饰,以及精美瓷器、彩色玻璃窗和婚礼蛋糕。尽管战争不断升级,许多参加婚礼的客人本身就是从传教点出来的流亡者,但没有证据表明盖尔夫妇对中国贫困和疾病的终生奉献与一场豪华的西方婚礼之间是矛盾的。在母亲和兄弟姐妹都不能参加的情况下,许多人倾尽全力为这位年轻女子打造一场梦寐以求的婚礼,对贝蒂和这些人来说,也许这场婚礼是对未来希望的一种表达,或许这也反映了医生及其妻子的地位很高。又或者,在战争的大背景下,任何类型的婚礼都是一种受欢迎的消遣,也是一个宣泄焦虑情绪的地方。尽管如此,这张照片还是引人注目:在半殖民地化的中国国际大都市,西方的奢侈与中国的贫困并存了半个世纪之久。

---

① 有关婚礼的剪报(未出版,未注明日期)来自玛格丽特·怀特曼的私人收藏。

② 1940 年 9 月 19 日戈弗雷·盖尔(青岛)寄给玛格丽特·汤姆森(多伦多)的信,来自玛格丽特·怀特曼的私人收藏。

1940 年 9 月，盖尔夫妇的婚礼

贝蒂·汤姆森当时 18 岁的弟弟默里为姐姐的婚礼创作了一份长达两页的时事通讯，名为“济南闲谈”（“The Tsinan Tchit Tchat”）。在一篇题为“Kumlar Klue to Kalamity: Ancient Chapel Said Scene of Disaster Few Witnesses on Hand to View R.N. Tragedy”的专栏文章中，默里·汤姆森写道：“一个勇敢且单纯的女孩，今天在她毫无戒心的父亲的带领下，慢慢走向了她的末日。她是一个丰满的美女，来自遥远美洲的云雾缭绕的美丽城市多伦多。她是世界公认的军事学领袖麦肯齐·汤姆森（M. McCheyne Thomson）的兄弟姐妹（原文如此），她的名字叫“哑巴利兹”（Lizziedumb）。默里·汤姆森的简报在很多方面都很有趣，它为传递家庭新闻提供了一个轻松愉快的媒介，比如“哑巴利兹的母亲展示了《圣经》协会和女性传教士协会领袖的品质”。此外，它还提供了对分裂这一生活体验的深刻见解。例如，在一篇题为“Bost's Behavior Boorish: Honks Like a Madman but Speaks no Word”文章中，默里描述了一位教堂长老的行为，这位长老被指派在星期天带汤姆森夫人和她的孩子去多伦多的教堂：“联合教会长老博斯特，在接“朋友”去教堂的路上咕哝着，仍然像个野兽一样。老玛格丽特夫人和婴儿通常都是受害者，他们的怨恨是很明显的。”在这本特别版的“济南闲谈”中，默里·汤姆森给家人留了两处空白,让他们给新郎和新娘留言。在其中一处空白上,贝蒂·汤姆森的弟弟妹妹们用粗体字写道:“你好,爸爸! 献给世界上最好的爸爸!”他们在另一个空白处上写道:“恭喜! 贝蒂和戈弗雷! 祝福一——1940年9月14日(新婚之日)!”他们还调侃地补充道:“祝福二——1941年7月? 日(孩子出生之日)。”我们可以想象听到第二条祝福时的笑声。婚前禁欲和结婚不久就怀孕是家人私下里交谈的话题,因此成为兄弟姐妹之间打趣的完美素材。而且,对于贝蒂·汤姆森·盖尔,他们的预测非常准确:玛格丽特·麦凯·盖尔(Margaret Mackay Gale)在婚礼10个月后即1941年7月17日出生。

结语

加拿大护士的性别期望是相互矛盾的:一方面,人们期望年轻女性结婚成家;另一方面,人们又期望护士既年轻又未婚,在华北使团长期服务的传教护士都是未婚的。[1] 在对婚姻的希冀方面,贝蒂·汤姆森和玛丽·博伊德在中国获得了无法想象的资源。传教士们也在北京和北戴河得到了丰富的社交机会。对贝蒂·汤姆森和玛丽·博伊德来说,汉语学习和护理计划逐渐变得不那么重要,因为她们有很多潜在追求者。她们很快就找到了两个年轻人,这两个年轻人都是“传二代”。戈弗雷·盖尔超越了玛格丽特和汤善对女儿另一半的期望:“他不仅是基督徒和传教士,还是一个温柔、聪明、文雅的英国年轻人。”如果人们读一读贝蒂·汤姆森在中国前六个月的来信,可能不会知道她生活在一个正处于战乱中的国家。她快乐地在北戴河度假,暂时远离战争,沉浸在当下的喜悦中,或者说,至少这是她在给母亲的信中刻画的形象。从她的日记中可以清楚地看出,她与戈弗雷一样,每晚九点十五分都要收听广播新闻,及时了解战争消息。

各种突发事件在河南、中国其他地方和世界各地发生,这给贝蒂未来的护理工作带来了不确定性。不管贝蒂·汤姆森对此有多大的恐惧,她都没

---

① 饶秀贞、珍妮特·布莱登、彭纯修、盖麻姑和苏西·凯尔西,每人都在中国服务了22至30年。

有在信中透露。无论她当初对在中国做一名传教护士有什么期望,但都不会预料到在她作为一名新传教士的16个月中会经历这么多的乐趣、浪漫,还收到这么多的祝福。同时,她和其他“传二代”护士为患者提供了一些护理服务——贝蒂·汤姆森在济南,多萝西·博伊德在天津,玛丽·博伊德在商丘(汤姆森的家信暗示了她对战区边缘丰富的社会生活的关注)。通过她的日记和信件,我们可以追溯到其他一些“传二代”护士,特别是玛丽·博伊德、乔治娜·孟席斯·刘易斯和弗洛伦斯·麦肯齐·利德尔的生活。根据贝蒂·汤姆森的描述,她们的生活是以相似的、交叉的方式展开的。

如果贝蒂·汤姆森不是在中国长大的,如果她的父母不是因为自己的传教工作而面临无数危机的话,她在这一时期对中国社会政治现实的相对忽视可能会被解读为天真。相反,贝蒂·汤姆森后来形成了这种关注当下的生存策略,事实上在她给母亲的信中对中国社交生活的强调,能反映出在她的意识里,这些才是母亲最关注的(或是最担忧的)事情。贝蒂·汤姆森在她的作品中强调了基督教女性所期望的性别规范,但也体现了与男性气质相关的特质,这在接下来的章节中变得更加明显。与她父亲一样,贝蒂·汤姆森对自己在危急情况下的判断和解决方法有一种大胆的自信。她不但相当勇敢和自信,还展示了和她母亲一样的传统女性特质,包括在人员拥挤、空间多人共享的环境下依然能够培养家庭生活意识的能力。在中国,贝蒂·汤姆森习惯于忘记恐惧,把战争、日本士兵、洪水和传染病等可能直接影响她想法的因素抛诸脑后。1941年,日军最终侵入齐鲁医院受保护的传教地时,她能够放下恐惧,做出自信的决定,并能在任何环境下营造出一种家的感觉,这种能力对她很有帮助。

第四章　守护梦想　深耕中华(1941年)

"账户已准备就绪"解码为"情况危急，领事建议准备撤离。"
——汤善日记中的记录，1939年，默里·汤姆森，《无所畏惧的自信》

1941年对于"传二代"护士来说是一个分水岭。对于贝蒂·汤姆森·盖尔、玛丽·博伊德·斯坦利和乔治娜·孟席斯·刘易斯三位"传二代"来说，这一年既是成为母亲的一年，也是遭遇关押的一年，这两件事对于她们作为来华传教士的身份和经历是至关重要的。这一年同时也是华北传教史上的一个分水岭。1941年1月，六名"传二代"护士都在中国，到了5月，已有三名从中国撤离。1941年12月日本偷袭珍珠港后，贝蒂·盖尔、玛丽·斯坦利和乔治娜·刘易斯遭到软禁，一同遭软禁的还有1940年和玛丽·斯坦利一起工作的加拿大传教护士苏西·凯尔西。

为什么一些加拿大护士选择撤离中国，而另一些则选择留下？领事警告所有人离开，大家都可以得到传教团的资助返回加拿大。虽然四名留下来的护士在不同的教区生活或工作，但他们都做了相同的决定——独自留下来。这是一个重要的问题，但很难为此找出一个共同因素。例如，有人可能认为，留下来的四人中有三位是"传二代"，而这个身份对他们的决定影响最大。但事实并非如此，有三名撤离的传教护士也是"传二代"，即多萝西·博伊德、琼·孟席斯·斯托克利和弗洛伦斯·麦肯齐·利德尔。或者有人可能会认为，嫁给来华传教士可能影响了这一决定，因为撤离的只有妇女和儿童。可事实也并非如此，尽管六位"传二代"护士中有五位嫁给了来华传教士，但只有弗洛伦斯·利德尔和琼·斯托克利选择带着孩子离开，把丈夫留在中国。再或者有人认为选择撤离中国的都是孕妇？事实上，弗洛伦斯·利德尔、贝蒂·盖尔、玛丽·斯坦利和乔治娜·刘易斯都在1941年怀孕,后三者选择了留下。最后,人们认为也许这个决定是基于一个人是否有父母或其他家庭成员生活在中国。结果却不是如此简单,1941年玛丽和多萝西·博伊德的父母生活在华西(中国西部),多萝西和父母一起去了加拿大,玛丽·斯坦利却选择留下。同样,琼和乔治娜的母亲戴维娜·孟席斯也生活在中国,但琼却在乔治娜选择留下时撤离了。

这样看来,虽然家庭纽带会影响护士们的决策过程,但这并不能预测结果。最终,这个决定取决于每个护士的性格、幸福感,以及对自己、对生命中重要人物的信念。那些相信自己的决定是基于上帝旨意的人们找到了接受结果的方法,即使对贝蒂·盖尔来说,这意味着四年的监禁,意味着她丈夫戈弗雷·盖尔也因此患病,丧失能力;或者对于弗洛伦斯·利德尔来说,这意味着她与丈夫李爱锐分居四年,直到李爱锐在潍县集中营中不幸去世。

至于多萝西·博伊德,她在1941年是唯一一位单身的"传二代"护士,尽管她致力于中国传教服务,但1939年华北传教医院的关闭切断了她与中国的联系。尽管她之后在四川的联合教会医院工作,但她和其他两名借调到华西的华北使团护士在那里过的都不开心,因为那里不仅是其他传教护士的地盘(他们似乎以势利的蔑视态度来看待他们的内地同事),而且那里已经卷入战争。由于日军已经占领了华北,所以那里的战争已经平息下来。但在华西,情况并非如此,在接下来的四年里,每天都有空袭,而且物资供应日益短缺。最终,华西使团的三名加拿大护士(包括多萝西·博伊德)都将返回加拿大。

那么贝蒂·盖尔呢?虽然她的传教士教育和婚姻在很大程度上是她决定留在日占区的原因,但还有一个额外因素使她有别于其他同龄人,那就是她父亲汤善也决定留在日占区。虽然汤善实际上鼓励贝蒂·盖尔撤离,但贝蒂·盖尔继承了他坚定的决心、信心和对传教价值的信念。贝蒂·盖尔想在很多方面同她父亲一样,但有一个重要的例外,那就是她不想孩子在成长过程中缺少父亲的陪伴。

战时的齐鲁大学

加拿大传教士选择在日占区工作时,他们在某种程度上也意识到了其中的风险,并且学会了一些有用的技能。例如,早在 1939 年,汤善就对破译“疏散警报”非常精通。在这一时期,华北传教士使用编码信息与驻北京和天津的英国领事馆进行信息传递。根据汤善之子所写的回忆录,他在日记中记录了其中的三条信息:

> “账户准备就绪”:情况危急,领事建议准备撤离。
>
> “可用油漆”:领事建议立即乘火车撤离。
>
> “可用搪瓷”:在中国境内注意安全,有拘禁的危险。[①]

1940 年 10 月,为了应对中日两国军队之间不断升级的冲突,加拿大外交部发布通知,要求所有加拿大妇女和儿童从日占区撤离。1940 年秋,虽然已接到疏散令,但贝蒂·盖尔首要考虑的却是她的新婚。

贝蒂·盖尔被她所嫁之人迷住了,1940 年 9 月 14 日,即婚礼后的第五天,她在写给母亲的信中写道:“母亲,嫁给戈弗雷太好了! 他如此优秀、体贴、有爱心,是一位真正的基督教绅士。”[②]对贝蒂·盖尔来说,戈弗雷·盖尔简直融合了所有丈夫应具备的可贵品质。当涉及宗教敏感问题时,她对丈夫有一种敬畏感:“我觉得自己在精神上远远落后于戈弗雷,希望在他的帮助下,我每天都能变得更好。”[③]这对夫妇通过一起进行宗教仪式开始了他们的婚姻生活:“我们轮流做两件事——阅读和祈祷,这似乎是我们一天正确的开始……我喜欢听他祈祷,因为他对‘神’讲话就好像在对朋友讲话一样。”对贝蒂·盖尔来说,她丈夫的名字非常适合他,她的姑妈弗吉尼亚(Virginia)告诉她,戈弗雷这个名字的寓意是“与上帝和平相处”。

在海滨城市青岛度完蜜月后,贝蒂和戈弗雷·盖尔回到齐鲁医院继续传教工作。贝蒂·盖尔给她母亲的信仍然很乐观,包括关于他们家庭美好生活的记录。然而,这种幸福被一种不祥的预感冲淡。在 1940 年 10 月的一

---

① Murray McCheyne Thomson, *A Daring Confidence: The Life and Times of Andrew Thomson in China, 1906-1942*, Ottawa: Murray Thomson, 1992, p.150.

② 贝蒂·盖尔(青岛)寄给玛格丽特·汤姆森(多伦多)的信,1940 年 9 月 19 日,来自玛格丽特·怀特曼的私人收藏。

③ 贝蒂·盖尔(青岛)寄给玛格丽特·汤姆森(多伦多)的信,1940 年 9 月 19 日,来自玛格丽特·怀特曼的私人收藏。

封信中，贝蒂·盖尔写道："一切都是乱七八糟的，但我对我们的平静感到震惊。"[①]

戈弗雷和贝蒂·盖尔在齐鲁的家

除了不断传出日本军队进攻的谣言之外，还有新的谣言：由于战争原因，邮递中断，伦敦会无法从英国给他们的传教士寄钱。她写道："考虑到最糟糕的情况，我和戈弗雷昨天就为（我们认为）即将到来的事情制订了计划。"[②]盖尔夫妇最直接的担忧是他们可能无法获得教会薪金，所以他们安排把他们的工资支票直接寄给贝蒂·盖尔在加拿大的母亲，"存起来等我们回家时再用"。贝蒂·盖尔还补充道："可能很快。"[③]与此同时，盖尔夫妇决心在中国"非常拮据"地生活。

尽管在齐鲁医院受到的限制越来越多，但贝蒂·盖尔仍对在中国的生

① 贝蒂·盖尔（济南）寄给玛格丽特·汤姆森（多伦多）的信，1940 年 10 月 13 日，来自玛格丽特·怀特曼的私人收藏。

② 贝蒂·盖尔（济南）寄给玛格丽特·汤姆森（多伦多）的信，1940 年 10 月 13 日，来自玛格丽特·怀特曼的私人收藏。

③ 贝蒂·盖尔（济南）寄给玛格丽特·汤姆森（多伦多）的信，1940 年 10 月 13 日，来自玛格丽特·怀特曼的私人收藏。

活抱有一丝幻想，她认为济南“是一个适合生活、工作和生儿育女的地方”[①]。虽然避孕不是上流社会谈论的话题，但她在信中暗示，她和她的丈夫正在采取一些措施来计划他们的第一个孩子何时出生：“最好是10月，那时我们可以从北戴河安全返回，天气仍会很好。”[②]好消息来得比预期要早，1940年12月25日，就在贝蒂给父母写订婚信的一年后，贝蒂又在信中告诉母亲另外一件具有里程碑意义的事情：“下一个值得纪念的日子将是1941年7月21日，我们不在乎是男孩、女孩还是双胞胎！”[③]贝蒂·盖尔激动不已，她三十岁了，已经比那个时代大多数初为人母的人年龄都大。她立即开始为孩子制订起名计划，如果是个女孩，她会以戈弗雷·盖尔和贝蒂·盖尔母亲的名字命名为玛格丽特，她的中间名字是麦凯(贝蒂·盖尔母亲的娘家姓氏)。

这并不是说贝蒂·盖尔毫无保留，她在给加拿大的朋友格温·格里布里(Gwen Grimbly)的信中写道：“你可能在想，生孩子的时间和地点多么合适！在某些方面，对我们的小家伙来说并没有一个非常光明的前景。如果我们是特意为‘这事’做了计划的话，我们今天就会感到良心不安，可是我们没有这样做，‘他’是意外到来的，所以我们觉得事情已经完全脱离了控制”[④]。一方面，贝蒂·盖尔用信仰来支撑自己：“如果有人信任、信仰上帝，这个人当然应该是我，因为在过去的两年半里，我的生活充满了幸福，一切似乎都是为我计划和准备的。”[⑤]另一方面，她对战争的消息和留在中国的前

---

① 贝蒂·盖尔(齐鲁)寄给佩吉(多伦多)的信，1940年10月24日，来自玛格丽特·怀特曼的私人收藏。

② 1940年12月25日，贝蒂·盖尔(齐鲁医院)寄给玛格丽特·汤姆森(多伦多)的信，来自玛格丽特·怀特曼的私人收藏。在贝蒂·盖尔20世纪20年代后期的日记中，加拿大联合教会华西传教士詹姆斯·涅迪克(James Endicott)的妻子玛丽·奥斯汀·涅迪克(Mary Austin Endicott)既谈及了避孕套(在上海这样的较大城市可以免费获得)，又提到了“子宫帽”(仅医生能开具的子宫环)。大概在齐鲁医学界的人(包括戈弗雷和贝蒂)，能够接触到上述两者；参见 Shirley Jane Endicott, *China Diary: The Life of Mary Austin Endicott*, Waterloo, ON: Wilfrid Laurier University Press, 2003, p.81.

③ 贝蒂·盖尔(齐鲁医院)寄给玛格丽特·汤姆森(多伦多)的信，1940年12月25日，来自玛格丽特·怀特曼的私人收藏。

④ 贝蒂·盖尔(济南)寄给格温(地点不确定)的信，1941年2月5日，来自玛格丽特·怀特曼的私人收藏。

⑤ 贝蒂·盖尔(济南)寄给格温(地点不确定)的信，1941年2月5日，来自玛格丽特·怀特曼的私人收藏。

景感到“失望”,她写道:“我的信仰有时会有一点动摇!”[1]但贝蒂·盖尔决定把忧虑放在一边,满怀喜悦地期待新生命的到来。她打趣道:“我唯一担心的是他可能没有红头发!”[2]

“可用油漆”:撤离令

对贝蒂·盖尔来说,面对日益严重的战争威胁,恐惧也是一种可接受的反应,前提是通过理性思考加以缓和,而不是变得歇斯底里。与1941年2月5日写给格温·格里布里的信相比,在写给母亲的那些欢快的信中很少能看到她内心的挣扎。格温·格里布里和家人住在汤姆森一家对面,多伦多玫瑰公园大道33号。在格温·格里布里成为护士之前,她们俩是多年的朋友了。[3] 贝蒂·盖尔在信中写道:“格温,这些天的新闻不可怕吗?我只是为在这里的英国朋友感到难过,尤其是我的丈夫。”[4]德国空军于1940年9月7日开始轰炸英国,对伦敦进行了连续57晚的空袭。这场闪电战持续了8个月,其间德军持续不断地攻击其他目标,包括戈弗雷的母亲和妹妹居住的伯明翰。

齐鲁大学的传教士听着国际广播电台的战争新闻,感到自己无能为力,有些事情正变得日益艰难。[5] 此外,戈弗雷·盖尔对他的祖国有一种责任感,他“一天比一天更渴望”回到英国。贝蒂·盖尔推测,如果齐鲁大学传教任务结束,戈弗雷就会像离弦的箭一样离开。[6] 考虑到战时的情况和她对英

---

① 贝蒂·盖尔(济南)寄给格温(地点未确定)的信,1941年2月5日,来自玛格丽特·怀特曼的私人收藏。

② 贝蒂·盖尔(济南)寄给格温(地点未确定)的信,1941年2月5日,来自玛格丽特·怀特曼的私人收藏。

③ 爱德米森(Edmison,格温婚后的名字),来自玛格丽特·怀特曼与作者的私人通信(2008年12月)。

④ 贝蒂·盖尔(济南)寄给格温(地点未确定)的信,1941年2月5日,来自玛格丽特·怀特曼的私人收藏。

⑤ 贝蒂·盖尔(济南)寄给格温(地点未确定)的信,1941年2月5日,来自玛格丽特·怀特曼的私人收藏。

⑥ 贝蒂·盖尔(济南)寄给格温(地点未确定)的信,1941年2月5日,来自玛格丽特·怀特曼的私人收藏。

国这个国家的不熟悉,去英国的前景可能对贝蒂·盖尔没什么吸引力。不过,她确实给格温·格里布里写信,说道:“我也想去,但他们(英国官员)不会让我去的。”[①]如她所知,这是一个悬而未决的问题:“当然,我们现在不能离开这个地方,因为几乎没有船去英国。”[②]

虽然有一些客轮穿越太平洋和大西洋,但乘坐这些客轮是有危险的。例如,盖尔了解到伦敦会的内科医生多萝西·加尔布雷斯(Dorothy Galbraith)于1940年12月16日乘坐的从加拿大前往英国西部的“王子”号就是在大西洋上被一艘德国U型潜艇用鱼雷击中。虽然只有16人丧生,但加尔布雷斯和另外153人在海上漂浮五个小时后才被英国水手救起,这简直就是一个绝望中的奇迹。当妇女和儿童撤离中国的指令到来时,盖尔夫妇就敏锐地意识到战时在公海航行可能是一项冒险之举。

1941年2月3日,华北使团干事景佐智给联合教会加拿大女性传教士协会写了一封信,表示长期供职的加拿大传教士玛格丽特·布朗小姐即将离开。他写道:“她对日益紧张的政治局势感到非常不安,并已预订了三月的船票。”[③]景佐智坚持认为女性是需要保护的弱势群体,其他女传教士也应该考虑离开。他向在偏远地区工作的华北传教护士发出信息,要求她们前往大城市,比如济南、天津或北京,在那里不会那么孤立无援,而且可能更安全。一些传教士预料到有可能会从中国撤离,把行李留在天津由景佐智照看,以备情况不妙时转寄到加拿大。[④]

景佐智对传教士撤离的担忧也延伸到了像贝蒂·盖尔一样的加拿大女性身上,她虽然不再受雇于该使团,但仍被视为华北使团的一员。在加拿大的联合教会办事处没有任何明确指示的情况下,景佐智觉得做出撤离决定

① 贝蒂·盖尔(济南)寄给格温(地点未确定)的信,1941年2月5日,来自玛格丽特·怀特曼私人收藏。

② 贝蒂·盖尔(济南)寄给格温(地点未确定)的信,1941年2月5日,来自玛格丽特·怀特曼的私人收藏。

③ 景佐智给泰勒夫人的信,1941年2月3日,来自加拿大联合教会档案馆,83.058C,56号档案盒,14号文件,第3辑。

④ 景佐智给泰勒夫人的信,1941年2月3日,来自加拿大联合教会档案馆,83.058C,56号档案盒,14号文件,第3辑。

的责任落在了自己身上，他对此表示不满。虽然景佐智很快就觉察到撤离传教士妇女和儿童的紧迫性，但1941年2月初景佐智猜测："我们或许可以渡过难关，或者至少不管处境有多么可怕，目前没有任何迹象表明我们一定会出事。"[①]但在一个月后，他改变了主意。

1941年3月7日，景佐智向多伦多女性传教士协会干事报告说，贝蒂·盖尔已经预定了由纽约开往加拿大途经日本神户的班轮，并将于3月12日离开。[②] 这时贝蒂·盖尔已经决定撤离。

琼·斯托克利：第一个离开的人

虽然贝蒂·盖尔最初同意为自己预订返回加拿大的票，但她一直在改变主意。她的朋友弗洛伦斯·利德尔也在考虑是否离开中国。起初，贝蒂认为她应该回到加拿大，因为在那里生孩子会更安全，但她拿不定主意。

已婚的加拿大"传二代"护士（琼·斯托克利、弗洛伦斯·利德尔、乔治娜·刘易斯和玛丽·斯坦利）在决定是否撤离时面临着与贝蒂·盖尔同样的问题。1941年初，琼·斯托克利是第一个离开的人。她和丈夫及孩子们一直住在西安，在那里照顾12个中国孩子，这些孩子以前是华北教会学校的学生，他们在1939年逃离了河南。到1941年3月，据说琼·斯托克利和她的孩子们住在英格兰南部。加拿大联合教会表示："我们现在只是偶尔听说，但我们相信并知道她是有能力的、忠诚的，并且已经做出了承诺，也将遵守这些承诺。"[③]琼的丈夫汉德利·斯托克利仍留在西安，据报道，到1941年12月3日，他仍在照顾那些他不愿丢下的中国难民，因为他们太年幼了，也没有其他人打算照顾他们。[④]

---

① 景佐智给泰勒夫人的信，1941年2月3日，来自加拿大联合教会档案馆，83.058C，56号档案盒，14号文件，第3辑。

② 景佐智给泰勒夫人的信，1941年3月7日，来自加拿大联合教会档案馆，83.058C，56号档案盒，14号文件，第3辑。

③ "天津"（匿名笔记），1941年3月18日，来自加拿大联合教会档案馆，83.058C，58号档案盒，14号文件，第3辑。

④ 景佐智给泰勒夫人的信，1941年12月3日，来自加拿大联合教会档案馆，83.058C，56号档案盒，14号文件，第3辑。

虽然尚不清楚汉德利·斯托克利是否于1941年12月8日被软禁，但1942年2月他仍在中国，当时他向妻子琼发去了一封无线电报，告诉妻子他和乔治娜以及她们的母亲戴维娜·孟席斯一切都好。他还说，乔治娜·刘易斯于1942年1月26日生了个女孩。[①] 没有找到汉德利·斯托克利被拘留的记录。这表明，他可能像很多西安人那样逃到了华西，或者如果他被软禁了，那他就是在1942年夏天被遣返的人群之中。

弗洛伦斯·利德尔回家了

弗洛伦斯·利德尔是第二个离开中国的人，离开的时间是1941年2月。前一年的10月，她一直住在天津，当时加拿大外交部强烈建议妇女和儿童离开日占区。[②] 然而，加拿大与联合教会传教委员会不同的是，利德尔夫妇为之工作的伦敦会并不要求撤离。伦敦会的官方立场是："目前的情况不允许伦敦会的传教士从华北撤出"[③]。伦敦会建议传教士继续他们目前的工作，直到条件不允许为止。[④] 由于天津、济南和北京等大城市相对安全，弗洛伦斯·利德尔和孩子们留在天津，而李爱锐则在儿时的家(肖张镇偏远地区)的伦敦会传教站工作。

然而，几个月后，李爱锐和他伦敦会的同事肯尼斯和弗朗西丝·麦卡勒最终在中国同事的催促下离开了肖张镇，因为他们"一致认为"外国人的存在加剧了日本对中国的地方侵略。[⑤] 当李爱锐在天津与弗洛伦斯·利德尔团聚时，弗洛伦斯告诉他自己又怀孕了。虽然他们已经决定接受伦敦会留

---

① 汉德利·斯托克利自西安发送的电报，1942年2月，由加利福尼亚州文图拉县官方监听站接收(一份副本发送到加拿大联合教会在多伦多的总部)，来自加拿大联合教会档案馆，83.045C，11号档案盒，174号文件。

② 景佐智给泰勒夫人的信，1941年10月3日，来自加拿大联合教会档案馆，83.058C，56号档案盒，14号文件，第3辑。

③ David McCasland，*Eric Liddell：Pure Gold*，*Grand Rapids*，MI：Discovery House，2001，p.225.

④ David McCasland，*Eric Liddell：Pure Gold*，*Grand Rapids*，MI：Discovery House，2001，p.225.

⑤ 玛格丽特·怀特曼采访肯尼斯·麦卡勒医生的录音，1991年，来自玛格丽特·怀特曼的私人收藏。

在中国的建议，但现在情况已经变了。贝蒂·盖尔和弗洛伦斯·利德尔发现她们两人有着相似的处境，她们都嫁给了打算留在中国的伦敦会的传教士，而且都处于怀孕的早期阶段，所以她们密切关注彼此的意见。根据李爱锐的一位传记作者的说法，“弗洛伦斯最好的朋友贝蒂·汤姆森现在回到了中国，嫁给了戈弗雷·盖尔医生，并即将在仲夏迎来他们的第一个孩子。2月，戈弗雷·盖尔为贝蒂申请了船票，但后来又重新考虑。贝蒂前后打包了三次，最后他们决定一起留在中国。每个人都在艰难的分离和心爱之人的安全之间做了权衡”。[①]

留下来意味着风险增加，离别则注定孤独。在权衡了各种选择之后，弗洛伦斯·利德尔和李爱锐决定，她和两个女儿回到加拿大，与自己的父母一起生活(父母最近在多伦多休假)。[②] 他们相信李爱锐会在一至两年内与她们团聚。希瑟·利德尔(Heather Liddell)随母亲离开中国时只有四岁，66年后，她对这次离别回忆道：“那只是孩童时期的回忆，既有爱和纯真，又伴随着强烈的失落感。”[③]对希瑟来说，她的母亲是“伟大的女英雄，即使她遭受了极大的痛苦，仍然带给了我们美好、快乐的童年。”[④]

多萝西·博伊德在加拿大结婚

多萝西·博伊德当时也在四川的加拿大联合教会华西使团工作，她也面临是否离开中国的难题。然而，与其他“传二代”护士不同，在外人看来博伊德并没有处于险境。事实上，她和其他华北传教士被疏散到华西，正是因为人们认为那里是一个安全的避风港。护士彭纯修、盖麻姑以及博伊德的父母都在那里。但实际上，华西的生活异常艰难。日本军队不断进行空袭，物资极度短缺，士气普遍低落。到1941年1月，三名华北护士都艰难地坚守

① David McCasland, *Eric Liddell: Pure Gold*, *Grand Rapids*, MI: Discovery House, 2001, p.225.

② 诺尔曼·奈特的信(地址不详，日期不详)，来自加拿大联合教会档案馆，83.045C，9号档案盒，151号文件。

③ 2007年11月希瑟·利德尔(弗洛伦斯·利德尔的女儿)与作者的通信。

④ 2007年11月希瑟·利德尔(弗洛伦斯·利德尔的女儿)与作者的通信。

在新的工作岗位上。华西使团外事干事阿德莱德·哈里森(Adelaide Harrison)在给位于多伦多的女性传教士协会总部的一封信中写道："普雷斯顿小姐和盖伊小姐发现我们的医院与其他医院有很大的不同。这里经历了三年半的战争和通货膨胀，交通困难、医院物资供应极度缺乏，开展有效的医疗工作尤其是护理工作，变得非常困难。"[①]盖麻姑和多萝西·博伊德在同一个月提出辞职。1941 年 5 月 6 日，多萝西·博伊德给女性传教士协会写了一封信，信中写道："出于个人和家庭的原因，我不得不向女性传教士协会递交辞呈，并在 6 月和我父母一起乘坐游轮回国。我父亲已经为我预定了 6 月 14 日乘坐柯立芝总统号的船票，我也预订了6 月6 日从重庆起飞的中国航空公司机票。"[②]

多萝西·博伊德的辞职完全出乎女性传教士协会的意料，她为自己的突然离开向女性传教士协会道歉，但她坚持这么做。她说："直到昨天我才了解自己。"[③]虽然多萝西·博伊德做出离开中国的决定可能相当匆忙，但她对女性传教士协会并没有完全坦诚。回到加拿大不到两个月，多萝西·博伊德就和加拿大人菲利普·约翰斯顿(Phillip Johnston)结婚了，他们在多伦多玫瑰公园大道 33 号汤姆森家族的家中仓促举行了仪式。[④]

因此，1941 年上半年，尽管原因不同，但三名"传二代"护士都决定撤离中国。对琼·斯托克利和弗洛伦斯·利德尔来说，孩子们的安康似乎是最主要的原因。对这些女性来说，加拿大代表着安全，但选择离开意味着在未来有可能成为单身母亲，所以她们考虑了这么长时间也就不足为奇。相比之下，多萝西·博伊德返回加拿大的决定则显得有些草率。与已婚护士不同，她不需要考虑她的决定对丈夫或孩子的影响。然而，多萝西·博伊德被

---

① 阿德莱德·哈里森给奈特的信，1941 年 2 月 18 日，来自加拿大联合教会档案馆，83.058C，62 号档案盒，20 号文件，第 5 辑。

② 阿德莱德·哈里森给泰勒夫人的信，1941 年 5 月 7 日，来自加拿大联合教会档案馆，83.058C，61 号档案盒，13 号文件，第 5 辑。

③ 阿德莱德·哈里森给泰勒夫人的信，1941 年 5 月 7 日，来自加拿大联合教会档案馆，83.058C，61 号档案盒，13 号文件，第 5 辑。

④ 泰勒夫人给景佐智的信，1941 年 9 月 30 日，来自加拿大联合教会档案馆，83.058C，56 号档案盒，14 号文件，第 3 辑。

安排到中国"安全"的地区,并仍与女性传教士协会签订合同,预计将继续坚守岗位。也许这就是为什么她对离开的理由不完全坦白的原因,比起直截了当地说她想回家找男朋友,暗示她父亲已经替她做了决定这种说法更能让人接受。贝蒂·盖尔、玛丽·斯坦利和乔治娜·刘易斯就没有这种压力。由于已经从女性传教士协会辞职,所以她们可以自由地决定自己要做什么。

留守:决定留在中国

1941年2月,贝蒂·盖尔取消了前往加拿大的航行,她知道弗洛伦斯·利德尔已经决定返回,她很可能也知道玛丽·斯坦利和乔治娜·刘易斯决定留下来。玛丽·斯坦利的公婆在齐鲁医院工作,贝蒂·盖尔在她的日记中经常提到他们,因为贝蒂经常与斯坦利一家共进午餐。乔治娜·刘易斯也经常来齐鲁医院,贝蒂·盖尔知道她刚生完孩子。

尽管生活在不同的地区,肩负着不同的使命,但"传二代"护士彼此仍然保持着密切联系。虽然玛丽·斯坦利、乔治娜·刘易斯和贝蒂·盖尔各自都独立决定留在中国,但正如人们将看到的那样,每个人都获得了来自传教士长辈的建议,每个人都认为这样做对自己刚成立的家庭是最好的。

玛丽·斯坦利仓促的婚礼

1941年夏天,玛丽·斯坦利和丈夫约翰及儿子住在北京,与约翰的亲戚威尔德(Wilders)一家住在一起,那时他们还没有乘遣返船回美国的计划。玛丽·斯坦利在1941年6月刚生下他们的儿子查尔斯·阿尔弗雷德·斯坦利(Charles Alfred Stanley),他们希望和威尔德一家一起回美国。在过去的一年里,玛丽·斯坦利的生活中发生了很多事情:她和加拿大护士苏西·凯尔西在商丘的圣保罗医院工作,花了整个夏天的时间从斑疹伤寒中恢复过来;在贝蒂·盖尔的婚礼上当伴娘,之后回到商丘工作,撤离到北京,嫁给约翰·斯坦利,搬到约翰的叔叔和婶婶那里,还生了一个孩子。就像她的姐姐多萝西·博伊德一样,玛丽·斯坦利从济南搬到天津帮助难民,然后被借调到另一家加拿大教会医院。然而,与多萝西·博伊德不同的是,玛丽·斯坦利可能不适合在华西工作。首先,她订婚了,这意味着她在联合教会女性传教士协会的日子很有限。其次,景佐智认为她不是很适合这份工作,玛丽·博伊德是暂时借调,并且已经订婚,也不希望和他们在一起工作,因此不太适合在华西工作。[①] 在他看来,华西最迫切的需要是能够来领导中国护士培训学校的人。"她语言不通,缺乏当地经验以及未来计划和前景。"景佐智写道,"玛丽·博伊德小姐并不能胜任这份工作。"[②]至于玛丽·博伊德,她已经准备好完成她在商丘圣保罗医院与女性传教士协会的三年工作。[③]

1940年秋天,玛丽·博伊德在参加了贝蒂和戈弗雷·盖尔的婚礼后描述道:"(在圣保罗医院)我比去年春天感觉更像在家里,我了解这家医院和这里的护士,希望明年能真正为教会工作做出贡献。"[④]尽管有证据表明玛丽·博伊德更受人赞赏的是她的美貌而不是她的护理能力[⑤],但她仍然在商丘证明了自己的能力:

> 今年秋天苏西·凯尔西像往常一样迎来了一个新班级。她希望有一个10人的班级,但最终只有两名申请人符合要求。然而,她为两人上课的任务量却和10个人一样多。凯尔西女士让我在这个新班级教授实用护理和英语两门课程,这样她就有时间给高年级学生上课。此外,我隔天负责手术室和门诊的工作,这又给凯尔西女士留出更多时间从事行政工作。而且她作为护理主管,在日常工作中必须处理诸多其他重要的事情。[⑥]

---

① 景佐智给泰勒夫人的信,1940年4月23日,来自加拿大联合教会档案馆,83.058C,56号档案盒,12号文件,第3辑。

② 景佐智给泰勒夫人的信,1940年4月23日,来自加拿大联合教会档案馆,83.058C,56号档案盒,12号文件,第3辑。

③ 玛丽·博伊德给泰勒夫人的信,1941年1月16日,来自加拿大联合教会档案馆,83.058C,58号档案盒,7号文件,第3辑。

④ 景佐智给泰勒夫人的信,1940年4月23日,来自加拿大联合教会档案馆,83.058C,56号档案盒,12号文件,第3辑。

⑤ 2007年2月27日,唐纳德·孟席斯(Donald Menzies)[万卓志(George Wilder)的孙子]与作者的私人通信。

⑥ 玛丽·博伊德给泰勒夫人的信,1941年1月16日,来自加拿大联合教会档案馆,83.058C,58号档案盒,7号文件,第3辑。

当景佐智下令撤离河南时，玛丽·博伊德才回到圣保罗医院几个月。博伊德说，她早就料到了这个公告，当收到景佐智“英国领事希望我们立即准备离开”的信后，她很难决定去哪里，景佐智建议她去天津、北京或济南。[①]因为她的未婚夫约翰·斯坦利打算留在北京，她自然也觉得北方更有吸引力。[②] 玛丽·博伊德认为，在制订任何明确的计划之前，她都应该去北京和约翰商量一下，因为对他们而言，现在不是长期分离和独立生活的时候，于是她立即向女性传教士协会提出辞职。[③] 四天后，贝蒂·盖尔收到了玛丽·博伊德和约翰·斯坦利婚礼的邀请，这时的玛丽似乎已经怀上了孩子。

经过两周的准备，玛丽·博伊德于1940年11月30日嫁给了约翰·斯坦利。由于通知太仓促，玛丽·博伊德的家人均未能出席这场仪式。[④] 贝蒂·盖尔是她的伴娘，约翰·斯坦利的父亲主持了婚礼，汤善将新娘交给了新郎。玛丽·斯坦利后来写道：“毋庸置疑，这是一个非常简单的婚礼。”[⑤]

在匆忙安排的婚礼之后，玛丽·斯坦利给女性传教士协会写了一封信，解释自己突然辞职的原因，但她没有透露任何怀孕的迹象：“在目前这种不确定的情况下，我们两个都不能(原文如此)尽力工作，因此对我们的工作、对彼此和对我们自己都不公平。因此，如果可能的话，我们现在要做的事情就是立即结婚，一起解决问题。”[⑥]她在信中指出，她并没有因为违反合同而感到内疚。她表示，如果中国的局势不那么动荡，她会对此感到更担心。她

---

① 景佐智给伊莎贝尔·麦克塔维什医生的信，1940年10月29日，来自加拿大联合教会档案馆，83.058C，56号档案盒，13号文件，第3辑。

② 玛丽·博伊德给泰勒夫人的信，1941年1月16日，来自加拿大联合教会档案馆，83.058C，58号档案盒，7号文件，第3辑。

③ 景佐智给泰勒夫人的信，1940年11月28日，来自加拿大联合教会档案馆，83.058C，56号档案盒，12号文件，第3辑。

④ 玛丽·斯坦利(北京)寄给露丝·泰勒夫人(多伦多)的信，1941年1月16日，来自加拿大联合教会档案馆，83.058C，58号档案盒，7号文件，第3辑。

⑤ 玛丽·斯坦利(北京)寄给露丝·泰勒夫人(多伦多)的信，1941年1月16日，来自加拿大联合教会档案馆，83.058C，58号档案盒，7号文件，第3辑。

⑥ 玛丽·斯坦利(北京)寄给露丝·泰勒夫人(多伦多)的信，1941年1月16日，来自加拿大联合教会档案馆，83.058C，58号档案盒，7号文件，第3辑。

解释说:“既然每个人对未来或多或少都有些不确定,那我就有正当理由辞职。”[①]七个月后,即1941年6月29日,查尔斯·阿尔弗雷德·斯坦利出生。[②]

在加拿大历史上的这一时期,女性未婚先孕带来的耻辱是难以估量的,这不仅是针对宗教信仰构成其职业和人格核心的传教士女性,而是对于整个加拿大女性来说都是如此。比如加拿大护士琼·尤恩(Jean Ewen)在1938年陪同诺曼·白求恩(Norman Bethune)医生来到中国,她的决定就体现了违反社会规范的影响。琼·尤恩在她一生中从未公开透露她决定在1939年夏天离开中国的一个可能原因:她当时正处于孕晚期。1939年9月,琼·尤恩在多伦多莫名其妙地嫁给了她兄弟的朋友——一个她刚认识的男人。当时她的女儿快要出生了(同月),关于这段生活,她在各种回忆录中都留下了一些没有回答的问题和耐人寻味的空白。[③] 后来,对白求恩的生死感兴趣的记者和历史学家纷纷请琼·尤恩描述她当时在中国的工作,她照做了,但她小心翼翼地隐瞒了她在中国怀孕的任何迹象。

考虑到当时性越轨的高度敏感性,所以书面记录不太可能直接提及玛丽·斯坦利的怀孕是她仓促结婚的原因。事实上,虽然文件证实了婚礼和孩子出生的日期(暗示了怀孕时间),并提供了一般的暗示,但没有直接提到怀孕。玛丽·斯坦利怀孕的事是耐人寻味的,这并不是因为一对年轻夫妇(即使是一对道德高尚的基督徒夫妇)发生性关系令人惊讶,而是因为如果玛丽·斯坦利怀孕了,那么随后对怀孕一事的沉默让我们更好地洞察了传教士群体如同大家庭般的本质。正如琼·尤恩的兄弟安排她与一位美国朋友(一位参与西班牙内战的老兵)结婚来暗中保护她的名誉一样,玛丽·斯坦利所在的传教士组织也迅速安排了一场婚礼来保护她的名誉。如果琼·

---

① 玛丽·斯坦利(北京)寄给露丝·泰勒夫人(多伦多)的信,1941年1月16日,来自加拿大联合教会档案馆,83.058C,58号档案盒,7号文件,第3辑。

② 贝蒂·盖尔的《五年日记》(1939年2月15日至1943年12月31日,未出版)中1941年6月29日,来自玛格丽特·怀特曼的私人收藏。

③ Souya Grypawa, “China Nurse Jean Ewen, Embracing and Abandoning Communist Revolutionaries”, *Journal of Historical Biography*, vol. 9 (2011), pp.37-68.

尤恩的怀孕关系到她直系亲属的耻辱,那么玛丽·斯坦利的怀孕(尤其是考虑到孩子的父亲也是一个"传二代")则关系到整个来华传教界的声誉。等到玛丽·斯坦利生下一个健康的男婴时,道德危机已经过去。

玛丽·斯坦利:我们没有猜对

1940 年 11 月结婚后,玛丽·斯坦利和约翰·斯坦利决定留在北京,以便约翰在燕京大学完成博士学业。他们认识到任何计划都是暂时的:"如果形势变得非常危急,我们也不得不离开。"玛丽·斯坦利写道:"我想很快我们就会在加拿大了。我认为,我们都有中国血统,而且乐于在中国生活和工作,所以我们要尽可能地说中文,与中国人民在一起。"[①]

约翰·斯坦利原名查尔斯·约翰逊(约翰)·斯坦利,出身于来华传教士世家。他的曾祖父母查尔斯·阿尔弗雷德·斯坦利(Charles Alfred Stanley)和乌苏拉·斯坦利(Ursula Stanley)均是 1862 年首批抵达华北的美国传教士,他的父亲查尔斯·阿尔弗雷德·斯坦利(Charles Alfred Stanley)是齐鲁神学院院长。当时,约翰和玛丽的儿子查尔斯·阿尔弗雷德·斯坦利(Charles Alfred Stanley),是查尔斯·斯坦利家族在中国土地上生活的第四代人。1941 年夏天,玛丽·斯坦利和约翰·斯坦利决定在中国生孩子,与约翰·斯坦利的姑姑格特鲁德·威尔德(Gertrude Wilder)、姑父万卓志(George Wilder)一起住在北京。孩子出生后,他们决定撤离。由格特鲁德·威尔德夫妇 1941 年 8 月 9 日写的一封信可知,他们都报名参加了下一个美国公民转移计划,但不知道具体转移的时间。[②]

到 1941 年 11 月,威尔德和斯坦利夫妇还在中国,万卓志不愿意离开。1941 年 11 月 1 日,他们的传教委员会发来一封电报:"无论发生什么情况,

---

① 玛丽·斯坦利(北京)寄给露丝·泰勒夫人(多伦多)的信,1941 年 1 月 16 日,来自加拿大联合教会档案馆,83.058C,58 号档案盒,7 号文件,第 3 辑。

② 格特鲁德·威尔德(北京)寄给杜兰(Durand)和乌苏拉的信,1941 年 8 月 9 日,载于 *The Wilders, 1941: Forebodings of a World at War*(未出版的文件汇编,日期不详),p.31。

建议所有不打算留下的人都立即离开。”但万卓志不为所动。[①] 尽管他不希望在日本军队攻打北京时卷入战局，但他也不希望过早离开。如他所说，他敏锐地意识到：“如果所有的传教士都离开这个地方，会给我们的工作和当地的同事带来十分严重的后果。即使赶上最后一条船也可能已经太晚了，但我们非常犹豫，除非到绝对必要的时候，我们不会走这一步。”[②]万卓志写道：“明天掌握在上帝手中。”[③]

到1941年12月，玛丽·斯坦利怀上了第二个孩子。[④] 1941年12月7日，格特鲁德·威尔德在信中写道：“我们希望最坏的情况不会发生，这些异常情况很快就会改变。当然，情况可能会恶化。许多人认为只有彻底的胜利才能解决这里的问题。”[⑤]万卓志补充说：“总领事给我们寄来一封加急信，说对于那些仍然考虑撤离的人，几天后还有机会离开。不过我们仍然不为所动，希望你不要太担心。”[⑥]第二天，威尔德和斯坦利夫妇被软禁在北京。格特鲁德·威尔德在12月7日的信中附言道：“不管人们看法如何，他们(日本军方)反应很快并采取了行动，我们都没有猜对。”[⑦]

---

① Hugh Hubbard and Mabel Hubbard, “Postscript”, in *The Wilders*, 1941: *Forebodings of a World at* War(未出版的汇编文件，日期不详), p.51.

② Hugh Hubbard and Mabel Hubbard, “Postscript”, in *The Wilders*, 1941: *Forebodings of a World at War*(未出版的汇编文件，日期不详), pp.51-52.

③ Hugh Hubbard and Mabel Hubbard, “Postscript” ,in *The Wilders*, 1941: *Forebodings of a World at War*(未出版的汇编文件，日期不详), p.52.

④ 伊丽莎白·盖尔(齐鲁)寄给亲属(多伦多)的信，1942年6月11日，来自玛格丽特·怀特曼的私人收藏。根据这封信可知，玛丽·斯坦利于1942年6月15日诞下第二个孩子。

⑤ 格特鲁德·威尔德(北京)寄给西奥多(Theodore)的信(附有万卓志的补充和写于1941年12月9日的附言)，1941年12月7日，载于 The Wilders, 1941: Forebodings of a World at War(未出版的汇编文件，日期不详), pp.61-62。

⑥ 格特鲁德·威尔德(北京)寄给西奥多(Theodore)的信(附有万卓志的补充和写于1941年12月9日的附言)，1941年12月7日，载于 The Wilders, 1941: Forebodings of a World at War(未出版的汇编文件，日期不详)，p.64。

⑦ 格特鲁德·威尔德(北京)寄给西奥多(Theodore)的信(附有万卓志的补充和写于1941年12月9日的附言)，1941年12月7日，载于 The Wilders, 1941: Forebodings of a World at War(未出版的汇编文件，日期不详), p.65。

乔治娜・刘易斯:女性遵守撤离令

1939 年,加拿大传教护士乔治娜・刘易斯嫁给了约翰・刘易斯医生,两年后,她仍与她工作了七年的华北使团保持着密切联系。在河南传教士情况的定期报告中就有乔治娜的信息。例如,1941 年 3 月 7 日,景佐智注意到戴维娜・孟席斯在外孙出生后从济南坐火车(大约两个半小时)到周村,去看望她的女儿。[①] 也许这条消息与乔治娜・刘易斯母亲的关系更大,毕竟戴维娜・孟席斯是一个很难知晓近况的人。

1941 年 3 月 13 日,加拿大外交部代理副国务卿在渥太华承认收到了来自华北使团负责人的电报,内容为女性应遵守撤离令。此外,男性中两个人留在齐鲁医院,两个暂时等待。[②] 留在齐鲁医院的两名男子是汤善和法利斯牧师,那两个暂时等待的人是景佐智和杜儒文(Gordon Struthers)。然而,电报的其余部分是不正确的,实际上有两名女性传教士协会的传教士没有遵守撤离令,一位是伊莎贝尔・麦克塔维什医生[③],另一位是戴维娜・孟席斯(她对传教团要求她离开的呼声置之不理)。七个月后,景佐智报告说:"刚刚获悉戴维娜・孟席斯计划于 10 月 6 日离开上海前往加拿大。"[④]戴维娜・孟席斯再次来到周村帮助她的女儿乔治娜,此时乔治娜(怀着第二个孩子)已有五个月的身孕。[⑤] 12 月 3 日,景佐智指出:"戴维娜・孟席斯现在在济南,没有任何离开的计划。此外,乔治娜・刘易斯也会在这个星期晚些时候去济南和她的母亲团聚。乔治娜是和朋友一起来咨询专业人士的,同时要拜访吉尔医生(Gell),这位专家为她接生了第一个孩子,现在正打算接生

---

① 根据贝蒂・盖尔的日记,约翰・孟席斯・刘易斯(John Menzies Lewis)出生于 1941 年 2 月 23 日。

② 负责外交事务的代理副国务卿给泰勒夫人的信,1941 年 3 月 13 日,来自加拿大联合教会档案馆,83.058C, 56 号档案盒,14 号文件,第 3 辑。

③ 尽管传教团"屈服"于麦克塔维什医生留下来的决定,但他们也继续敦促达戴维娜・孟席斯离开中国。

④ 景佐智给泰勒夫人的信,1941 年 10 月 3 日,来自加拿大联合教会档案馆,83.058C, 56 号档案盒,14 号文件,第 3 辑。

⑤ 1941 年 3 月 30 日,玛格丽特・汤姆森(多伦多)寄给汤善和戈弗雷的信(济南),来自玛格丽特・怀特曼的私人收藏。

第二个。”[①]但是乔治娜·刘易斯没能到济南，在景佐智的信发出后四天内，日本人偷袭了珍珠港，并将传教士软禁起来。事实上，乔治娜·刘易斯和约翰·刘易斯的第二个孩子玛格丽特·安(Margaret Ann)是1942年1月26日在集中营里出生的。

贝蒂·盖尔拒绝回国

贝蒂·盖尔和戴维娜·孟席斯一样难以追踪。1941年3月7日，据景佐智记录，贝蒂·盖尔计划从日本神户返回加拿大，3月12日乘坐纽约班轮返回北美。[②] 3月30日，贝蒂·盖尔的母亲在给汤善和戈弗雷·盖尔的信中写道：“这周最激动人心的消息是伊丽莎白可能在4月回家。我知道，如果在他们起航前情况有所好转，她是不会回来的，但就当前情况来说，不太可能这么快就改善。当然，我们会很高兴孩子能在这里出生，又要有一个小宝宝在这个家里出生简直妙不可言。”[③]

之后的一周，玛格丽特·汤姆森写信说道：“伊丽莎白，我们仍然不知道你是否在海上。你和爸爸都没有再来信，但我们认为就像许多人说的那样，你一定已经在路上了。我们正在计算你们16号抵达温哥华的时间，我们已计划在25号举行(河南传教士)聚会，届时莱斯利夫人(Mrs. Leslie)也会来这里做客。”[④]1941年4月，一份联合教会的报告指出：“盖尔夫人(婚前名为，伊丽莎白·汤姆森小姐)和玛格丽特·布朗小姐及法利斯夫人于本月初抵达加拿大。”[⑤]但这些报告是错误的，那时贝蒂·盖尔还在齐鲁大学。

---

① 景佐智给泰勒夫人的信，1941年12月3日，来自加拿大联合教会档案馆，83.058C，56号档案盒，14号文件，第3辑。

② 景佐智给泰勒夫人的信，1941年3月7日，来自加拿大联合教会档案馆，83.058C，56号档案盒，14号文件，第3辑。

③ 玛格丽特·汤姆森(多伦多)寄给汤善和戈弗雷的信，1941年3月20日，来自玛格丽特·怀特曼的私人收藏。

④ 玛格丽特·汤姆森(多伦多)寄给“爸爸、戈弗雷·伊丽莎白”的信，1941年4月5日，来自玛格丽特·怀特曼的私人收藏。

⑤ 有关河南传教士活动的资料，来自1941年4月，加拿大联合教会档案馆，83.058C，56号档案盒，14号文件，第3辑.

贝蒂·盖尔在2月19日至28日的日记中记录了她留在中国的重大决定：

2月19日：奈特、景佐智和杜儒德先生今天到了，他们带来的消息是关于妇女和儿童回国的命令。

2月20日：戈弗雷和爸爸想让我看在"乔治"(贝蒂·盖尔尚未出生的孩子)的份上回到加拿大……我一想到就想死了。我该怎么办呢？事情现在掌握在诺曼·奈特(Norman Knight)手中。

2月21日：等待结论，我拜访了一些人寻求建议，但还在左右为难。

2月23日：约翰·孟席斯·刘易斯今天出生了！他有6磅重。

2月24日：有唐·法利斯的消息。我已预订了3月12日的船票。

2月25日：全天都在打包，可我还在犹豫，这就是问题所在！

2月26日：去斯坦利家吃午饭，我已经决定不回去了！

2月28日：罗宾斯小姐(Miss Robins)用了我的票，所以我的"后路"断了！[①]

贝蒂·盖尔的日记显示她在做以下事情：寻求他人建议，考虑她的决定对未出生孩子的影响，希望尊重华北传教士的权威(尽管不再接受其保护)，密切关注玛丽·斯坦利(通过她的公婆)和乔治娜·刘易斯(她在齐鲁医院通过剖宫产生下孩子)。最重要的是，日记表明，她认为这是她应该做的决定。在被拘禁多年后，贝蒂·盖尔向一位朋友讲述了她留在中国的关键决定(她的朋友对那次讨论的回忆与日记中的内容非常吻合)：

我们讨论了祷告的必要性，以及如果我们愿意接受神的回应，神会怎样回应我们的祷告。贝蒂说她父亲肯定是想让她回到加拿大，在那里她会很安全，而且他已经为她的旅程做了安排。她开始收拾行李，但为离开戈弗雷而感到不安。她拆开行李，然后又重新打包，反反复复，

① 贝蒂·盖尔的《五年日记》(1939年2月15日至1943年12月31日，未出版)中1941年2月23至28日，来自玛格丽特·怀特曼的私人收藏。

进退两难。那天晚上,她决定祈祷时把这件事交给上帝。她告诉上帝,她已经不知道该怎么办了。贝蒂说,当她第二天早上醒来的时候,她不再困惑了,她知道自己应该留下来……所以她打开了行李箱。她还说,戈弗雷患上痢疾和后来又患上肺结核时,她觉得如果没有她在身边照顾,戈弗雷可能就活不下去了。她觉得这就是上帝把她留在中国的原因。[①]

另外两人后来对贝蒂·盖尔的决定也有类似的回忆。弗朗西丝·麦卡勒与贝蒂·盖尔一同被拘禁了四年,她回忆说:"在反复打包行李和拆开行李之后,贝蒂和我做出了相同的决定,我们决定尽可能团结在一起,这样我们才可以相互支持,这也是为了我们即将出生的孩子做的决定。"[②]最后,根据戈弗雷·盖尔的说法,贝蒂·盖尔最终坚决反对返回加拿大。[③]

弗朗西丝·麦卡勒成为贝蒂·盖尔一生中重要的朋友。的确,麦卡勒夫妇和盖尔夫妇建立了一种独特而持久的友谊,他们在1942～1945年一同被关押在三个集中营,多年来一起为人父母,一起生活。1937年,贝蒂·盖尔在北戴河遇到戈弗雷的同一天晚上,她遇到了肯尼斯·麦卡勒。戈弗雷·盖尔和肯尼斯·麦卡勒是学生时代的老朋友,他们是在爱丁堡学医时认识的,在1937年日军入侵华北的时候一起从英国来到中国。[④] 他们在北京接受了六个月的语言培训后,肯尼斯·麦卡勒和伦敦会的李爱锐被派往肖张镇,戈弗雷·盖尔则被派往济南。两年后,弗朗西丝·麦卡勒才与肯尼斯·麦卡勒团聚。弗朗西丝·麦卡勒一直想成为一名传教士医生,1939年毕业后,她和肯尼斯·麦卡勒一起作为一个医疗传教团队在中国工作。在经历了一段从苏格兰出发的痛苦旅程(其中包括在印度被困了六周,以及在

---

① 巴布·帕特南(Barb Putnam),与作者的个人交流2003年10月6日。

② Frances McAll and Kenneth McAll, *The Moon Looks Down*, London: Darley Anderson, 1987, p.20.

③ 戈弗雷·盖尔为《贝蒂·盖尔日记:在中国日占区四年拘禁生活实录》(未出版,1941年7月至1945年9月)所写的引言,来自玛格丽特·怀特曼的私人收藏。

④ Frances McAll and Kenneth McAll, *The Moon Looks Down*, London: Darley Anderson, 1987, p.7.

海上遭遇台风)之后，弗朗西丝·麦卡勒于1939年底抵达北京，开始了语言培训。1940年6月，她和肯尼斯·麦卡勒在北京结婚，然后一起去肖张镇，共同开始了他们期待已久的工作。1941年3月，在日本占领军的压力下，肖张镇传教团的工作中断了。当时弗朗西丝已经怀孕三个月，他们以为是临时搬到齐鲁大学，在那里，他们被任命为山东大学教职工和学生的医疗服务人员，肯尼斯·麦卡勒为男性服务，弗朗西丝·麦卡勒为女性服务。[①] 他们住在盖尔夫妇隔壁的一间小房子里，房子里陈设着基本的生活必需品，不过他们把一套精心布置的房子留在了肖张镇。[②] 弗朗西丝·麦卡勒后来回忆起她和贝蒂在齐鲁大学的早期友谊："贝蒂比我大，在家务管理方面更有经验。她有办法在力所能及的范围内支持每一个人，而且在接下来的几个月里，如果没有她的支持，我会寸步难行。我们彼此加深了了解，甚至是超出我们想象的了解。"[③]

修正预期

1941年4月7日，玛格丽特·汤姆森接到消息：她的女儿根本不会回到加拿大了。她给女儿写信表达了自己的失望，但也很快调整了自己的态度，对此表示支持："来自伊丽莎白的两封信，连同戈弗雷寄来的那封都刚到，我们的希望都破灭了！但我为你们俩没有分开而感到高兴。这个决定对你们俩来说都很困难。"[④]玛格丽特·汤姆森亲身体会到与丈夫分离所带来的压力，让她感到安慰的是，至少她的女儿不会孤身一人。在第二天写的信中，她回忆道："看到你的生活重心发生了变化，这是最有趣的，也让我很高兴。

---

① Frances Mcall, *Hurdles are for Jumping*, Oxford: New Cherwell Press, 1998, pp.64-65.

② 怀特曼对肯尼斯·麦卡勒的专访。肯尼斯·麦卡勒非常详细地回忆了他们留下的家具和物品，包括华丽的餐桌和餐具、雕刻精美的家具，以及罕见的银器。他们再也没有看到自己的东西，也没有得到赔偿。

③ Frances McAll and Kenneth McAll, *The Moon Looks Down*, London: Darley Anderson, 1987, p.19.

④ 玛格丽特·汤姆森(多伦多)寄给"爸爸、戈弗雷-伊丽莎白"的信，1941年4月5日，来自玛格丽特·怀特曼的私人收藏。

你还记得离开多伦多的那天晚上，开口说再见是那么困难。那天晚上，我为你心疼，看着你如此孤独地离去，我感到很难过。然而，两年后，当你有机会回到老家的时候，你却选择了留在新家。生活是奇怪的，我们普通人的变化是奇妙的，一个我们认识很短时间的人是如何变得比我们生活了一辈子的家人更重要。"①在女儿面前装出一副勇敢样子的同时，玛格丽特·汤姆森也有点嫉妒，因为丈夫还在中国，她要独自面对战争。

虽然玛格丽特·汤姆森最初打算为女儿举行欢迎会，但她决定继续举行原定于 1941 年 4 月 25 日的"河南聚会"。那里有很多河南传教士，包括刚从中国回来的五人——诺曼·奈特、维奥莱特·奈特(Violet Knight)、罗斯医生(Dr. Ross)和夫人，还有玛格丽特·布朗。他们都发表了演讲，讲述他们在日占区的经历。整个聚会有 33 名成人和 3 名儿童参加，他们都是现任或退休的华北传教士。因为人们听说了贝蒂·盖尔回家的消息，玛格丽特·汤姆森不得不为贝蒂选择留下进行解释和辩护："大多数人在为不能见到你而感到遗憾的同时，也为你不必离开戈弗雷而感到高兴。"②贝蒂·盖尔也有同感，5 月11 日，她写信给在英国的婆婆说："很庆幸我去年 2 月没有离开，因为我很享受与戈弗雷的婚姻。"③

1941 年 5 月 25 日，玛格丽特·汤姆森给女儿寄去了一张生日贺卡："还记得我以前是怎么说的吗？我想让你在我老的时候和我一起生活，可是现在你是离我最远的女儿了。但我不愿意这样，正如父亲对我所说的，'对你最好的就是对我最好的'……愿这个可爱的孩子之于你，就像你之于我一样。"④这封信的语气是孤独和顺从的，有一种看不到尽头的隔阂感。

---

① 玛格丽特·汤姆森(多伦多)寄给伊丽莎白的信，日期不详(很可能是 1941 年 4 月 8 日)，来自玛格丽特·怀特曼的私人收藏。

② 玛格丽特·汤姆森(多伦多)寄给汤善、伊丽莎白和戈弗雷的信，1941 年 4 月 27 日，来自玛格丽特·怀特曼的私人收藏。

③ 贝蒂·盖尔(济南)寄给盖尔夫人(英格兰)的信，1941 年 5 月 11 日，来自玛格丽特·怀特曼的私人收藏。

④ 玛格丽特·汤姆森(多伦多)寄给贝蒂·盖尔(济南)的信，1941 年 5 月 25 日，来自玛格丽特·怀特曼的私人收藏。

1941年7月3日,贝蒂·盖尔在给婆婆的信中写道:“我们在耐心等待我们的大事(他们的孩子出生)到来,但因为天气太热了,有时会觉得有点慢。这三周里最近两周的平均温度是华氏103度……所以我们并不是很兴奋。”[①]尽管传教士通常会前往北戴河避暑,但怀孕使贝蒂不得不在齐鲁医院接受医疗服务。齐鲁大学传教士的“夏季大撤离”,意味着校园里一天比一天冷清。[②] 贝蒂晚上和弗朗西丝·麦卡勒一起散步,以打发时间。她们的预产期太近了,以至于她们都不确定谁会先生孩子。[③]

贝蒂·盖尔和戈弗雷·盖尔的母亲都在焦急地等待孩子到来的消息。1941年7月9日,玛格丽特·汤姆森写道:“我们期待着很快就可以收到电报,告诉我们杰瑞米·约翰(Jeremy John,玛格丽特·汤姆森猜测的名字)到来的消息。”[④]与贝蒂·盖尔一家在加拿大相对稳定的生活相比,戈弗雷一家在英国的生活就很困难了。贝蒂·盖尔和戈弗雷·盖尔收到了伯明翰空袭的报告,虽然他们非常庆幸家人没有受到任何伤害,但他们也很担心。[⑤] 与英国相比,他们在中国的生活也显得相当平静。正如贝蒂在给婆婆的信中所写的那样:“你们在经历如此可怕的时刻,而我们却在这里如此平静,这似乎是不对的。”[⑥]难怪伦敦会不愿让他们的传教士撤离中国,因为在某些方面,中国比英国更安全。也许是感觉到需要一个好消息,贝蒂·盖尔告诉婆婆,如果他们生了男孩,他的中间名会采用戈弗雷父亲的名字——肯德尔。

对贝蒂·盖尔和她的母亲来说,往来中国的信件一直是她们关系的支

---

① 贝蒂·盖尔(济南)寄给盖尔夫人(英格兰)的信,1941年7月3日,来自玛格丽特·怀特曼的私人收藏。

② 贝蒂·盖尔(济南)寄给盖尔夫人(英格兰)的信,1941年7月3日,来自玛格丽特·怀特曼的私人收藏。

③ 贝蒂·盖尔(济南)寄给盖尔夫人(英格兰)的信,1941年7月3日,来自玛格丽特·怀特曼的私人收藏。

④ 玛格丽特·汤姆森(多伦多)寄给“爸爸、伊丽莎白和戈弗雷”(济南)的信,1941年7月9日,来自玛格丽特·怀特曼的私人收藏。

⑤ 贝蒂·盖尔(济南)寄给盖尔夫人(英格兰)的信,1941年7月3日,来自玛格丽特·怀特曼的私人收藏。

⑥ 贝蒂·盖尔(济南)寄给盖尔夫人(英格兰)的信,1941年7月3日,来自玛格丽特·怀特曼的私人收藏。

柱。然而,1941年,随着邮件服务中断和不再可靠,玛格丽特·汤姆森转向另一种途径——通过加利福尼亚的无线电广播向她的女儿发送信息,将信息传递到中国。广播员会宣读家人发送给他们的信息,不过因为在中国的广播时间会很晚,所以会有专门的人熬夜去收听和传递信息。[①]

1941年夏天,玛格丽特·汤姆森告诉贝蒂有关弗洛伦斯·利德尔和多萝西·博伊德的最新消息,她们现在都住在多伦多,与父母住在一起的弗洛伦斯·利德尔会来汤姆森家喝茶。1941年7月,玛格丽特·汤姆森在信中透露了一个令人震惊的消息,多萝西·博伊德在多伦多,并计划等她的父母一到就结婚。[②] 玛格丽特明确表示,她不支持多萝西·博伊德离开中国的决定,因为多萝西·博伊德不仅违背了与女性传教士协会的合同,而且还是为了嫁给一个刚刚入伍的加拿大人,这既不光彩,也没有必要:

> 听到这些要在战争中举行的婚礼,我总是感到遗憾,因为这意味着长期的分离,而且这两个人的生活会完全不同,所以当他们再次相遇时,他们对大多数事情的看法也会大不相同。我真的希望多萝西会高兴,遗憾的是她没有履行完三年的合同。至于玛丽,她和你的情况就不一样了,尽管你们都不在我们教会中,但你们都在中国工作。这件事给人留下了相当坏的印象,我担心多萝西会有做错事的感觉,而且肯定会让(女性传教士协会的)女士们犹豫:是否在短期内让更多的女孩外派。[③]

玛格丽特·汤姆森在多萝西·博伊德的计划中没有发现任何救赎的迹象。虽然她反对这场婚礼,但还是让他们在自己家举行了婚礼,不过她也确实没有参加婚礼。多萝西·博伊德和菲利普·约翰斯顿在玫瑰公园大道33号汤姆森家的客厅里举行了婚礼。玛格丽特·汤姆森和她最小的女儿穆里

① 玛格丽特·汤姆森(多伦多)寄给“爸爸、伊丽莎白和戈弗雷”(济南)的信,1941年10月4日,来自玛格丽特·怀特曼的私人收藏。

② 玛格丽特·汤姆森(多伦多)寄给“爸爸、伊丽莎白和戈弗雷”(济南)的信,1941年7月9日,来自玛格丽特·怀特曼的私人收藏。

③ 玛格丽特·汤姆森(多伦多)寄给“爸爸、伊丽莎白和戈弗雷”(济南)的信,1941年7月9日,来自玛格丽特·怀特曼的私人收藏。

尔在哈利伯顿(Haliburton)附近的一个朋友家度了三个星期的假。玛格丽特说:“博伊德夫妇在到达多伦多后就住到了这所房子里,后来当多萝西仓促决定结婚时,他们就在客厅里举行了婚礼……博伊德夫妇非常感激能够使用这所房子……当我回到家时,我发现她为了表示感谢给我买了一个非常漂亮的钱包和一双深蓝色的手套。”[①]玛格丽特·汤姆森很高兴得到这副手套,但她对博伊德太太深表同情。这一切都使玛格丽特更加确信女儿留在中国的决定是正确的。

玛吉的到来

多萝西·博伊德结婚后不久,玛格丽特·汤姆森就收到了她等待已久的电报。1941 年 7 月 17 日,贝蒂·盖尔和戈弗雷·盖尔的女儿玛格丽特(玛吉)·麦凯·盖尔出生。贝蒂·盖尔在分娩时接受了氯仿麻醉,到了晚上七点,她被“玛吉响彻整个房间的强有力的喊叫声”惊醒了。[②] 玛格丽特·汤姆森很喜欢和她同名的这个孩子:“我们一直惦记着济南那个小女孩,很想见到她……哎呀,这是一长串玛格丽特。这是第四个玛格丽特,我不知道我母亲是用谁的名字命名的,也不知道在她之前是否还有一个玛格丽特。”[③]贝蒂·盖尔在日记中写道:“玛吉很可爱。累并快乐着!”[④]她在日志中写道:“她就在这里!我们美丽的小玛格丽特今天为我和戈弗雷开辟了一个新天地。”[⑤]

在齐鲁医院分娩两周后,贝蒂·盖尔用人力车把玛格丽特·盖尔接回

① 玛格丽特·汤姆森(多伦多)寄给“爸爸、伊丽莎白和戈弗雷”(济南)的信,1941 年 8 月 3 日,来自玛格丽特·怀特曼的私人收藏。

② 贝蒂·盖尔(济南)寄给盖尔夫人(英格兰)的信,1941 年 8 月 9 日,来自玛格丽特·怀特曼的私人收藏。

③ 玛格丽特·汤姆森(多伦多)寄给“爸爸、伊丽莎白和戈弗雷”(济南)的信,1941 年 8 月 3 日,来自玛格丽特·怀特曼的私人收藏。

④ 贝蒂·盖尔的《五年日记》(1939 年 2 月 15 日至 1943 年 12 月 31 日,未出版)中 1941 年 7 月 17 日,来自玛格丽特·怀特曼的私人收藏。

⑤ 《贝蒂·盖尔日记:在中国日占区四年拘禁生活实录》(1941 年 7 月至 1945 年 9 月,未出版)中 1941 年 7 月 17 日的内容,来自玛格丽特·怀特曼的私人收藏。

家，加拿大传教士杜儒德医生骑自行车陪同她们。在家里等待他们的是他们请来照顾玛格丽特·盖尔的奶妈常大嫂(Changta Sao)和厨师兰亭(Lan ting)。贝蒂在日记中写道："他们穿着最好的衣服，站在门口对我们微笑。家具和地板闪闪发光，桌子上摆放着鲜花，窗帘在微风中飘动。哦，回家真好！"[①]贝蒂·盖尔完全被女儿迷住了："她有一双清澈美丽的灰色眼睛和长长的睫毛，可爱的鼻子和嘴巴，小小的尖下巴，或者更确切地说现在有两个下巴！"[②]

1941 年，盖尔夫妇一家

1941 年 7 月 28 日，肯尼斯·麦卡勒和弗朗西丝的孩子伊丽莎白·乔伊斯(伊莱)出生，比玛格丽特晚 11 天。贝蒂在日志中写道："常大嫂听到他们的孩子不是男孩会很高兴。如果麦卡勒家生的是男孩，而我们只是女孩，那对她来说将是可怕的'丢脸'！"[③]在伊莱出生那天，日本政府冻结了美国和英

① 《贝蒂·盖尔日记：在中国日占区四年拘禁生活实录》(1941 年 7 月至 1945 年 9 月，未出版)中 1941 年 7 月 30 日的内容，来自玛格丽特·怀特曼的私人收藏。

② 贝蒂·盖尔(济南)寄给盖尔夫人(英格兰)的信，1941 年 8 月 9 日，来自玛格丽特·怀特曼的私人收藏。

③ 《贝蒂·盖尔日记：在中国日占区四年拘禁生活实录》(1941 年 7 月至 1945 年 9 月，未出版)中 1941 年 7 月 28 日的内容，来自玛格丽特·怀特曼的私人收藏。

国在日本的所有资产。[①]

接近悬崖的边缘

自1941年7月美国和英国宣布对日本实施石油禁运以来，戈弗雷·盖尔就一直觉得美国和英国会卷入与日本的战争中。[②] 他后来回忆说："英国政府至少给了我们两次明确的警告，要求妇女、儿童和任何没有明确工作的男人离开日占区。"[③]在珍珠港事件发生前的几个月里，齐鲁的传教士开始思考如果美国或英国不可避免地对日宣战会对他们产生怎样的影响。加拿大传教士听说过日本人在中国犯下的暴行，其中最著名的可能是南京大屠杀，即日本军队在1937年攻占南京后的几周内对平民进行强奸、抢劫和处决。因此，加拿大传教士深知日本人的残忍和危险。

1941年，盖尔夫妇和麦卡勒夫妇对日本军队的动向产生了浓厚的兴趣。传教士可以通过无线电广播、报纸以及中国各地的传教士和其他外籍人士目击者的记录来了解一个军事活动的最新情况。弗朗西丝·麦卡勒回忆说，她每天都在收听新闻广播："这是由麦斯威尔咖啡赞助的一个美国广播员播出的，他对日本的言语攻击迫使他不得不穿防弹背心。"[④]"我们常常在想，"弗朗西丝挖苦地补充道，"他的预期寿命是多少。"[⑤]北京的景佐智报告说："日本军队对待平民的态度是如此恶劣，以至于目击者都不敢描述，唯恐惹上麻烦。"[⑥]

---

① Frances McAll and Kenneth McAll, *The Moon Looks Down*, London: Darley Anderson, 1987, p.21.

② 戈弗雷·盖尔为《贝蒂·盖尔日记:在中国日占区四年拘禁生活实录》(1941年7月至1945年9月,未出版)所写的序言。

③ 戈弗雷·盖尔的《太平洋战争》(未出版的回忆录/日记,未注明出版日期),来自玛格丽特·怀特曼私人收藏。

④ Frances McAll and Kenneth McAll, *The Moon Looks Down*, London: Darley Anderson, 1987, p.20.

⑤ Frances McAll and Kenneth McAll, *The Moon Looks Down*, London: Darley Anderson, 1987, p.20.

⑥ 景佐智(北京)寄给泰勒夫人(多伦多)的信,1941年3月7日,来自加拿大联合教会档案馆,83.058C, 56号档案盒,14号文件,第3辑。

除了无线电广播,传教士还可以接触到英文报纸《北华捷报》。从 1937 年中日战争全面爆发,《北华捷报》就定期报道中日军事力量的最新动向,包括特定时期哪支军队占领了哪个城市。例如,1938 年 11 月 9 日,该报刊登了日本在中国的作战地图,指出自从上次的作战地图出版以来日本军队已占领徐州,逼近京汉铁路,长江沿线占领了汉口,蒋介石已从武汉西部和西南部撤军。传教士表面上在战争问题上保持中立,却默默观察着日本人为占领中国领土而采取的日益放肆的策略。虽然一些外国人接受了“日本坚持认为他们的动机是改善中国经济”的说法,但到了 1941 年就连这些支持者也对日本“恢复中国昔日繁荣”的能力表示怀疑。[①]

有时传教士会把他们自己的特别报告寄给《北华捷报》。在 1941 年 2 月 5 日发表的一篇文章中,一位匿名的“特约作家”指出,虽然“某些外国商界”人士对日本在中国努力取得的成功感到“相当满意”,但“日本人的性格缺陷”,即他们对中国人的优越感,让他们的失败成为不可避免的结果。[②] 虽然传教士是“中立的”,但他们中的一些人觉得在道德上有义务与中国人一起秘密地、非暴力地抵抗日本人。[③] 用弗朗西丝·麦卡勒的话说:“沦陷区的中国人无法表达他们对日本人的反对意见,但很明显,在中国成千上万的外国人中,反日情绪正在高涨。”[④]不妙的是,1941 年 2 月 19 日,《北华捷报》报道说,日本“唯一合乎逻辑的” 选择是“继续寻求“在“太平洋的霸权”。[⑤]

① “特约作家”(Special writer):《日本在华北的失败》“(Japanese North China Failure)”,《北华捷报》1941 年 2 月 5 日,第 44 页。

② “特约作家”(Special writer):《日本在华北的失败》“(Japanese North China Failure)”,《北华捷报》1941 年 2 月 5 日,第 44 页。

③ “特约作家”(Special writer):《日本在华北的失败》“(Japanese North China Failure)”,《北华捷报》1941 年 2 月 5 日,第 44 页。

④ Frances McAll and Kenneth McAll, *The Moon Looks Down*, London: Darley Anderson, 1987, p.20.

⑤ 《河南活动与南迁》(*Honan Drive and Southward Move*),《北华捷报》1941 年 2 月 19 日。

戈弗雷和贝蒂・盖尔(左)以及基思・格雷厄姆(Keith Graham)、
弗朗西丝・麦卡勒在齐鲁大学的合影

1941年秋天,虽然在齐鲁大学的盖尔夫妇看来"一切都很平静",但传教士有一种感觉,那就是某种东西正在改变。[①] 首先,日本军队对他们的行动越来越严格。虽然从1941年6月1日起,日本军队就要求外国人在华北地区旅行时必须申请日本签发的许可证,但现在外国人要在济南活动,也必须获得通行证。[②] 贝蒂・盖尔向她的婆婆抱怨道:"没有通行证、护照和霍乱疫苗接种证书就能在这个世界上行走,这种想法简直就是天方夜谭。"[③]一些齐鲁人写了一首关于新限制政策的歌曲,用非裔美国人的精神曲调唱道:

我有通行证,你有通行证,

所有上帝的孩子都有证。

---

① 贝蒂・盖尔(济南)寄给盖尔夫人(英格兰)的信,1941年9月4日,来自玛格丽特・怀特曼的私人收藏。

② 《华北旅行新规》,《北华捷报》1941年6月11日。

③ 贝蒂・盖尔(济南)寄给盖尔夫人(英格兰)的信,1941年9月4日,来自玛格丽特・怀特曼的私人收藏。

但是我到了天堂，
就要撕毁通行证，
在上帝的天堂漫步。[1]

贝蒂·盖尔的母亲多少对中国收紧的限制有所了解，不仅是因为一些信件无法每周按时收到，还因为收到了来自其他传教士的消息。例如，李爱锐在给妻子弗洛伦斯的一封信中说："我怀疑戈弗雷和贝蒂不能去北戴河，因为只有那些有通行证的人才可以乘火车。"[2]

玛格丽特·汤姆森与弗洛伦斯·利德尔保持着密切联系，并通过闲聊的信件给贝蒂·盖尔更新信息。1941年9月17日，当弗洛伦斯·利德尔在多伦多生下她第三个女儿南希·莫林·利德尔(Nancy Maureen Liddell)时，玛格丽特·汤姆森写信给贝蒂·盖尔，告诉她弗洛伦斯长女帕特丽夏·利德尔(Patricia Liddell)的反应。帕特丽夏·利德尔一开始对孩子是个女孩很失望，但上周的一个晚上她祈祷说："上帝保佑，是个女孩就好了。"第二天晚上她又说："上帝保佑，我真高兴是个女孩！"所以，真的如她所愿了。[3]

后来，当南希·莫林在多伦多接受博伊德牧师的洗礼时，玛格丽特·汤姆森为35位客人举办了洗礼后的聚会。因为她的丈夫、女儿和外孙女都在日占区，所以与传教组织保持联系似乎是她对抗孤独或焦虑的一种方法。"他们走的时候已经十一点了。"玛格丽特·汤姆森说："我们都累了！我还从没办过失败的聚会，那个A夫人(阿姆斯特朗夫人)聚会结束时才到。A的先生是个可爱的人，所以我知道他们总是迟到应该怪A夫人。"[4]

---

① 贝蒂·盖尔(济南)寄给盖尔夫人(英格兰)的信，1941年9月4日，来自玛格丽特·怀特曼的私人收藏。

② 玛格丽特·汤姆森(多伦多)寄给"爸爸、伊丽莎白和戈弗雷"(济南)的信，1941年9月14日，来自玛格丽特·怀特曼的私人收藏。

③ 玛格丽特·汤姆森(多伦多)寄给"爸爸、伊丽莎白和戈弗雷"(济南)的信，1941年9月27日，来自玛格丽特·怀特曼的私人收藏。

④ 玛格丽特·汤姆森(多伦多)寄给"爸爸、伊丽莎白和戈弗雷"(济南)的信，1941年12月1日，来自玛格丽特·怀特曼的私人收藏。

图 4-4 1939 年，李爱锐与女儿帕特丽夏

处在边缘地带的护理

虽然贝蒂·盖尔和她母亲之间的信件大部分讲的都是家庭新闻和社会事件，但 1941 年 10 月 20 日贝蒂罕见地讲述了她与一群中国孩子（“我的俱乐部”）之间的一些经历。一天，在门诊关门的时候，贝蒂·盖尔带着一些年轻的学生去他们弹钢琴的大楼，他们坚持让贝蒂·盖尔唱歌，当贝蒂这么做的时候，他们哄然大笑！[①] 显然贝蒂·盖尔没想到会有这么多人参加，“一大群孩子，人数太多了！”[②]贝蒂·盖尔对这些学生并不在意，称他们为“肮脏的小乞丐”。“几乎所有人都感冒了，我也病得很重！”她和一个朋友坐在“一块古老的墓碑”旁描绘群山，这些衣衫褴褛的孩子围坐在他们周围，对他们的工

① 贝蒂·盖尔（济南）寄给亲属的信，1941 年 10 月 20 日，来自玛格丽特·怀特曼的私人收藏。

② 贝蒂·盖尔的《五年日记》（1939 年 2 月 15 日至 1943 年 12 月 31 日，未出版）中 1941 年 10 月 17 日，来自玛格丽特·怀特曼的私人收藏。

作发表评论:“我必须说,这并不讨人喜欢。”[1]一个女孩全神贯注地数着贝蒂·盖尔头发上的发夹,最后贝蒂·盖尔把自己的两个发夹给了她。那天晚上贝蒂睡得很早,以防感冒。

这时贝蒂·盖尔已经回去工作了,常大嫂照顾玛格丽特。贝蒂·盖尔如今已经不在手术室工作了,而是在“私人诊所”教授护理学生。[2] 她是七名在齐鲁大学担任领导职务的中外护士之一[3],他们共同监督60名护士和差不多同样数量的护理学生。1937年,由于日本军队入侵中国,没有录取新学生,护理学生的人数由58人减少到33人。事实上,从1937年到1940年,齐鲁大学的学生总数从651人下降到77人,其中33人是护理专业的学生。[4] 然而,到了1941年秋天,神学院的学生已经满额,护理学院、药学院和医院技师学院也都人满为患。[5] 戈弗雷·盖尔有八名医学生(五男三女),这是1937年以来第一次有这么多学生。

1941年10月的一个晚上,贝蒂·盖尔和戈弗雷·盖尔邀请了两个学生到家里吃晚饭。玛丽莲·孙(Marilyn Sun)和石宝桂(PaoKuei Shih)是室友,但由于石宝桂是《圣经》学习小组(“狂热追随者”)的成员,而玛丽莲不是,所以两人很难相处。玛丽莲对她的室友非常反感。贝蒂·盖尔调解两者的策略是“装作偶然实则有意地”拿出一本书,里面全是新出版的《道德重整运动杂志》(*Moral re-Armament Magazine*)的图片,从而可以把话题转到大家身上。[6] 贝蒂向玛丽莲解释说:“这个小组在宗教上没有什么不同,如

① 贝蒂·盖尔(济南)寄给亲属的信,1941年10月20日,来自玛格丽特·怀特曼的私人收藏。

② 《齐鲁大学医院报告》,1941年7月1日至1942年1月15日,来自加拿大联合教会档案馆,83.045C,11号档案盒,176号文件。

③ 同上其他被确认的护士为马乔里·奥尔德曼(Marjorie Alderman)(护理主任)、热纳瓦·E.米勒(Geneva E. Miller)(护理教育主任),露丝·M.丹娜尔(Ruth M. Danner)(负责公共卫生)、弗朗西丝·埃文斯(Florence Evans)(负责医疗用品)、晁坤(Chao K'un)(主管)、李宝臣(Li Pao Chen)(讲师)。

④ 《齐鲁大学年度报告》,1940年4月,来自加拿大联合教会档案馆,83.058C,57号档案盒,14号文件,第3辑。

⑤ 戈弗雷·盖尔的《太平洋战争》(未出版的回忆录/日记),来自玛格丽特·怀特曼的私人收藏。

⑥ 贝蒂·盖尔(济南)寄给亲属的信,1941年10月20日,来自玛格丽特·怀特曼的私人收藏。

果她来参加我们的会议，她不需要改变她已经健全的精神生活，而且我希望她能来，因为我们需要她帮助那些没有基督教背景的学生（她父亲是学院的基督教牧师）。”[①]虽然目前还不清楚问题是否得到了解决，但有趣的是，贝蒂·盖尔觉得自己有义务帮助她们解决宗教分歧，更重要的是，她们相信贝蒂会这样做。

齐鲁大学的学生大都为自己的政治见解而奔忙于各种活动中，他们也觉得完全没有必要让传教士参与进来。1941 年夏天，齐鲁医院的护理人员中蔓延着一种不安的情绪，因为有报道称其他地方的医院出现了员工罢工的情况。例如，1941 年 1 月在上海的圣玛丽亚医院（St. Marie's Hospital，现为上海瑞金医院）有 150 名中国员工举行了罢工，7 月发生了第一起有记录的（当地医院）职工罢工活动。弗朗西丝·麦卡勒就是在这种情形下生产的，但她发现照顾她的医院护士丝毫没有表现出任何慌张（只有七个人却要应对整个医院的工作，以及不可预知未来）。[②]

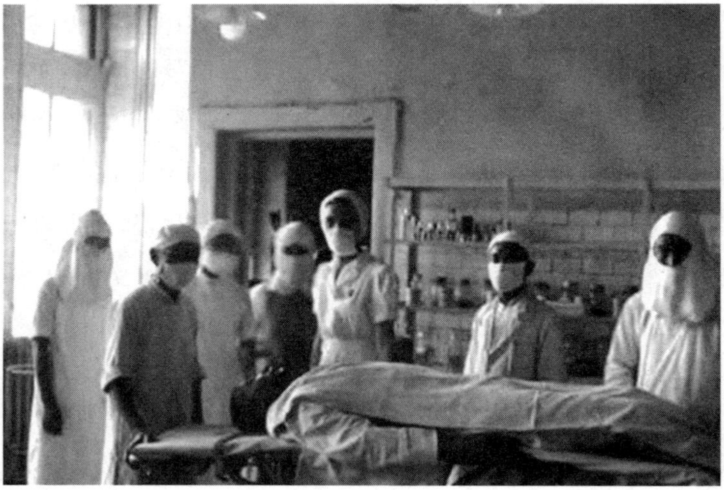

1940 年，齐鲁医院手术室，右三是贝蒂·盖尔

虽然没有关于这次罢工结果的记录，但这个问题好像在秋季开学时就

① 贝蒂·盖尔（济南）寄给亲属的信，1941 年 10 月 20 日，来自玛格丽特·怀特曼的私人收藏。
② 贝蒂·盖尔（济南）寄给亲属的信，1941 年 10 月 20 日，来自玛格丽特·怀特曼的私人收藏。

已经解决了。1941年9月初，护理专业的学生正要复课时，日本人发出了“冻结令”，这使关于这所大学及相关人员的谣言充斥着整个国家。[①] 大学和医院门口都有警卫，不过大多数护理学生在开课时都来了，一年级20人（护理预科）、二年级25人、三年级10人、四年级12人，总共有67名护理学生。1941年9月9日开始上课时，戈弗雷·盖尔注意到老师和学生之间的友好合作精神。贝蒂·盖尔写道：“这就好像我们已经意识到这是和学生在一起的最后机会，严峻的世界形势把我们拉得更近，我们下意识地觉得自己正在向悬崖边缘靠近。”[②]戈弗雷·盖尔后来回忆说：“那年秋天，我们的精神面貌比往年都好。”对他来说，这种合作精神是上帝给予的特殊恩典，可以说，这就是无意识地在为即将到来的事情做准备。[③]

齐鲁大学护士学校很大程度上是在19世纪末弗洛伦斯·南丁格尔护理模式的基础上建立起来的。在为期三年半的学习中，护生们住在城墙内齐鲁医院的宿舍里，培训期间提供食宿，可能还有津贴。除了在医院接受临床培训外，护生还需要经常到图书馆进行额外的学习。护理图书馆提供最新的中、英文专业刊物和教材，该图书馆还收录了《中华护士报》系列丛书，并按年份装订。

齐鲁大学的护生受到严密监测，以防出现任何健康问题，护理教育主任的职责之一就是监督学生的健康状况，原因是肺结核等疾病在华西护生中的发病率很高，其中一部分就是1937年撤离沦陷区的学生。例如，无锡圣公会普仁医院(St. Andrew's Hospital)护士培训学校1940年的报告指出：“由于三年前强制疏散的影响，再加上旅行、贫困和拘禁，现在肺结核的发病率比战前更高。”[④]因此，只有胸部X线显像清晰后，1940名申请人才被录取。为了让学生保持健康，圣公会普仁医院在上午十点左右给学生们提供豆浆

---

① 《齐鲁大学护理学院报告》，1941～1942年，来自加拿大联合教会档案馆，83.045C，11号档案盒，176号文件.

② 《贝蒂·盖尔日记：在中国日占区四年拘禁生活实录》(1941年7月至1945年9月，未出版)中1941年9月9日的内容，来自玛格丽特·怀特曼的私人收藏。

③ 戈弗雷·盖尔，《太平洋战争》(未出版的回忆录/日记)，来自玛格丽特·怀特曼的私人收藏。

④ 《无锡医院的优秀工作》(*Excellent Work of Wusih Hospital*)，《北华捷报》1941年4月30日。

作为午餐，这是因为据说豆浆在增加体重和增强整体活力方面的价值远高于其成本。[①]

在齐鲁大学，护理教育主任负责保证学生得到定期锻炼和适当营养，并通过每周的体重图表进行监测，对那些超重或体重不足的人通过科学跟踪来加强监测。[②] 为了衡量学生健康状况的改善，护生要提交“态势图”，即在锻炼前后进行的 X 线检查(可能是脊椎)，看是否有任何改善。最后，由于扁平足在中国女孩中很常见，为了帮助那些足弓需要加强的人，学生们都需要提交足印来检查自己的足弓状况。[③] 同时，为那些有需要的学生启动了“纠正计划”。每一个护生都要接受定期体检。1940 年发现八名护生患有沙眼，这是一种可导致失明的传染性眼病，另外三分之一的人有“香港脚”(可能是皮癣，一种真菌感染)。[④] 在培养护士的过程中，齐鲁大学的工作人员对学生尽到了家长式的责任，而且似乎没有人质疑解决健康问题的必要性或方法。

在护理预科学年结束后，学生必须通过入学考试才能进入护理专业学习。为了毕业并获得中华护士会的认证，他们必须通过为期一天的实践考试和三天的笔试。1941 年的临床实践考试时间是 12 月 8 日，贝蒂・盖尔是实践考试的四名主考官之一。

最后的撤离机会

1941 年秋天，日本在太平洋不断侵略的消息令人越来越担忧。贝蒂・盖尔发现最近的消息非常糟糕，她尽量不去听发生了什么事。[⑤] 她开始避开无线电广播，当戈弗雷・盖尔和汤善打开无线电广播收听新闻时，她就

① 《无锡医院的优秀工作》(*Excellent Work of Wusih Hospital*)，《北华捷报》1941 年 4 月 30 日。

② 《齐鲁大学年度报告》，1940 年 4 月，来自加拿大联合教会档案馆，83.058C，57 号档案盒，14 号文件，第 3 辑。

③ 《齐鲁大学年度报告》，1940 年 4 月，来自加拿大联合教会档案馆，83.058C，57 号档案盒，14 号文件，第 3 辑。

④ 《齐鲁大学年度报告》，1940 年 4 月，来自加拿大联合教会档案馆，83.058C，57 号档案盒，14 号文件，第 3 辑。

⑤ 《贝蒂・盖尔日记：在中国日占区四年拘禁生活实录》(1941 年 7 月至 1945 年 9 月，未出版)中 1941 年 10 月 28 日的内容，来自玛格丽特・怀特曼的私人收藏。

离开房间。贝蒂·盖尔转移注意力的方法是照顾玛吉、在诊所和教堂工作，以及参加社会活动。接近10月底的时候，她写道："我们在医院工作、经营俱乐部、在婴儿诊所帮忙、在主日学校教学、打网球、招待朋友，但我一直在想这种日子还会持续多久？以后会发生什么？玛格丽特怎么办？"[①]为了应对随时可能爆发的战争，贝蒂·盖尔开始为家人收集保暖衣物，把它们装进两个箱子里。她写道："战争可能很快爆发，所以我们必须做好准备。"然而，到底准备什么？贝蒂都不知道自己打包行李的优先次序应该是什么，要带哪些衣服、哪些药物？贝蒂·盖尔感到焦虑不安，一遍又一遍地想着这些事情。[②]

1941年11月，贝蒂·盖尔有了第二次撤离中国的机会。居住在沦陷区的外国人可以乘坐一艘"特殊的撤离船"。齐鲁的传教士得知，如果此时不离开，以后就没有机会了。[③] 贝蒂·盖尔和戈弗雷·盖尔考虑了这个想法，但决定不这么做。这次撤离只能保证撤离者到澳大利亚，他们必须自己想办法从澳大利亚回到英国或加拿大。他们决定冒着被拘禁的风险，和朋友在一起，而不是冒着被卷入战争的风险，和陌生人一起去一个陌生的地方。[④]另外，他们也很清楚，远洋航行也不安全。例如，六个月前，一名来华传教士乘坐英国皇家邮轮从中国撤离到印度，但这艘船遭到日军飞机突袭[⑤]，日军飞机对其断断续续地进行了两个小时的攻击，大约300名乘客乘坐救生艇离开了这艘船，他们漂流了四天，然后被一艘英国货船救了起来。事实证明，盖尔的直觉是正确的，1941年11月，提供给他们的撤离船在菲律宾附近的公海上遭到了日军飞机的轰炸。[⑥]

---

① 《贝蒂·盖尔日记:在中国日占区四年拘禁生活实录》(1941年7月至1945年9月,未出版)中1941年10月28日的内容,来自玛格丽特·怀特曼的私人收藏。

② 《贝蒂·盖尔日记:在中国日占区四年拘禁生活实录》(1941年7月至1945年9月,未出版)中1941年10月28日的内容,来自玛格丽特·怀特曼的私人收藏。

③ 戈弗雷·盖尔的《太平洋战争》(未出版的回忆录/日记),来自玛格丽特·怀特曼的私人收藏。

④ 戈弗雷·盖尔的《太平洋战争》(未出版的回忆录/日记),来自玛格丽特·怀特曼的私人收藏。

⑤ 《上海女子在海上死里逃生》(*Shanghai Woman Has Narrow Escape from Death at Sea*),《北华捷报》1941年7月23日.

⑥ 戈弗雷·盖尔的《太平洋战争》(未出版的回忆录/日记),来自玛格丽特·怀特曼的私人收藏。

到了11月底，贝蒂·盖尔说："我的感觉就像诺亚的感受一样，水一直在上涨，周围的人都在死去，而他却安然无恙，快乐无比。"[①]尽管如此，她说："如果那些'快乐'的日子快结束了，我们也不会感到太惊讶。"[②]随着冬天的临近，他们开始觉得战争离自己也越来越近，他们所能做的就是"推测在哪种情况下自己的命运会怎样，并尽可能地制订计划，做好准备。[③] 贝蒂·盖尔最关心的是保暖衣物。11月25日，她写信给多伦多的家人：

> 我以为不久就可以去到安全(但寒冷)的庇护所，我们已经准备好了最暖和的衣服，把它们堆成一小堆。玛格丽特有一个可爱的连帽包，还有一个很好的热水瓶，我们希望它能一直处于装满水的状态。我要穿滑雪裤、三双袜子、中国鞋、三四件毛衣、毛皮大衣、头巾和毛皮手套。戈弗雷会穿许多袜子、中国鞋和他最重的衣服。爸爸会穿中式礼服、鞋子等，头戴皮帽，手戴皮手套。总而言之，我们希望自己能穿得暖和一些。[④]

不安与日俱增，1941年12月4日，位于多伦多的联合教会传教总部向景佐智发了一封电报："由于资金输送困难和日益严峻的形势，强烈建议加拿大人立即撤离。"[⑤]尽管这个要求很紧急，但华北传教士没有一个人离开沦陷区。1941年12月6日，景佐智给在多伦多的泰勒(Taylor)和阿姆斯特朗(Armstrong)写了一封含糊其词的信。[⑥] 第二天，日军轰炸了珍珠港，所有留在中国的传教士都被拘禁了起来。

---

① 贝蒂·盖尔(济南)寄给亲属(多伦多)的信，1941年11月25日，来自玛格丽特·怀特曼的私人收藏。

② 贝蒂·盖尔(济南)寄给亲属(多伦多)的信，1941年11月25日，来自玛格丽特·怀特曼的私人收藏。

③ 贝蒂·盖尔(济南)寄给亲属(多伦多)的信，1941年11月25日，来自玛格丽特·怀特曼的私人收藏。

④ 贝蒂·盖尔(济南)寄给亲属(多伦多)的信，1941年11月25日，来自玛格丽特·怀特曼的私人收藏。

⑤ 往返于朝鲜、日本和华北的电报，来自加拿大联合教会档案馆，83.058C，56号档案盒，14号文件，第3辑。

⑥ 贝蒂·盖尔(济南)寄给亲属(多伦多)的信，1941年11月25日，来自玛格丽特·怀特曼的私人收藏。

结语

戈弗雷·盖尔在后来被问及“既然有机会离开中国,为什么(你)不早点离开?”时回答:“简单地说,我觉得我在医院和医学院有一份工作要做。”[①]这也能使我们理解贝蒂·盖尔不顾领事建议而留在中国的决定的原因,因为贝蒂·盖尔已经认识到,不管她是否留在戈弗雷·盖尔身边,她的丈夫都决定留在中国。不论贝蒂·盖尔对自己在中国的责任有何感受,她都想给未出生的孩子一个安全的家,但同时她又想和丈夫生活在一起,所以她左右为难。因此,她的决定最终归结为:在接下来的几年里,她是否愿意与戈弗雷·盖尔分离,让他独自面对监禁?这样或许我们更容易理解为什么贝蒂·盖尔下定决心留下来后就没有再动摇。[②] 贝蒂·盖尔在被拘禁期间有三次离开中国的机会。她唯一答应的条件就是让戈弗雷和她一起离开。贝蒂·盖尔和戈弗雷·盖尔后来表示:“对于留在中国的决定,我们从未后悔过。”[③]在被释放前七个月时,贝蒂在浦东集中营的笔记本上写道:“这次拘禁在某些方面对我来说是不可思议的,我确信上帝有意让玛格丽特与我和戈弗雷一起待在这里。”[④]

贝蒂·盖尔是一位独立思考、意志坚定的女性,这些特质继承自她的传教士父母,也是由他们培养起来的。但这些特质也同样体现在其他加拿大女传教士身上,包括其他“传二代”护士。在中国,传教妇女有机会推动性别规范,其行使权力的水平在当时的加拿大妇女中也并不多见。虽然传教团当局提供咨询意见并规定规则和合同,但她们似乎不愿执行。当要求护士们离开或留下来时,国内的传教士委员会或当地的代表所能做得最多的就

① 戈弗雷·盖尔为《贝蒂·盖尔日记:在中国日占区四年拘禁生活实录》(未出版,1941 年 7 月至 1945 年 9 月)所作的引言,来自玛格丽特·怀特曼的私人收藏。

② 戈弗雷·盖尔为《贝蒂·盖尔日记:在中国日占区四年拘禁生活实录》(未出版,1941 年 7 月至 1945 年 9 月)所作的引言,来自玛格丽特·怀特曼的私人收藏。

③ 戈弗雷·盖尔为《贝蒂·盖尔日记:在中国日占区四年拘禁生活实录》(未出版,1941 年 7 月至 1945 年 9 月)所作的引言,来自玛格丽特·怀特曼的私人收藏。

④ 贝蒂·盖尔的笔记(1944 年 1 月 1 日至 1945 年 10 月 2 日,未出版)中 1945 年 1 月 22 日的内容,来自玛格丽特·怀特曼的私人收藏。

是表达他们的失望和撤回他们的支持。把生命投入中国的加拿大传教士护士明白这一点,即使自己让父母失望,也永远是这个家庭的一份子。

相比之下,戈弗雷·盖尔在未出版的回忆录中表明,他在英格兰的教会成员对他们的决定持批评态度,他们明知自己处于危险之中,却依然选择不乘坐撤离船。此外,戈弗雷·盖尔也因为留在中国而非加入英国国民服务团来为英国的战争贡献力量而饱受批评。然而,从集中营获释后,他对这些批评进行了礼貌回应,但没有道歉,他相信他在中国比在其他地方做得更好:“我觉得在医学院和医院服务,也许有助于把上帝的王国和众人的兄弟情谊带到这里。”因此,他觉得“只要有工作,就留在中国”的决定是正确的。[①]对于那些批评伦敦会没有坚持要求传教士撤离的人,戈弗雷·盖尔写道:“我们的传教士协会说,他们非常愿意考虑任何要求撤离的申请,事实上还敦促我们个人仔细考虑这个问题。因此,我们留下的决定完全是出于主动,出于责任。”[②]具有讽刺意味的是,与决定留在中国的护士相比,那些选择撤离的加拿大传教护士受到了同行更为严厉的批评。

贝蒂·盖尔、戈弗雷·盖尔和汤善(中间)在齐鲁大学

① 戈弗雷·盖尔的《太平洋战争》(未出版的回忆录/日记),来自玛格丽特·怀特曼的私人收藏。
② 戈弗雷·盖尔的《太平洋战争》(未出版的回忆录/日记),来自玛格丽特·怀特曼的私人收藏。

贝蒂·盖尔的父亲汤善也选择了自己的道路。汤善的传教生涯是由他自己主观决定的。在强烈社会责任感和深刻同情心驱使下，他以非常规的工作方式满足周围人的需求。在 1939 年其他华北地区传教士撤离河南后，他决定忽视领事建议返回河南。尽管汤善鼓励他的女儿撤离，甚至为女儿购买了船票，但他似乎也很欣赏女儿留下来的决定。由于贝蒂·盖尔的父亲和丈夫都在济南，所以贝蒂会有两个男人来支持她。

留在中国的决定是出于天真吗？当然，在约翰·斯坦利、玛丽·斯坦利以及他们在北京的亲戚威尔德一家的例子中，似乎有一些传教士认为他们可以等待“最后一艘船”。传教士相信他们工作的价值，自然将撤离等同于辞职或放弃。在齐鲁，许多留下的传教士都希望战争中最糟糕的时刻不会降临到他们居住的这片“宁静的与世隔绝之地”。[①] 尽管如此，在其他人相信他们会在任何可怕的后果降临之前离开中国的时候，盖尔夫妇为被拘禁后的生活做了准备。然而，传教工作终究是一种信仰之举，传教士(甚至乐于)接受他们的工作所带来的风险。

① 参见《贝蒂·盖尔日记：在中国日占区四年拘禁生活实录》(1941 年 7 月至 1945 年 9 月，未出版)中 1941 年 12 月 7 日的内容，来自玛格丽特·怀特曼的私人收藏。

第五章　坚持梦想　经历百味(1942年)

突然之间我们发现自己成了囚犯……这种感觉既奇怪又不好受。

——贝蒂·盖尔,1941年12月10日

1941年12月7日,一个星期天的早晨,天气晴朗,阳光明媚。戈弗雷·盖尔一大早拒绝了朋友的邀请,没有出门去打野鸭,因为他要预习明天的课堂讲义。[①] 中午时分,70名留在齐鲁大学的传教士从收音机里听到上海传来的一些消息,局势似乎变得很不妙:“罗斯福直接向日本天皇呼吁,避免发生战争;两支装备精良的日本护航运输队正向曼谷驶去;泰国首相受诏处理国家紧急状态下的一切事务;泰国政府已经做好了准备,打算必要的时候撤离曼谷。诸如此类。”[②]战争的形势开始发生变化,贝蒂用铅笔在日记本页边写道:“真是太令人惊奇了!”[③]要是真的卷入世界大战,传教士会有什么样的遭遇呢?

那天下午五点,盖尔夫妇前往康穆礼拜堂,参加汤善牧师主持的晚礼拜。礼拜进行到一半的时候,电灯突然熄灭了。几个人把蜡烛插在高脚烛台上,摆在布道坛的两边。贝蒂·盖尔观察到,烛光摇曳的影子投射到汤善

① 这些朋友们是济南邮局的诺德斯特罗姆夫妇(Nordstroms),参见戈弗雷·盖尔,《太平洋战争》(未出版的回忆录/日记,未注明出版日期)中1941年12月7日的内容,来自玛格丽特·怀特曼的私人收藏。

② 戈弗雷·盖尔,《太平洋战争》(未出版的回忆录/日记)中1941年12月7日的内容,来自玛格丽特·怀特曼的私人收藏。

③ 贝蒂·盖尔的《五年日记》(1939年2月15日至1943年12月31日,未出版)中1941年12月25日,来自玛格丽特·怀特曼的私人收藏。

的脸上,又在礼拜堂漂亮的灰色石墙上忽隐忽现。[①] 人们挤坐在长板凳上,这不仅是为了精神上的紧密联系,更是因为教堂里冷得刺骨。贝蒂·盖尔想道:"难道这就是预兆?"[②]他们邀请朋友们来吃晚饭:"真没想到,那次晚餐竟成了多年来最欢闹的一次,也不知道大伙的那股兴奋劲到底从何而来。"[③]

美国人将永远牢记1941年12月7日,这一天将作为一个耻辱的日子传诸后世。日本突然袭击了夏威夷、关岛、马来亚、菲律宾和威克岛。第二天,美国总统富兰克林·罗斯福在美国国会发表讲话,偷袭珍珠港竟然发生在美日和平谈判期间,这赤裸裸地揭露日本人卑劣的嘴脸。富兰克林·罗斯福提醒美国公众,当他们为这个新出现的敌人拿起武器的时候,要永远记住日本在这次攻击中显露出的恶劣本性。加拿大人现在也看出来了,他们面前这个乘时徼利的敌人是多么狡诈、投机和狂暴。

日本人接管医院

1941年12月8日,星期一,贝蒂·盖尔在日记的开头写道:"玛吉16磅了!今天上午日本对美国和英国宣战。我得收拾一下东西以防万一!"[④]她后来在回忆12月8日这一天的情景时又补充道:"玛格丽特今天长到15(原文如此)磅了!昨晚,在写下日本对美国和英国宣战之前,我先把玛吉的体重记下来,是因为这更重要吗?其实那只是帮助我驱散惶恐不安的心理罢了,无论如何她都长得这么大了。今天宣战了!是呀,我知道的,但是玛吉有15磅重了。"[⑤]

---

① 《贝蒂·盖尔日记:在中国日占区四年拘禁生活实录》(未出版,1941年7月至1945年9月)中1941年12月7日的内容,来自玛格丽特·怀特曼的私人收藏。

② 贝蒂·盖尔,《贝蒂·盖尔日记:在中国日占区四年拘禁生活实录》(未出版,1941年7月至1945年9月),1941年12月7日,来自玛格丽特·怀特曼的私人收藏。

③ 这些朋友们是斯科特夫妇、麦卡勒夫妇、罗兰兹夫妇(Rowlands)和艾米·沃特金夫妇(Amy Watkins),出自戈弗雷·盖尔,《太平洋战争》(未出版的回忆录/日记)中1941年12月7日的内容,来自玛格丽特·怀特曼的私人收藏。

④ 贝蒂·盖尔的《五年日记》(1939年2月15日至1943年12月31日,未出版)中1941年12月8日,来自玛格丽特·怀特曼的私人收藏。

⑤ 《贝蒂·盖尔日记:在中国日占区四年拘禁生活实录》(未出版,1941年7月至1945年9月)中1941年12月8日的内容,来自玛格丽特·怀特曼的私人收藏。

那天早上七点半，贝蒂·盖尔就前往齐鲁大学医院，监督护士专业四年级学生的临床考试。12名护理专业学生报名国家考试，12月8号开始考实践操作，紧接着是三天的笔试。这场考试共有四位考官，贝蒂·盖尔是其中之一。贝蒂·盖尔原打算把一天的大部分时间都花在医院，但上午九点半她需要返回校园，给玛吉喂奶、洗澡，然后还要返回医院继续监考。"不用说，"她写道，"我没有回到医院完成监考，其他考官以为我遇上了什么麻烦，一小时以后他们被召集起来，听到消息之后才恍然大悟。"[①]

12月8日那天，戈弗雷·盖尔起得很晚。他因为前一晚的聚会而倍感疲倦，所以只在早饭前和中文老师匆匆预习了半个小时的课堂笔记。[②] 上午九点到十一点十五分，他给医学系的学生们上课。讲授的内容是脊髓、生物膜和脊神经，比平时轻松一些。当学生开始解剖的时候，戈弗雷惊讶地看见日本宪兵把守着医学院的大门，禁止任何人出入。[③] 日本宪兵是针对平民百姓的。戈弗雷·盖尔担心，如果贝蒂·盖尔和他一起被关在医院里就不能给玛格丽特·盖尔洗澡、喂奶了。[④] 突然间，戈弗雷·盖尔接到汤善从齐鲁大学打来的电话。汤善说，校园里一切都很平静，到处都有日本宪兵在指挥，所有的学生都被赶回宿舍。戈弗雷·盖尔写道："贝蒂是最后一个走进校园的！她九点十五分在回家的路上路过齐鲁大学门口，这时候宪兵刚好也来了，她悄无声息地溜了进去！"[⑤]

中午12：20，戈弗雷·盖尔收到一封急信，要他去见校长。他急忙出来，却看见一队日本宪兵，枪上都装着刺刀，把外国医生、护士集合在一起押送回家，去吃午饭。大家面色沉重，被押送着穿过校园的大门，走过济南市

---

① 伊丽莎白·盖尔(齐鲁)寄给亲属(多伦多)的信，1942年6月11日，来自玛格丽特·怀特曼的私人收藏。

② 戈弗雷·盖尔的《太平洋战争》(未出版的回忆录/日记)中1941年12月8日的内容，来自玛格丽特·怀特曼的私人收藏。

③ 戈弗雷·盖尔的《太平洋战争》(未出版的回忆录/日记)中1941年12月8日的内容，来自玛格丽特·怀特曼的私人收藏。

④ 戈弗雷·盖尔的《太平洋战争》(未出版的回忆录/日记)中1941年12月7日的内容，来自玛格丽特·怀特曼的私人收藏。

⑤ 戈弗雷·盖尔的《太平洋战争》(未出版的回忆录/日记)中1941年12月8日的内容，来自玛格丽特·怀特曼的私人收藏。

的街道,被呵斥着回到各自的家中。[①] 当贝蒂·盖尔看到戈弗雷·盖尔在路上骑脚踏车时,日本士兵正在他们的房子里进进出出,没收了盖尔的收音机,把他们的东西翻了个遍,还问了许多问题。[②] 校园里的收音机、望远镜、照相机全都被没收,学校里唯一的一辆轿车——齐鲁大学校长的专车也被征用。[③]

贝蒂·盖尔和戈弗雷·盖尔各自回忆起那天的情景时,对日本士兵的礼貌既讶异又略感宽慰,因为他们并未被立即逮捕。贝蒂·盖尔在日记里写道:"几个日本兵走进来,抢走了收音机——天哪!"[④]戈弗雷·盖尔曾担心:"我们会被立即关进集中营,连告别、收拾牙刷和睡衣的时间也没有。"[⑤]谢天谢地,现在的情况还不是最糟的。

在家吃过午饭之后,贝蒂·盖尔和戈弗雷·盖尔开始为最坏的情况做准备,也就是说,他俩可能会被关进不同的集中营,彼此见不着面。[⑥] 贝蒂·盖尔已经把保暖的衣物装进手提箱,戈弗雷·盖尔正在整理背包和一只小小的旅行包,装进几件必备物品,其中有《莫法特新约全书》(*Moffat New Testament*)、小开本的赞美诗集、一本祈祷书、两套扑克牌、卢卡斯(E.V. Lucas)的《大路歌诗画集》(*The Open Road*),以及药品、绳子、火柴和信纸之类的物品。[⑦] 最引人注目的是卢卡斯的那本书,1913年出版的《大路歌诗画集》是为旅行者编写的,烫金布面,装饰华丽,收集了叶芝(W.B. Yeats)、伊丽莎

① 戈弗雷·盖尔,《太平洋战争》(未出版的回忆录/日记)中1941年12月8日的内容,来自玛格丽特·怀特曼的私人收藏。

② 《贝蒂·盖尔日记:在中国日占区四年拘禁生活实录》(未出版,1941年7月至1945年9月)中1941年12月8日的内容,来自玛格丽特·怀特曼的私人收藏。

③ 戈弗雷·盖尔的《日本人统治下的四年》(未出版的手稿),来自玛格丽特·怀特曼私人收藏。

④ 贝蒂·盖尔的《五年日记》(1939年2月15日至1943年12月31日,未出版)中1941年12月8日的内容,来自玛格丽特·怀特曼的私人收藏。

⑤ 戈弗雷·盖尔的《太平洋战争》(未出版的回忆录/日记)中1941年12月8日的内容,来自玛格丽特·怀特曼的私人收藏。

⑥ 戈弗雷·盖尔的《太平洋战争》(未出版的回忆录/日记)中1941年12月8日的内容,来自玛格丽特·怀特曼的私人收藏。

⑦ 戈弗雷·盖尔的《太平洋战争》(未出版的回忆录/日记)中1941年12月8日的内容,来自玛格丽特·怀特曼的私人收藏。

白·巴雷特·布朗宁(Elizabeth Barrett Browning)、拜伦勋爵(Lord Byron)、珀西·比希·雪莱(P.B. Shelley)和鲁德亚德·吉卜林(Rudyard Kipling)的两百多首诗,又配上了克劳德·谢珀顿(Claude Shepperton)的16幅彩色插图。戈弗雷·盖尔认为:"这完全是为了让出门旅行的城里人在路上有个伴。这本诗集能够把人们带进户外田园,领略美妙的自然风光。"①

现在紧迫的是需要确认能使贝蒂·盖尔一家在集中营里生存下来的必需品?贝蒂·盖尔和戈弗雷·盖尔都想到了药品,而贝蒂·盖尔更想准备点保暖衣物,但戈弗雷·盖尔则把心思放在书籍和游戏上,因为他觉得生存固然重要,可智力消遣也必不可少。后来证明,他们想得一点儿没错,平民集中营拘禁生活的一大特点是枯燥无聊,而且食物不足,缺医少药,关在里面的人们既没有隐私,也得不到尊重。②

艾佩琪(Peggy Pemberton-Carter),1943～1945年被拘禁在中国,她的战时日记后来被整理成书出版。艾佩琪所述与盖尔夫妇所做的准备形成了鲜明的对比。艾佩琪当时38岁,是个有钱的社会名流。她收到传票,要她前往上海平民集合中心,最后被转押到龙华集中营之前,她有一个月的时间购买必需品。她满满的旅行包里装了平底锅、水壶、搪瓷杯盘、刀叉勺子、咖啡壶、园艺工具、搓衣板、毛刷、簸箕、拖把、简易搁板、水桶和卧室用具(大概夜壶也没落下)。③ 艾佩琪还买了一捆棉布,打算制作窗帘、遮阳帽、长筒靴、睡垫、扇子、苍蝇拍、毛巾、床单,此外还有园艺种子、奎宁、阿司匹林、电线、绳子、钉子、钳子、木屐、肥皂、意大利腊肠、鞋带、驱虫粉、别针、缝衣针和两个开罐器。她还补充道:"我最怕自己饿着,所以在瓶瓶罐罐里面塞满了各式各样的食物。"④这些东西装进衣箱后,已经没有放衣服的地方了。她只能在

---

① E.V. Lucas, *The Open Road: A Book for Wayfarers*, Roz Hulze Ltd: Beautiful Books, Maps and Prints, 1913.

② Peggy Abkhazi, *A Curious Cage: Life in a Japanese Internment Camp, 1943-1945*, Victoria BC: SonoNis Press, 2002, p.18.

③ Peggy Abkhazi, *A Curious Cage: Life in a Japanese Internment Camp, 1943-1945*, Victoria BC: SonoNis Press, 2002, p.52.

④ Peggy Abkhazi, *A Curious Cage: Life in a Japanese Internment Camp, 1943-1945*, Victoria BC: SonoNis Press, 2002, p.52.

箱子里塞进几件长裤、短裤、衬衣、雨衣、毛衣、厚鞋子、厚袜子和皮夹克。[①]

除了实用物品以外,艾佩琪还带了三本企鹅诗集、莎士比亚的《悲剧》(Tragedies)、《一个普通人的祷告簿》(*a Plain Mans Prayerbook*)、赫伯特·乔治·威尔斯(H.G. Well)的《历史纲要》(*Ovotline of History*),以及俄语语法、速记入门和一些字谜游戏,看来无论遇上什么情况,她都能应付一阵子。[②] 虽然她准备的物品并非全都有用(她还把一小沓美国运通支票装在爽身粉盒里),但是进入集中营以后,这些五花八门的东西却可以拿来换点吃的。由此看来,盖尔夫妇担心的是寒冷、生病和无聊,而艾佩琪最害怕的是挨饿。

事实证明,贝蒂·盖尔和戈弗雷·盖尔真没有必要为之后的八个月打点行李、物品。

齐鲁大学关闭:无声的抵抗

在被拘禁早期,最鲜明的特征之一是百姓们很快团结起来,无声地反抗占领者。从贝蒂·盖尔从接管门卫的日本兵身边溜进校园那一刻开始,齐鲁大学的传教士就偷偷地把药品藏匿起来,医务人员和学生掩盖课程还在继续进行的证据,跟日本警卫玩起捉迷藏的游戏。共同抗日很快便从占领区中国人的首要任务,扩大到传教士身上。

1941 年 12 月 8 日,在齐鲁大学的家中团聚不到一个小时,戈弗雷·盖尔、贝蒂·盖尔和其他传教士就被传唤到大学的行政大楼,去听从"命运的安排"。[③] 他们得到通知,大学马上就要关闭。医院也不会接纳任何新病人,一旦现有病人全部出院,医院就会关闭。在此之前,日本人会组织"护卫

---

① Peggy Abkhazi, *A Curious Cage*: *Life in a Japanese Internment Camp*, *1943-1945* , Victoria BC: SonoNis Press, 2002, pp.52-53.

② Peggy Abkhazi, *A Curious Cage*: *Life in a Japanese Internment Camp*, *1943-1945*, Victoria BC: SonoNis Press, 2002, p.53.

③ 《贝蒂·盖尔日记:在中国日占区四年拘禁生活实录》(未出版,1941 年 7 月至 1945 年 9 月)中 1941 年 12 月 8 日的内容,来自玛格丽特·怀特曼的私人收藏。

队”,护送医院和大学校园之间来往的医生和护士。[①] 日本人命令传教士登记姓名,然后回到家里,把手头和银行的钱财列入一式三份的清单中(“这花不了多长时间。”贝蒂·盖尔轻蔑地写道)。[②] 他们还要把家里的书一本不落地列入清单(“这倒是得花点时间”)。[③] 从现在开始,传教士只能待在家里,会有人来进行搜查。

日本宪兵最热衷的是没收收音机,通讯管制是一项重要的战时措施,立即执行,国际人士也未能幸免。中国境内的头等邮件还在配送,只是数量极少。[④] 宪兵进入每户时,会让所有人先站在收音机后方拍张照片,然后切断信号并把它收走。[⑤] 日本宪兵还拿走了鸡蛋、肥皂、蜡烛和茶叶。一如既往,日本人用礼貌打消敌意。一名日本宪兵为“意外事件”(珍珠港)向盖尔夫妇道歉,还说:“我希望不久就会讲和。”[⑥]另一名日本宪兵则为搜查房间道歉。盖尔夫妇的仆人洪龙(Hoong Run)(“红宝石”)为了讨日本宪兵高兴,悄声对贝蒂说:“给他们盐,他们喜欢那个!”[⑦]这个十几岁的男孩在他们身后瑟瑟发抖的情景,一直深深印在贝蒂的脑海里。[⑧]

日本人还要传教士呈交公私财产清单,以及财务资产方面的报告。他们往往一张嘴就要立即提供数据,又不给人时间收集资料。[⑨] 日本人还没收

① 《贝蒂·盖尔日记:在中国日占区四年拘禁生活实录》(未出版,1941年7月至1945年9月)中1941年12月8日的内容,来自玛格丽特·怀特曼的私人收藏。

② 《贝蒂·盖尔日记:在中国日占区四年拘禁生活实录》(未出版,1941年7月至1945年9月)中1941年12月8日的内容,来自玛格丽特·怀特曼的私人收藏。

③ 《贝蒂·盖尔日记:在中国日占区四年拘禁生活实录》(未出版,1941年7月至1945年9月)中1941年12月8日的内容,来自玛格丽特·怀特曼的私人收藏。

④ 《济南齐鲁大学工作报告》,1941~1942年,来自加拿大联合教会档案馆,83.045C,11号档案盒,176号文件。

⑤ 戈弗雷·盖尔的《太平洋战争》(未出版的回忆录/日记)中1941年12月8日的内容,来自玛格丽特·怀特曼的私人收藏。

⑥ 戈弗雷·盖尔的《太平洋战争》(未出版的回忆录/日记)中1941年12月8日的内容,来自玛格丽特·怀特曼的私人收藏。

⑦ 贝蒂·盖尔的《五年日记》(1939年2月15日至1943年12月31日,未出版)中1941年12月8日的内容,来自玛格丽特·怀特曼的私人收藏。

⑧ 玛格丽特·怀特曼对贝蒂·盖尔的访问录像,来自玛格丽特·怀特曼的私人收藏。

⑨ 《济南齐鲁大学工作报告》,1941~1942年,来自加拿大联合教会档案馆,83.045C,11号档案盒,176号文件。

了各个教学楼的钥匙,说以后没有特别许可,谁也不能走进大楼。他们还在校园各处张贴英语告示,说:“只要我们保持平静、遵守纪律,他们并不想打扰、虐待我们。”[①]日本人制定了四条规定,违反规定者将“严惩不贷”:

1.离家外出不得超出6公里的范围;

2.离家外出的时间不得超过24小时;

3.没有特别许可,不得召开任何形式的会议;

4.不得将任何形式的财产交给第三方。[②]

另外,还不允许佣人离开校园,传教士只能在看守的陪同下外出购物。传教士必须随身携带通行证,每当遇上日本兵就得恭敬地鞠躬。[③] 虽然贝蒂·盖尔看不出携带通行证有什么必要,因为看守时刻不离身边,她写道:“我们不能问为什么,要么照办,要么送命。”[④]

1941年12月10日,贝蒂·盖尔领到通行证,不到一个星期,她就在出门购物的时候找到了摆脱日本看守的办法。[⑤]

齐鲁医院的最后几天

珍珠港事件之前的几个月里,齐鲁医院就已经接近停业。当时医院上上下下全体人员的体力和精力都被榨得一干二净。[⑥] 所以日本军队在1941年12月8日封锁齐鲁大学、接管医院的时候,“几乎没有什么波澜”。[⑦] 放射

---

① 戈弗雷·盖尔的《太平洋战争》(未出版的回忆录/日记)中1941年12月9日的内容,来自玛格丽特·怀特曼的私人收藏。

② 戈弗雷·盖尔的《太平洋战争》(未出版的回忆录/日记)中1941年12月9日的内容,来自玛格丽特·怀特曼的私人收藏。

③ 《贝蒂·盖尔日记:在中国日占区四年拘禁生活实录》(未出版,1941年7月至1945年9月)中1941年12月8日的内容,来自玛格丽特·怀特曼的私人收藏。

④ 《贝蒂·盖尔日记:在中国日占区四年拘禁生活实录》(未出版,1941年7月至1945年9月)中1941年12月8日的内容,来自玛格丽特·怀特曼的私人收藏。

⑤ 戈弗雷·盖尔的《太平洋战争》(未出版的回忆录/日记)中1941年12月19日的内容,来自玛格丽特·怀特曼的私人收藏。

⑥ 《齐鲁大学医院工作报告》,1941～1942年,来自加拿大联合教会档案馆,83.045C,11号档案盒,176号文件。

⑦ 戈弗雷·盖尔的《太平洋战争》(未出版的回忆录/日记)中1941年12月9日的内容,来自玛格丽特·怀特曼的私人收藏。

科X线工作室门上被贴上了封条，有命令说如果医生、护士需要使用推拿科和电疗科的器械，需要日本宪兵在场。除此之外，其他还与以前一样。

戈弗雷·盖尔写道：

> 护士们和中国员工都很镇静。实际上，中国人对于战争的爆发并不如我们想象的那么畏惧。他们知道，美、英等西方国家会与他们并肩，一起击败日本。每次走在街上，都能感觉到有中国人在日本看守背后冲着我们微笑，隐蔽地打招呼，我们收到很多充满同情的祝福和各种小礼物。[①]

齐鲁大学、医院和住处只隔几条街，医生、护士来来往往都有人监管。在伊莎贝尔·麦克塔维什医生看来，这真是灰色幽默："我每天在大学和医院之间往返两次，每次都有日本看守跟着，步枪上了刺刀，那种情景真是有趣，甚至有点可笑。"[②]后来，中国兵代替了日本兵，只留下两名日本宪兵带队。伊莎贝尔·麦克塔维什说："他们也对护送这件事感到不耐烦，也许时间长了觉得我们可靠，所以就在大学和医院门口设了登记处，我们进出的时候登个记就行了。"[③]

尽管医院保证在所有现有病人出院之前不会关闭，但12月10日日本军队将在十点半接管医院的谣言传开了。[④] 教团医生不知道之后会发生什么，他们赶紧冲进药房，拿走必需的药品，留下借条。这不仅是为了自己，以后周围的居民也用得上这些药。[⑤] 但问题是怎么把药品运到医院外面。戈弗雷·盖尔先前派中国仆人出去采买肉和苹果，这时候他把废纸篓拿过来，把

---

① 戈弗雷·盖尔的《太平洋战争》(未出版的回忆录/日记)中1941年12月8日的内容，来自玛格丽特·怀特曼的私人收藏。

② 伊莎贝尔·麦克塔维什(在"格里普索姆"号船上)给泰勒夫人(多伦多)的信，1942年8月8日，来自加拿大联合教会档案馆，83.045C，11号档案盒，174号文件。

③ 伊莎贝尔·麦克塔维什(在"格里普索姆"号船上)给泰勒夫人(多伦多)的信，1942年8月8日，来自加拿大联合教会档案馆，83.045C，11号档案盒，174号文件。

④ 戈弗雷·盖尔的《太平洋战争》(未出版的回忆录/日记)中1941年12月10日的内容，来自玛格丽特·怀特曼的私人收藏。

⑤ 戈弗雷·盖尔的《太平洋战争》(未出版的回忆录/日记)中1941年12月10日的内容，来自玛格丽特·怀特曼的私人收藏。

药品、器械装在里面，上面盖了一层食物，他端着纸篓走回家里，谁也没有察觉。[①]

上午十一点，传教士接到命令：医院里所有的中国医生、护士、工人，都要在一小时内收拾东西离开，然后锁上医院大门。“就这样，接下来的一小时里简直一片混乱，这些人像疯了一样跑来跑去收拾东西，然后随手放在方便的地方。时间一到，大门就都关闭了，只留下一个被严加看守的门。”[②]门卫后来由中国兵接管，戈弗雷·盖尔回忆道：“从此以后，通过大门拿出去的东西就已远不止医生们的生活用品了，因为看守全都睁一只眼闭一只眼，让同胞们拿着医院里的东西悄悄溜出去。”[③]

医院一直营业到12月11号，戈弗雷·盖尔召集了八位医学院的学生，继续给他们上解剖课。这段时间里，齐鲁大学的学生收到日本方面相互矛盾的命令，看来各种机关还没有商量好由谁来管理他们。[④] 下午五点半的时候，校园里的所有中国人都被召集起来，听一个日本兵用蹩脚的中文发表长篇大论，所以每个人对他说的话有不同的理解。[⑤] 盖尔夫妇的三个佣人(女仆常大嫂、男仆洪龙和厨师兰亭)含着泪水向他们道别，说他们接到命令，得两手空空地离开校园。盖尔夫妇只好在仆人们离去之前走进厨房，匆匆忙忙地学习烘烤面包，以及学习使用那个难弄的火炉子。[⑥]

---

① 戈弗雷·盖尔的《太平洋战争》(未出版的回忆录/日记)中1941年12月10日的内容，来自玛格丽特·怀特曼的私人收藏。

② 戈弗雷·盖尔的《太平洋战争》(未出版的回忆录/日记)中1941年12月10日的内容，来自玛格丽特·怀特曼的私人收藏。

③ 戈弗雷·盖尔的《太平洋战争》(未出版的回忆录/日记)中1941年12月10日的内容，来自玛格丽特·怀特曼的私人收藏。

④ 戈弗雷·盖尔的《太平洋战争》(未出版的回忆录/日记)中1941年12月11日的内容，来自玛格丽特·怀特曼的私人收藏。

⑤ 戈弗雷·盖尔的《太平洋战争》(未出版的回忆录/日记)中1941年12月10日的内容，来自玛格丽特·怀特曼的私人收藏。

⑥ 《贝蒂·盖尔日记：在中国日占区四年拘禁生活实录》(未出版，1941年7月至1945年9月)中1941年12月11日的内容，来自玛格丽特·怀特曼的私人收藏。

1942年,洪龙"红宝石"和玛吉的合影

兰亭还给贝蒂·盖尔列了张单子,告诉她上哪里去采购食品,哪些店铺的老板是奸商。贝蒂·盖尔在兰亭离去之前写道:"我觉得自己脆弱蠢笨,心里充满了恐惧,简直绝望透了。"[①]

12月11日,医院还在营业,大学却关闭了,所有的学生都被遣散回家。贝蒂·盖尔觉得:"对于当初建起学校的人们来说,这个情景真是让人心碎。"[②]学生们收到警告:不要跟外国人搅在一起。但还是有很多学生悄悄溜进来和我们道别,拥抱一下玛吉。[③] 贝蒂·盖尔是长期生活在中国的传教士后代:"经过这么多年才建起的齐鲁大学,花了这么多钱,更不用提这是多少

① 《贝蒂·盖尔日记:在中国日占区四年拘禁生活实录》(未出版,1941年7月至1945年9月)中1941年12月11日的内容,来自玛格丽特·怀特曼的私人收藏。

② 《贝蒂·盖尔日记:在中国日占区四年拘禁生活实录》(未出版,1941年7月至1945年9月)中1941年12月11日的内容,来自玛格丽特·怀特曼的私人收藏。

③ 《贝蒂·盖尔日记:在中国日占区四年拘禁生活实录》(未出版,1941年7月至1945年9月)中1941年12月11日的内容,来自玛格丽特·怀特曼的私人收藏。

人的心血,难道就这么丢弃了吗?”[①]

在12月8日被临时中断执业考试的12名高级护理学生,后来都领到了毕业证书。接下来,他们在日本人接管医院的困难条件下,在四天里完成了实践操作考试和笔试,赢得大学上下全体人员的一致敬意。[②] 他们的试卷批改以后送到中华护士会总部,考试及格的学生很快就会得到人人羡慕的中华护士会证书。

高级护理专业课程的学习时间是三年半,勒令停课的时候,学生们只差两个月就要毕业了。由于全体学生都通过了国家考试,学校决定向他们颁发毕业证书。齐鲁大学停课之后没有几天,学生们就被打发回家了。三年级的学生后来都转学到唐山开滦煤矿医院,在那里完成学业。学校给二年级的学生颁发了学业记录。护理专业的教员把图书馆里的课本、杂志藏进外国人住所的“阁楼深处的角落里”,免得被日本侵略者抢走。[③]

盖尔夫妇的佣人离开三天以后,洪龙和常大嫂又回来了。贝蒂·盖尔听见后门被打开,以为什么人跑进客厅里。她走下楼梯,正看见洪龙站在两级台阶上。“他听说我同意他回来,继续为我们工作,不会再让他离开,感到无比高兴和满足。”[④]但是兰亭没有回来(“他岁数大了,又害怕‘鬼子’”),现在贝蒂又有洪龙和常大嫂做伴,帮她做家务。[⑤] 兰亭的厨师职位由洪龙接替。戈弗雷·盖尔估计,家里的煤和食品能够支撑三个月,但是得节省着用。[⑥]

---

① 《贝蒂·盖尔日记:在中国日占区四年拘禁生活实录》(未出版,1941年7月至1945年9月)中1941年12月11日的内容,来自玛格丽特·怀特曼的私人收藏。

② 《齐鲁大学护理学院报告》,1941～1942,来自加拿大联合教会档案馆,83.045C,11号档案盒,176号文件。

③ 《齐鲁大学护理学院报告》,1941～1942,来自加拿大联合教会档案馆,83.045C,11号档案盒,176号文件。

④ 《贝蒂·盖尔日记:在中国日占区四年拘禁生活实录》(未出版,1941年7月至1945年9月)中1941年12月15日,来自玛格丽特·怀特曼的私人收藏。

⑤ 《贝蒂·盖尔日记:在中国日占区四年拘禁生活实录》(未出版,1941年7月至1945年9月)中1941年12月15日,来自玛格丽特·怀特曼的私人收藏。

⑥ 戈弗雷·盖尔的《太平洋战争》(未出版的回忆录/日记)中1941年12月13日的内容,来自玛格丽特·怀特曼的私人收藏。

1941年12月13日，传教士收到外界传来的第一批消息：日本人在马来半岛不远处击沉了英国战列舰“威尔士亲王”号和“反击”号，把珍珠港炸了个底朝天，泰国、香港和马尼拉陷入战火。[①] 也有消息说，德国对莫斯科的攻势暂时停止，中国八路军正在济南附近作战，袭击日军哨所，切断铁路线。然而损失两艘战列舰，珍珠港又遭到袭击，这真是让人难以置信。[②]

直到1941年12月15日下令停课前，戈弗雷·盖尔一直在向学生们讲授解剖课程。杜儒文医生无意间向日本指挥官提起讲课的事，而此前日本人一直蒙在鼓里。日本人听说之后勃然大怒，命令所有的教学活动都要立即停止，否则相关人员就会受到严厉的惩罚。[③] 戈弗雷·盖尔和学生们听说日本兵正向医学院赶来，急急忙忙地把解剖标本放回福尔马林罐，并清理解剖台、擦净黑板，把样品和解剖图放回书柜，把长凳堆放在墙边，然后迅速逃离(前后用了不到十分钟的时间)，日本人扑了个空。

同一天，贝蒂·盖尔和另一位传教士想看看能不能去市中心买点东西回来，于是就向校园大门走去，他们被持枪带刀、一脸严肃的日本兵拦住，并要看守跟他们一起去。[④] 妇女们逛商店的时候，会有“一群中国旁观者在安全距离外紧紧跟随”[⑤]。店家无一例外，都对“囚犯”们的遭遇表示同情。因为日本兵听不懂中国话，所以店家一遍又一遍地告诉她们：“现在我们是站在一边的。”[⑥]中国人给她们开的价格特别低，以示团结。

无论是在齐鲁还是在其他地方，整个战争期间，中国人一直对传教士暗

---

① 戈弗雷·盖尔的《太平洋战争》(未出版的回忆录/日记)中1941年12月13日的内容，来自玛格丽特·怀特曼的私人收藏。

② 戈弗雷·盖尔的《太平洋战争》(未出版的回忆录/日记)中1941年12月13日的内容，来自玛格丽特·怀特曼的私人收藏。

③ 戈弗雷·盖尔的《太平洋战争》(未出版的回忆录/日记)中1941年12月15日的内容，来自玛格丽特·怀特曼的私人收藏。

④ 戈弗雷·盖尔的《太平洋战争》(未出版的回忆录/日记)中1941年12月15日的内容，来自玛格丽特·怀特曼的私人收藏。

⑤ 戈弗雷·盖尔的《太平洋战争》(未出版的回忆录/日记)中1941年12月15日的内容，来自玛格丽特·怀特曼的私人收藏。

⑥ 戈弗雷·盖尔的《太平洋战争》(未出版的回忆录/日记)中1941年12月15日的内容，来自玛格丽特·怀特曼的私人收藏。

中支持。加拿大护士苏西·凯尔西被拘禁在河南商丘的家里,最初的一段时间禁止外出,几乎完全靠着中国朋友送来的面粉、鸡蛋、水果、糕饼维持生活。凯尔西后来回忆说:"中国人总是想保护我们,因为他们还记得日本人第一次洗劫城里的时候,是我们让他们躲进医院里来的。"①

日本军官12月18日访问杜儒文医生,提了三个问题:

1.如果医院继续营业,有多少员工愿意留下来工作?

2.如果医院继续营业,杜儒文能够筹集到多少资金?

3.如果勒令医院停业,传教士是否愿意回国?②

戈弗雷·盖尔听说回国的问题之后,回答得很简单:"这个建议倒挺有意思!"③三天以后,日本人宣布了接管医院的计划。盖尔写道:"很多中国护士、技工和劳工都走了,痊愈的病人也回了家,医院陷入一片沉寂。"④

即将停业的医院遭到盗窃,12月23日,戈弗雷·盖尔忙了一个早晨,他要检查医院里的物品,因为源源不断的物品被苦力(原文如此)和医院工人带走。⑤ 戈弗雷·盖尔认为,耳鼻喉科某些贵重的器械就是让工友偷走的,"他们大概也想当大夫!"⑥日本人也拿走了能拿的一切。一位医生亲眼看见日本兵和其他人不断地搬运医院的器械和物资,包括打字机和电话,车间、

---

① 《英国教会传教士回家了:被日本人拘禁了两年的护士想回去》(*Church of England Missionary Is Home: Nurse Was Two Years Prisoner of Japanese——Wants to Go Back*)(报纸文章,未出版,日期不详,摘自校友名录上的"苏西·凯尔西"一页),来自温尼伯总医院/卫生科学中心档案馆。

② 戈弗雷·盖尔的《太平洋战争》(未出版的回忆录/日记)中1941年12月18日的内容,来自玛格丽特·怀特曼的私人收藏。

③ 戈弗雷·盖尔的《太平洋战争》(未出版的回忆录/日记)中1941年12月18日的内容,来自玛格丽特·怀特曼的私人收藏。

④ 戈弗雷·盖尔的《太平洋战争》(未出版的回忆录/日记)中1941年12月21日的内容,来自玛格丽特·怀特曼的私人收藏。

⑤ 戈弗雷·盖尔的《太平洋战争》(未出版的回忆录/日记)中1941年12月23日的内容,来自玛格丽特·怀特曼的私人收藏。

⑥ 戈弗雷·盖尔的《太平洋战争》(未出版的回忆录/日记)中1941年12月23日的内容,来自玛格丽特·怀特曼的私人收藏。

印刷厂里的工具和设备,还有仓库里的纸张和笨重的器物。[①] 奥古斯丁图书馆也遭了殃,连书架也被人拿走了。[②] 开始的时候,日本兵拿走设备还开张收条,后来连这道手续也省了。传教士对这种偷盗行为都感到无比愤慨。1942 年的《齐鲁医院报告》中写道:“看来医院的物资设备早已被日本军队列入经济计划。”[③]

五个星期之后,空荡荡的齐鲁医院终于关闭,连钥匙都交给了日本军官。有一份报告说,山东省政府和济南市政府曾经反复央求日本人让医院重新开业。[④] 遭到日本人拒绝以后,济南市政府又想筹集资金,打算在原址上重新建立一座规模更大的医院。日本人的本意,是不愿看见占领区里的“外国”医院,但在现在的市医院里,以前齐鲁医院的医生、护士和勤杂人员几乎到处都是,连四位传教士医生[⑤]也得到批准可以去新医院帮忙,以便缓和因齐鲁医院停业引发的“不幸”。齐鲁医院剩下的物资、器械虽然不多,但大部分物品都被送给了新建的市医院。

来自中国的可疑报道

就在贝蒂和戈弗雷开始适应在齐鲁医院的监禁生活时,加拿大的亲朋好友一直为他们的命运和生活条件焦虑不安。一开始,传教士家庭写给联合教会总部的信件,总是把危险轻描淡写。比如,阿姆斯特朗牧师在 1942 年 1 月写给玛丽恩·法利斯(Marion Faris)(她的丈夫唐·法利斯和盖尔夫妇被关押在一起)的信里就提到:“我们相信,日本、朝鲜和中国沦陷区里的英美人士,除了个人财产受到限制以外,不会遭遇其他不便,而且会尽可能受

---

① 《齐鲁大学医院报告》,1941～1942 年,来自加拿大联合教会档案馆,83.045C,11 号档案盒,176 号文件。

② 《济南齐鲁大学工作报告》,1941～1942 年,来自加拿大联合教会档案馆,83.045C,11 号档案盒,176 号文件。

③ 《济南齐鲁大学工作报告》,1941～1942 年,来自加拿大联合教会档案馆,83.045C,11 号档案盒,176 号文件。

④ 《济南齐鲁大学工作报告》,1941～1942 年,来自加拿大联合教会档案馆,83.045C,11 号档案盒,176 号文件。

⑤ 他们是瓜尔特(Gualt)医生、吉尔医生、麦克塔维什医生和斯科特医生。

到日本人的良好待遇。”[①]然而,到了 2 月,玛丽恩·法利斯变得紧张起来。她在给阿姆斯特朗的回信中提到了日本进攻新加坡的事情,那是五天前发生的事,新加坡的局势让阿姆斯特朗很吃惊。[②] 后来新加坡向日本投降,传言说日本人残忍地杀死了几千名战俘,战争侨民的家属开始担心最坏的情况发生。

玛丽恩·法利斯留在温哥华独自抚养三个年幼的孩子,而她丈夫在中国。她一直与阿姆斯特朗保持通信,盼望能与丈夫取得联系。她在三月的信里说,传教士报告里提到的良好待遇好像不是真的。[③] 她提到唐有一次受到日本看守的“粗暴对待”,她认为日本人总想折磨落在他们手里的外国人。[④] 现在外国人已经完全在他们掌握之中,玛丽恩·法利斯不相信日本军队会改变态度。[⑤]

这封信的语气近乎歇斯底里。玛丽恩·法利斯听到一则传闻,说齐鲁医院的传教士(40 个大人和 10 个小孩)被关在一所拥挤不堪的房子里:

> 我可以想象,我们的人被带刺的铁丝网围篱紧紧围着,挤在一起,简直动弹不得。他们人数多,卫生设备又少得可怜,炎热的夏天转眼就要来到。即使是济南的背阴处,温度计有时候也会上升到(华氏)118 度。如果咱们的人现在还自由的话,他们会详细地介绍中国落后的生活条件。[⑥]

尽管玛丽恩·法利斯认为她的猜测可能不正确,但她还是无法想象日

---

① 阿姆斯特朗(多伦多)寄给玛丽恩·法利斯(温哥华)的信,1942 年 1 月 22 日,来自加拿大联合教会档案馆,83.045C,11 号档案盒,174 号文件。

② 阿姆斯特朗(多伦多)寄给玛丽恩·法利斯(温哥华)的信,1942 年 1 月 22 日,加拿大联合教会档案馆,83.045C,11 号档案盒,174 号文件。

③ 玛丽恩·法利斯(温哥华)寄给阿姆斯特朗牧师(多伦多)的信,1942 年 4 月 20 日,加拿大联合教会档案馆,83.045C,11 号档案盒,174 号文件。

④ 玛丽恩·法利斯(温哥华)寄给阿姆斯特朗牧师(多伦多)的信,1942 年 4 月 20 日,加拿大联合教会档案馆,83.045C,11 号档案盒,174 号文件。

⑤ 玛丽恩·法利斯(温哥华)寄给阿姆斯特朗牧师(多伦多)的信,1942 年 4 月 20 日,加拿大联合教会档案馆,83.045C,11 号档案盒,174 号文件。

⑥ 玛丽恩·法利斯(温哥华)寄给阿姆斯特朗牧师(多伦多)的信,1942 年 4 月 20 日,加拿大联合教会档案馆,83.045C,11 号档案盒,174 号文件。

本军队会做出什么。她相信:“一旦日本人在军事上失利,我们的人就真的有麻烦了。”[1]在玛丽恩·法利斯看来,中国传来的消息虽然看起来都起着安定人心的作用,但实际上适得其反。她说道:“我们需要的,是虔诚的祷告者。”但在加拿大基督徒真正了解传教士所处的危险境地之前,又怎么能让他们祈祷呢?她还担心:“如果国内的祷告者认为传教士享受着良好待遇,就不大可能愿意去教堂祷告。”[2]

关于这一点,阿姆斯特朗牧师自己也没有多少信心。他在私下写给玛丽恩·法利斯的回信中,提到1919年自己在远东的经历,那是第一次世界大战结束之后,当时日本军队曾经瞒着政府做出残暴的举动:

> 你的顾虑并不奇怪,因为你也知道,日本军队简直是无恶不作。你曾经提到,他们在香港沦陷之后残暴地对待英美士兵,没有必要假设,日本人会以同样的方式对待咱们的人……你的猜测可能是对的,报告里说的一切平安大概都是假的,但我认为电报还是可信的,那是从另外一些地方传来的……来自这些地方的电报说,日本人并没有虐待外国俘虏,而是给了他们相当大的自由……我认为,日本军队不会太在意这些人,因为落在他们手里的外国传教士人数很少。”[3]

阿姆斯特朗牧师也无法保证玛丽恩·法利斯在温哥华是安全的。玛丽恩·法利斯打算夏天搬家到温哥华岛,那里的房租比市里低一些。由于很难得到丈夫的工资,她希望在秋天搬回温哥华之前多少攒下一点钱。阿姆斯特朗牧师似乎没有察觉到玛丽恩·法利斯信里透露出的焦虑,他同意她的打算,只是提醒玛丽恩·法利斯,虽然现在市里的房屋不多,但是有些人担心日本人会空袭、搞破坏,所以准备搬到乡下去。[4]

---

① 玛丽恩·法利斯(温哥华)寄给阿姆斯特朗牧师(多伦多)的信,1942年4月20日,加拿大联合教会档案馆,83.045C,11号档案盒,174号文件。

② 玛丽恩·法利斯(温哥华)寄给阿姆斯特朗牧师(多伦多)的信,1942年4月20日,来自加拿大联合教会档案馆,83.045C,11号档案盒,174号文件。

③ 阿姆斯特朗牧师(多伦多)寄给法利斯夫人(温哥华)的“机密”信件,1942年3月27日,来自加拿大联合教会档案馆,83.045C,11号档案盒,174号文件。

④ 玛丽恩·法利斯寄给阿姆斯特朗牧师的信,1942年3月20日。

联系加拿大的亲友

由于没有可靠的消息来源，加拿大的亲戚朋友很难弄清传闻背后的真相。随着战争的进行，人们想出了不少别出心裁的方法，试图在中国和加拿大之间建立联系，洛杉矶每周一次的无线电广播就是其中之一。美国和加拿大的亲属在广播中发布消息，希望中国那边有人收听，然后再转告侨民。另外，当被送进集中营以后，国际红十字会的“战争侨民收容服务处”就会在中国侨民和加拿大亲属之间传递简短(且需经过严格审查)的消息。但在1942 年，就连加拿大国防部自己也没有可靠的手段来收集中国方面的情报。加拿大国防部在公布了一份名为《失踪人员亲属忠告书》的文件后，向失踪军人的家属保证，会坚持不懈地追踪这些人的下落。[1] 虽然这份文件是针对军人家属的，但也从侧面说明要想得到侨民的消息是多么困难。因此，政府鼓励家属收听无线电广播，说不定能得到亲人的消息：

> 目前通过此类来源(国内渠道和日内瓦的红十字会国际委员会)获得的可靠消息，都会转交相关机关验明真伪之后通报家属。从其他渠道(包括敌台广播)得到的消息，会让人产生不切实际的幻想。制造虚假的希望是残酷的。政府的监听人员也在不分昼夜地收听敌台。敌方公告中提及的战俘姓名寥寥无几，且都经过仔细核查。公告往往是欺骗性的，这一点自不必赘言，敌方在广播中宣布战俘姓名的目的，不是帮助战俘的家属，而是编造耸人听闻的故事，引诱加拿大人收听广播。收听敌台广播实际上对敌人有利。[2]

对于军人和传教士家庭而言，很显然，中国和加拿大之间的通信成了棘手的问题，最好留给政府解决。更不用说，通信还牵涉到国家安全。

1942 年 2 月，齐鲁医院的景佐智设法将一封信寄到联合教会多伦多总

---

① 《失踪人员亲属忠告书》(*Advice to the Relative of a Man Who Is Missing*)，来自加拿大图书馆和档案馆，国防基金会(National Defence Funds，简称 NDF)，缩微胶片卷 C，文件 5535-9050。

② 《失踪人员亲属忠告书》(*Advice to the Relative of a Man Who Is Missing*)，来自加拿大图书馆和档案馆，国防基金会(National Defence Funds，简称 NDF)，缩微胶片卷 C，文件 5535-9050。

部的阿姆斯特朗牧师手里。这封信由杰拉尔德·贝尔医生(Gerald Bell)亲自传送,所以景佐智的话应该是可靠的。景佐智在信里提到了传教士被软禁的地点,以及乔治娜·刘易斯生了个女孩。景佐智还明确指出,中国沦陷区的传教士都是自愿留在当地的,“与您的指示相反”,所以他们应自行承担后果。他写道:“他们哪儿也不想去,但我认为,他们并不后悔……当然,这并不是说,如果有机会的话他们不愿意调到其他地方去!”①

战争初期,四川没有被日本人占领。侨民的信件,比如景佐智的这一封,就是由四川省的加拿大传教士转寄到加拿大的。华北的一位传教士护士彭纯修,曾经充当联合教会华西使团(四川)的“中转站”,将伊莎贝尔·麦克塔维什和李爱锐的信件转送加拿大,这两位传教士当时分别被拘禁在济南和天津。麦克塔维什在一封信里写道:“贝蒂、戈弗雷、小玛格丽特、汤善医生和杜儒文都很好。”②1942 年 2 月 2 日,彭纯修在给多伦多的泰勒夫人的信中摘录了其他几封信的内容,这几封信都是她转交传教士家属的,其中提道:“李爱锐的信写得很动人,我知道这对弗洛伦斯意味着什么。”③

1942 年 3 月 1 日,李爱锐给彭纯修写了一封信,她用打字机誊写之后,寄到位于多伦多的联合教会总部,再由总部转交李爱锐的妻子弗洛伦斯。李爱锐在信里简要描述了一番天津的拘禁生活。天津是一个国际大都市,和齐鲁医院的传教士一样,传教士的拘禁生涯也是从 12 月 8 日星期一开始的,那一天是宣战日。英租界的大门口安置了警卫,外面的人(其中就有李爱锐)得不到租界里软禁的人的一点消息。李爱锐住在法租界,必须向日本人汇报有关财产和财政的情况。日本人要求一周之内所有的收音机都得上交,不得遗漏。除了每周的祈祷会外(条件是不得带有政治色彩),所有集会

① 景佐智寄给 A.E.阿姆斯特朗的信,1942 年 2 月 21 日,来自加拿大联合教会档案馆,83.045C,11 号档案盒,174 号文件。

② 伊莎贝尔·麦克塔维什(济南)寄给彭纯修(成都)的信,1942 年 2 月 2 日,来自加拿大联合教会档案馆,83.045C,11 号档案盒,174 号文件。

③ 彭纯修(成都)寄给泰勒夫人(多伦多)的信,1942 年 2 月 2 日,来自加拿大联合教会档案馆,83.045C,11 号档案盒,174 号文件。

均在禁止之列。[①] 伦敦会医院继续营业,只有两三个日本军人到访过,他们对药品、器械和手术室的兴趣,似乎比其他东西要大得多。[②] 先是基督徒,然后是所有的外国人,都被迁入英租界,只有医务人员还留在外面。李爱锐还透露了伯莎·霍奇(Bertha Hodge)的消息,她是联合教会派驻天津的唯一加拿大籍传教士。李爱锐写道:"她住的房子现在住满了人,卫理公会英国传教团的传教士从南门进来,跟她住在一起。他们在那里虽然拥挤,但是似乎心情很好。"[③]

战争初期,除了通过四川传递战争侨民的消息外,传教士有时还可以使用无线电台。有人在接收端听到电文,再把消息转发出去,这个方法很有效。1942年2月上旬,加利福尼亚的文图拉监听站就收到一条消息并转给多伦多戴维娜·孟席斯的亲戚E.G.罗布牧师(E.G.Robb):"转告琼,一切安好。敬祝岳父生日快乐。玛格丽特·安(刘易斯)1月26日出生于周村,母亲(戴维娜·孟席斯)在场。乔治娜(刘易斯)安好,母亲现在济南。9月1日收到你的信,我每周都会写信。热切问候琼、戴维、汤姆、多萝西。汉德利·斯托克利(签名),西安。"

有意思的是,汉德利·斯托克利在写给妻子琼·斯托克利(她出身传教士家庭,是名护士)的信中提到岳父的生日。但是琼·斯托克利的父亲孟恩赐1920年就去世了,为什么要提到岳父的生日呢?即便家里有这个习惯,记下孟恩赐的生日作为悼念他的一种仪式,那也对不上茬,因为孟恩赐的生日是11月18号。可能的解释是,汉德利·斯托克利给妻子发了一条暗语,"敬祝岳父生日快乐"有事先商量好的含义。至于具体是什么意思,这只能靠猜测了。

华北的传教士都受到了监禁,而上海的传教士仍有行动自由。1942年

---

① 李爱锐(天津)寄给彭纯修(重庆)的信,1942年3月1日,来自加拿大联合教会档案馆,83.045C,11号档案盒,174号文件。

② 李爱锐(天津)寄给彭纯修(重庆)的信,1942年3月1日,来自加拿大联合教会档案馆,83.045C,11号档案盒,174号文件。

③ 李爱锐(天津)寄给彭纯修(重庆)的信,1942年3月1日,来自加拿大联合教会档案馆,83.045C,11号档案盒,174号文件。

3月,加拿大传教士威妮弗雷德·沃伦(Winifred Warren)从上海向女性传教士协会多伦多总部发了一封信,信中提到她通过无线电向温哥华的福布斯先生发了圣诞祝福。她还以更为奇怪的方式提到:"我请友人给珍·萨默维尔(Jean Sommerville)捎去另一封信。听说这封信已经交到珍的手里,我希望她能想办法转交给你。"[①]那段时间里,上海的战争侨民只要办理登记手续,就可以自由活动,但要想去上海以外的地方,还得申请特别通行证。威妮弗雷德·沃伦把她听说的其他被软禁的加拿大人的情况告诉了她,包括伯莎·霍奇、景佐智夫妇和在济南的其他人。沃伦也和联合教会的其他传教士一样,只要听到加拿大护士的消息,就一概转达,不论她们是不是华北使团的人。比如说,她在信里写道,苏西·凯尔西独自住在商丘的家里,周围的人对她很好。[②] 她还提到戴维娜·孟席斯跟女儿和新出生的外孙女一起住了一个月,2月27号返回济南。

加拿大传教士的家属不断向国内教会组织施加压力,想多少了解一点亲人的情况。最近从中国传来的消息不太乐观。1942年4月18日,杰拉尔德·贝尔从华西向多伦多寄来一封信,迄今为止在阿姆斯特朗牧师收到的所有信件里,这封信的内容最让人吃惊。杰位尔德·贝尔在信里提到两个英国孤儿,他们刚刚来到四川,父亲原是贵阳盐税局的商人,母亲是中国出生的美国人,大概父母也是传教士。1941年12月日军进攻香港的时候,他们正巧在那里。杰拉尔德·贝尔写道:"香港沦陷的时候,她和几位外国妇女不幸落入日本兵手里。丈夫试图保护她,结果被杀,后来她也被刺刀捅死了。这是多么可怕又让人伤心的事。"[③]诸如此类的故事让加拿大传教士对日本军队产生了恐惧感,虽然这种恐惧感在几年前就露出了苗头。

① 威妮弗雷德·沃伦(上海)寄给泰勒夫人(多伦多)的信,1942年3月4日,来自加拿大联合教会档案馆,83.045C,11号档案盒,174号文件。

② 威妮弗雷德·沃伦(上海)寄给泰勒夫人(多伦多)的信,1942年3月4日,来自加拿大联合教会档案馆,83.045C,11号档案盒,174号文件。

③ 杰拉尔德·贝尔(四川成都)寄给A.E.阿姆斯特朗牧师(多伦多)的信,1942年4月18日,来自加拿大联合教会档案馆,83.045C,11号档案盒,174号文件。

残暴的日本人

日本人在沦陷区里犯下的暴行，对于加拿大人来说，不管是谣言还是有真凭实据，早就不是什么新鲜事了。美国援华会1938年就出版过一本书，名为《中国的战争：对加拿大意味着什么》。[①] 这本书告诉加拿大读者，日本军队有预谋地执行残忍屠杀政策，所到之处皆是抢夺、杀人和强奸，插图中的受害者让人触目惊心。[②] 更不用说，人们早应知道日本兵"浑身上下充满了……难以言表的兽性"，目的是想粉碎中国人的抵抗。在这次战争里，用活人当靶子练习刺刀，并不是唯一的野蛮行径。[③]

1942年3月，阿姆斯特朗牧师陷入进退两难的窘境。他是联合教会传教委员会的发言人，犹豫是否要把从中国传来的可怕消息公之于众。然而，在给玛丽恩·法利斯的私人信件里，他并没有流露出这种感情。牧师把玛丽恩·法利斯担心的事——加拿大民众不会为拘禁中的传教士虔诚祈祷丢在一边，没有向公众宣布传教士所处的困境。在与别人合写的一篇文章里，阿姆斯特朗牧师没有提到战争侨民面临的危险，只是干巴巴地说："所有传教士都还安全。"[④]这篇文章发表在1942年3月的《联合教会观察家》(*The United Church Observer*)上。传教团的官方出版物有意强调传教士们的虔诚精神和面对困难的坚忍不拔，关于战争侨民的事却只字未提。阿姆斯特朗牧师则大书特书来华基督徒在这些日子里备受考验，表现出刚强、忠诚和

---

① A.M. Stephen, *War in China: What It Means to Canada*, Vancouver BC: China Aid Council and The National Salvation League, 1938.

② A.M. Stephen, *War in China: What It Means to Canada*, Vancouver BC: China Aid Council and The National Salvation League, 1938, p.12.

③ A.M. Stephen, *War in China: What It Means to Canada*, Vancouver BC: China Aid Council and The National Salvation League, 1938, p.13.

④ 《联合教会观察家》，1942年3月15日，来自加拿大联合教会档案馆，9881.A，702 PS，缩微胶卷。

基督徒的勇气。[①] 所有关于传教士的内容，都是“他们大概还好，都住在自己家里”[②]。从 1942 年开始，加拿大亲属在盼望中国来信的同时，焦虑的心情一天比一天严重，但在侨民自己撰写的日记、回忆录里，倒没有如此严重的恐惧。戈弗雷·盖尔讶异于日本兵的礼貌，他写道：“日本兵都是狂暴与平和的奇特混合体。”[③]一方面，在战斗中、在掳掠村庄的时候，这些人往往兽性大发，和魔鬼没什么两样；另一方面，他们又对家庭、儿童和自然表现出深情厚谊。[④] 医院存在这种情景，不值勤的日本兵经常去到儿童病房，围着护士们转，戈弗雷·盖尔写道：“护士们每每使尽了气力也摆脱不了这样的纠缠。”[⑤]圣诞节前夜，每一位小病人的床边，都有一个日本兵坐着，跟他们手握着手。[⑥] 戈弗雷·盖尔心想，大概日本兵也在怀念家里的妻子儿女，所以才有这样温柔的举动。“他们曾经跟我们说过，战争结束之前他们是回不了家的。”[⑦]戈弗雷·盖尔多少年来一直没法分清日本兵到底是狂暴还是柔情，后来干脆下了个结论：那些举止得体、对人有爱心的家伙，才算“真正的日本人”。[⑧]

拘禁：意外的软禁训练场

从 1941 年 12 月 8 日到 1942 年 8 月 10 日，盖尔夫妇在齐鲁大学里被软

---

① 《联合教会观察家》，1942 年 3 月 15 日，来自加拿大联合教会档案馆，9881.A，702 PS，缩微胶卷。

② 《联合教会观察家》，1942 年 3 月 15 日，来自加拿大联合教会档案馆，9881.A，702 PS，缩微胶卷。

③ 戈弗雷·盖尔的《太平洋战争》（未出版的回忆录/日记）中 1941 年 12 月 24 日的内容，来自玛格丽特·怀特曼的私人收藏。

④ 戈弗雷·盖尔的《太平洋战争》（未出版的回忆录/日记）中 1941 年 12 月 24 日的内容，来自玛格丽特·怀特曼的私人收藏。

⑤ 戈弗雷·盖尔的《太平洋战争》（未出版的回忆录/日记）中 1941 年 12 月 24 日的内容，来自玛格丽特·怀特曼的私人收藏。

⑥ 戈弗雷·盖尔，《太平洋战争》（未出版的回忆录/日记）中 1941 年 12 月 24 日的内容，来自玛格丽特·怀特曼私人收藏。

⑦ 戈弗雷·盖尔，《太平洋战争》（未出版的回忆录/日记）中 1941 年 12 月 24 日的内容，来自玛格丽特·怀特曼私人收藏。

⑧ 戈弗雷·盖尔，《太平洋战争》（未出版的回忆录/日记）中 1941 年 12 月 24 日的内容，来自玛格丽特·怀特曼私人收藏。

禁了八个月。在这段时间里,夫妇俩都在写信和写日记,详细描写他们如何在日本兵的看管下适应新的生活。戈弗雷·盖尔写的大多是物资和管理方面的难处,而贝蒂·盖尔主要讲述拘禁和社会关系之间的相互影响。在这段时间里,最突出的三件事是持续不断的抵抗行为、对集体祷告和代祷的日益依赖,以及向日益融合的(公共)生活的缓慢转变。这段软禁时光成了侨民的训练场,为传教士提供了磨练生存技能的机会,而在未来数月乃至数年内,这些技能都将使传教士受益。这是日本人没有想到的事!

地下宗教活动

盖尔夫妇感觉到,日本宪兵和指挥官如何对待自己,要看他们和这些日本人之间的个人关系。虽然传教士在政治形势下变成了侨民实属身不由己,但他们也知道,总会有日本人想给他们点颜色看看,让他们明白到底是谁说了算。一般情况下,在押的平民都由日本领事馆管理,与日本军队无关,所以平民受到的待遇往往要比战俘好一些。然而,传教士却不能指望这个,他们最反感(也最讨厌)的是信仰自由受到限制。被拘禁之后的第一个星期天,传教士在圣保罗教堂集合,做晚礼拜,这时候来了五个全副武装的日本兵和一个翻译,翻译把传教士的行动和言语一一记在本上。[①] 伊莎贝尔·麦克塔维什想让日本兵摘掉帽子,以尊重基督徒的传统,但简直是对牛弹琴![②] 贝蒂·盖尔在日记里写道:“布道的时候,我们的心全都提到了嗓子眼,唯恐(牧师)说出不该说的话!”[③]第二个星期天,一帮日本兵在戈弗雷·盖尔布道的时候闯了进来。等他讲完了以后,日本兵对所有在场的人都点了名。日本当局还拒绝了传教士过圣诞节、开圣诞晚会的申请。一天,日本人带走了三位最优秀的基督教会员工问话,分别是杨大夫、罗先生和胡先

---

① 戈弗雷·盖尔的《太平洋战争》(未出版的回忆录/日记)中1941年12月14日的内容,来自玛格丽特·怀特曼的私人收藏。

② 戈弗雷·盖尔的《太平洋战争》(未出版的回忆录/日记)中1941年12月14日的内容,来自玛格丽特·怀特曼的私人收藏。

③ 贝蒂·盖尔的《五年日记》(1939年2月15日至1943年12月31日,未出版)中1941年12月14日,来自玛格丽特·怀特曼的私人收藏。

生，经过三个月的反复盘问，日本人没有发现一点点犯罪证据，这才把他们放了回来。[①] 尽管传教士渴望信仰自由，但也很清楚，基督徒有可能成为日本人的目标。

既然圣诞节不让过，盖尔夫妇只好私下里庆祝一番。他们在起居室里点起轰轰作响的炉火，在圣诞树面前打开礼物。房间里挂着一串串圣诞卡、彩带和装饰品，只不过是非常简陋的。[②] 但在贝蒂·盖尔看来，玛吉的第一个圣诞节很是圆满，“虽说外面下着雨，冷得厉害，我们还没有自由”[③]。戈弗雷·盖尔认为：“拘禁只会让我们更加亲密团结，不管怎么说，这是我们度过的最好的一个圣诞节。”[④]

血腥比尔

这段时间里，有关齐鲁医院的很多表述都提到日本兵出人意料地礼貌，同时也提到日本指挥官的残暴行为——这个指挥官被人起了好几个外号，诸如“血腥比尔”“恐怖比尔”“皮格马利翁比尔”“盖世太保比尔”（没人提到他姓什么）。1941 年 12 月 31 号，戈弗雷·盖尔亲眼看见“血腥比尔”和杜儒文医生发生冲突，他写道：“这个人真是残暴、蛮不讲理，没有一丝人情味。”[⑤]“血腥比尔”声称，杜儒文医生把医院的一大笔钱藏了起来，他拔出军刀在杜儒文的头顶上挥来挥去，叫嚷着说要把杜儒文的脑袋当场砍下来。杜儒文告诉他，医院的钱和食品早就用光了，“血腥比尔”又大喊大叫起来，说他说

---

① 《济南齐鲁大学工作报告》，1941～1942，来自加拿大联合教会档案馆，83.045C，11 号档案盒，176 号文件。

② 《贝蒂·盖尔日记：在中国日占区四年拘禁生活实录》（未出版，1941 年 7 月至 1945 年 9 月）中 1941 年 12 月 25 日的内容，来自玛格丽特·怀特曼的私人收藏。

③ 《贝蒂·盖尔日记：在中国日占区四年拘禁生活实录》（未出版，1941 年 7 月至 1945 年 9 月）中 1941 年 12 月 25 日的内容，来自玛格丽特·怀特曼的私人收藏。

④ 戈弗雷·盖尔的《太平洋战争》（未出版的回忆录/日记）中 1941 年 12 月 24 日的内容，来自玛格丽特·怀特曼的私人收藏。

⑤ 戈弗雷·盖尔的《太平洋战争》（未出版的回忆录/日记）中 1941 年 12 月 31 日的内容，来自玛格丽特·怀特曼的私人收藏。

谎,还动手打他。[①] 直到护士长走进办公室,坚定地站在那里,“血腥比尔”才滚了出去。

没过几天,“血腥比尔”又说斯迈利(Smyly)医生在齐鲁医院旁边的麻风病医院里藏了一些钱。“血腥比尔”当着病人的面殴打医生,因为有些麻风病人不顾命令擅自回到家里。比尔把医生推来搡去,还打他的耳光。[②] “血腥比尔”喊叫着说,如果再有病人胆敢离开医院,就让他们吃枪子儿。斯迈利医生被打得不轻。一个礼拜之后,“血腥比尔”借口医院的账目不明,又把医院的会计鲁弗斯·达特(Rufus Dart)打了两顿。第一次打了达特三十多下,当时希德斯(Shields)医生就站在旁边,束手无策。“血腥比尔”让达特跪在地上,抽出军刀,要不是中国翻译在旁边劝阻,“血腥比尔”真会把他一刀砍死。[③] 达特当时心想,这下可真的完蛋了,但他说:“那时候他很平静,也不惧怕死亡。”[④]第二天达特又被打了一百多下,几次跌倒在地,还有几次被人按在地上,把点着的火柴放在他鼻子底下……想让他说出医院的财务情况。希德斯医生说,每天等待“血腥比尔”上班的心情,跟一大早等待执行死刑的感觉差不多。[⑤] 他和另外几个人都快崩溃了。戈弗雷·盖尔认为“血腥比尔”就是个货真价实的魔鬼。[⑥]

有一回,“血腥比尔”带着日本女人和孩子来到盖尔家门前。“血腥比尔”是贝蒂眼里的危险人物、精神分裂重症患者,所以贝蒂赶快给他们倒茶。夫妇俩目瞪口呆地看着这三个人逗玛吉说笑,播放留声机,弹奏钢琴,简直

---

① 戈弗雷·盖尔的《太平洋战争》(未出版的回忆录/日记)中 1941 年 12 月 31 日的内容,来自玛格丽特·怀特曼的私人收藏。

② 戈弗雷·盖尔的《太平洋战争》(未出版的回忆录/日记)中 1942 年1 月7 日的内容,来自玛格丽特·怀特曼的私人收藏。

③ 戈弗雷·盖尔的《太平洋战争》(未出版的回忆录/日记)中 1942 年1 月13 日的内容,来自玛格丽特·怀特曼的私人收藏。

④ 戈弗雷·盖尔的《太平洋战争》(未出版的回忆录/日记)中 1942 年1 月13 日的内容,来自玛格丽特·怀特曼的私人收藏。

⑤ 戈弗雷·盖尔的《太平洋战争》(未出版的回忆录/日记)中 1942 年1 月14 日的内容,来自玛格丽特·怀特曼的私人收藏。

⑥ 戈弗雷·盖尔的《太平洋战争》(未出版的回忆录/日记)中 1942 年1 月14 日的内容,来自玛格丽特·怀特曼的私人收藏。

像在自己家里一样,后来什么也没说就离开了。传教士医生私下里得出结论:“皮格马利翁比尔”神智不稳定,不是很正常。斯科特(Scott)医生干脆叫他“傻瓜蛋”。[①]

盖尔夫妇记录了三起日本军官闯进妇女房间,意在骚扰的事件。第一起,一个日本军官走进一栋小楼,三个美国传教士住在那里。他从一楼的两个人中间穿过去,笨手笨脚地爬上楼梯,想找第三个人。他刚刚走到楼梯顶端,就看见一个人,以为是个日本军官,于是“猛然刹住脚步,微笑敬礼,向后转,然后脚步沉重地走下楼梯,他那把长长的军刀撞在台阶上梆梆作响”[②]。原来,楼梯尽头有一面大镜子,他所看见的“军官”只是自己的影子。另一起是一个日军指挥官,当时醉得厉害,晚上十点来到传教士的住处,硬闯进门,上楼寻找某位妇女居住的房间。其他传教士听到喧闹声,赶快把那位妇女的房门锁起来,然后把那个“绵羊一样温顺”的家伙领到楼下,又送出大门。[③]第三起,贝蒂·盖尔在一个叫梅·凯(May Kay)的女传教士家里喝咖啡,这时“血腥比尔”大摇大摆地走了进来。[④] 贝蒂·盖尔赶快指了指椅子,端来一杯咖啡放在他面前。“血腥比尔”发现凯有人陪伴,显然觉得意外,脸上的微笑变成了“乌云”。三个人默默无言地坐着,贝蒂·盖尔和梅·凯喝了不知道几杯咖啡,盘算着对策。“血腥比尔”虽然不会说英语,但他能听懂多少英语,她们可说不好。贝蒂灵机一动,拿起旁边桌子上的缝纫纸样向凯示意,用它掩饰她们的谈话:

> 贝蒂(手里拿着纸样,指着它说):你喜欢这件衣服吗/你的厨师在家吗?
>
> 梅:不喜欢,这件有点小气/他出门了。

---

① 戈弗雷·盖尔的《太平洋战争》(未出版的回忆录/日记)中1942年1月26日的内容,来自玛格丽特·怀特曼的私人收藏。

② 《贝蒂·盖尔日记:在中国日占区四年拘禁生活实录》(未出版,1941年7月至1945年9月)中1942年1月1日的内容,来自玛格丽特·怀特曼的私人收藏。

③ 戈弗雷·盖尔的《太平洋战争》(未出版的回忆录/日记)中1942年1月26日的内容,来自玛格丽特·怀特曼的私人收藏。

④ 《贝蒂·盖尔日记:在中国日占区四年拘禁生活实录》(未出版,1941年7月至1945年9月)中1942年3月12日的内容,来自玛格丽特·怀特曼的私人收藏。

贝蒂：这条裙子怎么样/什么时候回来？

梅：扣子太多了/买完东西就回来。我们现在怎么办呢？

贝蒂：这件衬衣挺好看/我出去叫人来帮忙？

梅：领口太难看了/天哪，你别走啊。

贝蒂：这顶帽子好不好看/再给他点饼干，要是他还不走，咱们再想办法。[①]

几分钟以后，"血腥比尔"拖着脚步走了，妇女们如释重负，她们今天真的领略到了掩饰的妙处。

在软禁的紧张气氛中，传教士非常善于寻找抵抗日本人的方法，以防一触即发的危险。遇到上文提到的情况，传教士总是严格地保持礼貌，作为保护自己的手段。其他情况下，则给日本人点好处，为自我生存积累资本。每当日本军官要求戈弗雷·盖尔去给他们治病的时候，戈弗雷·盖尔就一直寻找机会，尽量让传教士得到点好处：要么让日本人不那么残暴，要么多弄点食品、药品之类的回来。例如，1942年1月5日，戈弗雷·盖尔被叫去照顾正在受"有毒"扁桃体折磨的日本指挥官，在给指挥官提供了磺胺后，他请求日本人允许他返回空荡荡的齐鲁医院去取点必要的物资。[②] 戈弗雷·盖尔只提到要给病人拿冰块和冰袋，贝蒂·盖尔提醒丈夫要把能拿的器械和药品都拿出来，所以他甚至还把一些东西藏在衬衣底下带出医院！[③] 戈弗雷·盖尔知道，治好指挥官的病才是最关键的。回家以后，贝蒂·盖尔问他，指挥官是不是病得很重，有没有好转的希望，戈弗雷·盖尔一脸严肃地回答说："他当然得好起来，要不咱们就倒霉了。"[④]贝蒂·盖尔在日记里写道："早晨十点半，戈弗雷被叫走，去给'鬼子'的头儿看病，他病得厉害。现

① 《贝蒂·盖尔日记：在中国日占区四年拘禁生活实录》(未出版，1941年7月至1945年9月)中1942年3月12日的内容，来自玛格丽特·怀特曼私人收藏。

② 戈弗雷·盖尔的《太平洋战争》(未出版的回忆录/日记)中1942年1月5日的内容，来自玛格丽特·怀特曼的私人收藏。

③ 《贝蒂·盖尔日记：在中国日占区四年拘禁生活实录》(未出版，1941年7月至1945年9月)中1942年1月6日的内容，来自玛格丽特·怀特曼的私人收藏。

④ 《贝蒂·盖尔日记：在中国日占区四年拘禁生活实录》(未出版，1941年7月至1945年9月)中1942年1月6日的内容，来自玛格丽特·怀特曼的私人收藏。

在已经十二点了！希望他没出意外。”[①]显然，戈弗雷·盖尔治好了指挥官的病。

有罪的学生

齐鲁医院的拘禁生活开始还不到两个月时，日本人要戈弗雷·盖尔给一个日本军事测量员治疗耳朵。在看完病，开了药方以后，测量员问他这药在原来的齐鲁医院能不能找到，戈弗雷·盖尔给出了肯定的答复！他们在以前的耳鼻喉科发现了这种药，那里现在“肮脏不堪，布满灰尘，弥漫着一股霉味，看起来很荒凉”。[②] 测量员突然转身对盖尔说：“你想拿什么东西就赶快拿吧。”戈弗雷·盖尔拿了十几样器械，测量员微笑着对他说：“把东西放在我口袋里，我把它们带出去！”[③]

日复一日，传教士的藏匿技巧越来越熟练，胆子也越来越大。1942 年 5 月23 日，日本人宣布，所有美国和加拿大的传教士，还有 20 位英国男女，都要被遣送回国。第二天，其中一名传教士“发现”了一大批宝贵的中国古董（总共 70 个捆扎整齐的箱子）藏在外国孩子的学校里（毫无疑问，因为齐鲁医院的大部分外国人将要被遣返回国，才会“发现”宝物）。这些东西是明义士医生 20 年前收藏的，他是联合教会安阳传教点的加拿大籍传教士，后来因为研究殷墟甲骨文而扬名于世，收藏品中有青铜器、瓷器、竹简和甲骨文，都是无价之宝。传教士打算把文物藏在日本人发现不了的地方，其中一处是麦卡勒家脏兮兮的地窖，另一个地方是一个古墓，那里的棺材埋在地里不知道有多长时间，地上乱七八糟地堆着些破箱子。[④] 晚上九点，大雨倾盆，一伙传教士，其中还有贝蒂·盖尔和弗朗西丝·麦卡勒，像逃课的学生一样偷偷摸

① 贝蒂·盖尔的《五年日记》(1939 年 2 月 15 日至 1943 年 12 月 31 日，未出版）中 1942 年 1 月 5 日，来自玛格丽特·怀特曼的私人收藏。

② 戈弗雷·盖尔的《太平洋战争》(未出版的回忆录/日记）中 1942 年 5 月 3 日的内容，来自玛格丽特·怀特曼的私人收藏。

③ 戈弗雷·盖尔的《太平洋战争》(未出版的回忆录/日记）中 1942 年 5 月 3 日的内容，来自玛格丽特·怀特曼的私人收藏。

④ 《贝蒂·盖尔日记：在中国日占区四年拘禁生活实录》(未出版，1941 年 7 月至 1945 年 9 月）中 1942 年 5 月 23 日的内容，来自玛格丽特·怀特曼的私人收藏。

摸地走进地窖和古墓，花了几个小时把古董埋在地洞里。为了不让日本人发现古墓里新挖的坑，文物上面埋了一条死狗，然后才填上泥土。传教士为了庆祝这次心惊胆战但十分圆满的行动，一杯又一杯地喝着热茶，心花怒放。[①] 第二天晚上，贝蒂·盖尔和弗朗西丝·麦卡勒受到这次行动的鼓舞，同意参加另一次行动。这一次是把一批竹简交给济南城里的中国友人，两位女士要把竹简放在婴儿车里，推着婴儿车走到规定的地点(这段时间她们可以离开校园，没有看守跟着她们)。她们把文物放进婴儿车里，盖了几层垫子，再让玛吉和伊莱坐在上面，高高兴兴地走向齐鲁大学的大门。[②] 糟糕的是，门卫大概觉得她们有点神色紧张，命令她们把孩子抱起来，这下车里的文物全露出来了。[③] 门卫命令她们把文物送到司令部，她们答应了，然而一离开门卫的视线，她们就赶快跑回了家。贝蒂·盖尔写道："再也没有胆量干第二次了。"[④]

齐鲁大学里反抗日本人的，并不单单是传教士。1942年4月3日清晨，盖尔夫妇的女仆常大嫂溜过带刺铁丝网栅栏的时候差一点被日本人抓住。要知道，中国佣人也被关在校园里，不能随便出入。贝蒂·盖尔发现常大嫂衣服被撕破了，就问她原因。常大嫂马上回答说，她想从栅栏底下溜出去买点布，给玛吉做双新鞋子。看来常大嫂只是以布为托词，其实是想出去看望母亲：两个月以前，她钻栅栏的时候衣服就被刮破了。盖尔夫妇告诫她，以后不能这样做了，要是被哨兵发现，可能二话不说就开枪射击。[⑤] 人们偷偷钻过栅栏，在栅栏两侧传送吃的，已经成了家常便饭。医院外的热心人想办法捎来食物和消息，勉励传教士。在这种团结精神的鼓舞下，传教士忍受苦

---

① 《贝蒂·盖尔日记：在中国日占区四年拘禁生活实录》(未出版，1941年7月至1945年9月)，中1942年5月24日的内容，来自玛格丽特·怀特曼的私人收藏。

② 《贝蒂·盖尔日记：在中国日占区四年拘禁生活实录》(未出版，1941年7月至1945年9月)，中1942年5月25日的内容，来自玛格丽特·怀特曼的私人收藏。

③ 《贝蒂·盖尔日记：在中国日占区四年拘禁生活实录》(未出版，1941年7月至1945年9月)，中1942年5月25日的内容，来自玛格丽特·怀特曼的私人收藏。

④ 《贝蒂·盖尔日记：在中国日占区四年拘禁生活实录》(未出版，1941年7月至1945年9月)，中1942年5月25日的内容，来自玛格丽特·怀特曼的私人收藏。

⑤ 戈弗雷·盖尔的《太平洋战争》(未出版的回忆录/日记)中1941年12月15日的内容，来自玛格丽特·怀特曼的私人收藏。

难的决心更加坚定了。

洪龙也在用各种实际行动帮助盖尔夫妇，其中一种后来成了危险的日常活动。1942 年 2 月 21 日，盖尔夫妇买了三只山羊，一个名叫“沙斯塔”的羊倌也跟了来。山羊每天给他们提供八品脱（按国内习惯将近四公升）羊奶，很受人们欢迎。两个月以后，日本人宣布，第二天要把羊全部没收，洪龙想要个花招躲过他们。征得盖尔夫妇同意之后，他就照着这个秘密且稳妥的主意来做。第二天早晨，盖尔夫妇看见一大罐羊奶放在桌子上，但从此不见“沙斯塔”的影子。以后的那些日子里，洪龙每天都送来羊奶，一副秘而不宣的样子。[①] 直到盖尔夫妇临走那天，洪龙才道出了真相：他把山羊转移到了校园外面，每天一大早，四点的时候，住在大学外面的朋友就把山羊赶到栅栏边，让洪龙隔着篱笆给山羊挤奶。[②]

盖尔夫妇靠着自己和他人的努力，熬过了艰难的岁月，得到了友人还有敌人的信任，这使他们能够改变一切。

日省其身

盖尔夫妇均出身传教士家庭，在教会学校接受教育，每日祷告、阅读经文（也叫“灵修”）、吟唱圣歌、参加每周的教堂礼拜，还有洗礼和领圣餐之类的教堂圣礼，这些已经融入他们的日常生活。如今，他们被软禁在校园里，以前的教师和医生现在只是做点简单的工作，比如，整理花园和翻弄煤块，然而夫妇俩对基督教的一条基本教义——“祷告”有了更深刻的反省。基督教传教士也和普通的基督徒一样，代求祷告不仅能够让祈祷对象身心获益，祈祷者也是如此。现在既然有的是时间，也没有病人需要治疗，传教士决定以更加虔诚的方式定期代求祷告。

1942 年 2 月，日本当局对集会的限制多少有点松动。又一周的教堂礼

---

① 《贝蒂·盖尔日记：在中国日占区四年拘禁生活实录》（未出版，1941 年 7 月至 1945 年 9 月）中 1942 年 4 月 13 日的内容，来自玛格丽特·怀特曼的私人收藏。

② 《贝蒂·盖尔日记：在中国日占区四年拘禁生活实录》（未出版，1941 年 7 月至 1945 年 9 月）中 1942 年 8 月 10 日的内容，来自玛格丽特·怀特曼的私人收藏。

拜结束了，盖尔夫妇邀请几位朋友晚饭后来到家里，阅读讨论基督教义。由于他们大多是医生，所以决定阅读伦敦会最近出版的《永恒之声》(*The Eternal Voice*)，大家最感兴趣的一章是“心灵治疗”，里面介绍了精神治疗方法。① 一周以后，戈尔特(Gault)医生召集大伙为美国的结核病患者祈祷。一番讨论之后，他们决定分成三个组，每个星期天去某位同事的家里，祈祷半个小时，每个组都有固定的祈祷对象。1942年2月2日，戈弗雷·盖尔写道：“这次代祷对我们全体都有重要意义。”②

戈弗雷·盖尔的小组于星期天早晨八点半集合，第一周的祈祷对象是戈尔特医生的美国朋友、校园里身患肺炎的中国小孩、关押在济南的杨医生、新加坡的约翰和结核病缠身的齐鲁医院传教士。③ 小组还为日本看守祈祷，4月16日，戈弗雷·盖尔在报告里写道：“看来祈祷产生了效果，‘血腥比尔’不那么狂暴了，他变得友好、心平气和起来，愿意答应我们的请求，倾听原因，不像以前那样动不动就暴跳如雷、赌咒发誓。”④汤善以前就戒了酒，也是位热心的人，他建议“血腥比尔”别再喝酒，早点上床睡觉身体会更好一些，“血腥比尔”竟然回答说：“你说得真对。”⑤盖尔夫妇得出结论，“血腥比尔”之所以变得友善，是因为传教士对他的态度，也是代祷的效果。

代祷小组认真地履行任务，对祈祷对象和结果进行记录。当然，传教士也不乏科学头脑，他们之所以这样做，是想发现精神疗法的必要条件，了解其条件的范围和局限性。⑥ 如果遇上医学方法很难治愈的病例，小组就用其

---

① 戈弗雷·盖尔的《太平洋战争》(未出版的回忆录/日记)中1942年2月22日的内容，来自玛格丽特·怀特曼的私人收藏。

② 戈弗雷·盖尔的《太平洋战争》(未出版的回忆录/日记)中1942年2月22日的内容，来自玛格丽特·怀特曼的私人收藏。

③ 戈弗雷·盖尔的《太平洋战争》(未出版的回忆录/日记)中1942年2月22日的内容，来自玛格丽特·怀特曼的私人收藏。

④ 戈弗雷·盖尔的《太平洋战争》(未出版的回忆录/日记)中1942年4月16日的内容，来自玛格丽特·怀特曼的私人收藏。

⑤ 戈弗雷·盖尔的《太平洋战争》(未出版的回忆录/日记)中1942年4月16日的内容，来自玛格丽特·怀特曼的私人收藏。

⑥ 《贝蒂·盖尔日记：在中国日占区四年拘禁生活实录》(未出版，1941年7月至1945年9月)中1942年5月18日的内容，来自玛格丽特·怀特曼的私人收藏。

他方式祈祷。[①] 它的效果确实不错，两个病例（一位美国传教士和一位中国妇女）居然康复了，而这类病例往往无法治疗只能等死，所以这很难从医学角度解释。”[②]尤其是那位中国妇女的康复效果非常明显，她和丈夫再三对小组成员表达了诚挚的谢意。

几个月以后，戈弗雷·盖尔宣布祈祷结束。他总结道：“事实无可争议地表明，我们以前不了解精神力量的强大，也不知道怎么运用它。”[③]然而，正因为不了解运用手段，他们才会以科学方法为由，将祷告排除在治疗方法之外。[④] 戈弗雷·盖尔认为，尽管祷告会同时影响患者和医生的身心，但不能保证（疾病）会在短时间内明显好转。[⑤] 好的效果是可遇而不可求的。所以，戈弗雷·盖尔对祷告的直接治疗效果不置可否，但更重要的是，祈祷者应当根据自己所处的具体环境，体会上帝为他安排的命运，这是比简单寻求治愈更为重要的目标。[⑥]

所以说，不能把代祷当作拘禁期间的医学治疗手段，但是盖尔夫妇一直将其视为力量和慰藉的宝贵源泉，在集中营中为他们带来了一种使命感。

集体生活的磨练

上文提到，拘禁生活还有第三个特点：对集体生活的依赖渐渐加深。齐鲁医院的传教士们自己当作集体的一员，相互支持（和鼓励），但仍然保持着生活上的独立性。最重要的是，盖尔夫妇有自己的家，按照自己的品位和爱好生活。盖尔夫妇的住处充满了家庭气氛，他们装饰屋子、侍弄孩子、安排饭食，既有宗教生活又有夫妻生活，这些都不需要跟集体讨论，获得批准。

---

① 《贝蒂·盖尔日记：在中国日占区四年拘禁生活实录》（未出版，1941 年 7 月至 1945 年 9 月）中 1942 年 5 月 18 日的内容，来自玛格丽特·怀特曼的私人收藏。

② 《贝蒂·盖尔日记：在中国日占区四年拘禁生活实录》（未出版，1941 年 7 月至 1945 年 9 月）中 1942 年 5 月 18 日的内容，来自玛格丽特·怀特曼的私人收藏。

③ Godfrey Gale, *Interned in China*, London: Livingstone Press, 1946, p.10.

④ Godfrey Gale, *Interned in China*, London: Livingstone Press, 1946, p.10.

⑤ Godfrey Gale, *Interned in China*, London: Livingstone Press, 1946, p.10.

⑥ 《贝蒂·盖尔日记：在中国日占区四年拘禁生活实录》（未出版，1941 年 7 月至 1945 年 9 月）中 1942 年 5 月 18 日的内容，来自玛格丽特·怀特曼的私人收藏。

社交聚会固然是传教士文化生活的重要内容，但传教士也有一定程度的自由，可以根据环境结交友人，保持适当的往来。

拘禁刚刚开始的时候，传教士都住在自己家里，这对他们来说是莫大的宽慰。尽管他们的集体生活受到职业、社会、信仰方面的限制，但在最初的一两个月里，个人生活却几乎没有受到干扰。基督教各个派别之间仍然界线分明，比如说英国圣公会传教士在教堂做礼拜的地方，就和伦敦会传教士不一样。然而，随着时间一点点流逝，协作的需要压倒了国籍、教派方面的传统分歧。四个月以后传来命令，要传教士离开私人住所，搬到校园里的集体宿舍。中国各处集中营里的人们，都要忍受住房拥挤、食物和药品短缺及单调无聊的生活，而且人与人之间还会闹别扭，更谈不上什么隐私。这样看来，三个月的适应期实在太短了。[①]

资金匮乏是这几个月来最严重的问题。银行账户早就被冻结了，来自齐鲁大学的报告提道："即使中国人愿意借给我们钱，也没法把钱送到我们手里。"[②]传教士们眼下最紧迫也最严重的问题是食物和取暖。1942 年 1 月底，盖尔夫妇的煤眼看就要用完了。他们先用了医院的煤，后来又觉得没有日本人的允许似乎不太合适，就向日本人申请挪用大学生宿舍的煤。戈弗雷·盖尔写道："我们用手推车运回差不多 8 吨煤，虽然累得筋疲力尽，但是心里高兴极了。"[③]1942 年 2 月，盖尔夫妇手头的钱最终花光了。传教士在食品和各种用品上互通有无，但是人不能光靠小米、玉米、麸皮、花生酱、胡萝卜和卷心菜活着，还得另寻"食"路，于是几个传教士拿着简单原始的弓箭，在校园里捕猎四处游荡的兔子，他们还修建了一个很大的公共花园，后来那里还真的收获了很多蔬菜和鲜花。1942 年 3 月，日本人向战争侨民发放了

① Greg Leck, *Captives of Empire: The Japanese Internment of Allied Civilians in China, 1941-1945*, Bangor PA: Shandy Press, 2006; Bernice Archer, *A Patchwork of Internment: The Internment of Western Civilians under the Japanese, 1941-1945*, New York: RoutledgeCurzon, 2004; Desmond Power, *Little Foreign Devil*, Vancouver: Pangli Imprint, 2006.

② 《济南齐鲁大学工作报告》，1941～1942 年，来自加拿大联合教会档案馆，83.045C，11 号档案盒，176 号文件。

③ 戈弗雷·盖尔的《太平洋战争》（未出版的回忆录/日记）中 1942 年 1 月 21 日的内容，来自玛格丽特·怀特曼的私人收藏。

一小笔贷款(每个成年人 250 日元),然而通过瑞士领事馆提供进一步财政援助的方案没有获得(北京)日本当局的批准。[①] 直到三个月以后,他们还是不批准瑞士的财政援助。

同意遣返回国

1942 年 3 月底,齐鲁大学的侨民遣返回国的计划草草出台。由于通信不畅,整个过程拖拖拉拉,十分烦琐。东京通过电报将各种计划发给日本驻北京的大使馆,再传达给齐鲁医院的工作人员和济南地区的英美人士。非官方的瑞士领事代表在中间传递消息。1942 年的《齐鲁大学报告》提到这位不知名的瑞士领事代表和“随员们”一直与日本官员保持着“友好交往”,报告的作者赞扬他们的工作,说他们争取到的待遇比其他城市的侨民更好。[②]

1942 年 4 月 1 日,日本当局通知 70 名传教士,说他们就要离开齐鲁医院,6 日遣返回国。600 名归国人员将在上海登上意大利汽船“维尔代伯爵”号,然后驶向莫桑比克首都洛伦索-马贵斯(马普托)。从日本开来的“浅间丸”号载着 900 名遣返人员,也停泊在这个港口。总共 1500 多人将转移到 18000 吨的“格里普斯霍尔姆”号上,这艘船可以安置 1584 名乘客。[③] 回国的路程将近 29000 公里,得花费两个半月的时间。[④] 在这段过渡时间里,传教士不得不离开自己的住所,把家具卖给日本人,集体搬进校园西南角的五栋房子里。后来经过反复谈判,日本人给了十四栋房子。几天以后,盖尔夫妇就挤进了唐·法利斯的住处,同来的还有贝蒂的父亲汤善、梅·凯、麦卡勒

① 《济南齐鲁大学工作报告》,1941～1942 年,来自加拿大联合教会档案馆,83.045C,11 号档案盒,176 号文件。

② 《济南齐鲁大学工作报告》,1941～1942 年,来自加拿大联合教会档案馆,83.045C,11 号档案盒,176 号文件。

③ 阿尔弗雷德·里夫(Alfred Rive)(加拿大外交部,渥太华)寄给克拉克上校(Colonel Clarke)(加拿大国防部,渥太华)的信,1942 年 5 月 13 日,加拿大图书馆和档案馆,国防基金会,缩微胶片卷 C,5070-4498。“格里普索姆”号曾被用作美日交换船,从北美洲和南美洲开始了第一段航程,然后“浅间丸号”号和“康特维德”号又开始了第二段航程,前往日本。这几艘船将在卢伦·马奎斯(Lourenço Marques)会合,在那里交换撤离者。

④ 汤善,《风雨归舟》,1942 年 10 月,第一部分(未发表的报告),来自加拿大联合教会档案馆,83.058C,56 号档案盒,15 号文件,第 3 辑。

一家和韦尔斯·哈伯德(Welles Hubbard)。总共十个家庭合住在一起,还有三户人家住在旁边的佣人房间里。刚搬进来的时候,场面一片混乱,大伙于是给这个新家起名“一团糟”。[①] 房间数量倒是足够,每个家庭都可以独居一室,只有两个孩子例外,玛吉和伊莱合用一个房间。人们在花园里采摘蔬菜,每个新来的家庭都有一份。贝蒂·盖尔觉得分担家务、分享食物的主意确实不错,只是对伙食不太适应。比如说,紫花苜蓿、黄豆、奶酪和粗粮很合梅·凯的胃口,这些食物富含维生素,但却让贝蒂消化不良。[②]

遣返的承诺一直没个准信。传教士组织各种活动来打发时间,有定期比赛(网球和桥牌)、滑稽剧、艺术展、茶会、音乐会、文学俱乐部,还会给传教士的孩子们上课。戈弗雷·盖尔教地理,贝蒂·盖尔教美术。贝蒂·盖尔还忙着制作布玩具,例如小狗、小兔、老鼠,还有一个大洋娃娃,这是因为玛吉和伊莱 7 月就要过生日了。后来,齐鲁大学的 70 名传教士中,有 55 人从上海乘船回国,启程之后几天,来宾们身穿盛装,为小公主们举办了生日庆祝会。庆祝会让留下来的传教士精神大振。1941 年 2 月份的时候,贝蒂·盖尔曾经为离开中国举棋不定,而 1942 年 7 月她有机会陪同父亲上船,和其他美国人、加拿大人一起回国的时候,她却坚定地做出决定——要是戈弗雷·盖尔不走,她也不回去。贝蒂·盖尔写道:“不论怎么样,我也不能丢下戈弗雷。我们要同舟共济,何况还有玛吉跟我们在一起。”[③]

贝蒂·盖尔的父亲于 1942 年 6 月启程,贝蒂·盖尔给家里人写了一封信(汤善把这封信带在身上),信中写道:“我整天都在为爸爸收拾行李,一想到这些东西最后会送到可爱的老‘33 街’(玫瑰公园大道),心里就很高兴。”[④] 而贝蒂·盖尔自己则做好了进集中营的准备,遣返消息来得太突然,他们简

---

① 《贝蒂·盖尔日记:在中国日占区四年拘禁生活实录》(未出版,1941 年 7 月至 1945 年 9 月)中 1942 年 4 月 6 日的内容,来自玛格丽特·怀特曼的私人收藏。

② 伊丽莎白·盖尔(齐鲁)寄给亲属(多伦多)的信,1942 年 6 月 11 日,来自玛格丽特·怀特曼的私人收藏。

③ 《贝蒂·盖尔日记:在中国日占区四年拘禁生活实录》(未出版,1941 年 7 月至 1945 年 9 月)中 1942 年 5 月 23 日的内容,来自玛格丽特·怀特曼的私人收藏。

④ 贝蒂·盖尔寄给亲属的信,1942 年 6 月 11 日,来自玛格丽特·怀特曼的私人收藏。

直不敢相信这是真的。[①] 她在信里表达了对父亲的思念之情，但是戈弗雷对汤善的离去写得更生动一些。

> 第一批乘船回国的加拿大人和美国人再有一两个小时就要出发了。爸爸是个热心人，帮忙捎了一大捆信，希望每封信都能到达目的地。他还答应另外一些人，把信寄到英国的家里。傍晚在月台上向他道别的时候，心里不知道什么滋味。我们在过去的一年半里跟他一起生活，真是件难得的事。每当左右为难的时候，都有他的力量在背后支撑着。他是学校里的元老，由于经验老到，说话很有分量……他知识渊博，乐于助人，富有幽默感，是社团不可多得的人才。过去半年里，是他教导我们面对困境应当团结一致。我想，我们都希望有那么一天，再回到这里，重建齐鲁大学。[②]

伤心的告别会开了好几次，一个星期以后，盖尔夫妇得到许可，能陪同回国的传教士去火车站，给他们送行。贝蒂·盖尔虽然为他们高兴，但又为自己感到悲伤，因为他只能孤零零地留在这里。[③] 贝蒂·盖尔在日记里写道："离别让人难过，现在剩下的人已经不多了。"[④]贝蒂·盖尔希望她和戈弗雷也能回国，但是英国人的计划含糊不清，政府无法按计划安排船只。[⑤] 贝蒂·盖尔还担心，拖得时间太长，他们最后无法回去："当然，如果不让我们回国，也不能怪英国政府，他们去年就警告、建议我们回国，但我们没有听。"[⑥]这就是说，贝蒂·盖尔最后还是有了悔不当初的感觉。然而，就在同一天，戈弗雷·盖尔在给母亲的信中却是另一种口吻："贝蒂和我决定一起留下，这个决

---

① 贝蒂·盖尔寄给亲属的信，1942 年 6 月 11 日，来自玛格丽特·怀特曼的私人收藏。

② 戈弗雷·盖尔寄给某人(不详)的信，1941 年 6 月 13 日(原文如此，但应该是 1942 年)，来自玛格丽特·怀特曼的私人收藏。

③ 贝蒂·盖尔的《五年日记》(1939 年 2 月 15 日至 1943 年 12 月 31 日，未出版)中 1942 年 6 月 13 日，来自玛格丽特·怀特曼的私人收藏。

④ 《贝蒂·盖尔日记：在中国日占区四年拘禁生活实录》(未出版，1941 年 7 月至 1945 年 9 月)中 1942 年 6 月 13 日的内容，来自玛格丽特·怀特曼的私人收藏。

⑤ 伊丽莎白·盖尔(齐鲁)寄给亲属(多伦多)的信，1942 年 6 月 11 日，来自玛格丽特·怀特曼的私人收藏。

⑥ 伊丽莎白·盖尔(齐鲁)寄给亲属(多伦多)的信，1942 年 6 月 11 日，来自玛格丽特·怀特曼的私人收藏。

定我们从未后悔。"[①]这可能不是他的本意,但是两人确实没有分开过。

1942年6月,汤善来到上海,和1500名战争侨民一起登上日本轮船"塔图图丸",前往洛伦索马贵斯。他们在那里与瑞典轮船"格里普斯霍尔姆"号会合,上面搭载着欧洲国家遣返的日本战争侨民。侨民在这里换船,汤善乘坐"格里普斯霍尔姆"号返回北美,1942年8月25日抵达蒙特利尔。

1942年,传教士们出售物品的照片

1942年7月13日,留在齐鲁大学的人也听到消息,说他们也要坐火车前往上海,由遣返船送回北美。奇怪的是,人们竟没有想象得那样兴高采烈,反而疲惫又沮丧。"难以忍受的高温,与永远不知道接下来会发生什么,或者什么时候才会发生的悬念交织在一起。"[②]8月6日来了通知,四天以后也就是8月10日启程。日本人下令让他们把家具卖给中国人。传教士按照规定的日期,把大件物品拖到楼前的草坪上。8月7日,先来了一帮日本人,要求全部价格减半。[③] 接着中国人来了,贝蒂·盖尔写道:"当时的混乱场景

① 戈弗雷·盖尔自济南寄给"我亲爱的母亲"的信,1941年6月13日(原文如此,但应该是1942年),来自玛格丽特·怀特曼的私人收藏。

② 《贝蒂·盖尔日记:在中国日占区四年拘禁生活实录》(未出版,1941年7月至1945年9月)中1942年7月17日的内容,来自玛格丽特·怀特曼的私人收藏。

③ 《贝蒂·盖尔日记:在中国日占区四年拘禁生活实录》(未出版,1941年7月至1945年9月)中1942年8月7日的内容,来自玛格丽特·怀特曼的私人收藏。

简直不堪描述！短短的一阵狂乱之后，所有的东西全都没了踪影。卖家具所得的钱寥寥无几。”[①]后来才知道，日本人把传教士应得的钱都揣进了自己的腰包。然而回国在即，没人在乎这个，传教士只是把它看成一个大笑话。[②]贝蒂·盖尔写道：“谁管它呢？再过三天我们就要回家了！”[③]

8月8日，约翰·刘易斯和乔治娜带着两个孩子从周村来了，他们也要回国。[④] 8月10日晚上，洪龙为主人做了最后一顿饭。贝蒂后来描述道：“家里简直成了疯人院。”[⑤]几十个中国人一整天在他们身边转来转去，“我们刚一用完什么东西，不管是桌椅床铺还是锅碗瓢盆，他们就赶快抢到手里”。他们坐下来吃晚饭的时候，陌生的中国人“站在椅子后面，好像我们每吃完一道菜，他们就想把盘子夺去”。[⑥] 戈弗雷·盖尔刚刚起身想拿什么东西，椅子就被人拎走了，剩下的饭他是站着吃完的。

晚饭之后，洪龙和常大嫂手里拿着东西，陪着盖尔夫妇最后一次走向齐鲁大学的校门。他们最后搂了搂玛吉，就站住了。贝蒂·盖尔后来写道：“让我们吃惊的是，泪水顺着他们的脸颊流淌着，当时我也是泪流满面。”[⑦]以后的几年里，洪龙还和盖尔夫妇保持通信。[⑧] 送行的人挤满了火车站，祝福我们一路平安。为了表示对齐鲁大学校长的尊重，日本人派了一辆车去接

---

① 《贝蒂·盖尔日记：在中国日占区四年拘禁生活实录》(未出版，1941年7月至1945年9月)中1942年8月7日的内容，来自玛格丽特·怀特曼的私人收藏。

② Frances Mcall and Kenneth McAll, *The Moon Looks Down*, London: Darley Anderson, 1987, p.28.

③ 《贝蒂·盖尔日记：在中国日占区四年拘禁生活实录》(未出版，1941年7月至1945年9月)中1942年8月7日的内容，来自玛格丽特·怀特曼的私人收藏。

④ 贝蒂·盖尔的《五年日记》(1939年2月15日至1943年12月31日，未出版)中1942年8月8日，来自玛格丽特·怀特曼的私人收藏。

⑤ 《贝蒂·盖尔日记：在中国日占区四年拘禁生活实录》(未出版，1941年7月至1945年9月)中1942年8月11日的内容，来自玛格丽特·怀特曼的私人收藏。

⑥ 《贝蒂·盖尔日记：在中国日占区四年拘禁生活实录》(未出版，1941年7月至1945年9月)中1942年8月11日的内容，来自玛格丽特·怀特曼的私人收藏。

⑦ 《贝蒂·盖尔日记：在中国日占区四年拘禁生活实录》(未出版，1941年7月至1945年9月)中1942年8月11日的内容，来自玛格丽特·怀特曼的私人收藏。

⑧ 伊丽莎白·盖尔(上海)寄给亲属(多伦多)的信，1943年2月11日，来自玛格丽特·怀特曼的私人收藏。在这封信中贝蒂写道：“爸爸，我们今天收到了洪龙的来信(他经常写信)，他现在是一名警察，或者至少他正在接受警察培训！”

他，再把他送到火车站，以显示与他的地位相称的荣誉。[①] 然而可笑的是，那辆车就是校长本人的，八个月以前就被日本人征用。学生、教师和朋友们走过来，跟盖尔夫妇握手，然后默默地离开，当地报社的记者在一旁拍摄照片。山东基督教共合大学和汤姆森家族传教团在华北40年的传奇故事，就这样结束了。

总结

经过几个月的焦虑忐忑之后，盖尔夫妇和另外70名传教士一起被拘禁在济南齐鲁大学的校园里。他们的第一感觉是松了口气，因为日本兵很有礼貌，这多少出人意料。另一个原因是他们没有被立即关进集中营，这是大伙最害怕的事。日本人允许盖尔夫妇继续住在私人住所里，他们很快就适应了新的局势，想方设法寻找食品和衣物，保护自己，继续他们的社会往来。

他们渐渐失去自由，甚至没人察觉出来。一开始，他们不能随意离开校园，即使去大学旁边的医院，也要向日本人申请通行证，由看守陪同，但是这项规定后来一点点地放松了。他们的三个中国佣人被赶走，过了几天后才回来。他们不能去教堂庆祝圣诞节，只能在家里搞点庆祝活动。教学活动也被迫停止，只是在学校停课之前，给学生们上了几节课，完成结业考试。医院停业，被人洗劫一空，但有几位医生转到附近其他医院工作。换句话说，侨民最初得到的待遇比他们想象得好一些，日本人的管制也不那么糟糕。拘禁结束的时候，他们卖掉家具，日本人从中谋利，他们甚至也没有失望，失去财务与失去公民权利，根本不能相提并论。

拘禁期间最可怕的事，是日本指挥官"血腥比尔"的精神错乱和残暴行径。几乎所有人都领教过他的狂暴，没几个人不怕他。盖尔夫妇想方设法对付"血腥比尔"，贝蒂·盖尔保护女传教士躲避"血腥比尔"的骚扰，还为"血腥比尔"本人代祷。最后，"血腥比尔"的野蛮行为有所收敛，大概是祈祷和他们的机智奏效了。

从贝蒂·盖尔成为敌国侨民直到被遣返回国这段时间里，能够看出她

---

① 戈弗雷·盖尔的《日本人统治下的四年》(未出版的手稿)，来自玛格丽特·怀特曼的私人收藏。

与中国人的关系。贝蒂·盖尔和她父母一样都是传教士，能够辨别不同阶级的中国人并且区别对待。对待劳动人民，大多是扛活的男子、传教士的人力车夫，她很有礼貌，但保持距离。她和同伴们一样，不去打听这些人的名字，只是笼统地把他们叫作“苦力”。除了店主和几个工人以外，她交往的中国人大多是基督徒。贝蒂·盖尔跟一些中国姑娘定期交往，建立俱乐部，欢迎她们到家里来。她对她们吵闹和烦人举动的反感，与加拿大少妇对加拿大主日学校打打闹闹的孩子们的反应没有什么不同。对护士学校的学生也是一样，贝蒂·盖尔在他们面前表现出权威和专业性，这种关系和加拿大培训学校里的师生关系毫无二致。她关心学生们的生活，调解纠纷，邀请他们到家里做客。盖尔夫妇的中国客人里面有没有护士同事，目前尚不清楚，但没有迹象表明，她曾经和中国护士建立起牢固的友谊，也没有中国护士主动与她交好。虽然她把中国当成自己的家，但贝蒂·盖尔认为自己是个“洋人”，所以她的朋友大多是外国人。

贝蒂·盖尔交往的中国人里，关系最亲密的是佣人——男仆、女仆和厨师。她小的时候家里就有佣人，她与洪龙、常大嫂之间关系友好，无疑受到幼年的影响。贝蒂喜欢他们俩，同样也受到他们的喜爱，他们甘为盖尔夫妇冒险就是明证：他们被赶出校园后又主动回到家里，还在拘禁期间设法弄来羊奶和别的物品。

传教士尽管失去了自由和个人物品，隐私得不到尊重，却能够机智地另辟蹊径。贝蒂·盖尔没有想象的那么胆小，她先是帮忙埋藏古董，后来又冒险把文物运出校园，可惜没有成功。她能够跟别的人共同住在一所房子里，适应不习惯的伙食。她还体会到照顾孩子能够缓解自身压力。最重要的是，贝蒂做出了正确的决定，留在了中国。在某种程度上，回国还是留下的抉择是如此困难，就如她当初决定以传教士的身份前往中国一样，她想看看自己是否能应付得了。贝蒂·盖尔相信她的磨难已经结束，她登上火车前往上海，坚信自己忍受磨难的方式会让父母、丈夫和孩子为自己感到骄傲。

第六章　怀揣梦想　向阳而生(1943 年)

日军当局为防止英国及其同盟国臣民在日占区从事间谍活动，将其拘禁在特定地区。他们成立了一些平民集中营，不同于战俘营要求每个人都必须单独居住，这些集中营让被拘禁者能和家人在一起。

——选自英国驻加拿大高级专员致外交事务大臣的电报

1943 年 4 月 2 日于加拿大

扬州集中营的被拘禁者像是被遗忘在一个资源匮乏的内陆城市中，与世隔绝。

——选自加拿大驻英国高级专员的密文

1943 年 9 月 14 日

1942 年 8 月 10 日，贝蒂·盖尔、乔治娜·刘易斯与家人同大约 12 名齐鲁传教士一道，从华北地区出发，同乘一辆满载外籍疏散人员的火车撤离至上海。对贝蒂·盖尔来说，与他人不同的兴奋之处是，他们终于要回家了！距离盖尔一家登上驶往欧洲和加拿大的遣返船“镰仓丸”号，预计还有 30 个小时的车程。他们一家轻装简行，毫不在意物资匮乏。贝蒂·盖尔感到自由自在、无忧无虑。尽管火车旅途如同梦魇，盖尔一家始终精神振奋，想象着他们在经历了两个月的海上航行后就可以与家人团聚的场景。但事实并非如此，上海的外籍人士为 77 位华北传教士争取到了七个预留船位，这是撤离中国最后的机会。然而，在到达上海临时避难所的几小时后，他们发现自己和大多数齐鲁传教士的名字已从预留船位名单中删除了。盖尔一家与另外 350 名外籍滞留人士被困在一个曾是英国乡村俱乐部的地方长达七个月，而该俱乐部原本只能容纳 35 人。次年，也就是 1943 年 3 月 11 日，盖尔一家被转移到了扬州集中营 B 营。他们安慰自己至少避开了那个位于黄浦江畔脏乱工业区内臭名昭著的浦东集中营。然而六个月之后，即 1943 年 9 月 30 日，他们还是被转移到了浦东。战争期间，约翰·刘易斯和乔治娜·刘易斯从哥伦比亚乡村俱乐部转到了上海沪西第二集中营；约翰·斯坦利和玛丽·斯坦利被软禁在北京，后被转移到华北的潍县集中营，直到战争结束。乔治娜·刘易斯和贝蒂·盖尔的拘禁生涯仅在上海的那几个月里有重叠。

本章分为两部分，分别是哥伦比亚乡村俱乐部时期(1942 年 8 月至 1943 年 3 月)和扬州集中营 B 营时期(1943 年 3 月至 1943 年 9 月)。本文主要内容大多来自贝蒂·盖尔的日记、笔记和拘禁期间的书信往来。文中描绘了贝蒂·盖尔在这段时间内是怎样挣扎着接受和适应自己作为平民拘禁者的身份。[①]

上海的哥伦比亚乡村俱乐部

上海英国居民协会是一个自战争爆发以来一直在上海组织救援工作的当地机构。1942 年 8 月 12 日凌晨三点十五分，当吐着黑烟的大巴车将这些华北外籍疏散人员送到临时避难所时，贝蒂·盖尔虽已疲惫不堪，但上海英国居民协会的友好接待让她松了一口气。

上流社会的气息、深夜的茶水面包，与随后那令人窒息的高温、剧烈发作的胃病和在火车上的检疫，形成了鲜明的对比。情况恰是如此，乘坐火车几个小时之后，盖尔一家所在的车厢里有五名齐鲁传教士都出现了严重而持久的呕吐和腹泻症状。由于担心霍乱发生，日本当局要求对该车厢进行严格隔离。尽管气温高达 41℃，但当局仍禁止乘客打开车窗。他们给了一个奇怪的解释，说是为了防止中国游击队向火车开枪。此外，玛吉已经把盖尔一家携带的水都喝完了，两个装水的壶也被打坏了。隔离车厢被当局从火车上单独分离下来，日本人用药物把乘客从头到脚喷了一遍，据说这样能

① 哥伦比亚乡村俱乐部直到 1943 年 5 月才成为正式的集中营。虽然将这些人称为“难民”可能更为恰当，但由于日本没有对这一被遗弃群体进行分类，因此在这里称他们为被拘禁者。

帮助他们消毒。

被驱赶下来后，车厢内的乘客乘渡轮过江，之后搭上一辆新火车，然后转巴士去往上海。当地一家医院将三名生病的传教士确诊为食物中毒。在哥伦比亚乡村俱乐部，盖尔夫妇睡在满是被拘禁者的房间内，贝蒂·盖尔迅速和衣而睡，她觉得最坏的日子已经过去。但在第二天早上，有人告诉贝蒂·盖尔，他们(盖尔一家和刘易斯一家)已被人从疏散名单中删去了。"今天上午我们得知走不了了，因为77个人中只有七个人能走。"贝蒂·盖尔在她日记中写道，"我想再睡一会儿。"[①]

与日本人在珍珠港事件中的拘禁政策不同，盖尔一家在震惊与难以置信的状态中进入了下一阶段的拘禁生活。虽然没有记录刘易斯夫妇对这一消息有什么反应，但是可以想象到他们应该和盖尔一家人差不多。当贝蒂·盖尔第一次来到拥挤嘈杂的哥伦比亚乡村俱乐部时，她从没想过会在这里待七个月，更不用说她们还会在一个更加破旧的集中营里待三年。上海的英国居民大多很有钱，或与当地英国大使馆关系不错，当贝蒂·盖尔发现是他们占据了传教士在船上的位置时，她陷入了情绪困境。正如戈弗雷想的那样："英国居民协会让他们的人占据了原本属于我们的位置。"[②]虽然尚不清楚是否有人曾尝试将新乘客送上"镰仓丸"，但至少有一些英国官员是在最后一刻通过所谓的"特殊交换协议"获得了登船资格。[③] 与盖尔一家一起从华北地区跋涉而来的350名外籍拘禁者中，只有120人登上了"镰仓丸"，其中有七人来自齐鲁。

加拿大人戴斯蒙·帕沃斯(Desmond Powers)回忆起和盖尔一家人为了赶上遣返船从天津到上海的那段经历，但最终却被人顶替，他们感到十分生

---

① 《贝蒂·盖尔日记：在中国日占区四年拘禁生活实录》(1941年7月至1945年9月，未出版)中1942年8月12日的内容，来自玛格丽特·怀特曼的私人收藏。

② 戈弗雷·盖尔的《太平洋战争》(未出版的回忆录/日记)中1942年8月15日的内容，来自玛格丽特·怀特曼的私人收藏。

③ 一些人，如英国驻重庆大使馆参赞亚瑟·布莱克本(Arthur Blackburn)爵士，接受了瑞士总领事"为我和我妻子做的一项特殊的交换安排"，这使他们在1942年8月17日意外地登上了"镰仓丸"号。

气。在帕沃斯看来，他们的船位是被上海富商抢走了。[①] 贝蒂·盖尔给这艘遣返船起了一个绰号——“欺诈丸”(Wangle Maru)，但她还是挣扎着接受了这样的现实。“镰仓丸”离开那天，情绪激动的贝蒂·盖尔给父母匆匆写了一封信，信中她生气地写道：

> 济南来的77人中只有七人上了船，北京和天津来的人也差不多都在这里滞留了。很显然，那些瑞士议员原本已经安排好了一切，却完全没想到日本议会和上海官员会做出这样的举动。这些上海人觉得非常恼怒，为什么很多乡下人都能离开，而他们却走不了。所以他们让日本人将我们中的500人从名单中剔除，由他们替代我们！”[②]

对于盖尔夫妇来说，匆匆出售自己的财产后离开齐鲁的家，然后被无限期地关押在这栋1500公里外人满为患的房子里，真是令人头疼。尽管他们获得了日本方面的许可，能够相对自由地在上海活动，但是他们没有钱，也很少能和外界联系。对于贝蒂·盖尔来说，要是日本人将这件事处理得很体面，在离开家前几天就把事实告诉他们，他们也许不会如此介意。但是日本人并没有那样做，现在的他们像拥挤的沙丁鱼一样被困在这里，毫无离开的希望。[③]贝蒂·盖尔观察着房间里的一个婴儿，她看到孩子惊恐的蓝眼睛中也映射出自己的恐惧。[④]

适应哥伦比亚乡村俱乐部的生活

哥伦比亚乡村俱乐部位于上海大西路301号，曾是一家各国富有“侨民”都会去的热门俱乐部。精心布置的双层俱乐部会所采用西班牙风格建造，屋顶为红色瓷砖，占地五英亩，拥有一个室外泳池和一个室内保龄球馆。盖

---

① 来自2007年2月26日德斯蒙德·鲍尔与作者的个人通信。

② 贝蒂·盖尔在上海时写给在多伦多家人的信，1942年8月16日，来自玛格丽特·怀特曼的私人收藏。

③ 贝蒂·盖尔在上海时写给在多伦多家人的信，1942年8月16日，来自玛格丽特·怀特曼的私人收藏。

④ 《贝蒂·盖尔日记：在中国日占区四年拘禁生活实录》(1941年7月至1945年9月，未出版)中1942年8月14日的内容，来自玛格丽特·怀特曼的私人收藏。

尔他们到达这里后,日本人开始占用这家俱乐部拘禁这些等待遣返的外籍人士。据贝蒂估计,在这350名因自己船位被有权势的侨民占据而被拘禁的外籍人士中,90%是传教士。[①] 这里实在太拥挤了,大约有150名妇女和儿童被安置在楼上卧室、走廊以及餐厅的野营床上,120名男士挤在保龄球馆,另外80名男士则挤在酒吧里。贝蒂·盖尔和玛吉与另外四位妇女和八个孩子合住一个房间。男士仅允许在规定时间上楼,而妻子则要照顾孩子。每到吃饭时间就会有人敲锣提醒他们,然后排队等待快餐厅提供给他们一些所谓"体面"的食物。

起初,贝蒂·盖尔因为周遭的噪音、脏臭的尿布味、缺乏隐私的环境,以及与戈弗雷的分离而感到不堪重负,所以前几天她大部分时间都躺在床上,一边看着玛吉玩,一边告诉自己,"一切都杂乱无章,现在真的没有其他地方可去了"。[②] 在一个死水潭旁吃饭的时候,一群蓝黑相间的大苍蝇"像瘟疫一样"在盘子上方盘旋,贝蒂·盖尔和其他妈妈只能一只手将苍蝇赶走,另一只手将食物塞进孩子嘴里。玛吉患了痢疾,晚上没有戈弗雷·盖尔的帮助,贝蒂·盖尔不得不整夜照顾她,这个时候,她第一次开始怀疑自己,当初为何会犹豫不决而没有做出尽快撤离的决定。最难过的就是在"欺诈丸"启航的前一天,贝蒂·盖尔还在思考:"当初加拿大人撤退的时候,自己是否就该带玛吉回家?"[③]

---

① 《贝蒂·盖尔日记:在中国日占区四年拘禁生活实录》(1941年7月至1945年9月,未出版)中1942年8月14日的内容,来自玛格丽特·怀特曼的私人收藏。

② 《贝蒂·盖尔日记:在中国日占区四年拘禁生活实录》(1941年7月至1945年9月,未出版)中1942年8月14日的内容,来自玛格丽特·怀特曼的私人收藏。

③ 《贝蒂·盖尔日记:在中国日占区四年拘禁生活实录》(1941年7月至1945年9月,未出版)中1942年8月14日的内容,来自玛格丽特·怀特曼的私人收藏。

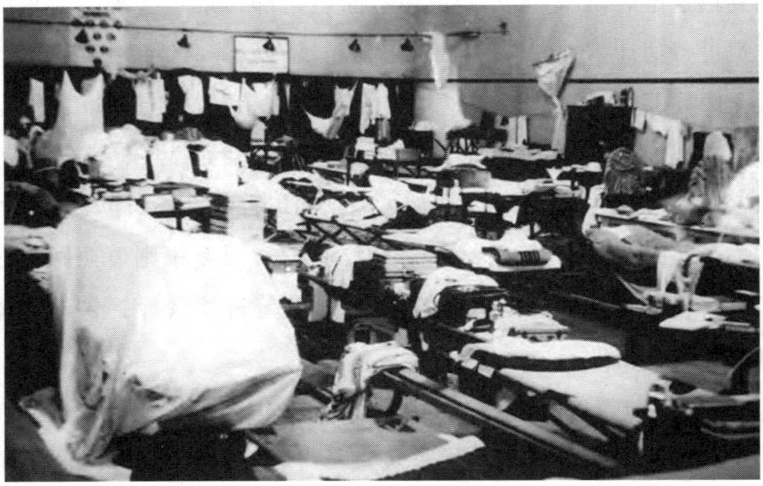

1942 年，用作宿舍的哥伦比亚乡村俱乐部保龄球馆

在哥伦比亚乡村俱乐部拘禁的这段时期，或者更准确地说，是被人顶替的时期，为盖尔一家人接下来的拘禁生活定下了基调。当贝蒂·盖尔慢慢接受自己会被拘禁在中国一段时间后，她逐渐开始适应新环境。她最担心的是玛吉的身体一天不如一天，晚上戈弗雷·盖尔又不能在身边帮忙照顾，而且他们身无分文。贝蒂·盖尔开始逐渐学着依赖于他人的慷慨相助。她选择对许多小事充满感激：感激忙里偷闲的亲密时光，感激他人帮她照顾玛吉，感激每天得到的食物和必需品，感激那些帮助她消磨无尽时光的社交活动。随着待在哥伦比亚乡村俱乐部的时间由几天变成几个月，这些被拘禁者适应了俱乐部的日常生活，贝蒂·盖尔开始认识并欣赏那些能让她在这个新圈子中获得社会财富和精神财富的人。她也开始认识到，她要回避并远离那些行为自私或使人消极的人。

虽然贝蒂·盖尔承认自己感到很挫败，但在给父母的信中她依然下决心接受自己当前的处境，并努力看到其中好的一面。她和朋友弗朗西丝·麦卡勒一致认为，虽然失去"镰仓丸"上的船位让她们很沮丧，但好在俱乐部里的传教士有的是教师、医生和护士，大家最终很好地克服了拘禁期间的重重困难。此外，虽然缺乏隐私和拥挤不堪的问题始终得不到解决，但是他们有足够的热水和暖气,这些东西在齐鲁是没有的,而且这里的中国厨师做的饭菜很好吃。最后,贝蒂·盖尔还结交了很多朋友,包括同为华北护士的刘易斯夫妇,以及他们的两个婴儿。

1942年哥伦比亚乡村俱乐部的圣诞节(贝蒂·盖尔为左侧中间的女性,右侧带臂章的男人为戈弗雷·盖尔)

事实上,到访过哥伦比亚乡村俱乐部的人们表示,被拘禁者在那里设法营造一种相对愉快的氛围。例如,加拿大传教士温妮弗雷德·沃伦(Winifred Warren)于一年前从华北来到上海,这是她第二次来到这里。1942年12月,她到访了俱乐部并记录说:"我们这些跟他们不住在一起的人很羡慕他们的大家庭能庆祝圣诞节。"那些颂歌、圣诞树,甚至是韩德尔的作品《弥赛亚》,都是精心策划的,这让人十分羡慕。[①]

相比之下,温妮弗雷德·沃伦发现她参加过的中国教堂布道很难理解,因为有些教堂会说令人难懂的方言。非常具有讽刺意味的是,温妮弗雷德·沃伦直到第二年3月才被拘禁,在此之前她还非常羡慕那些被困在哥伦

① 温妮弗雷德·沃伦在上海时致在多伦多的泰勒夫人的信,1943年1月1日,来自加利福尼亚大学83.045C,11号文件盒,180号文件。

比亚乡村俱乐部里享受生活的人们。

不久之后，被拘禁者就组织起来进行小组教学，内容从缝制、速记，到医学伦理学、解剖学和生理学等所有课程。他们还举办了音乐会，上演了戏剧，并轮流照顾彼此的孩子。贝蒂·盖尔甚至惊讶于自己居然同意了与戈弗雷·盖尔一起给一个50人的班级上交际舞课。她写道："我可以想象那些曾经和我在加拿大一起跳过舞的男士们听说这件事后那难以置信的表情！"[①]几周之内，人们开始习惯于在公共礼堂占座位，也学会了如何度过夜晚：一些父母在给孩子们读故事，而他们的身后，三位柔弱、甜美而温和的未婚大龄妇女正在闲谈，这让贝蒂怀疑她们是否能在多年的战争中幸存下来。在这些妇女旁边是一个年轻的女人，她留着一头浅红色的头发，看起来十分瘦弱，小巧而娇嫩的脸庞格外苍白。每晚这个女人都坐在盲人丈夫旁边给他读书，她用一种十分温柔的语气，声音小到其他人根本听不见。她的丈夫把头稍稍歪向她，握住双手仔细聆听，仿佛一尊塑像，一动不动，直到她讲完，她真是一个了不起的女人。[②] 尽管男女分居几乎不可能实现婚姻亲密关系，但戈弗雷和贝蒂做到了。意识到拘禁带来的限制，偶尔在周末外出时，上海的熟人和朋友为盖尔一家提供了可以使用其房屋的机会，同时在俱乐部还有人帮忙照看玛吉。贝蒂·盖尔暗自将这短暂的美好时光当作第二次蜜月，她从中获得了勇气。

虽然尚不清楚信件是如何从哥伦比亚乡村俱乐部寄往加拿大的，但显然除了途经四川的邮寄渠道，他们还有其他的邮寄方式。在1942年10月写给多伦多父母的明信片中，贝蒂·盖尔的语气十分兴奋。她预计邮件会延迟到家，因此祝他们圣诞快乐，并向他们保证："玛吉越来越可爱了，也长胖了不少，并且脸色也没有那么苍白了。"贝蒂·盖尔在明信片上撒了一些彩纸屑，称她的室友很有魅力，暂离俱乐部的周末很开心，并且天气也很好，她

---

① 《贝蒂·盖尔日记：在中国日占区四年拘禁生活实录》(1941年7月至1945年9月，未出版)中1943年1月22日的内容，来自玛格丽特·怀特曼的私人收藏。

② 《贝蒂·盖尔日记：在中国日占区四年拘禁生活实录》(1941年7月至1945年9月，未出版)中1943年9月25日的内容，来自玛格丽特·怀特曼的私人收藏。

简单地提到自己的工作是“marger”(意思尚不清楚),戈弗雷·盖尔也忙于学习。贝蒂最在意的似乎就是如何让父母不要担心她。“我们度过了很多欢乐的时光,”她在信里写道,“我们玩游戏、下象棋、打桥牌、跳舞,所以不用担心我们!”[①]贝蒂·盖尔深知,她的父母不是这封信唯一的阅读者,因为信上会有检查员的签字。

被拘禁者通过教会、政府和私人渠道来获知他们亲人的近况。从 1941 年珍珠港事件发生到 1945 年日本投降这几年,传教士和教会的联系很少,但漏掉的信息都被广泛传开了。战争初期,他们定期通过无线电短波将电报发送至加利福尼亚,然后再从那里转发给家人。随着战争推进,所有讯息往来都被切断了。尽管可以邮寄信件,但邮政运输船也有可能无法安全到达目的地。盖尔一家被拘禁于俱乐部期间,国际红十字会开始负责帮助这些拘禁者与远在加拿大的亲人建立联系。他们和家人都需要使用红十字会提供的特殊书信格式。每封信件不能超过二十五个字,一个通讯周期可能需要一年甚至更长时间。尽管如此,对于这些传教士和家人来说,通信也是非常宝贵的。

同时,登上遣返船离开中国的齐鲁传教士成了重要的信息源,他们为外界提供了滞留人员的重要信息。尽管加拿大人渴望听到他们的故事,但传教士还是十分小心谨慎,不敢分享太多。华北使团的八名加拿大传教士仍被困在中国集中营,其中包括贝蒂·盖尔、玛丽·斯坦利、乔治娜·刘易斯、伯莎·霍奇、温妮弗雷德·沃伦,景佐智夫妇以及苏西·凯尔西。国外传教委员会也保持谨慎,他们认为中国基督徒可能处于危险之中。例如,1942 年,多伦多推迟将《河南季刊》发到四川,是因为国外传教委员会觉得有些事情不应该公开。[②] 发往中国的信件内容首先要由遣返回国的传教士汤善、杜儒文和唐·法利斯审查,因为他们意识到如果《河南报告》原文中的某些内

---

① 戈弗雷·盖尔和妻子写给汤善夫妇的明信片,1942 年 10 月 31 日,来自玛格丽特·怀特曼的私人收藏。

② 英国财务会计师(多伦多)给牧师布鲁斯·科普兰(Bruce Copland)(四川)的信,1942 年 11 月 24 日,来自加利福尼亚大学 83.045C,11 号文件盒,177 号文件。

容公开,在中国的基督徒可能会面临危险。[①]

在哥伦比亚乡村俱乐部,盖尔夫妇非常欣赏那些仍然自由生活在上海的中国人和外国人在这种令人不安的情形之下展现出的慷慨精神。除了经常拜访上海的朋友外,盖尔一家偶尔也去餐厅用餐。在日本人关掉所有娱乐场所之前的几个月里,盖尔一家经常轮流去参加由杭州大学中国教职工和学生在老罗克西电影院举办的大型教堂布道活动。尽管日本人严禁被拘禁者和上海的中国朋友接触,但有的人还是秘密与朋友一起祷告交流。1943年2月的一个星期日,在一场振奋人心的布道和祷告之后,贝蒂·盖尔在她日记里写道:“我开始找到生命中的新目标,也有了让生活变得更好的动力!”[②]

后来,被拘禁者在离开乡村俱乐部时必须签名登记并戴上红袖章(英国人用“B”标记,美国人用“A”标记,外加个人号码),但即使这样,他们仍享有在上海活动的相对自由。贝蒂·盖尔最憎恨的不是日本人,而是仍住在上海豪华住宅中的英国侨民。毫无疑问,“镰仓丸”船位顶替一事仍然使她耿耿于怀,而她对这些有影响力的英国商人及其妻子的看法进一步恶化,是因为有四个陌生女人只是想来看看被拘禁者的生活就突然造访她的房间。[③]

这些社交名流(“我很不愿意说她们是英国人”)毫无征兆地闯进贝蒂·盖尔的卧室,用了一早上的时间看着贝蒂·盖尔和她的四名室友只穿着睡衣缝制、整理衣服和照顾孩子。贝蒂·盖尔被她们麻木不仁的态度激怒了,她写道:“她们让我感到恶心而愤怒……我们觉得自己像动物园里的动物。其中一个年轻女孩看上去有点不好意思,但其他人则一直在问问题,还四处闲逛,完全觉察不到我们言语之间的恼怒。”[④]当大约8000名居住在上海的

---

① 英国财务会计师(多伦多)给牧师布鲁斯·科普兰(Bruce Copland)(四川)的信,1942年11月24日,加利福尼亚大学83.045C,11号文件盒,177号文件。

② 贝蒂·盖尔的《五年日记》(1939年2月15日至1943年12月31日,未出版)中1943年2月7日,来自玛格丽特·怀特曼私人收藏。

③ 《贝蒂·盖尔日记:在中国日占区四年拘禁生活实录》(1941年7月至1945年9月,未出版)中1943年2月9日的内容,来自玛格丽特·怀特曼私人收藏。

④ 《贝蒂·盖尔日记:在中国日占区四年拘禁生活实录》(1941年7月至1945年9月,未出版)中1943年2月9日的内容,来自玛格丽特·怀特曼的私人收藏。

外籍人士中有一部分后来作为被拘禁者与传教士关押在一起时,贝蒂·盖尔特别警惕他们提出的任何有关应享权利或特权的建议。

侨民

贝蒂·盖尔在上海和扬州集中营B营的早期经历中,侨民起了非常重要的作用。从某种意义上说,贝蒂·盖尔是对的,即那些有钱有势的英国侨民保留了某些在上海通商口岸生活的特权。艾佩琪在其回忆录中描述了自己1941年以前在中国的生活,这种生活丝毫未受自1937年日本入侵以来中国大部分地区战时状况的影响。艾佩琪在第一次世界大战期间与寡居的母亲从巴黎搬到了上海,"因为自1918年以后在欧洲的生活变得越来越困难"。[①] 而居住在上海的外籍人士仍然可以享有"爱德华时代"有钱人的所有乐趣。[②] 1938年母亲去世后,艾佩琪完全没有了家庭义务和责任,她在经济上是独立的。就像生活在中国国际通商口岸的其他富裕的外国人一样,她将上海视为"领土以外的世外桃源",这是一个完全自由又受到保护的地方,英国、美国和法国当局停泊在港口的炮舰确保了其公民的安全。[③] 即使在1937年日本人入侵华北之后,在上海也可以过着高雅时尚的生活,享受戏剧,拥有奢华晚餐和高档住宅。

尽管日本人的军事活动不断增加,但居住在上海的上层外国人并没有意识到真正存在的危险,他们没有理由离开。正如杰克逊(S.W.Jackson)十分形象地描述道:"就像尽管船只已经与冰山相撞,而他们却还在重新摆放泰坦尼克号上的躺椅一样,侨民的生活还在继续,没有人相信一个时代即将结束。"[④]1943年3月,艾佩琪成为在上海滞留的数千名外国被拘禁者之一。

---

① Peggy Abkhazi, *A Curious Cage: Life in a Japanese Internment Camp, 1943-1945*, Victoria BC: SonoNis Press, 2002, p.13.

② Peggy Abkhazi, *A Curious Cage: Life in a Japanese Internment Camp, 1943-1945*, Victoria BC: SonoNis Press, 2002, p.13.

③ Peggy Abkhazi, *A Curious Cage: Life in a Japanese Internment Camp, 1943-1945*, Victoria BC: SonoNis Press, 2002, p.14.

④ Peggy Abkhazi, *A Curious Cage: Life in a Japanese Internment Camp, 1943-1945*, Victoria BC: SonoNis Press, 2002, p.16.

同样，在1940年6月，日本人在香港九龙与中国人作战时，领事馆虽然对可能发生的状况进行了警告，但香港上流社会的外国人依然觉得战事丝毫不会影响到他们的生活。[①] 无数中国人在战争中受伤，九龙许多学校都被改造成医院，伤亡人数太多了，以至于“死去中国人的气味”飘到了香港，有人抗议“这种气味让人难以忍受”[②]。这一事件使港英政府要求所有(英国籍)妇女儿童立即离开殖民地。然而讽刺的是，战况稍有缓和，丈夫们就开始组织集会游行，要求政府把他们的妻子送回来。有很多女性是因为连夜应招前来做助理护士、空袭救护、速记员和译电员而留在这里的，那些丈夫就抱怨政府为何允许其他女性留在香港，这是对他们的歧视。[③]

我们的安全感荡然无存

尽管这段生活相对平静，但偶尔发生的危机常常提醒着贝蒂·盖尔她的确是被拘禁的，这使她感到恐惧。被拘禁者一度收到消息，称日本人在上海意外逮捕并拘禁了400名外籍男士，他们被人从床上拖下，被关押到臭名昭著的大桥监狱，该监狱以对囚犯实施酷刑而闻名。盖尔得知这个消息时说道：“生活突然变得阴暗而可怕，我们都感到无能为力……我们不知道他们身上发生了什么，或者下一个被带走的会是谁。”[④]这件事提醒她目前危机四伏。他们身处于敌人的地盘，贝蒂担心戈弗雷·盖尔也可能会被捕，她在日记中写道：“我可以冷静地看待死亡，但无法面对我的丈夫或朋友遭受酷刑……我们的安全感已荡然无存，我害怕我的丈夫再度脱离我的视线。”[⑤]

---

① Oliver Lyndsay and John R. Harris, *The Battle for Hong Kong, 1941-1945: Hostage to Fortune*, Hong Kong: Hong Kong University Press, 2005, p.40.

② Oliver Lyndsay and John R. Harris, *The Battle for Hong Kong, 1941-1945: Hostage to Fortune*, Hong Kong: Hong Kong University Press, 2005, p.40.

③ Oliver Lyndsay and John R. Harris, *The Battle for Hong Kong, 1941-1945: Hostage to Fortune*, Hong Kong: Hong Kong University Press, 2005, p.40.

④ 《贝蒂·盖尔日记：在中国日占区四年拘禁生活实录》(1941年7月至1945年9月，未出版)中1942年11月5日的内容，来自玛格丽特·怀特曼的私人收藏。

⑤ 《贝蒂·盖尔日记：在中国日占区四年拘禁生活实录》(1941年7月至1945年9月，未出版)中1942年11月5日的内容，来自玛格丽特·怀特曼的私人收藏。

“每个人都感到很无能为力。”[1]尽管几天后她的惊慌情绪会平复下来，但她对日本人的恐惧和愤怒却难以抑制。

除了可能与戈弗雷·盖尔分离的威胁(例如，他被抓到上海大桥监狱集中营或男子集中营)，贝蒂·盖尔还需要操心如何才能保护玛吉不生病和不受伤害。被拘禁期间，贝蒂·盖尔会在她的日记和寄回家的信件中记录玛吉的健康状况，如面色苍白、无精打采、面色红润、吃得很好。从玛吉的幸福程度就可以看出贝蒂·盖尔是如何应对拘禁生活的。除了在哥伦比亚乡村俱乐部初期感染过痢疾外，玛吉看上去非常健康。但是，1943 年 1 月 12 日，玛吉遭遇了一场意外，从那以后她的手上留下了疤痕，直到成年也没有恢复。

玛吉是个活泼的孩子，在俱乐部休息室的桌子和椅子下面爬来爬去，只要她的手能够触及的东西，她都要抓一下。有一次，她抓住两条金属管，想要自己站起来，突然，她发出一阵痛哭，原来管道里有滚烫的热水。她双手手掌、手指立即被烫出大量水泡。最后在父亲给她冷敷后，玛吉平静下来，但她的父母认为他们应该预见这场事故并采取预防措施，对此他们十分自责。这次事故再次提醒他们玛吉还是个脆弱的孩子。

1943 年 2 月，俱乐部的被拘禁者收到消息，说他们将被转移到上海以外的集中营。居住在上海的所有外国侨民都将被“集中管理”，而哥伦比亚乡村俱乐部将成为上海本地侨民的官方集中营。[2] 贝蒂·盖尔在给父母的信中写道：“我们知道我们要走很远，到大概 1896 年中华内地会(China Inland Mission，CIM)开设师范学校的地方去，您知道这个地方吗，爸爸？”[3]贝蒂·盖尔主要担心那儿的食物是否适合玛吉，因为食物匮乏，她在集中营中瘦了

① 贝蒂·盖尔的《五年日记》(1939 年 2 月 15 日至 1943 年 12 月 31 日，未出版)中 1942 年 11 月 5 日的内容，来自玛格丽特·怀特曼的私人收藏。

② 伊丽莎白·盖尔在上海时致在多伦多“我最亲爱的家人”的信，1943 年 2 月 11 日，来自玛格丽特·怀特曼的私人收藏。

③ 伊丽莎白·盖尔在上海时致在多伦多“我最亲爱的家人”的信，1943 年 2 月 11 日，来自玛格丽特·怀特曼的私人收藏。

三十磅，戈弗雷瘦了四十磅。①

加拿大国防部文件说明了日本人通过无线电广播向英文听众传达的信息与机密报告中所描述内容的区别。例如，1943 年 4 月日本广播电台报道，上海集中营位于安静的郊区，房屋结构良好，许多被拘禁者甚至很高兴来到这些营地。② 这些广播节目坚称，日本政府精心布置了集中营，特别考虑到集体生活所需的住宿条件、被拘禁者之间的宗教差异、已婚夫妇的需求以及卫生要求。与之相悖的是，四川重庆的一则广播报道说，在 1943 年 3 月的一个星期内，安置在集中营中的 53 名上海英裔美国人自杀或遭遇谋杀。然而，东京在 1943 年 3 月 19 日针对美国人的英语广播中否认了这一事件。接下来的一个月，梵蒂冈广播报道说，被拘禁在福州的三名耶稣会教士被杀。③

1943 年 3 月 8 日，即盖尔一家转移到扬州集中营 B 营的前两天，贝蒂走进一家日本商店，为玛吉买了两件保暖睡衣。当她回到俱乐部时，她意识到玛吉在被拘禁期间长高了，需要买更大一号的睡衣，于是她急忙回到商店。然而店主拒绝为她更换睡衣，她哀求店主说她们是集中营的被困人员，但仍然遭到了拒绝。她十分生气，含着泪对店主喊叫，随后冲出商店。在人行道上，贝蒂·盖尔倚靠着自行车，开始像一个充满愤怒和沮丧的孩子一样号叫，但又立即感到羞愧。④

经过一夜不眠的自我反省，贝蒂·盖尔觉得自己犯了一个道德错误："这个世界上本就充满了仇恨，而我又往上加了一些。"⑤第二天早上贝蒂回到商店，为自己的粗鲁行为向店主表示歉意，店主感到非常惊讶。尽管店主没有给她更换睡衣，但他的微笑以及他们在成堆儿童内衣旁相互握手使贝

---

① 玛格丽特·怀特曼对贝蒂·盖尔的访谈录的录音带，来自玛格丽特·怀特曼的私人收藏。

② 关于被拘禁者待遇的日本广播，1943 年 4 月 21 日，来自加拿大图书馆和档案馆，国防基金会，缩微胶片卷 C，5342，HQS 9050(33～37)文件，第 45 页。

③ 关于被拘禁者待遇的日本广播，1943 年 4 月 21 日，来自加拿大图书馆和档案馆，国防基金会，缩微胶片卷 C，5342，HQS 9050(33～37)文件，第 47 页。

④ 《贝蒂·盖尔日记：在中国日占区四年拘禁生活实录》(1941 年 7 月至 1945 年 9 月，未出版)中 1943 年 3 月 8 日的内容，来自玛格丽特·怀特曼的私人收藏。

⑤ 《贝蒂·盖尔日记：在中国日占区四年拘禁生活实录》(1941 年 7 月至 1945 年 9 月，未出版)中 1943 年 3 月 8 日的内容，来自玛格丽特·怀特曼的私人收藏。

蒂感到高兴。店主在她离开商店时向她鞠躬,贝蒂感到十分开心。对贝蒂而言,问心无愧与和平相处比获得必要的物质财富更能增加她的幸福感。在中国担任传教士和护士的那几年,她身边的人们都真诚地相信上帝会满足他们所有需求——无论是生理上、情感上还是精神上的。当她了解到自己需求和欲望之间的差异时,她试着将自己的顾虑交给上帝,而从中获得了平静,汲取了力量。

在盖尔一家被转移到扬州集中营 B 营的前一天晚上,贝蒂·盖尔熬夜给父母写了最后一封信。贝蒂·盖尔穿着睡衣和皮大衣(她的衣服已经打包好寄走了)站在浴室里,写道:"我希望能告诉您我们最近的一些经历,但那是(不明智的)……希望我们有机会一起围在炉火旁,伴着昏暗的灯光,一边分享着这些故事,一边吃着瑰红色的多汁苹果(2.5 美元一个苹果,这真是太荒谬了)。"①

最后一点残存的自由

在哥伦比亚乡村俱乐部,日本当局成立了一个委员会负责分派哪些人去哪个集中营。被拘禁者被分到五个营地,两个设立在上海的学校和大学内,三个设立在扬州郊区偏远的传教大院内。每个营地可容纳三至四百人,被拘禁的医生们分配到了不同营地以提供医疗保障。1943 年 2 月,盖尔一家获悉他们和麦卡勒夫妇被分配到扬州集中营 B 营,从上海乘船过去需要 24 个小时。根据他们的理解,所有的医生——戈弗雷·盖尔、肯尼斯·麦卡勒和弗朗西丝·麦卡勒将负责该营地 350 名被拘禁者的健康。贝蒂·盖尔听到传言称他们将居住在一座佛教寺庙中时,她想象那里有着柔和而响亮的钟声,是一个安静的地方。同时,刘易斯夫妇被分配到位于上海市中心的上海沪西第二集中营。一些被拘禁在北京和天津的传教士被转移到潍县集

① 伊丽莎白·盖尔在上海时致在多伦多"我最亲爱的家人"的信,1943 年 3 月 9 日,来自玛格丽特·怀特曼的私人收藏。

中营,其中有斯坦利夫妇、景佐智夫妇、贝莎·霍奇、苏西·凯尔西和李爱锐。[1]

伦敦会每月会给盖尔一家寄一个红十字小包裹,里面有奶粉、鸡蛋粉和牛肉罐头。他们每人可以携带一个行李箱,外加一支随身携带的手提包。麦卡勒一家离开济南时攒下了一些钱,他们做出了一个冒险的决定:用所有积蓄换回一张非常舒适的软垫长椅,晚上可以把这个长椅变成一张双人床。之后几年的拘禁生活证明这是一次奢侈而明智的行动。[2] 贝蒂·盖尔和弗朗西丝·麦卡勒他们启程前往扬州,男人负责用自制的吊索带着玛吉和伊莱,而女人则带着所有的家当以保证孩子们有一个轻松愉快的旅程。与扬州集中营 B 营其他被拘禁者在上海大教堂庭院里集合的前一天晚上,贝蒂·盖尔猜测他们将失去最后一点残存的自由。[3]

扬州集中营

同年 3 月某个异常寒冷的早晨,在宏伟的上海大教堂前,成百上千的人们拿着繁重的行李等待着出发,心里或多或少都不太高兴。贝蒂·盖尔却感到异常高兴。[4] 早餐后,麦卡勒一家和盖尔一家接受了哥伦比亚乡村俱乐部朋友的热情送别。马可·波罗在忽必烈统治期间(约 1277 年)曾是扬州的地方长官,他们很好奇在古城扬州的生活会是什么样子。他们将途经著名的京杭大运河,该运河建于公元前三百年,当时用来将大米运送到北京的皇宫。或许是因为摆脱了哥伦比亚乡村俱乐部的束缚和不确定感,又或许因为这是九个月来第一次家人团聚,亦或许只因这是一次冒险,贝蒂感到很激

---

① Greg Leck, *Captives of Empire: The Japanese Internment of Allied Civilians in China, 1941-1945*, Bangor, PA: Shandy Press, 2006, pp.655-684.苏西·凯尔西在 1943 年被遣返回国,不在名单上。

② Frances McAll and Kenneth McAll, *The Moon Looks Down*, London: Darley Anderson, 1987, p.32.

③ 《贝蒂·盖尔日记:在中国日占区四年拘禁生活实录》(1941 年 7 月至 1945 年 9 月,未出版)中 1943 年 3 月 10 日的内容,来自玛格丽特·怀特曼的私人收藏。

④ 《贝蒂·盖尔日记:在中国日占区四年拘禁生活实录》(1941 年 7 月至 1945 年 9 月,未出版)中 1943 年 3 月 12 日的内容,来自玛格丽特·怀特曼的私人收藏。

动。在日本人厉声发出命令后,大家步行穿过上海的街道前往码头。贝蒂·盖尔感到惊讶,数千名好奇的中国人驻足街头来看这些新“囚犯”,有的双手拿着行李,有的将孩子背在背上,人群中发出的阵阵关切和同情声让她备受鼓舞。当他们沿着上海外滩前行时,盖尔一家觉得众人像看待英雄一样看待他们。相比之下,肯尼斯·麦卡勒觉得有些丢脸。不管怎样,眺望黄浦江对岸,那边是一座破旧的浦东仓库,最近有一些外籍男士被拘禁在那里,他又有些如释重负(至少他们不去那里)。①

尽管存在种种不确定性,但前往扬州的旅程与过去60年来基督教传教士在中国的旅程并没有什么不同。就像沿着古老大运河旅行一样,去往不确定的未来就是他们的传奇使命。1939年戈弗雷·盖尔与贝蒂见面后不久便写信给她说:“如果你还没有去过大运河,那你一定要在大运河上航行一次。”②当然,一起去集中营并不是他所期望的。虽然乘轮船、平底舢板和坐人力车旅行听起来令人兴奋,但实际上这是一次艰苦的考验。妇女和儿童登船后要与丈夫分开,被锁在车厢中数小时,没有食物饮料,也不能上厕所。当被允许外出吃饭时,她们发现只有可能会烫伤上颚的咖喱米饭。她们试图去掉咖喱,因为这根本不适合孩子吃。最终,她们只能饿着肚子上床睡觉。

第二天早上到达位于长江沿岸的浙江后,382名被拘禁者通过日本士兵放置的跳板登上平底舢板(驳船),开始了他们的京杭大运河之旅。因为没有屋顶保护他们免受倾盆大雨的侵扰,贝蒂·盖尔和弗朗西丝·麦卡勒只能爬到木板下寻求庇护,她们将女儿安顿在坚硬而肮脏的地板上。几个小时后,他们到达了湿冷的扬州。在急行通过城市街区后,满载行李的被拘禁者们松了一口气,他们终于到达了废弃的美国浸信会女子学校(Julia Mackenzie Memorial School,又名“慕究理女子学校”),这是他们未来六个月的

---

① 1991年玛格丽特·怀特曼对肯尼斯和弗朗西丝·麦卡勒的录音采访,来自玛格丽特·怀特曼私人收藏。

② 戈弗雷·盖尔在济南时写给在北京的贝蒂·汤姆森的信,1939年9月11日,来自玛格丽特·怀特曼的私人收藏。

家。在解脱声中,几乎没有人注意到高高的砖墙和身后紧闭的大木门。[①] 他们也没有注意到行李箱已被翻遍,戈弗雷・盖尔从齐鲁大学精心采购的大多数医疗器械都不见了,贝蒂・盖尔的冬装以及戈弗雷和玛吉的许多衣服也都消失了,行李物品被换成了砖块。盖尔夫妇只能共穿两条裤子,而贝蒂・盖尔和弗朗西丝・麦卡勒只能分享睡衣。

对传教士的不信任

对于盖尔一家和麦卡勒一家而言,一起前往扬州集中营B营的经历让他们想起刚到中国的时候。根据指示,他们将负责382名被拘禁者的医疗保障,这种使命感与他们最初来中国时完全不同。一个最主要的区别是,在这里不会得到任何报酬,被拘禁的四年中他们没有领到任何薪水,也从未因为损失而从日本人那里获得(或寻求)赔偿。扬州的工作条件跟之前相差无几,他们可以照顾那些已被剥夺公民权利、本就没有得到过什么医疗资源的贫困人士。他们的优势在于所有人都拥有共同的第一语言(英语),对医学也都有共同的理解(西方医学)。因此,他们在集中营中进行医学和护理实践可视为传统传教工作的延伸。肯尼斯・麦卡勒最终接受了现实,他认为是上帝安排他来到中国的,尽管中国人也许并不这样认为。[②] 很不幸的是,被拘禁者并不希望接受年轻的内地传教士提供的照顾。

在某些方面,四位齐鲁大学传教士与英国患者之间的文化冲突,比他们与中国患者之间的还要多。尽管几十年来他们与在山东济南的中国人建立起了信任关系,但在扬州,对于大多数来自上海这样国际化移民地区的被拘禁者来说,传教士却是陌生的。实际上,贝蒂・盖尔最近的经历,直接导致他们对上海上流社会人士产生了警惕之心。在她看来,不仅是这群人的同伴抢走了他们的船位,而且其中有四名上海外籍妇女探访过哥伦比亚乡村俱乐部,其唯一目的只是要满足她们对那里绝望生活的好奇心。事实证明,

---

① Frances Mcall, Kenneth Mcall, *The Moon Looks Down*, London: Darley Anderson, 1987, p.36.

② 玛格丽特・怀特曼对肯尼斯和弗朗西丝・麦卡勒的录音采访。

在哥伦比亚乡村俱乐部四处窥探的妇女也成了扬州集中营B营的被拘禁者。

贝蒂·盖尔对英国上流社会被拘禁者并不感兴趣。当她手提行李站在上海大教堂前,看着那群刚被捕的侨民时,她冷漠地说:"这些上海女人大概都没有拿起过比一把扇子或一面镜子更重的东西。"[①]让贝蒂·盖尔感到十分惊讶的是,新被拘禁的382名成员中,只有九人不是上海商界人士。与侨民居住在一起,比以往经历的任何困难都多。贝蒂·盖尔在中国度过童年时光,传教士时期的经历已让她有能力去应对逆境和资源匮乏的状况,但让她不安的是,这些被拘禁的同伴强烈抵触由年轻传教士来为他们提供医疗保障。

这次大规模拘禁之前,上海英国居民协会已安排好几名医生和一名牙医前往日本人设立的各个集中营。麦卡勒一家与盖尔一家在哥伦比亚乡村俱乐部期间自愿提供医疗援助,这次他们被一同分派到扬州集中营B营,但他们不知道日本人能给予他们多少医疗支持。《公民集会中心条例》第18条第一项规定:"各公民集会中心(集中营的委婉说法)的成员应负责照顾各自的病人;在需要医疗援助时,可向主管日本官员提出要求。"[②]然而,日本人实际上并没有提供过任何医疗援助。他们将被拘禁者丢弃在那里不管不顾,大家只能在资源极度匮乏的现有条件下互相照顾。肯尼斯·麦卡勒和戈弗雷·盖尔立即克服困难,在集中营中规划出一块场地作为医疗用地。

扬州集中营B营位于慕究理女子学校校园内。[③] 学校主楼是一座由灰砖砌成的三层建筑(A座),下面两层由23个房间和四个宿舍组成,用于容纳112名被拘禁者,第三层的阁楼用作教堂和学院。曾作为学校工作人员办公室的两座较小建筑物,现在成了家庭住所。其中,B座有18个房间,C座

---

① 《贝蒂·盖尔日记:在中国日占区四年拘禁生活实录》(1941年7月至1945年9月,未出版)中1943年3月12日的内容,来自玛格丽特·怀特曼的私人收藏。

② Greg Leck, *Captives of Empire: The Japanese Internment of Allied Civilians in China, 1941-1945*, Bangor, PA: Shandy Press, 2006, p.187.

③ Greg Leck, *Captives of Empire: The Japanese Internment of Allied Civilians in China, 1941-1945*, Bangor, PA: Shandy Press, 2006, p.187.

有 6 个房间。麦卡勒一家与盖尔一家被安排在其中一个房间里。教堂礼堂用作餐厅和娱乐场所。

房间附近有洗手间、淋浴间和洗衣房。厕所马桶是由带盖的木桶组成的,每天木桶内的排泄物都会通过墙壁上的孔排空一次。在这堵墙的另一侧,有中国农民收集这些排泄物,为他们的花园施肥。长长的水泥槽可以用作洗手盆,被拘禁者把自己的水桶放在洗手盆里洗漱。被拘禁者每周有一次机会使用一桶热水洗澡,用手动泵将水箱装满水用来淋浴。营地里有一片可以种菜的空地,但没有足够大的地方供大家娱乐。[①] 营地被十英尺(1 英尺约为 0.3 米)高的围墙封闭起来,日本人每天会点名两次,风雨无阻。事实上根本没有必要点名,因为没有人会试图逃出去。

虽然该营地是由日本驻南京领事馆管辖,但其内部管理完全依靠被拘禁者自我管理。上海英国居民协会从一开始就选出了营地代表与日军司令官山下先生(M.S. Yamashita)定期联系。其中有七个小组委员会,分别是体育委员会、妇女委员会、娱乐委员会、园艺委员会、青少年委员会、宿舍委员会和母亲委员会。营地代表任命了一名警察局局长,建立了一个临时法院作为被拘禁者的纠纷仲裁机构。当局承诺被拘禁者每月可以获得 CRB ＄700(CRB 是日本经营的中央储备银行发行的货币)的生活津贴以帮助他们应对日常开支[②],但扬州的被拘禁者从未收到过这笔钱。[③] 在其他营地,这些津贴也只能在物资稀少的食堂使用。

戈弗雷·盖尔和肯尼斯·麦卡勒在 B 座搞到两个较大的房间,分别用作诊室和病房,两个较小的房间分别用作配药室和隔离室。为了了解大家的健康需求,他们开始安排对营地中的每个人进行身体检查。然而,被拘禁

① 这种娱乐可能是指儿童运动。参见《贝蒂·盖尔日记:在中国日占区四年拘禁生活实录》(1941 年 7 月至 1945 年 9 月,未出版)中 1943 年 3 月 12 日的内容,来自玛格丽特·怀特曼的私人收藏。

② 战争期间日本人在中国建立了几家银行,中央储备银行在中国中南部(1941～1945 年)是最突出的一个,其货币在战争中经历了高通胀。

③ 《瑞士领事报告:中国扬州集中营视察》,1943 年 7 月 5 至 7 日,加拿大图书馆和档案馆,国防基金会,卷轴 C534,HQS 9050(33～37)文件。

者拒绝接受检查。贝蒂·盖尔怒气冲冲地说:“他们认为如果自己接受了这种缺乏经验的医疗支持就会病死。”①肯尼斯·麦卡勒认为:“这些被拘禁者已经习惯了用高昂的花费换取最佳医疗服务。现在,他们不得不虚心接受‘血气方刚的年轻传教士’(他们是这样看待我们的)所能提供的唯一医疗服务。传教士在商业界的口碑一直不好。他们不相信我们所做的一切,而且他们认为自身安全受到严重威胁。”②

根据戈弗雷·盖尔的建议,医生们决定按专科进行分工——戈弗雷是耳鼻喉专家,弗朗西丝·麦卡勒是心脏病专家,肯尼斯·麦卡勒是公共卫生学专家。肯尼斯·麦卡勒利用他的医学知识来帮助同伴们适应艰苦的生活条件,这种生活环境充满了暴发大范围疾病的可能。此外,他利用其出色的艺术能力,创作了有关如何预防疾病的图示说明。他的卡通绘画内容包括建议使用蚊帐,通过吃土豆皮可以获得大量维生素 B,以及进食前和上厕所后要仔细洗手。然而,肯尼斯的漫画起初差点引起一场骚乱。③ 被拘禁者不想听一个自命不凡的年轻人告诉他们应该做什么,他们拒绝使用蚊帐,有人竟然说道:“我们宁可感染疟疾。”④

弗朗西丝·麦卡勒担心伊莱和玛吉长期缺乏牛奶供应,而且营地中还有不少青少年儿童,他们都需要补钙才能保证正常生长发育,因此建议将大豆添加到提交给日本当局的需求清单里,但被拘禁者却对此很不满。当弗朗西丝接受安排担任该营地中较有声望的妇女委员会的“母亲代表”时,她受宠若惊,她觉得这是一个好机会:“我可以宣传一些关于儿童健康的观点。”⑤她提出豆浆对儿童来说是一种廉价又实用的羊奶替代品。然而,弗朗

① 《贝蒂·盖尔日记:在中国日占区四年拘禁生活实录》(1941 年 7 月至 1945 年 9 月,未出版)中 1943 年 3 月 21 日的内容,来自玛格丽特·怀特曼私人收藏。

② Frances Mcall, Kenneth Mcall, *The Moon Looks Down*, London: Darley Anderson, 1987, p.37.

③ Frances Mcall, Kenneth Mcall, *The Moon Looks Down*, London: Darley Anderson, 1987, pp.37-38.

④ Frances Mcall, Kenneth Mcall, *The Moon Looks Down*, London: Darley Anderson, 1987, pp.37-38.

⑤ Frances Mcall, Kenneth Mcall, *The Moon Looks Down*, London: Darley Anderson, 1987, p.38.

西丝·麦卡勒后来写道:“出于某种原因,我的建议大大激怒了M太太,她召集所有支持者一起开会。在会上,她严厉指责我与日本人结盟并试图毒死所有人。”[①]委员会最终没有向日本人申请大豆,而是投票申请一只山羊。最终该请求遭到了拒绝,被拘禁者什么都没有得到。弗朗西丝·麦卡勒感到委员会大多数成员不认同她的学识和经验,因此辞去了委员会的工作。[②] 后来,她开始意识到大家的这种奇怪行为是由恐惧和失落情绪导致的,当时她和贝蒂·盖尔觉得这令人难以置信(“天气好坏可以预测,但人的想法却很难预测”)。[③]

当被拘禁者试图削减传教士职权时,这些医生也成为他们抱怨营地条件恶劣的对象。集中营最主要的问题是如何获得足够的食物和水。日本人每天用农民给农作物浇水的大容器从运河装水,并用70辆手推车运送至营地,总计约4500升,但水很脏,使用前必须月化学药品进行处理。[④] 被拘禁者主要从主建筑屋顶的雨水蓄水池中进行人工抽水,或者用绳子和水桶从井里打水。厕所外面配备了带有消毒剂的公共水盆。厕所内的设施包括一排带座椅的水桶,被拘禁者每天轮流负责清洗。

食物每天通过中国独轮车运到营地。肉是一堆附着猪毛的大块肥鬃肉,很难消化。有一次,为大家准备食物的同伴出于某种原因没有洗净蔬菜。正如弗朗西丝·麦卡勒记得的那样,炖煮的食物满是泥土和油脂,完全吃不下去。[⑤] 为此,医生们还受到责备。贝蒂·盖尔惊讶地说道:“这真是太荒谬了,这一切应该归咎于英国代表。”[⑥]毕竟,向日本人请求更好的食物并不是医生的责任,他们的角色是照顾病人。但更糟糕的还在后面,1943年3

① Frances Mcall, Kenneth Mcall, *The Moon Looks Down*, London: Darley Anderson, 1987, p.38.

② Frances Mcall, Kenneth Mcall, *The Moon Looks Down*, London: Darley Anderson, 1987, p.38.

③ 《贝蒂·盖尔日记:在中国日占区四年拘禁生活实录》(1941年7月至1945年9月,未出版)中1943年3月24日的内容,来自玛格丽特·怀特曼的私人收藏。

④ Greg Leck, *Captives of Empire: The Japanese Internment of Allied Civilians in China, 1941-1945*, Bangor, PA: Shandy Press, 2006, p.503.

⑤ Frances Mcall, Kenneth Mcall, *The Moon Looks Down*, London: Darley Anderson, 1987, p.38.

⑥ 《贝蒂·盖尔日记:在中国日占区四年拘禁生活实录》(1941年7月至1945年9月,未出版)中1943年3月23日的内容,来自玛格丽特·怀特曼的私人收藏。据格雷格·莱克说,营地代表是亚洲石油公司的爱德华·里德。

月 23 日——戈弗雷·盖尔 30 岁生日那天，贝蒂在日记中写道："这真是一个不平凡的生日！维特(J.M Vitte)因血栓死了，N 先生患了胃出血，C 先生疯了，他因为食物的原因扬言要杀死医生及其家人！真是太糟糕了！"[①]营地警察们不得不一有时间就守在戈弗雷·盖尔身旁。[②] 盖尔一家和麦卡勒一家都对此感到困惑和担忧。

被拘禁者抱怨医生的孩子在食物方面得到了特殊照顾。伦敦会的传教护士埃塞尔·泰勒(Ethel Taylor)接任了由盖尔和麦卡勒两家在营地设立的"小医院"护士长的职位。因为病人可以得到比一般外籍人员更有营养的口粮，埃塞尔决定为伊莱和玛吉省一些出来。看到一个小女孩在吃鸡肉土豆泥和牛奶布丁，一个被拘禁者评论道："医生的孩子可以享受特殊照顾，是吗？"[③]贝蒂·盖尔感到生气，她写道："我终于开始理解为什么在严重贫困的地区年幼孩子的母亲会变得好斗。"[④]从贝蒂·盖尔的角度来看，如果有条件提供额外营养，那么应该优先考虑这两个幼儿，因为作为营地里最小的被拘禁者，她们也是最脆弱的。又或许她也有一种理所应当的感觉，即作为负责保障集中营同伴们健康需求的人难道不能得到一些好处吗？

在扬州集中营初期，侨民与传教士之间一直在为了权利而抗衡。贝蒂·盖尔和弗朗西丝·麦卡勒试图理解侨民对他们的敌意，也在寻求同情侨民的理由。毕竟，同情是比愤怒更容易应对的情绪。他们认为，也许侨民对他们的愤怒源于被拘禁。由于公开抵抗日本人并不安全，所以侨民可能需要一个安全的目标来宣泄他们的怨恨。又或者，也许是因为侨民比传教士死伤更多且更快，他们为此感到有些震惊。毕竟，传教士来到中国，是希望改善并适应艰难的战时条件，而住在上海的外籍人士却习惯了奢侈的生

---

① 贝蒂·盖尔的《五年日记》(1939 年 2 月 15 日至 1943 年 12 月 31 日，未出版)中 1943 年 3 月 23 日的内容，来自玛格丽特·怀特曼的私人收藏。

② 目前尚不清楚这是一名被拘禁者还是一名日本警官，但很可能是一名有警察经验的被拘禁者。

③ 贝蒂·盖尔的《五年日记》(1939 年 2 月 15 日至 1943 年 12 月 31 日，未出版)中 1943 年 3 月 24 日的内容，来自玛格丽特·怀特曼的私人收藏。

④ 《贝蒂·盖尔日记：在中国日占区四年拘禁生活实录》(1941 年 7 月至 1945 年 9 月，未出版)中 1943 年 3 月 24 日的内容，来自玛格丽特·怀特曼的私人收藏。

活。也许有些侨民只是不愿意放弃权力或将控制权交给"下层"阶级成员，即传教士，也许其中一些拘禁者只是脾气暴躁。无论如何，弗朗西丝·麦卡勒和贝蒂·盖尔在解放 40 多年后回想起当初在扬州时，有大约 15 位传教士承担了大部分体力劳动。贝蒂·盖尔认为："传教士做了所有其他人都不想做的繁重工作。"①

贝蒂·盖尔很难与 M 夫人相处，这个女人聪明又有魅力，但是她很乐意把所有不愿意向她"叩头"的人撕成碎片。她似乎特别反感医生，尤其是女医生。② 尽管贝蒂·盖尔一直不了解她，但弗朗西丝·麦卡勒后来证实了她的身份。根据官方的营地记录，这名女子是一名 46 岁的新西兰分析化学家。正是 M 夫人在弗朗西丝·麦卡勒提出申请大豆时指责她"与日本人勾结在一起毒害所有人"，并说："这是我听到过的最卑鄙的手段之一。"对于贝蒂来说，这个营地里有很多愚蠢的人。③ 当贝蒂·盖尔和弗朗西丝·麦卡勒正克服重重困难时，一件事情改变了人们对他们的不信任——他们成功完成了一名 16 岁被拘禁者的紧急手术。

一名俄罗斯少年泰迪·弗利特(Teddy Fleet)突发的急性阑尾炎使得被拘禁者们开始团结起来。尽管日本人计划在扬州集中营 C 营建立一所医院，但在 1943 年 3 月下旬这个少年需要手术时，医院仍未开放。在这群人里，只有戈弗雷·盖尔和肯尼斯·麦卡勒拥有一副外科手套、两把血管钳、一把手术刀和一小瓶氯仿。根据贝蒂的日记记载，他们布置了一个小房间并在厨房的桌子上完成了手术。④ 当泰迪在这场简陋的手术中幸存下来时，所有人都感到很震惊，尤其是贝蒂·盖尔，她写道：

诊断后两个小时内，木匠 T 先生做了一张桌子，医生和护士做了麻

---

① 贝蒂·盖尔和怀特曼的访谈与肯尼斯·麦卡勒和怀特曼的访谈。

② 《贝蒂·盖尔日记：在中国日占区四年拘禁生活实录》(1941 年 7 月至 1945 年 9 月，未出版)中 1943 年 6 月 20 日的内容，来自玛格丽特·怀特曼的私人收藏。

③ 《贝蒂·盖尔日记：在中国日占区四年拘禁生活实录》(1941 年 7 月至 1945 年 9 月，未出版)中 1943 年 6 月 20 日的内容，来自玛格丽特·怀特曼的私人收藏。

④ 贝蒂·盖尔的《五年日记》(1939 年 2 月 15 日至 1943 年 12 月 31 日，未出版)中 1943 年 3 月 27 日的内容，来自玛格丽特·怀特曼的私人收藏。

醉面罩,缝纫线作为外科缝线,围裙用开水消了毒,备好毛巾、棉签和一对橡胶手套,他们拿出了所有能准备的东西。肯尼斯和戈弗雷两人投币决定谁来做手术,戈弗雷赢得了胜利,所以他戴上手套,而肯尼斯和弗朗西丝协助他进行麻醉。我和孩子们待在楼上疯狂地祈祷(事后我告诉弗朗西丝时,她问:"为什么要疯狂地祈祷?")。[1]

这件事让被拘禁者为了一个目标团结在一起,即使是强势的 M 太太也参与到房间的清洁工作中。[2] 看到英国上流社会的被拘禁者对手术成功的反应,贝蒂·盖尔松了一口气,大家感慨地说:"天哪,传教士医生,还不算太坏。"[3]

居住地

扬州集中营 B 营的被拘禁者们需要适应一系列新的、不断发展的社会规则。首先,与麦卡勒一家共用一个房间实在很困难。每个人都成长于体面年代里的体面家庭,谁先脱衣服是一个现实的问题。[4] 他们将孩子们的自制婴儿床放在房间中间以在两对夫妇间建立起一个屏障,但是即使如此,也需要勇气才能在同一个房间里脱衣服。在接下来的三年拘禁中,他们逐渐习惯这种情况。最终,他们不再思考这些问题。[5] 尽管如此,缺乏隐私和各种约束还是阻碍了他们的婚姻生活,在被拘禁的四年中,两个女人都没有生第二个孩子。

其次,两个女人不得不适应不同的育儿方式。贝蒂·盖尔经常负责照看两个孩子,因此她用自己的方式来照顾两个孩子。由于消化方面的一些问题,伊莱吃东西需要格外小心,某些食物会引起她呕吐或腹泻。尽管两个

---

① 《贝蒂·盖尔日记:在中国日占区四年拘禁生活实录》(1941 年 7 月至 1945 年 9 月,未出版)中 1943 年 3 月 27 日的内容,来自玛格丽特·怀特曼的私人收藏。

② 怀特曼对肯尼斯·麦卡勒的访谈。

③ 《贝蒂·盖尔日记:在中国日占区四年拘禁生活实录》(1941 年 7 月至 1945 年 9 月,未出版)中 1943 年 3 月 29 日的内容,来自玛格丽特·怀特曼的私人收藏。

④ Frances Mcall, Kenneth Mcall, *The Moon Looks Down*, London: Darley Anderson, 1987, p.36.

⑤ Frances Mcall, Kenneth Mcall, *The Moon Looks Down*, London: Darley Anderson, 1987, p.37.

女孩最终都面临童年贫困生活带来的健康问题(伊莱的下颌牙齿变黑,玛吉出现与维生素 D 缺乏症相关的骨骼问题),但人们多认为伊莱体弱多病。后来问及营地的组织方式,例如如何选出营地负责人,贝蒂·盖尔则表示她完全没有时间留意这些事情,因为在一个不适合小孩子的环境中照看两个调皮的小孩子已经消耗了她的全部精力。

虽然在贝蒂·盖尔的手账(日记、信件和回忆录)中没有提到过与弗朗西丝·麦卡勒的矛盾,但在弗朗西丝·麦卡勒回忆里,她和贝蒂·盖尔有过很多次意见不合。大多数情况下的争吵都与她们不同的育儿方式有关。根据弗朗西丝·麦卡勒的说法,贝蒂·盖尔比她的标准更高。麦卡勒夫妇有时会很武断甚至有些咄咄逼人,而盖尔夫妇则尽量避免冲突。弗朗西丝·麦卡勒后来回忆说:"戈弗雷有一个绝妙的办法,每当家人们发生争吵,他就逃到医院小角落去看书。"[①]弗朗西丝·麦卡勒发现说对不起真的很难,每隔一两天她们就会争吵。但她们始终知道,必须正确对待这件事,不仅是为了自己,也是为了营地。[②]

羞耻感是集中营中经常出现的问题。尽管盖尔夫妇和麦卡勒夫妇都因为隐私问题苦苦挣扎,但他们确实已经很幸运地在扬州集中营里得到了一个封闭的房间。其他人则不那么幸运,他们不得不与数十名被拘禁者共住在一个大房间内。这意味着在扬州集中营 B 营,要共用一间大宿舍。艾佩琪在龙华营的经历让她了解到共住一个大房间的感受。当她第一次与其他 52 位女性同住一个小房间时,艾佩琪选择将她的寝具放在公共厕所和淋浴间旁,因为这能为她留出约 18 英寸(1 英寸约为 2.5 厘米)的额外墙面空间,也能拥有更多隐私。艾佩琪说:"为了使每个人都可以有一个 36 平方英尺的空间,并在中间有个 4 英尺宽的通道,她们对每个人和她们的行李占据的空间进行重新测量和分配,有些人对此很有意见。我很高兴,因为按照规定,我的床不能移到更靠近墙壁的地方,否则"洗手间"的门将被堵上……因此,

① 来自怀特曼对弗朗西丝·麦卡勒的访谈。

② 来自怀特曼对弗朗西丝·麦卡勒的访谈。

我避开了门的碰撞和厕所的臭味。”[①]

在那个狭小的空间里,艾佩琪放上她挂衣服的钩子、一个小书架和一个“用和服制成”的帘子盖住她的衣服。在角落窗户旁有足够的空间让她放上一把小椅子,并用一个小行李箱和三个手提箱填充了剩余空间。她在床下放了一个水桶、罐头食品、铁丝、木头和玻璃碎片,总有一天它们会派上用场。[②] 她的床头放着一张折叠桌、一块搓衣板和一个躺椅,除此之外,还有一个用来存放洗护用品的鞋套。她做的小架子(“任何手工制品都是我们的骄傲……真是可悲”)上有保温瓶、两个平底锅、煎锅、咖啡壶、茶壶、盘子、杯子、水壶和镜子。在最上面的架子上放着靴子、一个小药箱、簸箕、刷子、工具篮、太阳帽,以及一个储藏食品的纸箱,里面有茶、蜂蜜、糖和花生酱。尚不清楚艾佩琪如何在营地中得到这些物品。在贝蒂·盖尔的营地体验中,盗窃盛行,粮食匮乏。相比之下,艾佩琪称,1943年她在营地两个月内体重增加了9磅。即便如此,她依然严重贫血。[③]

艾佩琪描述了他们在营地为了保持清洁而付出的努力,被拘禁者需要排队领取饭菜、洗漱用水和饮用水,隔天一次登记洗澡。被拘禁者必须在指定时间与同组的其他47名女性一起进入澡堂,换下鞋子,穿上木屐,走向储物柜,脱衣服,走向淋浴间(听口哨命令),打开水龙头,在一分钟内弄湿自己,听哨声关闭水,给自己打肥皂,听哨声打开淋浴冲洗,听哨声离开,穿衣,换鞋。所有这一切都要在20分钟内完成。[④] “哦,天哪,”艾佩琪感叹道,“这样的方式与在放了栀子花浴盐的热水里用一个小时泡澡相差甚远。”[⑤]艾佩

---

① Peggy Abkhazi, *A Curious Cage: Life in a Japanese Internment Camp, 1943-1945*, Victoria BC: SonoNis Press, 2002, p.81.

② Peggy Abkhazi, *A Curious Cage: Life in a Japanese Internment Camp, 1943-1945*, Victoria BC: SonoNis Press, 2002, p.66.

③ Peggy Abkhazi, *A Curious Cage: Life in a Japanese Internment Camp, 1943-1945*, Victoria BC: SonoNis Press, 2002, p.86.

④ Peggy Abkhazi, *A Curious Cage: Life in a Japanese Internment Camp, 1943-1945*, Victoria BC: SonoNis Press, 2002, p.71.

⑤ Peggy Abkhazi, *A Curious Cage: Life in a Japanese Internment Camp, 1943-1945*, Victoria BC: SonoNis Press, 2002, p.71.

琪认为淋浴的过程听起来真是令人筋疲力尽，因此尽管污水池中的气味很难闻，但她仍决定继续以原始方式在洗手间的水槽里用水桶和水壶洗澡，将床单搭在绳子上作为浴帘以遮挡他人的目光。[①]

对于艾佩琪来说，集中营的生活为她提供了研究人类行为的契机。在拥挤的小屋里，她从角落里向外窥视，她的同伴们(通常彼此不会有联系)对被安排在一个有组织的团体里依靠工作来生存的方式做出各种反应，她被这些吸引住了。在这些所谓的“公民集会中心”里，没有阶级差异、地位高低和民族优劣。艾佩琪觉得：“被来送补给的中国人看到我蜷缩在煤灰堆上，用一根棍子划着烧了一半的煤和焦炭，是一种耻辱。”[②]她写道：“毫无疑问，我需要改变过去高傲势利的姿态了。”[③]在艾佩琪看来，集中营只不过是战时的劳改营而已，只有劳动才能使被拘禁者自己受益。因为日本人只会为被拘禁者提供食物和水，所以他们只能自力更生。曾经的白领上班族被迫成为修路工人、垃圾收集工、伙夫、火炉建造者、热水火炉工、厨师、屠夫和厨房杂工。[④] 上流社会的妇女开始亲自从事园艺、烹饪、教学和护理工作，以及打扫饭厅、清洗蔬菜和修修补补。在各种天气条件下，他们每天都要花上几个小时“煮”饮用水，背部几乎要被蒸汽烫伤，而前面又被咆哮的西北风冻伤。[⑤]

营地生活“无情地揭露了每一种诡计”，无论是“染过的头发、所谓的‘成就’还是虚伪的品质和美德”。[⑥] 对艾佩琪来说，人的本性就像自然的发色一

---

① Peggy Abkhazi, *A Curious Cage: Life in a Japanese Internment Camp, 1943-1945*, Victoria BC: SonoNis Press, 2002, p.69.

② Peggy Abkhazi, *A Curious Cage: Life in a Japanese Internment Camp, 1943-1945*, Victoria BC: SonoNis Press, 2002, p.71.

③ Peggy Abkhazi, *A Curious Cage: Life in a Japanese Internment Camp, 1943-1945*, Victoria BC: SonoNis Press, 2002, p.71.

④ Peggy Abkhazi, *A Curious Cage: Life in a Japanese Internment Camp, 1943-1945*, Victoria BC: SonoNis Press, 2002, p.71.

⑤ Peggy Abkhazi, *A Curious Cage: Life in a Japanese Internment Camp, 1943-1945*, Victoria BC: SonoNis Press, 2002, p.69.

⑥ Peggy Abkhazi, *A Curious Cage: Life in a Japanese Internment Camp, 1943-1945*, Victoria BC: SonoNis Press, 2002, p.70.

样必定会暴露出来。[①] 在扬州集中营 B 营中,贝蒂·盖尔和弗朗西丝·麦卡勒注意到,在泰迪·弗利特成功接受阑尾切除手术后,其他被拘禁者开始招呼盖尔和麦卡勒到他们房间做客。"我们正经历大风大浪,"贝蒂·盖尔写道,"我们知道,公众情绪会迅速从一种极端转到另一种极端,并且知道在任何时候都可能发生另一场危机,然后我们就会像烫手的山芋一样被丢掉。"[②] 确实,有些困难仍然存在。扬州集中营 B 营的生活与哥伦比亚乡村俱乐部的生活大不相同。在哥伦比亚乡村俱乐部,盖尔一家只是人群中的一部分;但是在这里,医生拥有较高的权威,处于权力的位置上,当有人意识到这种情况时,医生就立即成为遭受批评和虐待的对象。[③] 此外,其他人认为传教士是渴望传播福音的怪胎,而传教士很难动摇他人的看法。贝蒂·盖尔写道:"我们必须以某种方式向他们证明,我们不是漫画中描绘的一只手拿着雨伞四处奔走而另一只手则向'异教徒'发放福音单页的长脸人物。"[④]

臭虫和蜈蚣的出现进一步体现了环境的荒凉、关系的紧张和条件的肮脏。贝蒂·盖尔写道:"我今天看到一只蜈蚣,这是一种长约 4 英寸、拥有黝黑锃亮身体、许多亮黄色细腿和亮红色头部,侧身有两条明亮蓝色线条的可怕生物。它从孩子们用作桌子的盒子下面跑出来了,我们设法抓住它,但它逃跑了。啊! 即使你可以抓住它们,那也很难杀死它。所以,我们总是在穿鞋之前先摇晃一下鞋子。"[⑤]臭虫甚至更糟,这是一种长约 1.5 英寸的椭圆形扁平带翅生物,在夏季,三天时间内就会有"数百万个"飞虫,就像一团"巨大的乌云"笼罩眼前的一切。[⑥] 如果压扁它们,就会发出"令人作呕的恶臭",摆

① Peggy Abkhazi, *A Curious Cage: Life in a Japanese Internment Camp, 1943-1945*, Victoria BC: SonoNis Press, 2002, p.70.

② 《贝蒂·盖尔日记:在中国日占区四年拘禁生活实录》(1941 年 7 月至 1945 年 9 月,未出版)中 1943 年 4 月 1 日的内容,来自玛格丽特·怀特曼的私人收藏。

③ 《贝蒂·盖尔日记:在中国日占区四年拘禁生活实录》(1941 年 7 月至 1945 年 9 月,未出版)中 1943 年 6 月 24 日的内容,来自玛格丽特·怀特曼的私人收藏。

④ 《贝蒂·盖尔日记:在中国日占区四年拘禁生活实录》(1941 年 7 月至 1945 年 9 月,未出版)中 1943 年 6 月 24 日的内容,来自玛格丽特·怀特曼的私人收藏。

⑤ 《贝蒂·盖尔日记:在中国日占区四年拘禁生活实录》(1941 年 7 月至 1945 年 9 月,未出版)中 1943 年 4 月 14 日的内容,来自玛格丽特·怀特曼的私人收藏。

⑥ Frances Mcall, Kenneth Mcall, *The Moon Looks Down*, *London*: Darley Anderson, 1987, p.40.

脱它们的唯一方法是“将它们扫成一大堆，放火烧死它们”。在“瘟疫”暴发的那几天里，弗朗西丝·麦卡勒与日本卫兵因为对这种臭虫的憎恨而产生了“亲近”的感觉。[①]

为了躲避讨厌的营地生活，贝蒂·盖尔和弗朗西丝·麦卡勒在主楼的三层阁楼里发现了一处隐蔽的场所。有一天她们一起找到这个地方，并在那里发现了一架钢琴，才华横溢的音乐家麦卡勒开始演奏。贝蒂·盖尔写道：

> 那里非常安静，透过窗户我可以看到熙熙攘攘的街道，也可以看到附近的中国乡村……这是一个美好的夜晚，我跪在椅子上，将手肘放在窗台上，凝视着窗外。落日的余晖逐渐散去，孩子们在街上玩耍的声音渐渐变小并很快消失，一切都是那么平和而梦幻。音乐突然停下时，我的思绪还停留在加拿大的家人和朋友那里。弗朗西丝说：“贝蒂，我们该回去了……”我回过神来，再次回到营地 。[②]

贝蒂·盖尔忙于关怀、逗弄玛吉和伊莱，以此来逃避营地生活中一些令人反感的方面。有一天，当一名少年带玛吉去散步时，她抓住机会洗了玛吉最喜欢的脏兮兮的绿色枕头。看到湿枕头在晾衣绳上随风飘扬，玛吉突然哭了起来：“我的枕头，妈咪，我想要我的枕头”！玛吉站在滴水的枕头下面不停地哭泣，泪水和枕头上滴落的水混杂在一起，她一直哭，直到枕头变干。“我感到很沮丧，”贝蒂·盖尔写道，“因为当我把枕头递给她时，她紧紧地将枕头搂在怀里，用湿润的眼睛望着我，责备地说：‘妈咪是坏人！’”[③]1943 年 7 月 17 日，也就是玛吉两岁生日那天，一名被拘禁者[④]带着一个装饰精美、饰

① Frances Mcall, Kenneth Mcall, *The Moon Looks Down*, London: Darley Anderson, 1987, p.40.

② 《贝蒂·盖尔日记：在中国日占区四年拘禁生活实录》(1941 年 7 月至 1945 年 9 月，未出版)中 1943 年 8 月 2 日的内容，来自玛格丽特·怀特曼私人收藏。

③ 《贝蒂·盖尔日记：在中国日占区四年拘禁生活实录》(1941 年 7 月至 1945 年 9 月，未出版)中 1943 年 4 月 30 日的内容，来自玛格丽特·怀特曼私人收藏。

④ 那个被拘禁者是玛丽恩·布罗奇(Marion Brotchie)，出自《贝蒂·盖尔日记：在中国日占区四年拘禁生活实录》(1941 年 7 月至 1945 年 9 月，未出版)中 1943 年 7 月 17 日的内容，来自玛格丽特·怀特曼的私人收藏。

有粉色和蓝色丝带的大蛋糕来到盖尔房间。她走遍了整个营地,向其他被拘禁者要了一匙面粉、糖和奶粉,直到足够她烤蛋糕为止。

玛吉又一次扔了砖头,砸在伊莱头上。伊莱流血了,开始号啕大哭,她的卷发上全是血。玛吉伤心欲绝,她也同情地大哭起来。幸运的是,伤口不算太深,我们将一层厚厚的敷料裹在她头上,也给玛吉裹了一层,让她振作起来,然后她们就手拉手出去玩耍了。[①]

除了照顾女孩们,贝蒂·盖尔还在营地厨房里帮忙,给排队等待的被拘禁者剥蔬菜、处理食物,以及帮忙打扫洗手间。她在丈夫和麦卡勒开设的诊所里重新找回了工作的乐趣:"我星期一、星期三和星期五的早上以及每天晚上在诊所工作,帮助医生体检(检查所有被拘禁者)。重新当护士是一件很有趣的事,而且比待在洗手间要好得多。"[②]

贝蒂·盖尔通过丈夫的工作来了解被拘禁者的健康需求。同年8月,她记录了三名患者——苏珊(Susan)(今天好得多)、玛德琳(Madeline)(17岁患有疟疾)和奥尔加(Olga)(俄罗斯籍侨民)的健康状况。玛德琳的体温为华氏107度(摄氏41.7度),由于没有冰块可以为她降温,所以招募了几个十几岁的少年男孩昼夜轮班,从两口井里抽取凉水。贝蒂·盖尔和埃塞尔用凉爽的湿床单包裹住玛德琳,待床单不够凉了再更换。"这对每个人来说都是一个焦虑的夜晚,"贝蒂写道,"但是到了早上,她的情况好多了。"[③]两天后,奥尔加吞了大量她从上海带来的异戊巴比妥钠片[④],企图自杀。

奥尔加是营地中几个所谓的"白俄罗斯人"之一。这一称谓通常是指1917年俄国革命后逃到中国的非共产主义者。被拘禁者认为,白俄罗斯妇女故意寻找有钱的英国人结婚,以寻求安全和生存。贝蒂·盖尔认为该营

---

① 《贝蒂·盖尔日记:在中国日占区四年拘禁生活实录》(1941年7月至1945年9月,未出版)中1943年8月15日的内容,来自玛格丽特·怀特曼的私人收藏。

② 《贝蒂·盖尔日记:在中国日占区四年拘禁生活实录》(1941年7月至1945年9月,未出版)中1943年4月7日的内容,来自玛格丽特·怀特曼的私人收藏。

③ 《贝蒂·盖尔日记:在中国日占区四年拘禁生活实录》(1941年7月至1945年9月,未出版)中1943年8月4日的内容,来自玛格丽特·怀特曼的私人收藏。

④ 阿米妥钠含有异戊巴比妥钠,这是一种巴比妥类,容易引起嗜睡,用于诱导睡眠。

地的白俄罗斯妇女非常野蛮。[①] 奥尔加是一位刚丧偶的寡妇，还带着一个八岁的淘气儿子。[②] 她被集中营的一个罗马天主教神父吸引。这种吸引力显然不是相互的，贝蒂·盖尔说："我没有找到合适的办法帮她解决问题。"奥尔加服了药，在第二天清醒后，她因为自己还活着而沮丧……她说她下次会喝来苏水。[③] 在贝蒂·盖尔看来，奥尔加显得非常绝望。贝蒂·盖尔却因为照顾绝望的人而感到没那么绝望了。[④]

反抗

与在济南被拘禁时相比，盖尔夫妇表示在扬州集中营B营他们很少抵抗日本人。也许是因为没有机会与外界交流，或者因为他们只专注于在营地的生活需求。营地没有收音机，也不允许看报纸，被拘禁者与住在扬州营地附近的中国公民没有任何联系。

对于日本人而言，他们急于向外界描述集中营的美好生活——一部分通过审查营地发出的邮件，一部分通过媒体进行宣传。例如，1943年4月22日，《上海时报》报道说，大约有6000名住在上海的英国人、美国人和荷兰人遭到拘禁。根据该报道，这些集中营位于上海安静的郊区，营地住宅条件还不错。[⑤] 广播中也进行了类似这样描述的播报。[⑥] 此外，被拘禁者还包括那些因战争爆发而失业的人，以及在拘禁前漫无目的地游荡于上海街头的人。[⑦] 被拘禁者们被"和平安顿"在营地中，他们对自己所受到的宽容、体贴

---

① 来自怀特曼对贝蒂·盖尔的访谈。

② 来自怀特曼对贝蒂·盖尔的访谈。

③ 贝蒂·盖尔的《五年日记》(1939年2月15日至1943年12月31日，未出版)中1943年8月4日的内容，来自玛格丽特·怀特曼的私人收藏。

④ 《贝蒂·盖尔日记：在中国日占区四年拘禁生活实录》(1941年7月至1945年9月，未出版)中1943年8月6日的内容，来自玛格丽特·怀特曼的私人收藏。

⑤ Peggy Abkhazi, *A Curious Cage: Life in a Japanese Internment Camp, 1943-1945*, Victoria BC: SonoNis Press, 2002, pp.67-68.

⑥ 关于被拘禁者待遇的日本广播，1943年4月21日，来自加拿大图书馆和档案馆，国防基金会，缩微胶片卷C,5342,HQS 9050(33～37)文件，第45页。

⑦ Peggy Abkhazi, *A Curious Cage: Life in a Japanese Internment Camp, 1943-1945*, Victoria BC: SonoNis Press, 2002, pp.67-68.

待遇感到满意和赞赏。他们可以收发信件,阅读最新的报纸杂志和收听广播。因此,报道总结说:"被拘禁者感谢日本当局给予他们慷慨公正的待遇,因为他们现在比以往任何时候得到的保护都要多。"[①]

日本政府已同意接受《日内瓦战俘公约》的条款,其中包括允许平民被拘禁者与战俘发送和接收由国际红十字会管理的明信片。[②] 被拘禁者和战俘也有权接收装有食品和衣服的包裹。然而,国际人道主义法作为出于人道主义理由保护没有或不再参与敌对行动的平民的法规,只有在支持它的人那里才能发挥效力。正如查尔斯·罗拉德(Charles Roland)所说,日本人在许多情况下选择无视《日内瓦公约》,声称该公约从未得到正式批准,因此可以不受其约束。[③] 然而,从1942年10月起,日本人同意被拘禁者给近亲写信。最初,日方要求他们用日语或在日语翻译陪同下写信。[④] 到1943年,要求所有国籍的被拘禁者都用国际红十字会专用表格,用英语或在英语翻译陪同下写信。[⑤] 表格的正面,被拘禁者在六行横线中用印刷体书写了一条包含20词的信息;表格背面,家人可以用25个词来回信。而这样的消息是完全私人性质的家庭新闻。[⑥] 贝蒂·盖尔在这段时期的红十字信件中有十二封信"幸免于难",其中五封来自扬州集中营B营。但是,这五封信直到贝蒂·盖尔被转移到浦东集中营后才真正到达加拿大。当她父母的回信送到身在浦东的贝蒂·盖尔手上时,已经过去了15个月。

由于周转时间长(更不用说日本人的审查),这些信件很难成为传达可

---

① Peggy Abkhazi, *A Curious Cage: Life in a Japanese Internment Camp, 1943-1945*, Victoria BC: SonoNis Press, 2002, pp.67-68.

② 从华盛顿到"外交部"(日本),1942年9月2日,1942年9月6日收到,来自加拿大图书馆和档案馆,国防基金会,缩微胶片卷C,5070-4498。

③ Charles Roland, *Long Night's Journey into Day: Prisoners of War in Hong Kong and Japan, 1941-1945*, Waterloo ON: Wilfrid Laurier University Press, 2001.

④ 从欧内斯特·L.马格(Ernest L. Maag)(国际红十字会驻加拿大代表)到渥太华外交部的信,1942年10月15日,来自加拿大图书馆和档案馆,国防基金会,缩微胶片卷C,5333,HQS 9050文件。

⑤ 伊丽莎白·盖尔在上海时给在多伦多的汤善夫人的信(用国际红十字会编制的信笺表),1943年1月21日,来自玛格丽特·怀特曼的私人收藏。

⑥ 伊丽莎白·盖尔在上海时给在多伦多的汤善夫人的信(用国际红十字会编制的信笺表),1943年4月7日,来自玛格丽特·怀特曼的私人收藏。

靠信息的有效手段。但是,它们对于接收者来说是无价的。对于被拘禁者来说,信件是通往外界的生命线。对于贝蒂·盖尔而言,与母亲的联系一直是她生活中的重要部分。实际上,在红十字会的信件中,关于贝蒂·盖尔生活的内容都是删减版本。就是说,尽管贝蒂·盖尔在信中试图向母亲保证他们健康且安全,但玛格丽特的回信却充满了家庭新闻。贝蒂·盖尔找到了无数的形容词来形容现在已经蹒跚学步的玛吉(不再苍白、长胖、朝气蓬勃、走路、有活力、健壮、红润和调皮)。相比之下,玛格丽特则一直在谈家人的出生、婚姻和死亡[如琼和格温的孩子将于11月出生、玛格丽·金(Margery King)丧偶、露丝9月结婚和萨迪·洛夫莱斯(Sadie Loveless)死去]。1943年4月,贝蒂·盖尔给她父亲写了一封祝贺信,说:“你当之无愧。”[①]在随后的信中,她称父亲为“汤善博士”。因为五个月前,多伦多维多利亚学院(Victoria College)授予了汤善神学荣誉博士学位,他是获得该荣誉的四人之一。毫无疑问,贝蒂的祝贺是对这一消息的回应。[②]

1943年8月,有一次亲人们得到一个意想不到的机会,可以给扬州的被拘禁者们写信。汤姆森一家写了长达一页的信,每个人都写了一点。玛格丽特·汤姆森那部分的特点是充斥着家庭新闻,而贝蒂·盖尔的妹妹穆里尔则打趣道:“这真令人费解,三年的信息只能用三行写完。也许我最好就谈论一下我自己,我不想再生孩子了。”贝蒂的兄弟默里开玩笑说:“你好,贝蒂,真是糟糕的另一半,等等……只想给你深深的问候和衷心的祝福。”家信最重要的部分来自汤善,他选择用分给他的空间来鼓励贝蒂和戈弗雷·盖尔所从事的工作。在他看来,这是他们传教工作的延伸:“也许你不这么认为,但你们正以最佳的基督徒的生活方式生活在那里,你们在为整个教会的

---

① 伊丽莎白·盖尔在上海时给在多伦多的汤善夫人的信(用国际红十字会编制的信笺表),1943年4月17日,来自玛格丽特·怀特曼的私人收藏。

② 同样获得博士学位的还有日本传教士G.E.博特(G.E. Bott)、华西传教士G.G.恩迪科特(G.G. Endicott)和联合教会主持人施莱特(Sclater)医生,仪式在多伦多伊顿纪念教堂(Eaton Memorial Church)举行,1942年11月24日,来自英国财务会计师(多伦多)给布鲁斯·科普兰(四川)的信。

发展做贡献。”[1]

贝蒂·盖尔听取了父亲的建议,积极记录着她在集中营的经历。通过这种方式,她能为自己、丈夫和其他传教士塑造强大的躯体、情感和精神形象。在四年的拘禁生涯中,她塑造了这样一种形象:她不仅可以在集中营中生存下来,而且还能想办法在这里有更好的发展。她在信件和日记中都坚称她和家人都过得很好,甚至越来越好,贝蒂·盖尔自己也相信了这一点。

走私和瑞士领事的访问

戈弗雷·盖尔和肯尼斯·麦卡勒抓住了一个可以直接与日本当局对抗的机会。1943 年夏天,盖尔一家收到消息,负责盟军利益的瑞士领事将来到扬州集中营 B 营视察营地情况。他要会见负责扬州三个营地的日军司令官山下先生,还要会见医生,不过要有司令官在场。戈弗雷·盖尔和肯尼斯·麦卡勒准备了一份报告,他们希望能以某种方式把这份报告偷偷送到领事手中。[2] 他们至少想表达对这里的食物、水和医疗用品的不满。贝蒂·盖尔在日记中指出:“瑞士领事上午到达这里,里德和肯尼斯会想尽一切办法偷偷地告诉他这里的一切。”[3]但据弗朗西丝·麦卡勒所说,领事,甚至司令官,都准备串通一气:

> 与领事会面的人围坐在司令官办公室桌子旁,领事询问情况,收到了不置可否的答复。司令官山下先生是一个和蔼可亲的好人,他在澳大利亚经历过短暂的拘禁,但他像我们一样,在军事权威之下不得不小心行事。然而,就在这时,电话响了,司令官离开桌子接听电话,而且故意背对房间内的其他人站着。肯尼斯感觉他的脚被踢了一下,引起了领事的注意,领事朝桌子底下那只打开的公文包点头示意了一下。信

---

① 在多伦多的“母亲、父亲、穆里尔、默里、玛格丽特、吉奥(Geo)和安迪(Andy)”致在扬州的“伊丽莎白、戈弗雷和玛格丽特”的信,1943 年 8 月 23 日,来自玛格丽特·怀特曼的私人收藏。

② Frances Mcall, Kenneth Mcall, *The Moon Looks Down*, London: Darley Anderson, 1987, p.42.

③ 贝蒂·盖尔的《五年日记》(1939 年 2 月 15 日至 1943 年 12 月 31 日,未出版)中 1943 年 7 月 5 日的内容,来自玛格丽特·怀特曼的私人收藏。

件和请求都被悄悄地塞进包里，司令官回到座位上时，一切又恢复了平静。[①]

瑞士领事米努第(M. Minutti)手里那份关于扬州集中营的机密报告的副本目前收藏于加拿大国家档案馆，报告描绘了营地严酷的拘禁情况。在日本驻南京总领事馆大臣和瑞士总领事馆中国事务法律顾问的陪同下，瑞士总领事探访了集中营，其目的在于考察扬州集中营中的平民们是否得到了《日内瓦公约》要求的待遇。这三个人会见了营地的日本总司令官(山下先生负责集中营 B 营)，并了解到尽管日本不是该公约的签署国，但他们在战时行动中遵守该公约，特别是那些适用于被拘禁平民的条款。[②] 尽管米努第先生一开始感觉山下先生冷酷而严肃，但午饭后气氛变得较为友好。[③] 对集中营 B 营的探访从上午九点一直持续到下午一点四十，还包括在司令官办公室与营地代表和医生的访谈。米努第先生直白地写道，山下先生在采访中毫不避讳地打哈欠，并几次离开房间。领事得益于他的离开，才可以自由地与营地代表或医生交谈，他们甚至递给领事几张纸条。[④] 领事总结他的发现如下：

1.两名日本司令官做了他们力所能及的事情。

2.三名营地代表机智而认真地对待他们的工作。

3.从长远来看，拥挤的环境和由此产生的杂乱容易造成不好的影响。

4.被拘禁者的健康状况令人满意。但是，大家普遍存在患上维生素 D 缺乏症的风险。

5.那里药品匮乏。

---

① Frances Mcall, Kenneth Mcall, *The Moon Looks Down*, London: Darley Anderson, 1987, p.42.

② "瑞士于 1943 年 7 月 5 日、6 日和 7 日视察中国扬州的拘留营"(1944 年 5 月 6 日盖章)，来自加拿大图书馆和档案馆，国防基金会，C 卷，5342，HQS 9050 文件，第 33～37 页。

③ "瑞士于 1943 年 7 月 5 日、6 日和 7 日视察中国扬州的拘留营"(1944 年 5 月 6 日盖章)，来自加拿大图书馆和档案馆，国防基金会，C 卷，5342，HQS 9050 文件，第 33～37 页。

④ "瑞士于 1943 年 7 月 5 日、6 日和 7 日视察中国扬州的拘留营"(1944 年 5 月 6 日盖章)，来自加拿大图书馆和档案馆，国防基金会，C 卷，5342，HQS 9050 文件，第 33～37 页。

6.那里缺少书籍、厨房用具、手术器械、眼科和牙科设备、小型工具与配件以及运动器材。

7.分配给营地的资金不足。

8.食物单一且匮乏。

9.全麦面粉的库存几乎耗尽。[①]

米努第先生在报告附录中重申戈弗雷·盖尔和肯尼斯·麦卡勒秘密提交了报告(“机密,在司令官不知情的情况下秘密交给了米努第先生”)[②]:

我们忧虑地发现:

1.该城市供水和污水处理的卫生条件十分简陋,容易传播疾病。

2.由于通信不畅,粮食和燃料供应随时可能中断,尤其是在即将到来的冬天。在供应方面,我们已经延误。

3.超过50岁的人有93个,其中许多人无法忍受简陋的冬季条件。医生非常担心简陋的卫生条件。[③]

此外,医生描述了食物的严重匮乏、急需药品的不足以及他们最关心的常规牙科治疗设施设备的缺乏。

米努第先生根据收集到的所有信息得出结论:“不同于我们之前的想法,我对扬州有了一个清晰的印象,即在这个资源有限的内陆城市,这里被遗忘的被拘禁者比上海的那些更加不幸。”[④]不管戈弗雷·盖尔和肯尼斯·麦卡勒的报告是否产生了影响,日本当局于1943年9月决定关闭扬州的三个集中营,并将被拘禁者转移到其他营地。国际人道主义法要求被拘禁者的物资应满足最低限度的照顾标准,而日本人甚至连基本条件都不能满足。

① “瑞士于1943年7月5日、6日和7日视察中国扬州的拘留营”(1944年5月6日盖章),来自加拿大图书馆和档案馆,国防基金会,C卷,5342,HQS 9050文件,第33～37页。

② “瑞士于1943年7月5日、6日和7日视察中国扬州的拘留营”(1944年5月6日盖章),来自加拿大图书馆和档案馆,国防基金会,C卷,5342,HQS 9050文件,第33～37页。

③ “瑞士于1943年7月5日、6日和7日视察中国扬州的拘留营”(1944年5月6日盖章),来自加拿大图书馆和档案馆,国防基金会,C卷,5342,HQS 9050文件,第33～37页。

④ “瑞士于1943年7月5日、6日和7日视察中国扬州的拘留营”(1944年5月6日盖章),来自加拿大图书馆和档案馆,国防基金会,C卷,5342,HQS 9050文件,第33～37页。

同年 9 月,贝蒂·盖尔发现食物开始变得很糟糕:“通常我们没有面包,也没有煮过的食物,只有茶、黄瓜或南瓜。如果没有国际红十字会的那些包裹,我们的情况就会很糟。”[①]9 月 17 日,戈弗雷·盖尔和肯尼斯·麦卡勒他们听说日本人因为找不到足够的食物而打算将他们送回上海。尽管知道他们只是打算将一个集中营的人转移至另一个集中营,但在扬州的被拘禁者还是兴奋不已。[②] 肯尼斯·麦卡勒表示,因为医生有时会照顾生病的日本司令官,所以他们给了医生选择去哪个营地的机会。具有讽刺意味的是,他们选择了浦东集中营,因为这是一个只有成年人的营地。废弃的建筑物对儿童来讲其实特别不安全,但与拥有儿童的营地相比,那里发生传染病的概率要低得多。贝蒂·盖尔和弗朗西丝·麦卡勒认为,对伊莱和玛吉来说,没有孩子的营地将更加安全。

1943 年 9 月 30 日,每个被拘禁者都得到了 12 个熟鸡蛋和一些面包。在他们到达最后的集中营——臭名昭著的浦东集中营——之前,那就是他们的食物。贝蒂·盖尔期待与仍留在上海集中营的伦敦会的传教士团聚。她还坦言(“我很遗憾地说”)M 夫人正要被转移到浦东集中营。[③]

结语

1942 年 8 月到 1943 年 9 月的这段时期,对于盖尔夫妇来说既可悲又充满讽刺意味。被拘禁在哥伦比亚乡村俱乐部和扬州集中营 B 营之前的两年里,盖尔一家生活在渴望接受日本人照顾的期待中。当因不能被遣送回国而困在上海时,他们完全措手不及。最初他们感到愤怒和失望,随后贝蒂·盖尔很快选择专注于新环境中的美好事物。在此期间,她的日记和信件内容仍然十分乐观,这种品质比集中营本身可预料到的那些困境更能反

① 《贝蒂·盖尔日记:在中国日占区四年拘禁生活实录》(1941 年 7 月至 1945 年 9 月,未出版)中 1943 年 9 月 17 日的内容,来自玛格丽特·怀特曼的私人收藏。

② 《贝蒂·盖尔日记:在中国日占区四年拘禁生活实录》(1941 年 7 月至 1945 年 9 月,未出版)中 1943 年 9 月 24 日的内容,来自玛格丽特·怀特曼的私人收藏。

③ 《贝蒂·盖尔日记:在中国日占区四年拘禁生活实录》(1941 年 7 月至 1945 年 9 月,未出版)中 1943 年 9 月 29 日的内容,来自玛格丽特·怀特曼的私人收藏。

映她的性格和生存策略。这位身兼妻子、母亲、护士和传教士多重身份的“传二代”在营地中经受住了对女性的考验——贝蒂·盖尔一直在努力寻找平静、利他主义、精明和坚韧之间的平衡。正如父亲在她离开扬州集中营B营前写的那样,集中营和其他地方一样,都是传教的领域。贝蒂·盖尔正在实现一个对基督徒、传教士和妇女的期望,即在艰难的环境中“变得聪明而开朗”。不管感到多么挫败,她总是保持沉默,这可以帮助她应对困境。贝蒂·盖尔很少公开表达愤怒,如她在上海商店里失控,这些少有的事件成了她好友回忆录中的亮点。同样,她拒绝透露M太太的真实姓名(40年后她成年的女儿玛格丽特也是如此),这充分体现了她对基督教标准的严肃态度。①

就像盖尔夫妇在山东待了八个月,情况在不知不觉中恶化一样,从哥伦比亚乡村俱乐部再到扬州集中营B营,他们的被拘禁条件也在不断恶化。在扬州,贝蒂·盖尔最难以适应的是糟糕的食物与努力应对与M夫人等侨民的冲突。在哥伦比亚乡村俱乐部,大多数被拘禁者都是传教士,而扬州集中营B营中只有不到5%的人是传教士。② 扬州那些所谓上流社会居民把传教士看作亏欠他们的下等居民,贝蒂·盖尔不太在意他们这种卑鄙行径。尽管随着时间的推移,这种情况得到了改善,但对于贝蒂·盖尔来说,适应扬州新的社交氛围和适应肮脏暴露的环境一样困难。然而,她在这方面也表现出非凡的韧性。贝蒂·盖尔选择专注于伊莱和玛吉的古怪姿态和生长需求,以此设法避开扬州的矛盾风暴。事实上,她建立了自己的避难所,无论周末是在上海朋友的家中、扬州主楼的阁楼上,还是在两个小女孩的幻想世界中,来分散自己对营地生活现实的注意力。贝蒂·盖尔在精神上摆脱营地生活的能力,很好地帮助她度过浦东集中营最后也是最糟糕的两年。

---

① 弗朗西丝·麦卡勒在确认M女士身份时没有同样的不安,她在1991年接受玛格丽特·怀特曼采访时就这样做了。在此之前,怀特曼还不知道她母亲的宿敌的名字。

② 根据贝蒂·盖尔的说法,这些传教士是戈弗雷、贝蒂和玛格丽特·盖尔,肯尼斯、弗朗西丝和伊莱·麦卡勒,简·吉利森(Jean Gillison);安妮·麦基思(Anne MacKeith),马里恩·金吉尔·安德森[Marion (Ginger) Anderson],还有乔治·罗宾逊(George Robinson)。

第七章 仰望梦想 历经磨练(1943～1945年)

我们像沙丁鱼一样被塞进一个废弃的、害虫遍布的地方。那里的生存条件极差,就连英美的烟草公司多年前也因为环境问题而放弃使用该地储存烟草。

——德斯蒙德·鲍尔,《小洋鬼子》

浦东集中营由英美烟草公司的六个废弃仓库组成,它距离黄浦江约半英里,对面是著名的上海外滩。上海外滩坐落着许多19世纪的西式建筑,它们是沿着国际移民点的堤岸分布的,有许多外国银行、领事馆和外籍人士的社交俱乐部。作为外国财富和权力在中国的象征,外滩与河对岸的监狱集中营形成鲜明对比。浦东集中营的主楼是一座三层红砖建筑,由16个20英尺高的大房间组成。1937年日本入侵后,仓库遭到轰炸,后被人遗弃,大部分窗户和地板之间的木板缝隙都用纸覆盖。一楼包含宿舍、餐厅、图书馆、备用房间和两个厨房,而二楼和三楼则全被用作宿舍。[①] 一楼是由混凝土筑成的,1943年10月盖尔夫妇和麦卡勒夫妇在浦东度过的第一个夜晚就睡在一楼混凝土地板的毯子上。

浦东集中营从未打算为家庭提供住房。这里房间的结构对成年女性来说都很恶劣,更不用说儿童了。六个月前的1943年3月,第一批被拘禁到浦东集中营的都是男性。其中有388名美国人、658名英国人、15名荷兰人和1名"无国籍人士"[②],之后有400人被遣返回国。与扬州集中营的被拘禁者

---

① 瑞士领事(埃米尔·丰塔内尔(Emile Fontanel)),《瑞士视察浦东平民集会中心的机密报告》,1943年6月22日,来自加拿大图书馆和档案馆,国防基金会,C5342,HQS 9050文件,第33～37页。

② 瑞士领事(埃米尔·丰塔内尔(Emile Fontanel)),《瑞士视察浦东平民集会中心的机密报告》,1943年6月22日,来自加拿大图书馆和档案馆,国防基金会,C5342,HQS 9050文件,第33～37页。

相比，这是一群粗鲁的平民拘禁者，包括劳工、船员，甚至是罪犯。浦东集中营因其环境艰苦而闻名。据戈弗雷·盖尔说，一些居民偷偷把信寄给了瑞士总领事，抱怨条件太艰苦。不幸的是，管理者找到了这些信件的作者，将他们带到上海臭名昭著的大桥监狱进行惩罚。带走这些人的时候，整个集中营的人都出来示威，这使得日本人不得不架起机枪来恢复秩序。[①] 1943 年 6 月 22 日，瑞士领事第一次访问集中营时注意到，麦肯齐先生(Mr. Mackenzie，前英国驻营地代表)和福塞思先生(Mr. Forsyth)已被安排到海防路集中营或宪兵队。而针对该情况，相关日本官员给出的说法却是“无法立即获得准确信息”。

瑞士领事报告说：“我确信可能已经发生了不好的事情。虽然受保护的国民代表没敢说得很直接，但通过他的态度我几乎可以肯定，之前麦肯齐先生很可能对某些事情提出了抗议，他也因此承担了相应的后果。”[②]

浦东集中营手绘图

① 《贝蒂·盖尔日记：在中国日占区四年拘禁生活实录》(1941 年 7 月至 1945 年 9 月，未出版)中戈弗雷·盖尔写的《浦东》部分的内容，来自玛格丽特·怀特曼的私人收藏。

② 瑞士领事(埃米尔·丰塔内尔(Emile Fontanel))，《瑞士视察浦东平民集会中心的机密报告》，1943 年 6 月 22 日，来自加拿大图书馆和档案馆，国防基金会，C5342，HQS 9050 文件，第 33～37 页。

戈弗雷·盖尔来此之前，他们抓到一名想要携带一封信离开营地的中国工人。众目睽睽之下，他们将工人绑在栏杆上打得死去活来，以儆效尤。[①]戈弗雷·盖尔推测说："毫无疑问，日本人认为多一些妇女和儿童可能会改善营地的气氛。"[②]1943年10月，包括戈弗雷·盖尔在内的550名被拘禁者被送到了营地，营地总人数达1212人。[③]

贝蒂·盖尔对浦东集中营的第一印象是肮脏破旧，仿佛每扇窗户里都有胡子拉碴的脸。[④] 当她从那艘载着他们250名被拘禁者穿过黄浦江的小船上走下来时，惊讶地听到一支乐队在演奏 *Hail, Hail the Gang's All Here*，一群哥伦比亚乡村俱乐部的老朋友热情地迎接了他们，拿着他们的行李，带他们到一个巨大的餐厅喝茶。贝蒂·盖尔到达时在日记中写道："这里到处都是糟糕的老旧建筑、老鼠、臭虫、铁窗，但朋友们还是对我们的到来表示热烈欢迎。"[⑤]起初，筋疲力尽的贝蒂·盖尔并不介意睡在医院的角落里。但过了一段时间，她开始担心蹒跚学步的孩子伊莱和玛吉，她们在长途跋涉后很容易不高兴，会打扰病人。第一周，戈弗雷·盖尔和肯尼斯·麦卡勒睡在地板的毯子上，伊莱和玛吉睡在垫子上，贝蒂·盖尔和弗朗西丝·麦卡勒则轮流睡在医院的担架和牙医椅上。

其余1212名被拘禁者被安置在16间大房间里，这些大房间以地板上的线条为界线分成六个四英尺的空间，这也是国际红十字会所要求的最低限度。瑞士领事在1943年6月首次访问营地，营地当时共关押了1080人，他说这里已经太过拥挤，让人无法忍受。现在，更多的人被塞进了男士宿舍、女士宿舍和已婚夫妇的宿舍。在一些女士和已婚夫妇的宿舍（非男士宿

---

① 《贝蒂·盖尔日记：在中国日占区四年拘禁生活实录》（1941年7月至1945年9月，未出版）中戈弗雷·盖尔写的《浦东》部分的内容，来自玛格丽特·怀特曼的私人收藏。

② 《贝蒂·盖尔日记：在中国日占区四年拘禁生活实录》（1941年7月至1945年9月，未出版）中戈弗雷·盖尔写的《浦东》部分的内容，来自玛格丽特·怀特曼的私人收藏。

③ 这是瑞士领事1944年8月的官方统计。盖尔夫妇报告浦东集中营的人数为1150人。

④ 《贝蒂·盖尔日记：在中国日占区四年拘禁生活实录》（1941年7月至1945年9月，未出版）中1943年10月1日的内容，来自玛格丽特·怀特曼的私人收藏。

⑤ 贝蒂·盖尔的《五年日记》（1939年2月15日至1943年12月31日，未出版）中1943年10月1日的内容，来自玛格丽特·怀特曼的私人收藏。

舍)，被拘禁者甚至只能通过挂毯子或其他形式的窗帘，将自己与邻居分开。贝蒂·盖尔写道："房间里到处都是窗帘，虽然巧妙遮住了视线，但声音却不能，所以没有隐私是这里最大的问题。"①唯一能进行私密对话的地方只有一楼的医院或者是楼梯间。日本警卫每天晚上十点都会关掉大房间里的灯，每个人都得安静睡觉。"这也是营地唯一的好处。"贝蒂·盖尔后来调侃道。②

抵达一周后，戈弗雷·盖尔和肯尼斯·麦卡勒得到了新住所，一个长13英尺、宽9英尺的电梯井。该空间实际上由两部分组成，前半部分长9英尺、宽6英尺，实则是一个装有木制平台的电梯井道，被用作戈弗雷和贝蒂·盖尔的卧室。后半部分长9英尺、宽7英尺，被用作肯尼斯·麦卡勒和弗朗西丝·麦卡勒以及两个孩子的休息区。油腻的电梯电缆从竖井两侧一直延伸到悬挂在上面的电梯。小房间的一端有一扇大窗户，从那里可以眺望黄浦江，电梯里住着一个小男孩。贝蒂·盖尔在日记中写道："日本人向我们保证电梯不会掉下来。"③后来她在日记中又补充道："因为电梯底部有很多交叉的横梁，万一电梯掉下来我们将会被压成华夫饼干。一想到这种场景我就觉得毛骨悚然，所以我祈祷他们的保证是真的。"④尽管竖井有一部分通向容纳70对夫妇的大房间，但考虑到这是浦东集中营中唯一带门的封闭式空间，所以这已经是相对奢侈的了。

贝蒂·盖尔的目的是让两个孩子在晚上尽可能安静，因为在没有隔音的情况下，如果孩子们哭起来，大约会吵醒600人。⑤ 每次想到假如电梯坠落或是孩子们哭泣的场景都会让贝蒂·盖尔难以入眠，而床头上随处可见

---

① 贝蒂·盖尔的《五年日记》(1939年2月15日至1943年12月31日，未出版)中1943年10月6日的内容，来自玛格丽特·怀特曼的私人收藏。

② 玛格丽特·怀特曼对贝蒂·盖尔的访谈录的录音带，来自玛格丽特·怀特曼的私人收藏。

③ 贝蒂·盖尔的《五年日记》(1939年2月15日至1943年12月31日，未出版)中1943年10月2日的内容，来自玛格丽特·怀特曼的私人收藏。

④ 《贝蒂·盖尔日记：在中国日占区四年拘禁生活实录》(1941年7月至1945年9月，未出版)中1943年10月6日的内容，来自玛格丽特·怀特曼的私人收藏。

⑤ 《贝蒂·盖尔日记：在中国日占区四年拘禁生活实录》(1941年7月至1945年9月，未出版)中1943年10月6日的内容，来自玛格丽特·怀特曼的私人收藏。

的臭虫以及满地乱跑的肥硕的老鼠更加剧了她的失眠。[①] 有一次盖尔和麦卡勒被伊莱床上传来的敲击声惊醒，她们看到了呆若木鸡的小伊莱。此刻的伊莱正惊恐地盯着她床板上的四个不速之客——四只从横梁上掉下来的已经冻僵了的老鼠幼崽，这些幼鼠甚至还没长出毛发。[②] 虽然贝蒂·盖尔和弗朗西丝·麦卡勒尽了最大的努力把这片区域擦洗干净，但它仍然"脏得难以形容"。他们不仅无法够到一些较高的、被熏黑的墙壁，而且上方电梯的每一次移动都会导致瀑布般的灰尘落到他们身上和行李上。[③] 所以，尽管贝蒂·盖尔和弗朗西丝·麦卡勒已经进行了最大限度的清洁工作，这里仍然肮脏不堪。她们在孩子们的床上搭上蚊帐，还在上面盖了一层厚厚的网，既能防范因老鼠乱窜而掉下来的砖块和其他瓦砾，也能防止孩子们受到老鼠的伤害。据报道，虽然上海周围的七个集中营条件都很差，但是只有浦东集中营才有老鼠和臭虫。

为了让这里温馨起来，贝蒂·盖尔用打捞上来的木头制成了架子，用破旧的床罩做成了窗帘，还用水果和蔬菜罐头上的彩色标签做成装饰挂在墙上来为这里增加一些色彩。虽然如此，在整个羁押期间这里始终是那么的脏乱不堪，但几十年后一封来自狱友的信再次提到了那个半隐私空间的珍贵性：

> 再次感谢您35年前把"电梯室"借给我，在那里我庆祝了自己的21岁生日。这一定是整个浦东仅有的几个"私人"房间！毫无疑问，营地里最珍贵的礼物就是能拥有几个小时的"私人"空间。您真是太善良了。您还记得那个聚会吗？哈贝科斯太太（Mrs.Habecost）为生日蛋糕收集了几个星期的零碎材料！每个人都在为准备这场盛宴收集保存着各种东西。那可真是一次美妙的21岁生日聚会啊，我相信那一定是全

---

① 《贝蒂·盖尔日记：在中国日占区四年拘禁生活实录》（1941年7月至1945年9月，未出版）中1943年10月6日的内容，来自玛格丽特·怀特曼的私人收藏。

② 《贝蒂·盖尔日记：在中国日占区四年拘禁生活实录》（1941年7月至1945年9月，未出版）中1943年10月6日的内容，来自玛格丽特·怀特曼的私人收藏。

③ 《贝蒂·盖尔日记：在中国日占区四年拘禁生活实录》（1941年7月至1945年9月，未出版）中1943年10月6日的内容，来自玛格丽特·怀特曼的私人收藏。

世界最独一无二的聚会。[①]

虽然盖尔夫妇承认他们在获得这样一个私人空间的时候拥有了相对特权,但住在人员如此密集的地方仍然很艰苦。戈弗雷·盖尔在中国抗战胜利后两周内写的一封信发表在了《传教士月刊》上,他表示过去两年的监禁是特别难熬的,尤其是那里狭小的空间。戈弗雷·盖尔写道:"最大的困难是我们和其他70对已婚夫妇一块住在开放的宿舍里,没有一丝隐私。大家彼此都完全暴露在人群中,永远无法逃脱和独处。这有时会使我们的忍耐达到极限。"[②]

"未婚青年"问题

浦东的环境对女性而言都太艰苦了,更不用说孩子了。在新生儿出生之前,玛吉和伊莱是那里最小的孩子。另外一些稍微大一点的也是三个仅八岁的孩子,还有几个青少年。后来,又有一群学龄儿童和青少年加入了他们的行列,这些孩子曾在芝罘地区的教会寄宿学校上学。在这之前,这些学童被送到潍县集中营,但后来发现有些孩子的父母在浦东集中营,于是将这些孩子也转移到了这里。与其他集中营相比,浦东集中营的儿童相对较少。1944年9月,浦东集中营17岁以下的儿童有27人,只占集中营总人数的2.2%。相比之下,据报道,上海沪西第二集中营17岁以下的儿童有265名,占其总人数的60%。在浦东集中营,3岁以下儿童仅占总人数的0.2%;而在上海沪西第二集中营,3岁以下的儿童占40%。[③]

对青少年来说,被拘禁的日子尤其煎熬。有些人感到孤立无援,无所适从。不过,鼓励他们参加体育运动成了解决这一问题的办法。仓库旁边是

---

① 安妮·诺曼(Anne Norman)给贝蒂·盖尔的信,1980年10月,来自玛格丽特·怀特曼的私人收藏。

② 戈弗雷·盖尔:《终于自由了》,《传教士月刊》1945年11月,第485～486页,来自玛格丽特·怀特曼私人收藏。

③ 瑞士领事的"机密报告",1944年9月27至29日,来自加拿大图书馆和档案馆,国防基金会,C卷,5342,HQS 9050文件,第33-37页。

一个于1937年炸毁的遗弃村庄。[①] 仓库和一部分炸毁的村庄由大量带刺的铁丝网围了起来,第一批被拘禁者清除了这些破砖瓦,在一边开辟了一个大的运动场,另一边则建起了一个小花园。

浦东集中营是没有草地和树木的,但被拘禁者可以用红十字会寄来的种子种植蔬菜和鲜花。贝蒂·盖尔到达集中营时,一些花园已被修整得很漂亮,甚至还有露台和假山。其中一个花园里立着一个指向英国的木制路标,上面写着"距离温彻斯特和海伦8600英里",看着让人感到心酸。[②] 按照规定,被拘禁者可以在上午九点到下午六点之间使用该区域。起初,大家还能在球场上玩许多游戏,尤其是棒球。然而,战争快结束时,就连青少年也没有足够的体能去运动了。[③]

另一个让这些年轻的被拘禁者保持忙碌的主要方法是让他们上学。伦敦会的两位教士——安妮·泰勒(Anne Taylor)和金吉尔·安德森(Ginger Anderson)是教师,他们把学龄儿童分成小组,用几个家长带来的课本定期授课。

事实上,浦东集中营的书籍足够建一个藏书约一千册的图书馆,包括狄更斯、斯科特和莎士比亚等作家的作品。[④] 其中一些是被拘禁者带来的,另一些是国际红十字会提供的。食堂的一个角落用来上课,但食堂也用来进行一些其他嘈杂的活动。很多时候都是学生在一个角落里上课,成人在另一个角落里举行讲座,体操活动在中心,而周围的人则在补鞋,缝纫,练习俄语、意大利语、法语,或者下棋、打桥牌、打麻将、练习音乐等。食堂里的各种声音很刺耳,学生们能集中精神上课真是个奇迹。[⑤]

---

① 上海被划分为几个行政区或租界,代表通商口岸的各种外国利益。例如,法租界与英租界在上海的不同地区。中国居民被限制在指定的地区,烟草仓库旁边的区域曾是一个华人区。

② 《贝蒂·盖尔日记:在中国日占区四年拘禁生活实录》(1941年7月至1945年9月,未出版)中1943年8月3日的内容,来自玛格丽特·怀特曼的私人收藏。

③ 1991年玛格丽特·怀特曼在沃辛萨塞克斯郡洛马斯家对简·吉利森、安妮·麦基思和马里恩·金吉尔·安德森(伦敦会传教士)的采访(94岁的埃塞尔·泰勒本来要和他们一起参加采访,但她摔倒了,无法参加)。

④ 1991年玛格丽特·怀特曼对弗朗西丝·麦卡勒的录音访谈。

⑤ 来自吉利森、麦基思、安德森,与怀特曼的访谈。

尽管如此,也许是为了让自己觉得在集中营的时间没有完全浪费,有一些学生能够认真对待学习。[①] 安妮·泰勒和金吉尔·安德森自豪地回忆说,中国抗战胜利后,那些适龄儿童得到了证书,他们的教学也得到了认可。除此之外,一些即将毕业的青少年选择参加数学考试。被拘禁者中的两名数学家为他们出题,组织了考试。除一名学生外,其他人后来都获得了剑桥大学的入学资格。

此外,那里也开设了成人班。集中营中的被拘禁者里有大量教授、成功的企业家和科学家。从到达的第一周起,他们就开设了包括八种不同语言,从商法、建筑到生物、化学和天文学等学科在内的50门课程。有些成年人甚至把那里当成了获得知识的宝贵殿堂。贝蒂·盖尔觉得如果没有这些活动,他们只会漫无目的地走动等着被释放,就白白浪费了几个月或几年的时光。包括贝蒂·盖尔在内的12个人(其余11个同学都是商人)每周上两次中文口语课,贝蒂·盖尔还和著名的德雷克(F.A. Drake)每周参加两次关于中国哲学和宗教的讲座。此外,德雷克还为大家开设了瓷器鉴别课程,教他们如何推断收集到的瓷器碎片的烧制年代。

然而,并非每个人都对学习感兴趣。一批新的被拘禁者刚来集中营,这些"原住民"立刻对其中单身的姑娘们一拥而上,展开了热烈的追求。[②] 尤其是前两天,那些在扬州看起来蔫蔫巴巴、死气沉沉的男士,突然开始了各种打扮,想要引起姑娘们的注意。当时所谓的"约会",只能是当着数百人的面,在那些废弃的建筑物中间走来走去。

然而,仅仅三周后就有一对伴侣订婚了,贝蒂·盖尔开始忧心:"其他很多女孩儿也在很大程度上卷入其中,我真希望她们不要这样沉迷,要冷静一点。"[③]集中营不是一个适合走入婚姻的地方,大多数在集中营里开始的婚姻

① 《贝蒂·盖尔日记:在中国日占区四年拘禁生活实录》(1941年7月至1945年9月,未出版)中1943年10月22日的内容,来自玛格丽特·怀特曼的私人收藏。

② 《贝蒂·盖尔日记:在中国日占区四年拘禁生活实录》(1941年7月至1945年9月,未出版)中1943年10月3日的内容,来自玛格丽特·怀特曼的私人收藏。

③ 《贝蒂·盖尔日记:在中国日占区四年拘禁生活实录》(1941年7月至1945年9月,未出版)中1943年10月25日的内容,来自玛格丽特·怀特曼的私人收藏。

结局都不会很好。在贝蒂·盖尔被拘禁期间结婚的三对夫妻，在战争结束后只有一对能称得上是偶有交流。第一场婚礼中的新娘是一位来集中营四个月的女孩，她几乎是在来集中营的第一天就怀孕了。两周后在营地举行了第二场婚礼，两位主角是莫德（Maud）和乔（Jo）（都已丧偶），W主教在食堂为他们举行了结婚仪式。[①] 婚礼现场，弗朗西丝·麦卡勒演奏了婚礼音乐，而贝蒂·盖尔为他们制作了用于抛洒的五彩纸屑。贝蒂·盖尔在她的日记里写道："他们的婚礼不会有蜜月，有的只是在到处是人的大房间里拼接起来的两张床。"[②]

废弃仓库中总会有"有心人"能找到一些私人空间。性接触并非不可能，实际上，那两年浦东集中营出生了五个婴儿。然而，这些婴儿都是非婚生的。[③] 麦卡勒觉得一定有少女在营地受到了虐待。[④] 1944年2月，新一批被拘禁者到达四个月时，大家发现苏西（Susie）刚到没多久就怀孕了。贝蒂·盖尔在日记中写道："新生婴儿在整个大监区像是最珍贵的珠宝一样受到所有人的期待。"[⑤]苏西很快就和婴儿的父亲结了婚，英国代表试图找到一个小房间用作婴儿出生时的产房，他们挑中了木匠和鞋匠的房间，大家称之为"公共工程部"。

后来怀孕的三个女孩都是欧亚混血少女，和她们交往的都是有家室的男人，而那些男人的妻子当时正在英国或美国。在那种情况下，怀孕并不是健康的相处模式，反而在一定意义上反映了集中营生活更可悲的一面。即便如此，孩子的出生还是一件值得庆祝的事情。准妈妈们将在他人陪同下乘坐舢板船渡过黄浦江到上海市的一家医院完成生产。其中一位新妈妈还邀请盖尔夫妇参加孩子的洗礼，这场洗礼由一位侨民牧师主持。贝蒂·盖

① 《贝蒂·盖尔日记：在中国日占区四年拘禁生活实录》（1941年7月至1945年9月，未出版）中1944年2月26日的内容，来自玛格丽特·怀特曼的私人收藏。

② 《贝蒂·盖尔日记：在中国日占区四年拘禁生活实录》（1941年7月至1945年9月，未出版）中1944年2月26日的内容，来自玛格丽特·怀特曼的私人收藏。

③ 来自怀特曼对贝蒂·盖尔的访谈。

④ 来自怀特曼对弗朗西丝·麦卡勒的访谈。

⑤ 《贝蒂·盖尔日记：在中国日占区四年拘禁生活实录》（1941年7月至1945年9月，未出版）中1944年2月8日的内容，来自玛格丽特·怀特曼的私人收藏。

尔每天都要帮婴儿洗澡,她带着玛吉一起看望婴儿。玛吉还很天真地问贝蒂·盖尔,她能不能也过河去接个孩子回来。

集中营不是一个开始健康婚姻关系的好地方,同样也不是一个维系婚姻关系的好地方。盖尔注意到,仅仅一个多月后她就没怎么再见过那个让她感到很难相处的 M 太太了。她再也没见过 M 太太和她丈夫一起出现的场景,他们就这样分开了。后来,有人看到一个大家都没见过的男人陪着 M 太太,在她那把白绿相间的雨伞下,两个人一起坐着聊了好久。①

1944 年的 5 月,一场悲剧降临在一对年轻夫妇身上,丈夫莫里斯(Morris)[也可能是莫里斯·威尔(MauriceWeill)]突然患上了无法治愈的结核性脑膜炎。他不得不被送往上海的一家传染病医院。基思·格雷厄姆医生请求陪同莫里斯的妻子埃丝特(Esther)·威尔渡过黄浦江去看望她的丈夫,但是日本指挥官无情地拒绝了他们的请求。5 月 28 日传来噩耗,莫里斯快要死了。格雷厄姆带着埃丝特·威尔到指挥官那里再一次为她求情。她泪流满面,跪在指挥官面前,求他放自己出去一次,求求他能让自己看丈夫最后一眼。指挥官冷冷地看着她说:“我的妻子和孩子现在正在日本,我也很想见到他们,但我的愿望也无法实现。别忘了,我们现在正在进行战争。所以,你也不行!”②第二天,莫里斯·威尔死了,至死都没能见他妻子最后一面。③

也许最悲惨的是那名俄罗斯年轻女子,她丈夫在到达扬州集中营后没多久就死了。随后,她一直被关押在浦东集中营直到战争结束,最后她嫁给了另一名侨民。就在中国抗战胜利后不久,这位可怜的女人在乘着舢板渡过黄浦江时不小心溺亡。贝蒂·盖尔当时被吓坏了,当她目睹这一切时,她

---

① 参见《贝蒂·盖尔日记:在中国日占区四年拘禁生活实录》(1941 年 7 月至 1945 年 9 月,未出版)中 1943 年 10 月 31 日的内容,来自玛格丽特·怀特曼的私人收藏。

② 《贝蒂·盖尔日记:在中国日占区四年拘禁生活实录》(1941 年 7 月至 1945 年 9 月,未出版)中 1944 年 5 月 28 日的内容,来自玛格丽特·怀特曼的私人收藏。

③ 虽然贝蒂称这个人“Morris”,但他的名字应该是 Maurice。根据格雷格·莱克在《帝国的俘虏:在中国的日本集中营,1941～1945》中提到的埃丝特的丈夫莫里斯·伯纳德·威尔于 1944 年 3 月 30 日去世推断很可能这就是贝蒂所指的人,他于 5 月 30 日去世。1944 年 10 月,埃丝特被释放到上海。

突然想到了一个可怕的事情：每次她的丈夫横跨黄浦江护送那些需要接受手术或专业护理的病人去上海的一家医院时，都要面临比她想象中更大的危险。

浦东的医疗保健

刚抵达浦东集中营时，贝蒂·盖尔看到那里有三名医生还是很高兴的。集中营的医疗工作主要由基思·格雷厄姆医生负责，由霍奇金斯(Hodgkins)医生和一名四年级医学生埃德·特鲁普(Ed Troop)进行协助。基思·格雷厄姆是来自天津的一位外科医师。原本浦东集中营有四位医生，但在戈弗雷·盖尔和肯尼斯·麦卡勒到达之前，已有两名美国医生被遣送回国。由于格雷厄姆是一名高级医师，而且比其他人年长，因此任命他负责浦东的医疗工作。伦敦会的护士埃塞尔·泰勒和简·吉利森(Jean Gillison)使整个团队更加健全，贝蒂·盖尔也在尽可能地对各种工作进行协助。然而，浦东集中营的医疗资源还是少得可怜，甚至都比不上扬州集中营。戈弗雷·盖尔的箱子在扬州被抢走后，从齐鲁大学带来的东西又在去浦东集中营的途中被偷了。即便如此，医生们还是把仓库主楼的一部分改造成了一个只有八个床位的开放式病房，称为"医院"，但或许称之为"医务室"更合适一些。那里还有一个小的问诊室、一个牙科手术室，以及一个可以煮沸消毒和储存器械的"小隔间"。[①]

医生们每天开放诊所，利用手头的物品和信息尽最大努力地诊治病人。他们还对那些需要 24 小时观察、休息和护理的病人进行定期检查。埃塞尔·泰勒组织具有护理技能的妇女帮助照顾浦东集中营的病人。例如，当弗朗西丝·麦卡勒患上单核细胞增多症时，她在这家小医院住了三个星期。而当病人需要更专业的治疗时，会在住院医师的陪同下坐船横渡黄浦江到上海的一家医院。

冲突的发生也是集中营生活的困境之一。虽然盖尔夫妇和麦卡勒夫妇

① 来自 1991 年玛格丽特·怀特曼对肯尼斯·麦卡勒的录音访谈。

之间就发生过冲突,但在他们的书面记录中,两对夫妇都没有提及。这并不奇怪,因为记录分歧可能与传教士强调耐心、宽恕和尊重的价值体系相违背。此外,诚实地提出分歧也需要反思自己在冲突中扮演的角色,而保持沉默则可以让每个人都避免尴尬。不管是什么原因,现有的书面证据(已发表和未发表的)并未显示出盖尔夫妇和麦卡勒夫妇之间有过多少不可避免的冲突。

然而,几十年后玛格丽特·盖尔的口头采访确实让我们窥见了两对夫妻间一些潜在的矛盾。在这些采访中,贝蒂·盖尔、弗朗西丝·麦卡勒和肯尼斯·麦卡勒更加坦诚,因为他们相互之间更加熟稔,而且随着时间的推移,这种小问题对他们的感情不会有多大影响。例如,采访表明贝蒂·盖尔并不认可肯尼斯·麦卡勒的医疗习惯,但是肯尼斯似乎对此一无所知。据肯尼斯·麦卡勒自己说,他和基思·格雷厄姆以及埃塞尔·泰勒相处得并不好。在他记忆中,基恩·格雷厄姆和埃塞尔·泰勒两人密谋想要让他离开诊所。医疗会议上充满了争吵,肯尼斯·麦卡勒在一怒之下侮辱了基思·格雷厄姆,称他为"澳大利亚罪犯的后代"(他后来坚持说:"他很可能就是这样的。")。[①] 肯尼斯·麦卡勒说,由于他们之间的敌意,基思·格雷厄姆将他贬为公共卫生官员。然而,贝蒂·盖尔对肯尼斯·麦卡勒和基思·格雷厄姆之间紧张关系的回忆却略有不同。她觉得肯尼斯·麦卡勒并不是一个很好的全科医生,因为麦卡勒对病人的治疗不是那么有效。[②] 贝蒂·盖尔坚持认为,她的丈夫是最受欢迎的医生,因为他每天门诊接待病人的数量能占到总人数的五分之四,而肯尼斯只能占到五分之一。让贝蒂·盖尔恼火的是,她的丈夫在诊所里长时间工作,照顾一大堆病人,而肯尼斯却坐在附近的办公室里无所事事。[③]

原本浦东集中营的三名牙医在盖尔夫妇抵达之前已被遣送回国。盖尔夫妇在浦东集中营的前两个月,日本牙医每周拜访一次。年轻的卫理公会

---

① 来自1991年玛格丽特·怀特曼对肯尼斯·麦卡勒的录音访谈。

② 玛格丽特·怀特曼对贝蒂·盖尔的录音访谈。

③ 玛格丽特·怀特曼对贝蒂·盖尔的录音访谈。

牧师肯·帕森斯(Ken Parsons)协助日本牙医。后来日本牙医就不再来了,从此肯·帕森斯接管了牙科工作,还训练了两名助手,他们很快就可以一起熟练地填补蛀牙,修复牙桥和牙板。浦东集中营是唯一没有牙医的集中营。[①] 牙医的工作是很繁重的,数以百计的被拘禁者患有牙痛,等待治疗的名单上通常有200～300人。如果患者的蛀牙面积太大或者疼痛实在太严重,就会请戈弗雷·盖尔来拔牙。到1943年11月底,戈弗雷·盖尔已经拔了60多颗牙,到1945年7月时他已经拔了604颗。与此同时,肯·帕森斯已经补好了几千颗牙。牙齿护理的重要性再怎么强调也不为过。四十年后,一位曾经的侨民写信给戈弗雷·盖尔,感谢他的治疗:

> [约翰·杰克逊(John Jackson)]臼齿上有一个可怕的脓肿,但当时没有牙医。为此,两名医生和一名医学预科生在没有麻醉的情况下试图拔掉这颗牙齿,花了两个小时仍未成功。最后他们请了戈弗雷·盖尔过来。那时病人已经痛得发狂,他听到戈弗雷·盖尔平静地说:"我不把它拔出来,誓不罢手。"最终戈弗雷·盖尔做到了!这一壮举不仅体现了戈弗雷·盖尔的专业技能,也体现了他对患者抱有极大的同情心。[②]

1944年7月,医院里某些药物的库存已严重不足。医生们决定随机应变。用来治疗腹泻的高岭土用完后,他们从花园里收集黏土,烘烤,研磨成粉末,给病人吃,这取得了意想不到的效果。[③] 小撮烟草就能很好地替代女性药品"山道年",它可用于缓解经期痉挛引起的痛经或使闭经者恢复月经。[④] 车前草富含维生素B,用煮过的车前草种子可以治疗脚气。花园里到

---

① 瑞士领事的"机密报告",1944年9月27至29日,来自加拿大图书馆和档案馆,国防基金会,C卷,5342,HQS 9050文件。

② 在戈弗雷·盖尔和贝蒂·盖尔结婚四十周年之际,乔安(Joan)和约翰·杰克逊(英国沃里克)写给玛格丽特、肯德尔和帕特丽夏(多伦多)的信,来自玛格丽特·怀特曼的私人收藏。

③ 《贝蒂·盖尔日记:在中国日占区四年拘禁生活实录》(1941年7月至1945年9月,未出版)中1944年7月12日的内容,来自玛格丽特·怀特曼的私人收藏。

④ John J. Mulheron, "The Medical Age: A Semi-monthly", *Journal of Medicine and Surgery*, vol. 3, 1885, p.428.

处都是可以提取蓖麻油的种子,因此医生开医疗会议时每个人旁边会放一小堆种子,一边讨论问题,一边用指甲剥开种子提取蓖麻油。弗朗西丝·麦卡勒拇指指甲里因为无意中夹了一块种子而一度被感染,先是拇指开始肿胀,后来急性哮喘发作,随后又出现了呕吐和腹泻,全身上下都起了皮疹。她花了几天时间才克服剧烈的不良反应,之后其他几位从事种子研究的人也陆续遇到不明原因的麻烦,所以"蓖麻油计划"正式被放弃了。

1944年夏末,浦东集中营中肺结核病人的数量已超过上海周边的任何一个集中营。来访的瑞士领事说:"必须指出一个令人遗憾的事实,浦东集中营由于缺乏隔离室,有十名结核病人(其中一些是传染性的)与其他健康的侨民同住在大宿舍里。"[①]此外,浦东集中营是唯一报告(两例)鼠传斑疹伤寒病例的集中营。在瑞士领事实地考察期间,有5名病人在浦东医务室,还有41名病人在上海的医院接受治疗,另有7人在上海住院候诊名单上。

1944年8月,贝蒂·盖尔走进他们的小隔间,发现她的丈夫和肯尼斯·麦卡勒在严肃地交谈。有一个9岁的男孩,是中华内地会传教士的儿子,突然得了肺炎球菌性脑膜炎。"这个可怕的字眼让父母和医生都感到恐惧。"贝蒂·盖尔写道,她站在那里听着,紧紧地抱着玛吉。[②] 负责护理男孩的戈弗雷·盖尔和护士们决心不惜一切代价挽救那个男孩。[③] 在与其他医生讨论这个问题时,他们决定试用一种名为"舒非卓嗪"(可能是一种磺胺类药物)的新药,这种药来自从美国寄来的包裹。医生们以前都没听说过,但应该是用于治疗传染病的,考虑到男孩病得很重,他们决定用这种药给他治疗。

就在医生治疗这个男孩的时候,H太太与医生发生了激烈的冲突,原因

---

① 瑞士领事的"机密报告",1944年9月27至29日,来自加拿大图书馆和档案馆,国防基金会,C卷,5342,HQS 9050文件。

② 《贝蒂·盖尔日记:在中国日占区四年拘禁生活实录》(1941年7月至1945年9月,未出版)中1944年8月11日的内容,来自玛格丽特·怀特曼的私人收藏。

③ 《贝蒂·盖尔日记:在中国日占区四年拘禁生活实录》(1941年7月至1945年9月,未出版)中1944年8月11日的内容,来自玛格丽特·怀特曼的私人收藏。

是她的两个女儿不在额外口粮配给清单上。① 因为医生负责记录因病需要额外口粮配给的名单，而这两个姑娘之前一直在接受额外的口粮，但现在她们感觉好多了，医生就去除了她们的名字。这位母亲指责医生删除了她女儿的姓名，是因为“她们不属于医生的任务”。其中一个女儿声称，她的名字被删是“因为她不是妓女”，②她是指集中营里有五个未婚先孕的女孩都有额外的口粮配给，而她没有。③ 尽管这个家庭对盖尔夫妇和麦卡勒夫妇仍然很冷淡，但盖尔夫妇对这个病重的男孩太过专注了，无暇顾及她们的抱怨。六天后，贝蒂·盖尔觉得是时候和 H 太太谈谈了。她写了一张便条邀请 H 太太到花园里见面，两人谈了两个小时，谈论了她们共同关心的问题。寡居的 H 太太最终接受了贝蒂·盖尔的解释，即他们在处理额外口粮的事情上没有偏袒，因为其他病人更需要有限的额外口粮。

那个得了脑膜炎的 9 岁孩子两周后终于开始恢复了。所有人都松了一口气，他们高兴极了，但其他被拘禁者的高患病率又让他们感到惆怅。例如，一名男子患上肾绞痛，在被送往上海一家医院的途中死亡。因为上海的情况很糟糕，除非万不得已，医生们不愿把病人送到上海的医院。那个医院没有自来水，所以早上九点到下午四点之间不能使用厕所。病人们只能在床边放一个罐子来解决这个问题，每次都得等到下午 4 点才能将罐子中的排泄物清理出去。由于上海的护士很少，只能由处于恢复期的病人照顾术后的新病人。中国劳工会把饭菜送来，他们把饭菜扔在床头柜上就走。无论床单的状况多么糟糕或者之前有多少患者睡过，每张床只能每隔一周换一张干净的床单。上海的医院里晚上根本没有灯。因此，浦东的医生们只能在万不得已时或在他们需要手术的情况下才把病人送到上海。

---

① 《贝蒂·盖尔日记：在中国日占区四年拘禁生活实录》(1941 年 7 月至 1945 年 9 月，未出版)中 1944 年 8 月 13 日的内容，来自玛格丽特·怀特曼私人收藏。贝蒂·盖尔在她的笔记本上确认了这个女人的全名，这名妇女有两个女儿，分别为 28 岁和 19 岁。

② 贝蒂·盖尔的笔记(1944 年 1 月 1 日至 1945 年 10 月 2 日，未出版)中 1944 年 8 月 12 日的内容，来自玛格丽特·怀特曼的私人收藏。

③ 尽管贝蒂·盖尔后来回忆说，在未婚女孩中有五人怀孕，其中一人发现自己怀孕后结婚了，但不清楚这是否意味着浦东集中营中是有五人还是六人怀孕。

需要手术的病人是不能留在浦东集中营的。集中营没有麻醉剂，有经验的工作人员也很少，而且只有八张病床，几乎不可能应对手术和进行术后护理。在这种情况下，医生们会寻求日本司令部的许可，把病人带到上海，但也可能会遭到拒绝。有一次，肯尼斯·麦卡勒要求带一个严重脓肿需要手术的病人去上海，但司令官反驳道："如果你不敢清理(脓肿)，我会用我的剑替你做的！"[①]

1944年11月，营地里有三个十几岁的女孩即将分娩，这是她们和三个已婚男人的"私生子"。女孩们受到了很多批评，所以当贝蒂·盖尔和弗朗西丝·麦卡勒计划在木匠的房间里建立一个新生儿保育室时，大家称这是在"鼓励恶习"。[②] 按照计划，贝蒂·盖尔将在英国护士埃塞尔·泰勒的监督下负责托儿所，弗朗西丝·麦卡勒则是负责的医生。母亲们轮流睡在保育室里，一起睡的还有大约20名志愿者，包括贝蒂·盖尔。"我们谁也不希望他们在这里(浦东)出生，但既然他们出生了，我们就尽可能给他们最好的人生开端。"[③]一个木匠做了四个小床，上海的红十字会给他们送来了做床单用的材料，几个妇女开始缝纫和编织毯子、床垫、床单、尿布和衣服。伊莱和玛吉的穿不下的衣服被裁剪后给新婴儿穿。"现在如果母亲们能照顾他们，"贝蒂·盖尔写道，"他们应该会没事的。"[④]

前两个婴儿出生时，天气已经变冷，室内温度降到了－10 ℃。被拘禁者穿上了他们所有能穿的衣服，一层层毛衣让他们很难弯曲手臂。天气实在是太冷了，有人晚上把假牙放在一杯水里，早上却拿不出来，因为假牙已经冻住了。贝蒂·盖尔在育婴室里挂上窗帘御寒，还偷偷带来了一个电热板，以提高温度，还好日本人从来没有发现。

---

① 《贝蒂·盖尔日记：在中国日占区四年拘禁生活实录》(1941年7月至1945年9月，未出版)中1944年8月26日的内容，来自玛格丽特·怀特曼的私人收藏。

② 《贝蒂·盖尔日记：在中国日占区四年拘禁生活实录》(1941年7月至1945年9月，未出版)中1944年11月12日的内容，来自玛格丽特·怀特曼的私人收藏。

③ 《贝蒂·盖尔日记：在中国日占区四年拘禁生活实录》(1941年7月至1945年9月，未出版)中1944年11月12日的内容，来自玛格丽特·怀特曼的私人收藏。

④ 《贝蒂·盖尔日记：在中国日占区四年拘禁生活实录》(1941年7月至1945年9月，未出版)中1944年11月12日的内容，来自玛格丽特·怀特曼的私人收藏。

在浦东集中营期间，贝蒂·盖尔一直在寻找机会照顾其他难友。虽然她大部分时间在看护玛吉和伊莱，但从她的日记中可以清楚地看出，她也参与了病人的护理。她参与了疫苗接种，帮助病人吃饭、洗漱，以其他方式为病人提供舒适环境，协助照顾新生儿，并跟踪孕妇孕期状况。有一次，她说她多希望自己带了护理制服到集中营，因为制服比便服更实用（更容易清洗）。作为与三个营地医生关系密切的人，盖尔似乎能够随心所欲地参与到护理工作中来。于是，她呼吁大家去满足其他人的需要，表达对那些生病或沮丧的人的关心，也包括医生自己。

厨房里的帮派

虽然浦东集中营是由英国、美国或荷兰的被拘禁者组成的，但实际上只要他们的父亲或丈夫是这些国家的一员就会被拘禁于此。事实上，集中营里有超过38个国家的人。被拘禁者的职业也多种多样，包括银行和大公司负责人、大学教授、合唱团女孩、工程师、医生、护士、律师、教师、科学家、学生、修补匠、裁缝、老战士、水手等。此外，这个集中营还关押着美国总统邮轮“哈里森”号的全体船员，以及兴格监狱（Sing Sing prison）以前的囚犯。[①] 贝蒂·盖尔发现一个特别有趣的人——埃尔班（Erban），他是一位俄罗斯医生，背上垂着长长的金黄色卷发，还有一把同样金黄的大胡子。他衣着单薄，只穿着卡其色短裤和“木屐”。[②] 这个男人会躺在铺着席子的屋顶上，屋顶下就是户外的炉子，一躺就是好几个小时，享受着身下的温暖。尽管起初贝蒂·盖尔做饭时看到那个巨大的毛茸茸的身体躺在上方会感到不便，但他们把他当成屋顶的一部分之后就习惯了。[③]

这是否就是瑞士领事在1943年6月22日视察浦东集中营时的机密报

---

① 《贝蒂·盖尔日记：在中国日占区四年拘禁生活实录》（1941年7月至1945年9月，未出版）中1943年10月26日的内容，来自玛格丽特·怀特曼的私人收藏。

② 《贝蒂·盖尔日记：在中国日占区四年拘禁生活实录》（1941年7月至1945年9月，未出版）中1943年10月29日的内容，来自玛格丽特·怀特曼的私人收藏。

③ 《贝蒂·盖尔日记：在中国日占区四年拘禁生活实录》（1941年7月至1945年9月，未出版）中1943年10月29日的内容，来自玛格丽特·怀特曼的私人收藏。

告中所提到的那个人，目前尚不清楚。那份报告提到："美国代表利用我在指挥官办公室的机会，非常强烈地要求驱逐埃尔班先生，因为他并非美国人，却被误认为是美国国民而关进集中营。他说，这是一个非常可疑的人，具有共产主义倾向，肯定会在营区引起麻烦。如果不这么做的话，很可能盛行某种'无法预料的'风气。"[①]无论如何，第二年夏天，埃尔班还是赢得了难友们的尊重，他大部分时间都待在屋顶上，也会在垃圾桶里翻找一些可食用的食物。他偶然发现了一些日本人丢弃的未经审查的信件，将它们藏在他的大胡子里，然后再分发给兴奋的难友们。

日军警卫不参与营地的日常管理，只要被拘禁者遵守日本人为他们制定的规则，其他时候任凭他们自生自灭。盖尔刚到的时候，一支自封的"警察部队"已经成立，负责营地内一切事务。偷窃和贿赂盛行，弗朗西丝·麦卡勒指出："人们总是待在自己的角落里，紧紧守着自己的贵重物品。"[②]因为晾在绳上的衣服会被人偷走，贝蒂·盖尔会在湿衣服旁边待上好几个小时等着它们晾干。然而，"警察部队"的腐败在一开始就很明显。有传言说，警察头子用"贿赂和皮鞭"来管理他的组织。[③] 负责厨房和公共工程部门的人要求每做一件工作，无论大小，都要额外提供食物或衣物。[④] 于是，一帮黑心的人开始负责浦东集中营最珍贵的资源——食物。在发现厨房工作人员受用了集中营全部食物的百分之十后，盖尔夫妇和麦卡勒夫妇决定用他们所知最好的方法即祈祷来介入。

肯尼斯·麦卡勒、戈弗雷·盖尔，以及第一批和许多以前的病人，每天早晨开始在楼梯下的储藏室里秘密会面进行祈祷。日本人严格禁止他们开会，除非在餐厅这种公共场所。贝蒂·盖尔和弗朗西丝·麦卡勒均未加入

---

① 瑞士领事的"机密报告"，1943年6月22日，来自加拿大图书馆和档案馆，国防基金会，C卷，5342，HQS 9050文件。

② Frances Mcall, Kenneth Mcall, *The Moon Looks Down*, London: Darley Anderson, 1987, p.68.

③ 《贝蒂·盖尔日记：在中国日占区四年拘禁生活实录》(1941年7月至1945年9月，未出版)中1944年2月24日的内容，来自玛格丽特·怀特曼的私人收藏。

④ 《贝蒂·盖尔日记：在中国日占区四年拘禁生活实录》(1941年7月至1945年9月，未出版)中1944年2月24日的内容，来自玛格丽特·怀特曼的私人收藏。

这个团体,因为她们觉得太危险了。祷告小组首先讨论问题,然后保持沉默,以“允许上帝将自己的思想告诉他们”。[①] 有一天,就产生了组建一支秘密“警察部队”的想法。他们甚至没有告诉贝蒂·盖尔或弗朗西丝·麦卡勒,就开始着手挑选那些认为是诚实正直、“受过教育”的人,组成一支新的“警察部队”,推翻腐败的“警察部队”。某一天,在操场上的日常点名环节中,大家就惊讶地看到:在大楼周围的每个有利位置和洗衣槽旁都有一个强壮的男士,他们双手背在背后,两腿分开,红色的臂章上用醒目的黑线缝着“警察”一词。[②]

新的警察部队已为公开冲突做好了准备,但什么也没发生。帮派成员像老鼠一样消失在洞里。[③] 据弗朗西丝·麦卡勒所说,集中营里的紧张气氛突然得到缓解,随之而来的是一种社区意识,他们有了一种强烈的成就感和坚定的信仰。

在浦东,实际上,在整个被拘禁期间,贝蒂·盖尔经常提到“灵性训练”帮助她在这些年里找到了意义和力量。除了参加每周的教堂礼拜和主日学校,她还抽出“安静时间”(Quiet Time,QT)定期做祷告、读《圣经》。在浦东集中营,她会在早上六点半到七点半之间去食堂做祈祷和诵经。在她被关押的最后一年写的笔记本里,对内心精神生活的描述比她其余五年记录的东西都要多。例如,1944 年 8 月,她写下了一篇对布道的感想:“汤姆·艾伦(Tom Allan)昨天为年轻人和老年人做了最精彩的布道,‘你是什么样的人?你能成为什么样的人?’借用了耶稣和彼得的故事:耶稣是一个年轻人,他对另一个年轻人说道:‘现在你是西门,但你将成为彼得——一块磐石。’艾伦讲了彼得是如何改变他的观念的,基督教到底是什么、有多简单等,不仅仅是进行礼拜。”[④]

---

① Frances Mcall, *Hurdles are for Jumping*, Oxford: New Cherwell Press, 1998, p.70.

② Frances Mcall, *Hurdles are for Jumping*, Oxford: New Cherwell Press, 1998, p.70.

③ Frances Mcall, *Hurdles are for Jumping*, Oxford: New Cherwell Press, 1998, p.70.

④ 贝蒂·盖尔的笔记(1944 年 1 月 1 日至 1945 年 10 月 2 日,未出版)中 1944 年 8 月 21 的内容,来自玛格丽特·怀特曼的私人收藏。

贝蒂·盖尔对童年时期被灌输的信仰和理想非常认真。她从《圣经》和其他基督徒对《圣经》的解释中理解她所处的新世界及在其中的位置。在记录这段特别的布道时,她之所以认同彼得,是因为彼得与耶稣的关系,以及他作为基督徒在困难环境中的经历改变了他对基督教意义的看法。后来,盖尔回忆起她的拘禁经历,特别是在浦东时,她提到,当剥去一切,只剩最基本的东西时,这种简单的生活是多么有价值。经历了严重的贫困和饥饿,以及比以往任何时候都多的争吵和自私行为,贝蒂·盖尔开始意识到贫穷和冲突之间的联系。她引用了难友威廉·塞维尔(William Sewell)的战后著作《奇怪的和谐》(*Strange Harmony*),和他一样,贝蒂·盖尔也开始相信:"其他国家的穷人……有很多不是民族特征,而是贫穷赋予的特征。如果我们想让(发展中国家的人)成为好公民……他们至少得有一定的安全措施。"[①]如果贝蒂·盖尔在中国长大,会认为中国人在她和她的家人所珍视的彬彬有礼的英国绅士行为方面有些逊色。但经历过饥饿和贫穷(目睹了所谓文明国家成员的"不文明"行为)后,她发现自己正在重新思考贫穷意味着什么,以及贫穷会如何影响行为。作为一个到中国来照顾穷人的人,直到自己也经历了极端和长期的贫困之后,贝蒂·盖尔才真正明白她在为谁服务,也开始把"陌生人"当作旅居者来对待。通过自己的苦难,贝蒂·盖尔对基督教的看法和彼得一样,也发生了转变。

以前的侨民经常评论集中营是如何打破原有的社会阶级壁垒的。虽然志趣相投的侨民会自然地聚在一起进行社交活动,但工作却是另一回事。一天早上,贝蒂·盖尔看到"厕所小队"在工作,觉得很有趣:一起值班的三个人分别是英国教会的主教、上海一家大型银行的前任经理,还有一位上海有名的街头乞丐。贝蒂·盖尔说:"他们看起来是一个很好的团队,穿着旧衣服和凌乱的工作服,无法分辨'谁是谁'。"[②]财富和地位并没有赋予一个人

---

① William Sewell, *Strange Harmony*, London: Edinburgh House,1946.

② 《贝蒂·盖尔日记:在中国日占区四年拘禁生活实录》(1941年7月至1945年9月,未出版)中1943年10月26日的内容,来自玛格丽特·怀特曼的私人收藏。

在集中营中的地位，相反，在那里唯一重要的是他们每天为集体利益做出的贡献。[①]

抵抗

与扬州集中营B营相比，浦东集中营的侨民更难控制，他们更爱寻找抵抗日军的手段。也许这是由侨民本身的性质决定的，这里的男性更多，有900人，女性则有250人。正如贝蒂·盖尔所说，其中一些人，是包括罪犯在内的下层阶级人士。集中营里最高的人是上海刽子手罗珀(Roper)。根据一位伦敦会传教士的说法，罗珀一点表情都没有，也没人跟他说话。[②] 集中营里有一个人是杀人犯："实际上他是个很好的人。他得了疟疾之类的病，来到我们的医务室，一直很安静。晚上(在医院里)坐在他旁边很有趣，他一点也不危险。他离开医务室后，一位带着小女孩的母亲说，他进来和孩子玩，人非常好。后来有人告诉这位母亲他是个杀人犯，他说他杀的都是该死之人。"[③]有传言说，在浦东集中营的前六个月里，被拘禁的都是男人，他们爆发了暴力事件，甚至有谋杀未遂事件。[④] 不同于以传教士为主的哥伦比亚乡村俱乐部和以富人居多的扬州集中营，浦东集中营的人大多粗野大胆。这样看来，他们冒险对抗日本人的意愿也更强烈一些。

浦东集中营更靠近大城市。虽然周围有铁丝网和警戒塔，但还是有办法渡过黄浦江进入上海。其中一个比较合法的方法是陪伴那些需要在上海接受手术或住院治疗的病人。除日军护送外，还需要一名医生和担架搬运人员。有一次轮到肯尼斯·麦卡勒医生时，八名美国侨民自愿作为担架搬运者。日军卫兵怒不可遏，坚称只需要四个人。日本卫兵把肯尼斯·麦卡勒的胳膊扭到了背后，直到他要求其中四个人退出。[⑤] 还有一次，基思·格

---

① 《贝蒂·盖尔日记：在中国日占区四年拘禁生活实录》(1941年7月至1945年9月，未出版)中1943年10月26日的内容，来自玛格丽特·怀特曼的私人收藏。

② 来自怀特曼对吉利森、麦基思、安德森的访谈。

③ 来自怀特曼对吉利森、麦基思、安德森的访谈。

④ 来自怀特曼对吉利森、麦基思、安德森的访谈。

⑤ 来自怀特曼对肯尼斯·麦卡勒的访谈。

雷厄姆医生在医院陪着病人,没想到担架手给日本护卫队提供了足以让他们醉倒的酒精,然后把他们丢在上海,只带着基思·格雷厄姆回到营地。稍加思考,就会发现这几次"医院之旅"可以将酒精或其他违禁物品带回营地。

那些胆子特别大的人甚至可以在晚上溜出营地,在天亮前回来。例如,日本守卫无法从瞭望塔看到黄浦江岸边神龛的一侧。有一段时间,五个十几岁的孩子经常在天黑后从窗户里逃出去,乘船到上海去买烟草。然而,这带来了可怕的后果。一天晚上十点十五分,侨民安顿下来睡觉时,突然传来铃声,司令办公室里发生了巨大的骚动。① 很快整个集中营就人山人海,全副武装。贝蒂·盖尔和弗朗西丝·麦卡勒抓起睡衣,把孩子们裹在毯子里,听从命令,立即排队接受点名。他们站了将近三个小时,在此期间不断试图安抚伊莱和玛吉,最后他们被准许回到床上。最终,五个逃走的少年被抓住了,用锁链绑着带回了营地。

一开始有人说要射杀那些男孩,最后他们被带到警卫室,每个人都挨了一顿打。一个男孩奋力反抗,导致下巴骨折。可怜的孩子们不得不站了一整夜,每当他们精疲力竭的时候就又遭一顿打。② 隔壁宿舍的女人们隔着墙都能听到男孩挨打的声音。一些人,包括这些男孩的母亲和爱人,变得歇斯底里。医生给他们所有人注射了镇静剂,但是集中营里的人整晚都没睡着觉。③

第二天,男孩们一遍遍当众游行,赤着脚用铁链绑在一起,这是整个营地的悲痛记忆。这些男孩在上海监狱被单独监禁了三个月。根据集中营的记录,共有四名男子在浦东被捕,尚不清楚这些人是不是这次事件的"少年犯",被捕者当时的年龄分别是 17 岁、19 岁、20 岁和 21 岁。④ 其余侨民也受

---

① 《贝蒂·盖尔日记:在中国日占区四年拘禁生活实录》(1941 年 7 月至 1945 年 9 月,未出版)中 1944 年 5 月 23 日的内容,来自玛格丽特·怀特曼的私人收藏。

② 《贝蒂·盖尔日记:在中国日占区四年拘禁生活实录》(1941 年 7 月至 1945 年 9 月,未出版)中 1944 年 5 月 23 日的内容,来自玛格丽特·怀特曼的私人收藏。

③ 《贝蒂·盖尔日记:在中国日占区四年拘禁生活实录》(1941 年 7 月至 1945 年 9 月,未出版)中 1944 年 5 月 23 日的内容,来自玛格丽特·怀特曼的私人收藏。

④ 《贝蒂·盖尔日记:在中国日占区四年拘禁生活实录》(1941 年 7 月至 1945 年 9 月,未出版)中 1944 年 5 月 23 日的内容,来自玛格丽特·怀特曼的私人收藏。

到了惩罚：禁止进入“花园”（运动场）一周（与男孩住在同一房间的人被禁止两周）；取消一切计划的活动，包括一天两次户外点名；在半夜额外点名三周。

贝蒂·盖尔和其他人对孩子们感到同情，营地的生活对年轻人来说是极度枯燥的，这似乎是一种令人兴奋的消遣和“智慧的挑战”。[①] 几年后，有人说他“翻墙”了 20 次，到上海买烟卖给侨民。[②] 烟草的需求量也很高，到 1944 年 2 月，因吸烟者渴望香烟，他们甚至用外套和瑞士金表来交换香烟。在贝蒂·盖尔看来，那些老烟民看上去很可怕，那么憔悴消瘦，他们睡不着觉，像不安分的动物一样整夜辗转反侧。[③] 烟头从烟灰缸、地板或垃圾桶中拣了出来，重新包装以备将来使用。绝望的人用卫生纸包着茶叶来代替他们渴望的烟草。1944 年 5 月，逃到上海的男孩们把所有能找到的香烟都买回来交给 Z 先生，然后 Z 先生会卖给侨民以赚取巨大的利润。[④] 侨民对 Z 先生很生气，认为他是这次事件“真正的罪魁祸首”。[⑤]

贝蒂·盖尔将 Z 先生形容为“一个长相怪异的男人，矮矮胖胖，头顶一个巨大的蛋形秃头”。[⑥] 孩子们入狱的那天，Z 先生被召去拜见日本指挥官。贝蒂·盖尔写道：“她有一种强烈的直觉，就算日本人不揍他，那么一些侨民可能也会这样做。”[⑦]数百名侨民看到 Z 先生爬上台阶来到指挥官办公室，脸

① 《贝蒂·盖尔日记：在中国日占区四年拘禁生活实录》（1941 年 7 月至 1945 年 9 月，未出版）中 1944 年 5 月 23 日的内容，来自玛格丽特·怀特曼的私人收藏。

② 来自怀特曼对弗朗西丝·麦卡勒的访谈。麦卡勒在几十年后的一次聚会上听到了这个故事。

③ 《贝蒂·盖尔日记：在中国日占区四年拘禁生活实录》（1941 年 7 月至 1945 年 9 月，未出版）中 1944 年 2 月 1 日的内容，来自玛格丽特·怀特曼的私人收藏。

④ Z 先生可能是 26 岁的美国一级水手切斯特·扎基维茨（Chester Zackiewicz），或者是 32 岁的美国侍者蒂莫西·祖奇（Timothy Zucchi），或 41 岁的客房管家约瑟夫·兹韦伦茨（Josef Zwerenz），他们三人都是被俘的总统哈里森号上的船员。

⑤ 《贝蒂·盖尔日记：在中国日占区四年拘禁生活实录》（1941 年 7 月至 1945 年 9 月，未出版）中 1944 年 5 月 23 日的内容，来自玛格丽特·怀特曼的私人收藏。

⑥ 《贝蒂·盖尔日记：在中国日占区四年拘禁生活实录》（1941 年 7 月至 1945 年 9 月，未出版）中 1944 年 5 月 23 日的内容，来自玛格丽特·怀特曼的私人收藏。

⑦ 《贝蒂·盖尔日记：在中国日占区四年拘禁生活实录》（1941 年 7 月至 1945 年 9 月，未出版）中 1944 年 5 月 24 日的内容，来自玛格丽特·怀特曼的私人收藏。

色苍白,惊恐万分。几分钟后,他微笑着走了出来。贝蒂·盖尔挖苦地问:“我们想知道,在那五分钟里,有多少钱从桌子上经过。”其余的侨民冷漠地看着Z先生,但让贝蒂·盖尔宽慰的是,没有人打他。

尽管逃走是可能的,但盖尔夫妇在的那两年,浦东集中营中的侨民没人逃跑。据报道,在中国平民集中营的13544名囚犯中,有13人成功逃脱,另有8人尝试逃离,但没有成功。大家都不清楚那些失败的人发生了什么事。[①] 据贝蒂·盖尔说,在浦东还只是一个男子集中营时,有一小群人逃到了中国西部,但具体细节不得而知。当后来问到为什么那些离开营地去买烟草的人不继续跑,肯尼斯·麦卡勒猜测,这是因为他们知道,即使他们自由了,他们的逃跑也意味着对那些留下来的人的严厉惩罚。据肯尼斯·麦卡勒说,在齐鲁大学读书期间,一些学生曾提供给他和弗朗西丝·麦卡勒一个逃到“大后方”(重庆)的机会,但他们担心那些留下来的人会受到惩罚,所以拒绝了。[②]

1943年11月5日,三名美国男子因为自制收音机被抓,被带到警卫室接受审问。虽然正如贝蒂·盖尔在日记中所写的,“可以说每个人都相当害怕,但什么都没有发生,他们当晚毫发无损地回到了自己的房间”。[③] 然而,五天后,整个营地都受到了惩罚,没收了他们的电炉,取消了他们去看牙医和眼科医生的权利,并暂时禁止他们星期六晚上跳舞。贝蒂·盖尔写道:“青少年对此会发出多么大的哀号。”[④]更不幸的是,这三个人在上海的一所监狱里被单独监禁了三个月(“他们得多凄苦”)。

显然,这种惩罚并没有阻止他们。战争期间,浦东集中营至少有一台收

---

① Greg Leck, *Captives of Empire: The Japanese Internment of Allied Civilians in China, 1941-1945*, Bangor PA: Shandy Press, 2006., pp.343-345. 虽然我们不知道这些拘禁者的遭遇,但莱克指出,那些企图越狱被抓获的拘禁者遭到殴打(有些人被打死)或被送进监狱(如华德路监狱即提篮桥监狱)。

② 来自怀特曼对肯尼斯·麦卡勒的访谈。

③ 贝蒂·盖尔的《五年日记》(1939年2月15日至1943年12月31日,未出版)中1943年11月5日的内容,来自玛格丽特·怀特曼的私人收藏。

④ 《贝蒂·盖尔日记:在中国日占区四年拘禁生活实录》(1941年7月至1945年9月,未出版)中1943年11月6日的内容,来自玛格丽特·怀特曼的私人收藏。

音机,被藏在一个毛绒玩具的肚子里。被拘禁者偷偷将无线电部件通过罐头食品带入集中营。戈弗雷·盖尔和肯尼斯·麦卡勒都收听了电台广播的报道。事实上,他们是最早知道1945年8月广岛和长崎原子弹爆炸以及随后日本投降的人之一。他们告诉自己的妻子,直到官方消息传出之前,不能与营地的其他人分享。

一些不寻常的信息来自一个住在浦东集中营附近的俄国人。他为日本人工作,负责消防大厅,每次有关于战争的好消息分享时,他都会按火警铃,然后营地里的朋友就会跑到外面的一个小门廊。俄罗斯人骑着自行车经过,直视前方,用俄语播报最新消息。虽然贝蒂并非总能清楚地理解他所说的,但她还是下意识地知道,至少这个消息是好的。

有时也出乎意料地出现反抗行为。在他们到达浦东集中营一年后,盖尔夫妇正在享受由营地管弦乐队举办的一场晚间音乐会。导演为最后一场演出设计了一套著名歌曲集锦,融入了英国国歌《天佑国王》(*God Save The King*)中的一部分音符。这首歌非常巧妙地融入了其他歌曲,以至于坐在前排的日本卫兵没有听出来。"我们全都,"贝蒂·盖尔写道,"差点没跳起来跟着唱出来。"①

不止一次,贝蒂·盖尔很庆幸他们是被日本领事警察而不是日本军方拘禁。有一次,当日本军方视察营地时,一位粗犷而魁梧的军人走进浴室,而有一大群妇女正在脱衣服。"他大步穿过房间,"贝蒂·盖尔写道,"我们像是一群牲口一样被驱散。"他靠在墙上小便,然后又昂首挺胸地走了出去,轻蔑地盯着我们,一边走一边砰地关上身后的门,他眼中的恨意使我们脊背发冷。②

营地冲突

其他侨民的自私表现让贝蒂·盖尔愤怒至极。在到达浦东集中营五个

---

① 《贝蒂·盖尔日记:在中国日占区四年拘禁生活实录》(1941年7月至1945年9月,未出版)中1944年10月20日的内容,来自玛格丽特·怀特曼的私人收藏。

② 《贝蒂·盖尔日记:在中国日占区四年拘禁生活实录》(1941年7月至1945年9月,未出版)中1945年4月14日的内容,来自玛格丽特·怀特曼的私人收藏 。

月后，一个巨大的美国红十字会包裹被送到，里面装满了食物、药品和衣服，营地里一片欢腾。但随后人们却清楚看到，一些美国侨民认为自己是唯一有权获得这些东西的人。贝蒂·盖尔生气地说道：

> 难以置信，一群美国人说："这些包裹是从美国来的，因此它们只是给美国人的，而不是给面色红润的英国人的。"我们起初不相信，之后愤怒至极。红十字会是一个国际组织，所有的包裹都是给所有同盟国的侨民的，不管寄包裹的国家是哪个，这个月是美国，下个月可能是英国。我们无意中听到一个英国人说："这太荒谬了，当然应该有我们的份！好吧，管他呢，因为是英国发动了战争！"①

经过英国代表和美国侨民两天的谈判，包裹里的食物公平地分给了大家。盖尔夫妇享受于真正的黄油、罐头火腿、鸡蛋粉、牛奶和巧克力。然而，有人告知英国人，他们不允许分到任何衣服。贝蒂·盖尔觉得这很可笑，因为营地里只有一个美国女人。这个女人自己挑选衣服，而其他的衣服则分发给一些和美国侨民约会的女人。其余的则走私到上海给女性朋友，或者在黑市上出售。② 40年后，贝蒂·盖尔仍然对这种极端自私的行为感到恼火，她有充分的理由——她自己的大部分衣服都被偷了。"这真是一种耻辱，"她写道，"因为有那么多侨民在抢劫中失去了几乎所有的衣物。"③

信件越来越少，尽管规则时常改变，但一般允许侨民每月寄一封信给海外的家人，也可以寄给当地人。不过，他们收信的数量不受限制。在对浦东集中营的三次实地考察中，瑞士领事无一例外地发现侨民总是抱怨邮件稀少。侨民要求将发送信件的数量增加到每月三封，但日本人反对这个要求。事实是，日本人发现审查的步伐很难跟上信件的数量。根据瑞士领事的说法，"从事这项工作(审查内部信件)的工作人员已经很难应对目前的信件数

① 《贝蒂·盖尔日记：在中国日占区四年拘禁生活实录》(1941年7月至1945年9月，未出版)中1944年3月28日的内容，来自玛格丽特·怀特曼的私人收藏。

② 《贝蒂·盖尔日记：在中国日占区四年拘禁生活实录》(1941年7月至1945年9月，未出版)中1944年3月30日的内容，来自玛格丽特·怀特曼的私人收藏。

③ 《贝蒂·盖尔日记：在中国日占区四年拘禁生活实录》(1941年7月至1945年9月，未出版)中1944年3月30日的内容，来自玛格丽特·怀特曼的私人收藏。

量,因此这些信件的发送通常会大大推迟”[①]。虽然收到的信件应该是自由接受和传递的,但国际红十字会劝说上海当地居民不要写太多的信,以免日本人“强加限制”。[②] 在长达一年的时间里,贝蒂·盖尔都没有收到家乡的来信。然而,1944 年 9 月,她收到了玛丽·斯坦利的一封信,这封信是在盖尔夫妇结婚四周年纪念日时寄来的。虽然贝蒂·盖尔没有评论玛丽·斯坦利信的内容,但它确实证实了每个人都知道对方在哪里。[③]

尽管日本保证将提供一个食堂来购买额外的食品、肥皂和其他洗漱用品,但实际上上海集中营没有一个食堂运作正常。[④] 食堂大多数都没有存货,向日本食堂承包商发出的订单要等几个星期才能被完成一部分。此外,通过瑞士领事馆和国际红十字会提供的“慰问金”很少提供给侨民。最初分配每月 CRB ＄200 至 CRB ＄300。到 1944 年,由于通货膨胀,该数额增加到每月 CRB ＄3000 至 CRB ＄4000,但即使如此,也买不到多少东西。到 1944 年,在上海战争经济膨胀的情况下,每包食品的平均价格都超过 CRB ＄6000,因此那些一直供应食品包裹的侨民朋友就不太愿意继续这样做了。

根据弗朗西丝·麦卡勒的说法,浦东集中营经常发生暴力事件。这是一个已经很强硬的群体,有时并不需要太多激烈的争吵就上升到肢体接触。有一天,在户外烧烤炉工作的人问浴室委员会,是否可以在他们负责生火的日子里,给他们额外分配一次淋浴的机会。浴室委员会的人没有答应,遭拒的男人们采取了报复行动,将烤架上所有的火都扑灭了,这意味着那些在烤箱里的宝贵食物被毁了。“一场可怕的争吵接踵而至,”贝蒂·盖尔写道,

---

① 瑞士领事的“机密报告”,1944 年 9 月 27 日至 29 日,来自加拿大图书馆和档案馆,国防基金会,C 卷,5342,HQS 9050 文件。

② 瑞士领事的“机密报告”,1944 年 9 月 27 日至 29 日,来自加拿大图书馆和档案馆,国防基金会,C 卷,5342,HQS 9050 文件。

③ 参见贝蒂·盖尔的笔记(1944 年 1 月 1 日至 1945 年 10 月 2 日,未出版)中 1944 年 9 月 12 日的内容,来自玛格丽特·怀特曼的私人收藏。

④ 瑞士领事的“机密报告”,1944 年 9 月 27 日至 29 日,来自加拿大图书馆和档案馆,国防基金会,C 卷,5342,HQS 9050 文件。

“每个人都很愤怒，一个人挥舞着刀威胁要杀死另一个人。”[①]最终，浴室委员会做出妥协，允许这些人每人多拿一个水桶，所以他们又开始生火。还有一次两个女人打架，盖尔这样描述：

> 莫莉(Molly)是一个身材高大、非常美丽的年轻女性，其心理年龄约为12岁。由于某种奇怪的原因，她为B先生所吸引。B先生是一个可怕的矮个子，肮脏、不修边幅，年龄是她的两倍。在J带他进入集中营之前，他是上海街头的乞丐。B太太是个矮小的欧亚女性，通常很安静，但今天她对莫莉生气并大喊大叫，而像牛一样强壮的莫莉打了她，并甩掉了六个想要合力抱住她的年轻女孩。幸运的是，一些男人可以控制她，刚好给了B太太逃脱的机会。之后莫莉被转移到了营地另一端的另一个房间。[②]

一些营地乐队的人从日本卫兵那里得到一些酒，这时一连串的打斗又开始了。在宿舍的聚会上，一个男孩打架时从高高的铁楼梯上摔了下来，造成了脑震荡、手臂骨折和严重的内伤。[③] 贝蒂·盖尔和弗朗西丝·麦卡勒几乎整晚都和他在一起，并在天亮时陪着男孩去上海，因为男孩的情况非常严重。

一天下午，基思·格雷厄姆被一个发狂的人袭击了。贝蒂·盖尔写道：“如果肯尼斯·麦卡勒没有及时赶到，他可能已经被杀了。”这个人是格雷厄姆医生的一个病人，他试图为自己获得额外的口粮，但遭到拒绝。几个星期以来，他一直对这件事耿耿于怀，那天他出去报仇，他到诊所时大衣里藏着一条旧水管，当基思·格雷厄姆坐下来写处方时，那个人一拳挥向了他的头部。就在这时，肯尼斯·麦卡勒进来了，看到这一切后抓住了那个人的手

---

① 《贝蒂·盖尔日记：在中国日占区四年拘禁生活实录》(1941年7月至1945年9月，未出版)中1944年1月8日的内容，来自玛格丽特·怀特曼的私人收藏。

② 《贝蒂·盖尔日记：在中国日占区四年拘禁生活实录》(1941年7月至1945年9月，未出版)中1943年1月11日的内容，来自玛格丽特·怀特曼的私人收藏。

③ 《贝蒂·盖尔日记：在中国日占区四年拘禁生活实录》(1941年7月至1945年9月，未出版)中1943年1月13日的内容，来自玛格丽特·怀特曼的私人收藏。

臂,然后把他摔在地上。关于这一事件的谣言甚至被传到了闸北集中营,在那里,被描述为格雷厄姆被击中头部后,晚上发狂般地刺伤了两个男人![①] 之后,袭击基思·格雷厄姆的人也被送到了上海医院接受精神治疗。

维持温饱

在 1944 年的冬天来临之际,浦东集中营的房间变得异常寒冷。一天,室内温度降到 6 ℃,戈弗雷·盖尔和肯尼斯·麦卡勒把他们能找到的每一条裂缝都贴上挡风,但这没什么效果。[②] 玛吉和伊莱的脸冷得发青,她们的手也冰冷。贝蒂·盖尔把她们裹在毯子里,轮流给她们读故事。营地里的老人们很难御寒,许多人干脆好几天都在床上盖着毯子待着。据传言,上海的煤炭价格为每吨 CRB ＄22000。按这个价格,日本人甚至都没有想过为侨民居住的仓库供暖,但他们自己却可以通过警卫室和门卫室的炉子来取暖。

到了冬天,食物也越来越差了。贝蒂·盖尔写道:“这些天我们的大米糟透了,满是泥土、稻壳和老鼠屎。”[③]一天早上,玛吉从粥里数出了 59 只象鼻虫,盖尔把它们捞了出来,但玛吉在一旁看得入迷。据某些原始资料记载,侨民被禁止将象鼻虫从他们的全麦面粉中除去,因为这些生物会给他们的饮食中添加一些急需的蛋白质。[④] 也许吧,这在一定程度上解释了为什么玛吉和伊莱在房间里而不是在餐厅吃饭。在房间里给女孩喂食能给她们带来一些隐私,这也让父母可以偶尔给她们喂食更有营养的食物,而不必承受别人窥探的眼神和批评。尤其是伊莱经常吃不下饭,常常显得又瘦又苍白。有一次,两岁半的伊莱半夜因呕吐和腹泻而生病,她的父母点燃了一根小蜡烛,便于看到伊莱和清理污物。日军卫兵严格执行晚上十点熄灯的规定,大

---

① 贝蒂·盖尔的笔记(1944 年 1 月 1 日至 1945 年 10 月 2 日,未出版)中 1945 年 8 月 24 日的内容,来自玛格丽特·怀特曼的私人收藏。

② 《贝蒂·盖尔日记:在中国日占区四年拘禁生活实录》(1941 年 7 月至 1945 年 9 月,未出版)中 1943 年 11 月 18 日的内容,来自玛格丽特·怀特曼的私人收藏。

③ 《贝蒂·盖尔日记:在中国日占区四年拘禁生活实录》(1941 年 7 月至 1945 年 9 月,未出版)中 1944 年 1 月 4 日的内容,来自玛格丽特·怀特曼的私人收藏。

④ 来自怀特曼对吉利森、麦基思、安德森的访谈。

声叫他们熄灭蜡烛,麦卡勒一家只能在一片黑暗里照顾伊莱。

1944年夏天,酷暑难耐,食物短缺成了问题。上海的食品价格飞涨,侨民每天只能摄入1300卡路里的热量。饭菜极其粗陋,早餐是茶和酸面包,午餐是米饭配骨髓汤,晚餐是米饭加"牛肉"炖(侨民称为"S.O.S.",就像老炖菜一样)。[①] 由豆粉做成的面包,在炎热的天气里会很快变酸。肉的质量很差,大部分是水牛肉,含有相对多的骨头和内脏。[②] 食物几乎不足以维持生存,也不足以提供给侨民足够的精力来工作,更别说让他们有体力来进行游戏或举办音乐会了。来访的瑞士领事认为,这些食物缺乏蛋白质、脂肪、维生素和矿物质,尤其对儿童来说更是如此,这里的情况非常危急。[③]

伦敦会在盖尔夫妇离开哥伦比亚乡村俱乐部前就已安排好了一些包裹,每个月上海红十字会都会把包裹寄给他们,但英国红十字会和国际红十字会的包裹没有送来,一部分原因是海外发货困难。上海周围的集中营收到的红十字包裹比预期要少。1944年9月,瑞士领事报告说:"在上海七个集中营的6000名侨民中,平均只有38%的人收到包裹,超过三分之一的侨民根本没有收到任何包裹。"[④]到夏天结束时,老人大部分时间都躺在床上以节约体力,许多人牙龈出血,伤口愈合缓慢,有些人刮伤转为脓毒,所有这些都表明侨民们营养不足。

愿意参加户外运动的侨民越来越少,这可能是因为每个人都感到很虚弱,也可能是因为害怕过度消耗能量会对他们虚弱的身体造成影响。1944年8月底,一群十几岁的女孩向一些年长的男子发起挑战,要与他们进行一场棒球比赛。他们在一起玩得很开心,但结果却是一场悲剧,比赛中一名男子中风,导致右侧身体瘫痪。

---

① 《贝蒂·盖尔日记:在中国日占区四年拘禁生活实录》(1941年7月至1945年9月,未出版)中1944年7月29日的内容,来自玛格丽特·怀特曼的私人收藏。

② 瑞士领事的"机密报告",1944年9月27日至29日,来自加拿大图书馆和档案馆,国防基金会,C卷,5342,HQS 9050文件。

③ 瑞士领事的"机密报告",1944年9月27日至29日,来自加拿大图书馆和档案馆,国防基金会,C卷,5342,HQS 9050文件。

④ 瑞士领事的"机密报告",1944年9月27日至29日,来自加拿大图书馆和档案馆,国防基金会,C卷,5342,HQS 9050文件。

到1944年冬天，粮食形势更加严峻。据报道，在上海，大米每袋CRB ＄52 000，面粉每磅CRB ＄150，果酱每小罐CRB ＄600，一块扁平的小饼干售价CRB ＄15.08。[①] 侨民的第二个国际红十字会包裹于1945年1月30日到达，他们欣喜若狂。[②] 奇怪的是，他们的第一个英国红十字会包裹也是在同一天到达的。两天前，他们从上海寄来的每月包裹也到了。“我们好像被埋在了食物堆里面，”贝蒂·盖尔写道，“这是多么奇妙，从战争开始以来，我们从来没有看到这么多食物。”[③]玛吉对此印象深刻，为了适应这种情况以至于她改变了她的晚祷词由“快，快走过每一个快乐的日子”，变成了“每一个快乐的日子，包裹快快来”。这次分发美国人的食物包裹是没有问题的，但有两个人又在为衣服打架了。两个人为了一件特别的夹克打架，其中一人的门牙被打掉了。到1945年春天，戈弗雷·盖尔瘦了40磅，而贝蒂·盖尔瘦了30磅（她的体重现在是97磅）。

让浦东成为“快乐之地”

贝蒂·盖尔在1943年底写道：“或许我们无法预见未来是件好事，只需尽可能充实、快乐地生活，过好每一天。”[④]贝蒂·盖尔努力接受浦东集中营作为他们的永久家园，尽己所能地使“我们的小角落”成为一个快乐的地方，特别是对孩子们来说，这将是第一个她们会记得的家。[⑤] 有一次她注意到两个女孩很喜欢待在浦东，那里有那么多善良的“叔叔”和“阿姨”们用爱来宠

---

① 《贝蒂·盖尔日记：在中国日占区四年拘禁生活实录》（1941年7月至1945年9月，未出版）中1943年12月19日的内容，来自玛格丽特·怀特曼的私人收藏。

② 《贝蒂·盖尔日记：在中国日占区四年拘禁生活实录》（1941年7月至1945年9月，未出版）中1944年1月30日的内容，来自玛格丽特·怀特曼的私人收藏。

③ 《贝蒂·盖尔日记：在中国日占区四年拘禁生活实录》（1941年7月至1945年9月，未出版）中1944年1月30日的内容，来自玛格丽特·怀特曼的私人收藏。

④ 《贝蒂·盖尔日记：在中国日占区四年拘禁生活实录》（1941年7月至1945年9月，未出版）中1943年12月31日的内容，来自玛格丽特·怀特曼的私人收藏。

⑤ 《贝蒂·盖尔日记：在中国日占区四年拘禁生活实录》（1941年7月至1945年9月，未出版）中1943年10月22日的内容，来自玛格丽特·怀特曼的私人收藏。

溺她们。”[①]作为浦东集中营唯一的学龄前儿童，伊莱和玛吉是许多侨民关注的焦点。少年们喜欢照看孩子，带着小女孩们散步。

即使是最粗暴的男性侨民也是会喜欢小女孩的。每到星期天，贝蒂·盖尔就在教堂餐厅里为每周的礼拜活动插花。礼拜活动由一位侨民牧师主持。为了做好准备，每周六贝蒂·盖尔都会带玛吉去一个种满花的花园，询问是否可以拥有一小束花来做教堂礼拜。男人们总是欣然同意，玛吉小心地把花带回家，帮贝蒂把它们放在唯一的玻璃酒杯里。星期天的服务结束后，贝蒂·盖尔和玛吉会把花带到小医院去。

1944年复活节前几天，贝蒂·盖尔和其他人问日本警卫是否可以为他们提供一些开花的果树枝条，就在路上半公里处，她能从窗户看到那些树。令她高兴的是，卫兵第二天就带来了。盖尔把花放在餐厅的两个大水桶里。“看到、摸到和闻到它们娇嫩的美丽是多么光荣，”她大声说道，“我把脸埋在枝条里，感觉就像回到我叔叔在安大略的果园，脚下是绿草，背上是温暖的阳光，耳边是蜜蜂的嗡嗡声。”[②]玛吉也把脸埋在花丛里，但是说：“我听不到蜜蜂的声音，我想我的花是没有蜜蜂的。”

1944年耶稣受难日，浦东唱诗班演唱了斯坦纳的《耶稣受难》。在复活节那天，一些侨民早早起床，在餐厅前面挂上蓝色的窗帘，中间有一张白色床单，他们前面放了一张用来“讲道”的桌子。桌上放着一个木十字架。四张凳子上覆盖着蓝布，顶上放着几盆纸制的白百合花，连在夹竹桃的树枝上，边桌上摆满了柳枝、野草和鲜花。上午十一点的礼拜人满为患，那些进不去的人透过门窗看着。对一些人来说，这是他们第一次参加复活节仪式，也是一次非常感人的经历。[③]

用来装饰餐厅的床单是由上海红十字会送来用于戏剧演出的。

---

① 《贝蒂·盖尔日记：在中国日占区四年拘禁生活实录》(1941年7月至1945年9月，未出版)中1943年10月22日的内容，来自玛格丽特·怀特曼的私人收藏。

② 《贝蒂·盖尔日记：在中国日占区四年拘禁生活实录》(1941年7月至1945年9月，未出版)中1944年4月7日的内容，来自玛格丽特·怀特曼的私人收藏。

③ 《贝蒂·盖尔日记：在中国日占区四年拘禁生活实录》(1941年7月至1945年9月，未出版)中1944年4月11日的内容，来自玛格丽特·怀特曼的私人收藏。

贝蒂·盖尔写道:“这里有着令人难以置信的人才储备。”有定期的音乐会和戏剧,从哈姆雷特到坎坎舞。一些侨民带着乐器和服装到了集中营,其他任何需要的东西都是精心制作、即时供应或想象出来的。创造美似乎是一个重要的职业,无论是视觉的、口头的还是听觉的。贝蒂·盖尔在集中营外做传教士护士的经历,使她习惯了在困难的工作和快乐的休息之间的时起时落。作为受过良好教育的中产阶级妇女,她在中国可以享受到相对便宜的服务,比如厨师、保姆和劳工。在传教士护士工作的世界里,她们可以通过晚上回到可爱的家和花园或到海边度假来摆脱贫穷和疾病的困扰。晚上和周末都是社交活动,如举办音乐会和其他活动。在集中营,人们不再有机会把自己从工作、护士或医生等受照顾的人中分离出来。通过组织和参加社交活动,传教士和其他侨民重构他们熟悉的社会场景,同时也提供了一种从无聊和焦虑中解脱出来的方式。

对许多侨民来说,伊莱和玛吉是重要的娱乐来源。她们的顽皮纯真让人耳目一新。年轻的侨民争会先恐后照顾她们或带她们出去散步,而年长的侨民则会找理由送她们礼物,对她们关心疼爱。三岁生日那天,女孩们收到了大量自制的礼物。当天的集中营“公报”中有一段话把这些女孩称为“集中营的灰姑娘”,并接着描述了侨民的感慨:“去年,一个雨天,小姑娘们的到来,使集中营中富有同情心的人为之触动。从那时起,她们就成了微型吉祥物,并在(浦东)所有人的心中有了一个温暖的位置。”[①]

在1944年悲惨的夏天里,女孩们也让她们的父母很开心。例如,一天下午,贝蒂·盖尔正在午睡,麦卡勒偷偷看着玛吉开始在她的婴儿床上脱衣服。肯尼斯·麦卡勒后来写了一首诗,描述了这个“浦东事件”:

休息时间,小胖子,

在她用来睡觉的小床上。

她妈妈轻轻地打着呼噜,

---

① 《贝蒂·盖尔日记:在中国日占区四年拘禁生活实录》(1941年7月至1945年9月,未出版)中1944年7月22日的内容,来自玛格丽特·怀特曼的私人收藏。

对所发生的一切全然未知，
悄悄地把她的床撕成碎片，
先是枕头，然后是毯子，
不管不顾，扔向小床一边。
接着是她的衣服，
从她小小的身体上拽下来，
裤子和背心，最后是尿布。
她妈妈旁边，堆了一堆，
妈妈还睡眼未睁，
小河已缓缓流过，
穿过沟渠，
一滴一滴地滴到了医务室。
红发人坐在那里专心地，
从书中汲取知识，
秃头和他的长鼻子女人，
在无声的笑声中分开。①

日本警卫有时也会注意到这些女孩，有些人甚至会给她们拍照。一次，一个警卫拿了两个梨和两块饼干到盖尔夫妇和麦卡勒夫妇的小隔间，使他们大吃一惊。警卫笑着和女孩们交谈(用日语)，拍拍她们的头。当她们的父母示意他坐下时，他坐下了，拿出一堆他家的照片，两个孩子，一个四岁，一个六岁。“他看起来很年轻，”贝蒂·盖尔写道，“而且很想家，这场战争是多么残酷！”②

① 浦东事件(Pootung Incident)(为贝蒂和戈弗雷·盖尔结婚40周年庆典而写的一首未发表的诗)，1980年10月，来自玛格丽特·怀特曼的私人收藏。

② 《贝蒂·盖尔日记：在中国日占区四年拘禁生活实录》(1941年7月至1945年9月，未出版)中1944年8月16的内容，来自玛格丽特·怀特曼的私人收藏。

伊莱和玛吉在浦东集中营(日本警卫拍摄的照片)

四月的一天,两岁半的伊莱站在椅子上,望着窗外。那是一个凄冷的日子,外面刮着大风。她看着一群中国小孩紧紧裹着外套,奋力挡风。伊莱悲伤地说:“可怜的中国孩子们,他们没有像我一样有一个美好的家。”[①]贝蒂·盖尔和弗朗西丝·麦卡勒看着对方,凌乱的电梯井隔间旁边是肮脏的墙壁,破碎的窗户,腐烂的地板,床上还挂着一块橡胶挡雨布,但她们突然感觉到一阵涌动而来的敬畏和感激。“感谢上帝,”贝蒂·盖尔带着一种惊奇的神情写道,“她觉得自己有一个‘可爱的家’。”[②]

1944年,他们在浦东集中营度过了第二个圣诞节,侨民们竭尽全力地准备节日。电工制作了一个非常逼真的壁炉,木匠还给它配了一个壁炉架放在上面。在旁边的墙上,肯尼斯·麦卡勒画了一个钟、一个烛台、一幅画框、

① 贝蒂·盖尔的笔记(1944年1月1日至1945年10月2日,未出版)中1944年4月16日的内容,来自玛格丽特·怀特曼的私人收藏。

② 《贝蒂·盖尔日记:在中国日占区四年拘禁生活实录》(1941年7月至1945年9月,未出版)中1944年4月15日的内容,来自玛格丽特·怀特曼的私人收藏。

一束冬青和槲寄生。贝蒂·盖尔写道:“火看起来是那么真实,人们整天在火堆前取暖。”[①]

弗朗西丝·麦卡勒还用石灰、烟灰和红砖粉与米缸上的碎屑混合,在墙上画了四幅巨大的壁画。侨民们在平安夜一起布置了圣诞场景,“玛丽”看上去非常漂亮,穿着弗朗西丝·麦卡勒带有玫瑰花纹的羊毛连衣裙,深蓝色的窗帘像斗篷一样从她的肩上垂下来,头发上罩着白色的面纱。[②]这是一个很完美的晚会。

圣诞节后,贝蒂·盖尔邀请了26个人过来喝茶。贝蒂·盖尔和她的朋友金吉尔·安德森像往常一样,提前从到来的客人那里收集食材,用收集的东西做尽可能多的食物。这是一个“滑稽的举动”,因为隔间真的容不下这么多人,但他们却很享受有三明治、两个蛋糕和普通饼干的聚会。

客人们为女孩们带来了礼物,礼品是她们用两个纸板箱做成的玩具屋,里面摆满了用纸做的彩绘家具。除了一个完整的厨房、卧室和带壁炉的客厅外,它还包括一个带浴缸、水槽和马桶的浴室,甚至还有毛巾架和一卷极小的卫生纸。女孩们花了好几个小时在玩具屋玩,但却不理解有些家具和图画的意思(比如浴缸)。[③] 贝蒂·盖尔做了护士的围裙和帽子,作为送给女孩们的礼物。后来,她带着女孩们去医院送礼物,孩子们穿着新制服,每个人都很高兴。

为了让玛吉从支气管炎中恢复过来,贝蒂·盖尔决定告诉玛吉一些她从未见过的事情,比如冰淇淋、香蕉、糖果和其他新鲜水果,但是她不知道该怎么向一个从来没有吃过这些食物的孩子描述冰淇淋是什么味道的。[④]

对贝蒂·盖尔来说,两个孩子的存在给她的拘禁生活提供了重要的支

---

① 《贝蒂·盖尔日记:在中国日占区四年拘禁生活实录》(1941年7月至1945年9月,未出版)中1944年12月20日的内容,来自玛格丽特·怀特曼的私人收藏。

② 《贝蒂·盖尔日记:在中国日占区四年拘禁生活实录》(1941年7月至1945年9月,未出版)中1944年12月21日的内容,来自玛格丽特·怀特曼的私人收藏。

③ 《贝蒂·盖尔日记:在中国日占区四年拘禁生活实录》(1941年7月至1945年9月,未出版)中1944年12月26日的内容,来自玛格丽特·怀特曼的私人收藏。

④ 《贝蒂·盖尔日记:在中国日占区四年拘禁生活实录》(1941年7月至1945年9月,未出版)中1945年2月17日的内容,来自玛格丽特·怀特曼的私人收藏。

撑。虽然其他一切都完全变了，甚至面目全非，但是有孩子们在，一切就都变得有意义。也就是说，她们给肮脏的环境带来了一种正常熟悉的感觉，让她有坚持生活下去的动力，并赋予了她比护理事业更重要、更持久的使命。

轰炸上海

从窗户俯瞰黄浦江，贝蒂·盖尔和其他人可以看到港口里船只的动向。例如，他们可以分辨出哪些是日本军舰，并试图根据江上的活动寻找战争状况的线索。由于离港口如此之近，浦东集中营的侨民意识到，如果战争爆发，浦东可能会成为轰炸的目标（无论是有意还是无意）。像营地里的大多数事情一样，他们成立了一个帮助侨民为此做准备的委员会。1944 年 1 月，戈弗雷·盖尔被任命为空中救援组织的首席医生。委员会的任务是为两种非常严重的紧急情况做准备，一是受到直接袭击使集中营摇摇欲坠的建筑坍塌，二是被从南方进攻上海的美国远征军和日军炮火夹击。[①] 尽管空袭在接下来的五个月内不会发生，但他们的担忧是有充分根据的。贝蒂·盖尔写道："我觉得这有点像等待第一个小孩出生。我们迫不及待地想让孩子出生，但是当我们想到实际分娩时，脑海中就会浮现出一丝恐惧，一种对未知事物和痛苦的恐惧。"[②]

戈弗雷·盖尔开始教授急救课程，而另一名来自圣约翰救护队的侨民在培训男子和妇女进行救援工作。1944 年 4 月的一天，侨民在机关枪的射击声中惊醒。"我们不知道发生了什么，"贝蒂·盖尔写道，"我们打包了一个急救包，以备不时之需。"[③]到 5 月底，已有 40 人完成了急救培训，并获得了伦敦会传教士金吉尔·安德森颁发的证书。11 天后的 1944 年 6 月 11 日，侨民经历了第一次空袭。听到警笛声后，盖尔夫妇和麦卡勒夫妇立刻从

① 《贝蒂·盖尔日记：在中国日占区四年拘禁生活实录》（1941 年 7 月至 1945 年 9 月，未出版）中 1944 年 1 月 15 日的内容，来自玛格丽特·怀特曼的私人收藏。

② 《贝蒂·盖尔日记：在中国日占区四年拘禁生活实录》（1941 年 7 月至 1945 年 9 月，未出版）中 1944 年 1 月 15 日的内容，来自玛格丽特·怀特曼的私人收藏。

③ 《贝蒂·盖尔日记：在中国日占区四年拘禁生活实录》（1941 年 7 月至 1945 年 9 月，未出版）中 1944 年 4 月 26 日的内容，来自玛格丽特·怀特曼的私人收藏。

床上跳了起来，匆忙穿好衣服后也把孩子们裹得紧紧的。戈弗雷·盖尔和肯尼斯·麦卡勒都去了他们的岗位：戈弗雷·盖尔在图书馆区建立了一家急诊医院；肯尼斯·麦卡勒则去撤离楼下那只有八张病床的医院病房里的人。贝蒂和弗朗西丝带着她们的女儿跑到运动场躲了起来。月亮渐满，女孩们在月亮下兴奋地看着满天的星星(玛吉还兴奋地喊道："哦，妈咪，我看到了所有的小太阳。")[①]她们能听到远处传来的炸弹的爆炸声和高射炮的射击声，而曳光弹像金色的雨划过天空。最终，警报解除声响起，每个人又重新回到了床上。

轰炸持续了十天。在此期间，贝蒂·盖尔和弗朗西丝·麦卡勒更喜欢待在屋里，她们会把女孩们带到床上，并在她们周围堆上枕头，以防她们受到飞来的玻璃的伤害。贝蒂·盖尔写道："她们通常会很快入睡。"她补充道："但是我们却不会。"[②]1944 年 6 月，有明显的迹象表明上海将再次成为战场，而浦东集中营的侨民处于最脆弱的位置。在浦东集中营离黄浦江不到一公里处有几十艘(各种)战舰。[③] 营地以北大约三百米处有一个弹药库，距离贝蒂·盖尔的窗户 10 米处有一个石油和汽油倾倒场。日本海军司令部就在离这条路不到一公里的地方，并将高射炮安设在浦东集中营的三个角落。6 月 23 日，侨民看着日本人在营地前的道路上埋设地雷，每隔 200 米就有炸药箱、通讯沟和坦克陷阱。虽然这些侨民认为美国军方知道他们的存在，但也意识到美国军方同样想摧毁日本的弹药供应。

贝蒂·盖尔感到了与 1941 年秋天(山东的战火迫在眉睫时)同样的焦虑。随着对上海突袭力度的加大，她开始思考："我们会卷入炮火之中吗？我们会被送往东北或日本去面对各种新的危险吗？我们会排成一排然后被

---

① 贝蒂·盖尔的笔记(1944 年 1 月 1 日至 1945 年 10 月 2 日，未出版)中 1944 年 6 月 16 日的内容，来自玛格丽特·怀特曼的私人收藏。

② 《贝蒂·盖尔日记：在中国日占区四年拘禁生活实录》(1941 年 7 月至 1945 年 9 月，未出版)中 1944 年 6 月 11 日的内容，来自玛格丽特·怀特曼的私人收藏。

③ 《贝蒂·盖尔日记：在中国日占区四年拘禁生活实录》(1941 年 7 月至 1945 年 9 月，未出版)中 1944 年 6 月 23 日的内容，来自玛格丽特·怀特曼的私人收藏。

枪杀吗？或者，会不会出现一个奇迹：日本投降，我们的卫兵在一夜之间消失了？”[①]侨民制订了一旦发生直接袭击或火灾就要撤离建筑物的计划。那里没有防空洞，因为集中营在河岸上，这意味着地下一米就是水。贝蒂·盖尔写道：“当轰炸变得太猛烈时，有人告知我们要聚集在一楼房间的中央，并尽可能远离窗户。”虽然对一个不幸的孩子而言，危险是一个熟悉的概念，但这却是盖尔经历过的最危险的情况。[②]

尽管年幼的玛吉·盖尔对轰炸事件几乎没有记忆，但成年后她经常做噩梦，梦魇中一片漆黑，轰炸声不断，伴随着强烈的焦虑。[③] 弗朗西丝·麦卡勒记得炸弹落下时，她看着窗外，然后低头看着身边的伊莱。她注意到，伊莱不是在看窗外落下的炸弹，而是在聚精会神地看着她母亲的脸。弗朗西丝·麦卡勒意识到，伊莱对空袭的反应是由母亲的情绪决定的：伊莱只有在看到母亲脸上的恐惧时才会感到害怕。[④] 上海的空袭持续了 14 个月，直到战争结束才停止。

1944 年 7 月 14 日，一名充当翻译的侨民通过日本无线电台得知希特勒遭到暗杀。“过去两天营地里侨民异常兴奋，”贝蒂·盖尔在她的笔记本上写道，“这会是谣言吗？”[⑤]

轰炸愈演愈烈。1944 年 8 月 8 日，一架美国飞机向停泊在黄浦江港口的“绿伯爵”号投下一枚炸弹。噪音震耳欲聋，整个营地都晃震动。“每个人都高兴得尖叫起来，”贝蒂·盖尔写道，“大家都跑到窗户前去看发生了什么。”守卫们吓坏了。[⑥] 破晓时看到破烂不堪的船“躺”在泥泞中，贝蒂·盖尔

---

① 《贝蒂·盖尔日记：在中国日占区四年拘禁生活实录》(1941 年 7 月至 1945 年 9 月，未出版)中 1944 年 6 月 23 日的内容，来自玛格丽特·怀特曼的私人收藏。

② 《贝蒂·盖尔日记：在中国日占区四年拘禁生活实录》(1941 年 7 月至 1945 年 9 月，未出版)中 1944 年 6 月 23 日的内容，来自玛格丽特·怀特曼的私人收藏。

③ 来自怀特曼对弗朗西丝和肯尼斯·麦卡勒的访谈。

④ 来自怀特曼对弗朗西丝·麦卡勒的访谈。

⑤ 贝蒂·盖尔的笔记(1944 年 1 月 1 日至 1945 年 10 月 2 日，未出版)中 1944 年 7 月 23 日的内容，来自玛格丽特·怀特曼的私人收藏。

⑥ 《贝蒂·盖尔日记：在中国日占区四年拘禁生活实录》(1941 年 7 月至 1945 年 9 月，未出版)中 1944 年 8 月 12 日的内容，来自玛格丽特·怀特曼的私人收藏。

写道:“中国人会如何笑呢!”[①]

侨民并非总为爆炸而感到恐惧。1944年11月,贝蒂·盖尔写道:“我们经历了最激动人心的一天,因为多架美国B-17轰炸机(“飞行堡垒”)轰炸了上海。[②] 飞机在上海上空飞行了三个小时,盖尔夫妇和麦卡勒夫妇在座位旁注视着:“一架日本飞机升空进攻,但是飞行员一看到他要面对的东西,返回的速度甚至比上升的速度还要快。第二架日本飞机升起,却迅速被高射炮击落了。这场战争变得越来越荒谬。”[③]

1945年1月,浦东集中营每天都遭空袭。有四个男人把收音机塞进了一个孩子的玩具里,一些突发的消息会从那里传出来。一位来自华西的广播员告诉他的听众:“随时准备好迎接新的发展。”[④]贝蒂·盖尔开始反复做可怕的梦:她、戈弗雷和玛吉回到多伦多,站在她位于玫瑰大道33号的家的马路对面。门一开,她的父母、兄弟姐妹和他们所有的家人都笑着喊着。“突然一道金属栅栏出现在马路中间,”盖尔写道,“它挡住了我们的路,然后迅速变得越来越高,直到我们看不见屋顶为止。我们呼唤着,他们也在回应,但他们的声音被压抑着,渐渐消失了。我们站在那里,孤独地哭泣……醒来时我发现自己的枕头被泪水浸湿了。”[⑤]

侨民看到第二架“日本”飞机被日本高射炮击落。一名警卫向翻译(查理)解释说,美国人试图用假日本标志来伪装,但日本人识破了计划,将其击落。中士(日本)更诚实地说:“当我们击落一架‘自己的’飞机时,你们都是

---

① 《贝蒂·盖尔日记:在中国日占区四年拘禁生活实录》(1941年7月至1945年9月,未出版)中1944年8月12日的内容,来自玛格丽特·怀特曼的私人收藏。

② 《贝蒂·盖尔日记:在中国日占区四年拘禁生活实录》(1941年7月至1945年9月,未出版)中1944年11月11日的内容,来自玛格丽特·怀特曼的私人收藏。

③ 《贝蒂·盖尔日记:在中国日占区四年拘禁生活实录》(1941年7月至1945年9月,未出版)中1944年11月11日的内容,来自玛格丽特·怀特曼的私人收藏。

④ 《贝蒂·盖尔日记:在中国日占区四年拘禁生活实录》(1941年7月至1945年9月,未出版)中1945年1月13日的内容,来自玛格丽特·怀特曼的私人收藏。

⑤ 《贝蒂·盖尔日记:在中国日占区四年拘禁生活实录》(1941年7月至1945年9月,未出版)中1945年1月13日的内容,来自玛格丽特·怀特曼的私人收藏。

绅士,没有欢呼。”[①]不管是谁的飞机,贝蒂·盖尔感觉飞机里的年轻人在他们面前坠落地面是非常恐怖的一件事。第二天,日本司令官发出警告:“在戒备期内,所有出现在阳台或屋顶上的侨民将一律被枪杀。”[②]

1945年2月5日,贝蒂·盖尔数了数河中有68艘日本军舰,从三楼的窗户都能看到。其中一名警卫对一名日本翻译说:“日本永远不会被打败,因为我们会先于他们提出和谈条件,这样我们就不必说‘我们被打败了’。”[③]

1945年4月16日,美国军方轰炸全面开始了。一枚炸弹落在150米外,爆炸波把几个人从床上掀了起来。窗户被砸碎,许多人被玻璃碎片划出了小伤口。日本当局说:“因为营地里有灯光,所以美国人用机关枪向我们开枪了。”[④]贝蒂·盖尔意识到,空袭期间她的丈夫要经常在外面,于是她用他们唯一的一个锡制洗脸盆给他做了一个头盔。

随着空袭的持续,贝蒂·盖尔心里充满了战争即将结束的想法。她又开始想象自己在和平时期与朋友和家人团聚。1945年4月17日,贝蒂·盖尔接到消息说李爱锐在两个月前即2月21日已在潍县集中营中去世,这再一次提醒了他们正身处险境。贝蒂·盖尔甚至都不敢想象,远在多伦多的弗洛伦斯·利德尔和她的三个小女儿如果听到这个消息会有何反应。“他是如此受人爱戴和敬仰,他和弗洛伦斯的婚姻如此完美。”[⑤]浦东集中营的传教士惊呆了。贝蒂·盖尔在她的笔记本上写道:“2月21日,李爱锐因脑瘤和脑出血去世的消息令人震惊。简直是难以置信,但是它就这么发生了。我们时常惦记着弗洛伦斯·利德尔并为她祈祷。对她来说这太可怕了。我

---

① 《贝蒂·盖尔日记:在中国日占区四年拘禁生活实录》(1941年7月至1945年9月,未出版)中1945年1月21日的内容,来自玛格丽特·怀特曼的私人收藏。

② 《贝蒂·盖尔日记:在中国日占区四年拘禁生活实录》(1941年7月至1945年9月,未出版)中1945年1月23日的内容,来自玛格丽特·怀特曼的私人收藏。

③ 《贝蒂·盖尔日记:在中国日占区四年拘禁生活实录》(1941年7月至1945年9月,未出版)中1945年2月5日的内容,来自玛格丽特·怀特曼的私人收藏。

④ 贝蒂·盖尔的笔记(1944年1月1日至1945年10月2日,未出版)中1945年4月16日的内容,来自玛格丽特·怀特曼私人收藏。

⑤ 《贝蒂·盖尔日记:在中国日占区四年拘禁生活实录》(1941年7月至1945年9月,未出版)中1945年4月17日的内容,来自玛格丽特·怀特曼的私人收藏。

们在耶稣受难日那天为她的丈夫举行了追悼会。”[①]直到1945年5月2日，联合教会传教委员会的景佐智和阿姆斯特朗牧师才亲自把这个消息告诉了身在多伦多的弗洛伦斯·利德尔。[②]

到4月底时，谣言已经满天飞。就在侨民听说德军崩溃的同一天，日本卫兵喝得酩酊大醉，这说明谣言可能是真的。4月29日，一架大型美国飞机在浦东集中营上空被曳光弹击中。飞机坠毁之前，飞机上携带的炸弹爆炸了，在离营地200码远的地方，突然起火，整个地区都被照亮。贝蒂·盖尔写道：“想到飞机上所有的年轻人都以这种方式死去，我们都感到非常难过。”[③]第二天报纸宣布，日本将为任何在上海或上海附近发现美国飞行员的人提供CRB \$100万的奖励。

到了5月，关于希特勒死亡的谣言再一次传开，接着是纳粹领导人和墨索里尼死亡的谣言。欧洲战争将要结束，浦东集中营的紧张局势似乎更糟了，有时几乎让人无法忍受。[④] 有一次，甚至有人告诉侨民可能将被再次转移，最终事实证明这纯属谣言。

经过几个月的无情轰炸，贝蒂·盖尔感到了被拘禁的压力。就在收到李爱锐去世消息的一个月后，她看着丈夫爬楼梯，突然意识到他病得很重。她写道：“今天我看到盖尔缓慢而痛苦地爬上楼梯去看望病人。”后来，贝蒂·盖尔在一篇可能是战争结束后写的反思中写道：

> 他脸色苍白，又瘦又累，我受不了了，只想通过暴力的方式发泄。但是为什么要这样？对谁发泄呢？我发现我现在很能理解为什么贫穷的地方有如此多的打斗——因为贫穷滋生暴力。任何一个妻子看到自

---

① 《贝蒂·盖尔日记：在中国日占区四年拘禁生活实录》(1941年7月至1945年9月，未出版)中1945年4月16日的内容，来自玛格丽特·怀特曼的私人收藏。

② Sonya Grypma, *Healing Henan: Canadian Nurses at the North China Mission, 1888-1947*, Vancouver: University of British Columbia Press, 2008, p.187.

③ 《贝蒂·盖尔日记：在中国日占区四年拘禁生活实录》(1941年7月至1945年9月，未出版)中1945年4月29日的内容，来自玛格丽特·怀特曼的私人收藏。

④ 贝蒂·盖尔的笔记(1944年1月1日至1945年10月2日，未出版)中1945年5月3日的内容，来自玛格丽特·怀特曼的私人收藏。

> 己的丈夫饥肠辘辘、负担过重时，都会使用“穴居妇女”采用的策略；任何一个母亲看到她孩子的健康受到威胁，都会拼尽一切去奋力保护。我们发现，在营地里，文明的外表简直就是一戳就破。[①]

毫无疑问，李爱锐死后，贝蒂·盖尔更加敏感，害怕她的丈夫在营地受伤或死亡。随后，她对被拘禁者威廉·塞厄尔(William Sewell)的著作开始感兴趣，她在日记中对形势的分析就好像是在事后分析的基础上进行的一样。从她的反思中可以看出，丈夫的病会引发她的一些奇怪又强烈的不舒服情绪，但作为一名基督徒和传教士，她希望自己能够控制这些情绪，而不是向情绪屈服。这时，贝蒂·盖尔已深深爱上了她的丈夫。自1939年这对夫妇在轻松愉快的夏天第一次见面以来，他们经历了非同寻常的困难，但也经历了极大的快乐。1944年5月，贝蒂·盖尔在她的笔记本中回顾了他们在浦东的关系：

> 最近，我和戈弗雷相处得非常愉快，他变得越来越高大。我不记得也想不起他出现之前的生活是什么样子。他向我求婚一定是世界第八大奇迹。但他的成就的确值得称赞！值得赞扬的是，1941年，当我有机会回家时，我没有回去。在过去的两年里，我们比正常生活中的其他十年更加亲密。在某些方面，这个集中营对我来说是很棒的，而且我非常确定是上帝要我和玛吉留在这里，和戈弗雷在一起。[②]

毫无疑问，李爱锐的去世以及对弗洛伦斯的生活的想象，引发了贝蒂·盖尔对自己决定留在中国的思考。这将是她一生中最重要的时刻，这表明了她对丈夫的奉献，表明她希望女儿的父亲能在女儿身边，也表明了她对上帝的信仰。

1945年6月3日，浦东噪音巨大，躁动不断，到处都是日本军队，到处都是马、人和弹药，士兵们忙着在营地周围挖战壕。由于地下水位很高，水很

---

① 《贝蒂·盖尔日记：在中国日占区四年拘禁生活实录》(1941年7月至1945年9月，未出版)中1945年5月20日的内容，来自玛格丽特·怀特曼的私人收藏。

② 《贝蒂·盖尔日记：在中国日占区四年拘禁生活实录》(1941年7月至1945年9月，未出版)中1945年5月3日的内容，来自玛格丽特·怀特曼的私人收藏。

快就把战壕填满了。日本人似乎在等着进攻。玛吉和伊莱把所有的家具都堆在她们的玩偶之家的一个房间里,因为“今天是炸弹日”。[①]

空袭:“世界末日已经来临”

所有人都能感觉到战争即将要结束。1945年6月15日,浦东医院的医疗队接到消息说,上海的两家综合医院对外关闭,以便供军队使用。营地周围的紧张局势不断加剧,贝蒂·盖尔希望不会有太多侨民需要医生护理。在戈弗雷·盖尔的指导下,120名男女学员从圣约翰急救课程中毕业,“中士”训练了七组担架队、四组救援队和两组拆爆队。医生们建立了一个拥有60名志愿者的献血服务站、急救站、紧急手术室和伤员病房。翻译人员向盖尔讲述了报纸上有关香港斯坦利集中营遭受直接轰炸的报道,以及美国战俘在对日突袭中被杀的报道,因此他们知道有发生意外的可能性。[②]

之后的7月22日上海遭遇了“迄今为止最猛烈的空袭”,贝蒂·盖尔一次就看到至少60架飞机(从窗户往外看的禁令显然已经解除)。[③]“他们扔下了铺天盖地的炸弹,爆炸声不绝于耳。”贝蒂·盖尔和她所在楼层的其他人撤离到主楼层,待在远离窗户的房屋中央。“德雷克(在两年半的时间里每周上四节课)坐在他的小桌子旁学习,周围堆满了书”,贝蒂·盖尔写道,“他是那么全神贯注,我真的怀疑他到底知不知道正在进行的空袭。”[④]玛吉也不受干扰,她在那里坐着画兔子。盖尔夫妇已经打包了一袋子玛吉最喜欢的玩具,放在他们的应急包旁边。空袭警报响起时,他们会第一时间抓起应急包就跑。

三天后,贝蒂·盖尔再次报告了迄今为止最严重的袭击。“绝对可怕,”

---

① 《贝蒂·盖尔日记:在中国日占区四年拘禁生活实录》(1941年7月至1945年9月,未出版)中1945年7月3日的内容,来自玛格丽特·怀特曼的私人收藏。

② 《贝蒂·盖尔日记:在中国日占区四年拘禁生活实录》(1941年7月至1945年9月,未出版)中1945年7月5日的内容,来自玛格丽特·怀特曼的私人收藏。

③ 《贝蒂·盖尔日记:在中国日占区四年拘禁生活实录》(1941年7月至1945年9月,未出版)中1945年7月22日的内容,来自玛格丽特·怀特曼的私人收藏。

④ 《贝蒂·盖尔日记:在中国日占区四年拘禁生活实录》(1941年7月至1945年9月,未出版)中1945年7月22日的内容,来自玛格丽特·怀特曼的私人收藏。

她写道,“一枚炸弹在我们以北一百码的地方爆炸,我们大楼那一侧所有窗户的玻璃都掉了下来,而弹片满天都是。”[①]令人惊讶的是,它们没有击中任何人:基思·格雷厄姆刚从他的椅子上走开一秒钟,一大块弹片就从窗户飞了进来,穿透了椅背,“撞”在后面的墙上。当戈弗雷·盖尔、肯尼斯、弗朗西丝和伊莱·麦卡勒前往急救站时,贝蒂·盖尔带着玛吉坐在大厅的一个箱子上。一个接一个的飞弹在地上爆炸,贝蒂写道:

> 墙上的水泥不住地掉落下来,我们身上很快就盖了一层厚厚的灰尘和水泥。在玻璃破碎的同时,可以听到箱子和保温瓶落在隔间的地板上。无论如何,这对我们来说,真的像是世界末日的到来。每个人都很安静,紧张到脸色发白,但没有人哭泣。整个轰炸过程中,玛吉一直坐在我的膝盖上画画,似乎一点儿也不惊慌。在一次猛烈的爆炸声后,我们从头到脚都是掉落的碎片,而那次轰炸也突然间戛然而止。之后是死一般的寂静,似乎没有人呼吸。就在这种寂静的环境下,玛吉突然发出突兀又响亮的声音:“妈妈,我该把这草涂成绿色还是蓝色?”然后,有些女人开始哭起来。[②]

那次突袭在两个房间的墙上留下了一个大洞,这些洞是飞机俯冲射击造成的。炮弹的碎片从屋顶飞了进来,有几个人被割伤了,但伤得都不太严重,这对贝蒂·盖尔来说又是一个奇迹。然而,在香港的斯坦利集中营,侨民就没有那么幸运了,他们中有 15 人在空袭中丧生。

第二天晚上,一群侨民在花园里坐了一会儿。他们回顾了过去几年发生的事件以及这些事件对他们的影响。经过长时间的讨论,他们达成了共识:“我们不后悔这些年的经历,也不认为这些年白白浪费了。”[③]根据贝蒂·盖尔的日记,她让丈夫总结当晚的讨论,他写了以下内容:

---

① 《贝蒂·盖尔日记:在中国日占区四年拘禁生活实录》(1941 年 7 月至 1945 年 9 月,未出版)中 1945 年 7 月 25 日的内容,来自玛格丽特·怀特曼的私人收藏。

② 《贝蒂·盖尔日记:在中国日占区四年拘禁生活实录》(1941 年 7 月至 1945 年 9 月,未出版)中 1945 年 7 月 25 日的内容,来自玛格丽特·怀特曼的私人收藏。

③ 《贝蒂·盖尔日记:在中国日占区四年拘禁生活实录》(1941 年 7 月至 1945 年 9 月,未出版)中 1945 年 7 月 26 日的内容,来自玛格丽特·怀特曼的私人收藏。

> 浦东集中营的生活让我们感受到了真正的民主。我们和各种各样的人混在一起,大家都是平等的,各自都排着同样的队,同样做让人筋疲力尽的事情,诸如此类。我们学到了很多关于人性的东西,虽然很多时候并非所有的事情都令人愉快,但我们了解到许多文明的装饰对幸福来说并非必不可少,因此我们有了一种全新的、更真实的价值观——学会如何即兴满足我们的需要,以及如何更好地享受平凡生活中的美好。
>
> 我们与那些并非由我们自己选择的"朋友们"住在非常拥挤且毫无隐私可言的地方,对我们而言像是上了一堂艰难的课。那里的环境并不总是让人满意,在那里没有隐私,也无法避开对方。在给予和接受这种互动过程中,我们懂得了合作、耐心和相互欣赏的重要性,这些都将为我们今后的重建岁月打下坚实的基础。[①]

虽然很难确定戈弗雷·盖尔是不是在当时或是之后写了这篇反思,但它与贝蒂·盖尔后来记录在集中营笔记本里的内容是一致的。这本笔记本大约是中国抗战胜利后10年写的,很可能是为了演讲而写。贝蒂·盖尔说,他们最大的恐惧是战争结束后会发生什么。当盟军进攻上海时,他们会夹在火线之间吗?他们会被送到日本,面对各种未知的危险吗?贝蒂·盖尔写道:"或者,我们会排成一排然后被枪杀吗?"[②]贝蒂·盖尔像她丈夫一样,也认为她不后悔那些年的拘禁时光,因为它给大家提供了一个考验自我性格和毅力、加深自我理解、发展终身友谊的机会。[③] 被拘禁的日子虽然艰难,但同时也是一个宝贵的机会,让他们了解、履行上帝赋予他们的使命——一个既关乎个人转变,也关乎他人转变的使命。

1945年7月27日,日本司令官终于同意让侨民在浦东集中营大楼的屋

---

① 《贝蒂·盖尔日记:在中国日占区四年拘禁生活实录》(1941年7月至1945年9月,未出版)中1945年7月26日的内容,来自玛格丽特·怀特曼的私人收藏。

② 贝蒂·盖尔的笔记(未出版)中1955年(无日期)的内容,来自玛格丽特·怀特曼的私人收藏。中的内容,来自玛格丽特·怀特曼的私人收藏。

③ 贝蒂·盖尔的笔记(未出版)中1955年(无日期)的内容,来自玛格丽特·怀特曼的私人收藏。中的内容,来自玛格丽特·怀特曼的私人收藏。

顶上画上大大的白色十字架，十字架宽八英尺，另一个巨大的白色十字架被钉在操场上。不到两个星期，美军向广岛和长崎两个城市投下原子弹，日本人投降，战争结束了。

解放

1945 年 8 月 6 日，盖尔夫妇和麦卡勒夫妇通过秘密电台听到美国人在广岛投下了一颗巨大的炸弹，它被称为“原子弹”。他们说它摧毁了整个城市，包括男人、女人和小孩子。贝蒂·盖尔写道：“我对如此巨大的恐怖和邪恶感到困惑。”[①]8 月 9 日，侨民听说苏联向日本宣战。她说：“再加上关于可怕原子弹的消息，我们觉得日本肯定会很快屈服。”[②]1945 年 8 月 10 日上午 8 时，一名俄罗斯人走过营地，一边走一边一遍遍地喊道：“已经宣布和平啦！已经宣布和平啦！”[③]侨民兴奋得发狂，想知道这是不是真的。整个上午，中国人川流不息地从营地旁走过，有说有笑，隔着栅栏大喊：“战争结束了”！三个年轻的中国男人从窗户看着盖尔夫妇，他们咧嘴一笑，指着门口的日本哨兵，幸灾乐祸地做了一个割喉的姿势。[④]

第二天，新谣言通过秘密电台传来——美国海军将在 24 小时内到达上海。“我们想知道当日本投降时会发生什么，”贝蒂·盖尔写道，“我们会在什么情况下走出大门获得自由。我们希望我们自发组成的‘警察部队’和日本卫兵之间不会发生战斗，因为他们中的一些人曾公开夸口说，一旦战争结束，他们就会把每一个卫兵的脖子都扭断。”[⑤]那个早些时候按动火灾预警铃传递好消息的俄罗斯人，也告诉他在营地的朋友，当战争传来的消息特别有

---

① 《贝蒂·盖尔日记：在中国日占区四年拘禁生活实录》（1941 年 7 月至 1945 年 9 月，未出版）中 1945 年 8 月 6 日的内容，来自玛格丽特·怀特曼的私人收藏。

② 贝蒂·盖尔的笔记（1944 年 1 月 1 日至 1945 年 10 月 2 日，未出版）中 1945 年 8 月 11 日的内容，来自玛格丽特·怀特曼的私人收藏。

③ 《贝蒂·盖尔日记：在中国日占区四年拘禁生活实录》（1941 年 7 月至 1945 年 9 月，未出版）中 1945 年 8 月 10 日的内容，来自玛格丽特·怀特曼私人收藏。

④ 《贝蒂·盖尔日记：在中国日占区四年拘禁生活实录》（1941 年 7 月至 1945 年 9 月，未出版）中 1945 年 8 月 10 日的内容，来自玛格丽特·怀特曼私人收藏。

⑤ 《贝蒂·盖尔日记：在中国日占区四年拘禁生活实录》（1941 年 7 月至 1945 年 9 月，未出版）中 1945 年 8 月 11 日的内容，来自玛格丽特·怀特曼的私人收藏。

利时,他会把一条毛巾挂在窗外作为标志。8月12日,他直接挂出来了一张巨大的白色床单来表达喜悦之情![1]

谣言还在继续,侨民的情绪就像过山车一样起伏不定。8月13日,有人说任何关于盟军胜利的谣言都是不真实的,[2]侨民都惊呆了。贝蒂·盖尔发现大家在经历了歇斯底里的喊叫和混乱之后陷入了寂静的恐惧之中。大多数侨民躺在床上,面朝墙,精疲力竭,无法做任何其他事情。然而,戈弗雷·盖尔把他的妻子拉到一边,以最坚定的信心告诉她,来自秘密电台的消息证实:"这是真的,战争已经结束了,美国舰队将在几天内到达。"[3]麦卡勒夫妇也知道这件事情,但他们不能透露一个字,直到消息公开。

贝蒂·盖尔让伊莱和玛吉去玩他们的玩偶之家,自己躺在床上,把脸转向墙,用枕头盖住自己的脸,然后不由自主地哭个不停。突然,房间里变得很安静,贝蒂·盖尔看到玛吉和伊莱站在她旁边:"她们两个的小脸上都写着深深的忧虑和焦虑。"[4]贝蒂·盖尔一再向她们保证,她没有生病,只是高兴,就带着两个女孩下楼去托儿所给婴儿们晨浴去了。

紧张局势还在加剧。8月14日,贝蒂·盖尔写道:"日军方似乎一点都不想让中国人接近我们。上午,中国劳工像往常一样把垃圾拿走,一个日本便衣男人拿着一个纸包裹和中国劳工走了进来。他打开包裹,拿出一把左轮手枪,一直指着中国工人的头。"[5]日本人不想让中国人给侨民带来任何消息,他们担心侨民会冲破大门。

1945年8月15日,英国、美国和荷兰代表被召到瑞士驻上海领事那里

---

① 《贝蒂·盖尔日记:在中国日占区四年拘禁生活实录》(1941年7月至1945年9月,未出版)中1945年8月12日的内容,来自玛格丽特·怀特曼的私人收藏。

② 《贝蒂·盖尔日记:在中国日占区四年拘禁生活实录》(1941年7月至1945年9月,未出版)中1945年8月13日的内容,来自玛格丽特·怀特曼的私人收藏。

③ 贝蒂·盖尔的笔记(1944年1月1日至1945年10月2日,未出版)中1945年8月13日的内容,来自玛格丽特·怀特曼的私人收藏。

④ 贝蒂·盖尔的笔记(1944年1月1日至1945年10月2日,未出版)中1945年8月13日的内容,来自玛格丽特·怀特曼的私人收藏。

⑤ 贝蒂·盖尔的笔记(1944年1月1日至1945年10月2日,未出版)中1945年8月14日的内容,来自玛格丽特·怀特曼的私人收藏。

接受一个重要信息(危机迫在眉睫)。[①] 正如贝蒂·盖尔所说的,一切都很混乱!在他们缺席的三个小时里谣言开始流传:一是在上海的日军没有投降;二是侨民要被交给军队;三是日本发生了内战;四是战争还在进行;五是帝国被踢了出去等。[②] 这三个人下午 2:00 返回后传出确切消息,战争结束了。不可思议的事情发生了——日本投降了!

紧接着,侨民开始唱英国、美国和荷兰国歌,每唱一曲,相应的国旗就展开。"这是一个激情四射、让人喜极而泣的时刻,"贝蒂·盖尔写道,"大家都疯狂地、不顾影响地放声哭泣。"[③]第二天早上他们醒来发现所有的日本警卫都走了。侨民组织了一个即兴的感恩仪式,唱着"我们全心全意地赞美那首伟大的古老赞美诗,赞美上帝,所有的祝福都来自他"。[④] 盖尔夫妇带着玛吉到空荡荡的日本岗哨里去玩。贝蒂·盖尔写道:"非常令人兴奋。但奇怪的是,也很悲伤。"当贝蒂·盖尔收到消息后看到日本士兵时,她也感到很心痛。她曾经富有同情心地写道:"他们看起来如此悲伤、苍白和渺小。"[⑤]

在接下来的三天里,成千上万的人从上海过来看望浦东集中营的侨民。8 月 19 日,一架美国飞机在营地上空周围盘旋了几圈,而侨民冲到窗户观看,许多人歇斯底里地尖叫。小册子飘下来,侨民读了一句:"日本今天签署了和平条款。"[⑥]七名美国飞行员来到营地,带来药品、食物和鼓励。他们并没有获准登陆,因此这种行为冒了极大的人身危险。盖尔夫妇上海的朋友也来拜访。"看到他们真是太好了,绝对太棒了,"贝蒂·盖尔写道,"但是我

① 《贝蒂·盖尔日记:在中国日占区四年拘禁生活实录》(1941 年 7 月至 1945 年 9 月,未出版)中 1945 年 8 月 16 日的内容,来自玛格丽特·怀特曼的私人收藏。

② 《贝蒂·盖尔日记:在中国日占区四年拘禁生活实录》(1941 年 7 月至 1945 年 9 月,未出版)中 1945 年 8 月 16 日的内容,来自玛格丽特·怀特曼的私人收藏。

③ 《贝蒂·盖尔日记:在中国日占区四年拘禁生活实录》(1941 年 7 月至 1945 年 9 月,未出版)中 1945 年 8 月 15 日的内容,来自玛格丽特·怀特曼的私人收藏。

④ 《贝蒂·盖尔日记:在中国日占区四年拘禁生活实录》(1941 年 7 月至 1945 年 9 月,未出版)中 1945 年 8 月 16 日的内容,来自玛格丽特·怀特曼的私人收藏。

⑤ 贝蒂·盖尔的笔记(1944 年 1 月 1 日至 1945 年 10 月 2 日,未出版)中 1945 年 8 月 26 日的内容,来自玛格丽特·怀特曼的私人收藏。

⑥ 《贝蒂·盖尔日记:在中国日占区四年拘禁生活实录》(1941 年 7 月至 1945 年 9 月,未出版)中 1945 年 8 月 19 日的内容,来自玛格丽特·怀特曼的私人收藏。

们实在是太累了。”[①]

> 多年来,我们一直渴望战争结束,并想着我们将如何庆祝,我们将会有多么无忧无虑、快快乐乐和活力四射。现在它已经结束了,但我们所期望的每一种快乐情绪都淹没在这种可怕的疲惫里。我们是幸福的,是的,但并非无忧无虑,绝对没有那种活力四射的状态。我觉得很累,很累。此时此刻,我们只有一个愿望,那就是逃离所有的噪音和人群,甚至是我们所爱之人,然后找一个安静的角落,沉沉睡下去,好好睡一觉。[②]

戈弗雷·盖尔因患阿米巴痢疾入院治疗,当时他已处于崩溃的边缘。8月30日,英美两国的船只驶入上海,街道上挤满了水手。两天后,泪流满面的告别,盖尔一家与麦卡勒一家一起离开了浦东集中营。孩子们很兴奋,跑在他们的父母前面,沿着台阶向敞开的大门跑去。“我们很希望她们能跑过去,”贝蒂·盖尔写道,“但习惯的力量太强大了,她们就在门槛处戛然止步,手足无措地站在那里不敢动弹。”[③]女孩们互相看了一眼,然后回头看了看她们的父母,他们向女孩们保证:“亲爱的,没问题的,你现在可以出去了。”

在接下来的六个星期里,盖尔一家和麦卡勒一家留在了上海,进行了短时间的修整,然后计划离开。起初,戈弗雷·盖尔想回到齐鲁大学,如果必要的话就自费回去,但不确定的条件使他们无法考虑这种想法。麦卡勒一家受邀住在一个前侨民经营的美国宣教院。盖尔一家则搬到了上海一家旧妓院的一个房间里,这些房间已经被改成日式的。贝蒂·盖尔写道:“能够

---

① 《贝蒂·盖尔日记:在中国日占区四年拘禁生活实录》(1941年7月至1945年9月,未出版)中1945年8月25日的内容,来自玛格丽特·怀特曼的私人收藏。

② 《贝蒂·盖尔日记:在中国日占区四年拘禁生活实录》(1941年7月至1945年9月,未出版)中1945年8月25日的内容,来自玛格丽特·怀特曼的私人收藏。

③ 《贝蒂·盖尔日记:在中国日占区四年拘禁生活实录》(1941年7月至1945年9月,未出版)中1945年9月1日的内容,来自玛格丽特·怀特曼的私人收藏。

关上门真是太好了。”[①]戈弗雷·盖尔和其他男性侨民继续在浦东集中营工作。虽然不清楚他们在做什么，但他们被允许从降落伞中领取包裹和其他东西，如牛奶和鸡蛋。[②] 9 月 28 日星期四，盖尔一家收到消息，他们会在第二天上午乘坐“英国皇家海军舰艇(HMS)格伦伊恩号”轮船返回英国。贝蒂·盖尔在中国笔记本上的最后一篇文章是 1945 年 11 月 2 日在“格伦伊恩号”上写的，她说：“启航后就一直忙着准备冬装，准备离开直布罗陀时穿。”

1945 年 11 月 9 日，盖尔一家和麦卡勒一家共同抵达伦敦。麦卡勒一家安顿下来后开始等待第二个孩子的出生，戈弗雷·盖尔开始学习，准备拿下他在攻读的爱丁堡大学皇家外科学院的院士资格。英国正从战争中恢复过来，虽然戈弗雷·盖尔在英国有家人，但他们的经济和住宿条件有限。1946 年 4 月，贝蒂·盖尔怀上了他们的儿子肯德尔，之后决定回到加拿大，和他们在多伦多的家人待在一起，直到 5 个月后戈弗雷·盖尔才能和他们团聚。7 月，戈弗雷·盖尔完成期末考试的那天早上，他被诊断出患有肺结核，住进了医院。1947 年春天，他到达加拿大后，直接前往多伦多疗养院继续治疗。他的身体一直不太好，所以直到他们的第三个孩子帕特丽夏在 1950 年出生后，他才重新开始工作，但也只能是兼职。最后，他在多伦多的一家医院做全职工作，他曾经在那里接受治疗，现称西部公园保健中心。那时，已经没有了去往中国的渠道。戈弗雷·盖尔接下来的整个职业生涯，都留在了那里，退休后在那里担任医务主任。[③] 盖尔夫妇的婚姻持续了 46 年。戈弗雷·盖尔于 1986 年 4 月 3 日死于癌症，享年 73 岁。贝蒂·盖尔于 1995 年 6 月 17 日死于充血性心力衰竭，离她 84 岁的生日就差几天。

后记

从 1941 年 12 月 8 日至 1945 年 9 月 1 日，浦东集中营是贝蒂·盖尔被

---

① 贝蒂·盖尔的笔记(1944 年 1 月 1 日至 1945 年 10 月 2 日，未出版)中 1945 年 10 月 12 日的内容，来自玛格丽特·怀特曼的私人收藏。

② 贝蒂·盖尔的笔记(1944 年 1 月 1 日至 1945 年 10 月 2 日，未出版)中 1945 年 10 月 12 日的内容，来自玛格丽特·怀特曼的私人收藏。

③ 来自 2011 年 4 月 14 日玛格丽特·怀特曼与作者的个人交流。

关押的四个地方中最恶劣的一个。那里不仅设施简陋肮脏、寒冷无比，拘禁人群也更粗鲁，更具有攻击性。麦卡勒一家和盖尔一家曾经历的那段紧张的人际关系只是集中营整体人际关系冲突的一个缩影。在那里的人要经受长期的恐惧、饥饿和无聊，再加上毫无隐私可言的近距离生活以及日益频繁的空袭，这给大家的相处带来极大的压力和风险。集中营和上海之间的黄浦江水流强劲，戈弗雷·盖尔用舢板护送病人到上海医院时，如果从船上掉下去，那就意味着死亡。除了对食物和住所的普遍担忧外，盖尔夫妇和麦卡勒夫妇，尤其是肯尼斯·麦卡勒不得不想方设法应对一个腐败的、用贿赂和威胁来管理营地的“警察部队”。最重要的是，浦东集中营距离日军军事基地很近，因此在战争的最后一年里，浦东集中营遭受了持续不断、越来越猛烈的空袭。

与本书前几章不同，本章更多是从第一人称视角出发，如贝蒂·盖尔的日志、日记和笔记本，麦卡勒夫妇出版的回忆录，以及对以前在浦东集中营的侨民贝蒂·盖尔、麦卡勒夫妇和三位伦敦会传教士安妮·泰勒、金吉尔·安德森，还有吉利森在1991年的采访。被拘禁在浦东之前，有多种信息形式揭示了贝蒂·盖尔生活的不同时期和不同方面。而在浦东则情况并非如此，实际上浦东集中营与世隔绝。贝蒂·盖尔的浦东集中营日记最引人注目的地方在于，她不再用“我”来写，而是用代词“我们”。“我们”是谁并不总是很清楚，也许是盖尔夫妇和麦卡勒夫妇，或者是传教士们。不过，其意义在于它表明贝蒂·盖尔已完全沉浸在公共生活中。她很少把自己的想法和经历与其他侨民分开。浦东集中营没有隐私，对于已婚夫妇而言，几乎没有私人空间，更不用说个人的独处空间了。德雷克也许确实能做到两耳不闻窗外事，一心只读圣贤书，就连外面的爆炸都不能扰动他半分。但那也仅仅是个例，别人根本无法达到那个境界。

然而，与贝蒂·盖尔早期的日记尤其是与她在浦东集中营之前写的信形成鲜明对比的是戈弗雷·盖尔的缺席。出于营地医生的工作需要，戈弗雷·盖尔不停地忙碌着，每天为4～5名患者看诊，还要在大楼主楼有八张床位的医院(医务室)做查房工作，轮流陪同病人渡过黄浦江到上海，为120名侨民培训急救知识，并参与医疗会议。与此同时，他甚至还在献血。贝蒂·盖尔在接到李爱锐在潍县集中营去世的消息后的不到一个月，她看到丈夫面色苍白、虚弱不堪，还一直坚持挣扎着爬上楼梯去探望一位病人，难怪她感到一股愤怒——对日本人，对不公正的处境，对那些需要戈弗雷去照顾的人，甚至对戈弗雷本人。在他们忍受了那么多苦难之后，戈弗雷·盖尔快要累死了。

现如今，玛格丽特·盖尔对60年前集中营童年最重要的记忆是她父母的爱。玛格丽特觉得自己的童年很幸福。她得到了父母无条件的爱和无微不至的关心，更不用说是整个营地都喜爱她和伊莱，大家都认为她们是集中营的吉祥物、灰姑娘。对母亲来说，玛吉是纯真的幸福之源，给浦东集中营的苦难日子带去了不可估量的快乐和一种看似正常的生活。贝蒂·盖尔后来把玛格丽特比喻为他们在集中营中努力生存下去的动力源泉，她是盖尔夫妇唯一的牵挂，就是因为她的存在，盖尔夫妇才能脚踏实地决心熬过他们作为侨民的飘零岁月，也激励着他们在这苦难的集中营中为女孩创造一个完美的童年体验。

也许最能说明问题的是玛格丽特·盖尔在1980年为她父母40周年结婚纪念日策划收集的几十封信。大多数都是侨民同事写的，她让这些人回忆一些关于盖尔夫妇的轶事。他们不无幽默地想起了漫长的拘留岁月：老鼠、雨水、缺乏隐私和点名。有人自豪地记得他在戈弗雷的指导下获得的急救证书。[①] 只有少数人写下了更可怕的时刻，如爆炸事件，他们仍怀念那些在艰难困苦时期还能有戈弗雷·盖尔或贝蒂·盖尔陪伴和安慰的日子。弗洛伦斯(利德尔)霍尔的信特别令人感动，她用颤抖的手写道："在1939年春天过后的那几个月里，乌云密布的战争局势和可能与丈夫分离的阴影笼罩着我们的心。1946年你终于回家了，但那时候戈弗雷住院了，李爱锐也去世

① 穆里尔·博克斯(Muriel Box)写给玛格丽特(盖尔)·怀特曼的信，未注明日期(在戈弗雷和贝蒂·盖尔结婚四十周年之际)，来自玛格丽特·怀特曼的私人收藏。

了。”[①]尽管这些女人选择了不同的道路——弗洛伦斯回到了加拿大，贝蒂·盖尔留在了中国——但她们都同样承受了很多事情。

战争结束后，贝蒂·盖尔和弗洛伦斯·利德尔都已经 35 岁了，她们依靠在中国度过的童年时光来抚慰长大后留下的创伤。贝蒂·盖尔不再写日记了，也许是因为她不再需要写日记了。“我们的友谊，”40 年后弗洛伦斯·利德尔宣称，“是一种持久的力量。”[②]一个人选择留下，一个人离开中国，她们的友谊帮助她们理解了什么是人生中的决定性时刻及其后果。这也帮助贝蒂·盖尔重新设定了未来的方向，其中只有一件事是确定无疑的：一旦她安全回到加拿大，她和其他传教士护士就再也不能回到他们出生的中国了，同时传教士护理的时代也就结束了。

---

① 弗洛伦斯·(利德尔)·霍尔给贝蒂和戈弗雷的信(在戈弗雷和贝蒂·盖尔结婚四十周年之际)，1980 年 10 月 18 日，来自玛格丽特·怀特曼的私人收藏。

② 弗洛伦斯·(利德尔)·霍尔给贝蒂和戈弗雷的信(在戈弗雷和贝蒂·盖尔结婚四十周年之际)，1980 年 10 月 18 日，来自玛格丽特·怀特曼的私人收藏。

结　论　手握梦想　重燃希望

起初，我们觉得大家终会因拘禁这段经历而有一定的受益。人们应该从苦难中学习、成长，以更好的生活方式适应这样一种集体生活。现在来看，虽然我们当中那些本来就优秀的人的确变得更好了，但许多人并没有因为遭受这次磨练而变得高雅，反而变得堕落，薄薄的文化外衣几乎已消失殆尽。毕竟被拘禁的时间太长了。

——威廉·塞维尔，斯坦利集中营侨民，载于奥斯汀的《拯救中国》

战争期间，有 30 万盟军国民落入日本人手中。[①] 日本在中国内地和香港关押了 13544 名平民，包括 311 名加拿大人，其中 10 人是传教士。[②] 在 1943 年将外国人遣返回国后，还有 189 名加拿大人被拘禁，其中有 6 人是传教士，而且都是女性：6 人中 5 位曾为华北传教士、4 位护士、3 位"传二代"（贝蒂·汤姆森·盖尔、玛丽·博伊德·斯坦利和乔治娜·麦肯齐·刘易斯）。[③] 哈米什·杨认为，尽管人数相对较少，但加拿大人在日本集中营经历

---

① Hamish Ion, "Much Ado about Too Few: Aspects of the Treatment of Canadian and Commonwealth POWs and Civilian Internees in Metropolitan Japan, 1941-1945", *Defence Studies*, vol. 6, no. 3 (2006), pp.292-317.

② Greg Leck, *Captives of Empire: The Japanese Internment of Allied Civilians in China, 1941-1945*, Bangor, PA: Shandy Press, 2006, p.26.

③ 贝蒂·盖尔、玛丽·斯坦利、乔治娜·刘易斯和希尔达·麦克罗伊是加拿大护士。华北传教士威妮弗蕾德·沃伦在龙华集中营，伯莎·霍奇在潍县集中营。除了麦克罗伊以外，其他人都是作为女性传教士协会传教士随加拿大联合教会华北使团前往中国的。1943 年被遣返的加拿大传教士有潍县集中营的乔治(George)、埃德娜·金(Edna King)和苏西·凯尔西，斯坦利集中营的哈里森·穆莱特(Harrison Mullett)。

的重要性不在于其规模，而在于能从更广泛的问题中得到什么启示。[①] 作为一段社会历史，“传二代”护士的拘禁并非离散事件，而是加拿大联合教会华北使团历史的延伸。战争重塑了整个使团，使其从20世纪10年代一个相当偏远和孤立的群体，成为30年代一个由重新安置的传教士组成的分布于散居地的重要团体。虽然分散的传教士通过书信和相互拜访保持联系，但被拘禁还是切断了他们与更大的加拿大传教组织之间的联系。被拘禁迫使侨民与完全不同的、由陌生人组成的群体打交道。无论传教士在20世纪早期如何勇敢地适应不断变化的环境，他们都无法跟上中国当时的政治变化。当贝蒂·盖尔和其他人从集中营走出来的时候，中国和传教士已经非常疏远了。

遭遇拘禁是“传二代”护士在中国的最后一段经历。她们在被日本人关押之前和关押期间的历史，揭示了教会海外组织的持续发展问题，与其说这是一个全球传教运动瓦解的故事，不如说是一个体现个体在其中适应能力的故事。后来，“传二代”护士对教会、教会的使命及其自身在其中的地位有着超乎常理的坚定信仰，而她们不同寻常的在华童年生活则为此奠定了基础。我在这里使用“超乎常理”一词而不是“不可理喻”一词，是经过缜密的分析得出的结论，因为战时条件不断恶化，国内教会的财政和精神支持日益减少，传教士前往日占区并留在那里的决定，以大多数加拿大人的标准来看是不合情理的。然而，在华传教士团体认为中国是一个人道主义和精神变革交织的地方，在这样的社会背景下，尽管随之而来的是不确定性和危险，但出于对教义的坚定信仰，这样的决定对他们来说是合理的应对。

拘禁之路

在中国出生的加拿大传教士子女返回中国从事西医传教时，加拿大在中国的传教使团已经建立起来。他们的父母殚精竭虑地投身在华事业，“传

① Hamish Ion, “Much Ado about Too Few: Aspects of the Treatment of Canadian and Commonwealth POWs and Civilian Internees in Metropolitan Japan, 1941-1945”, *Defence Studies*, vol. 6, no. 3 (2006), pp.292-317.

二代”的父母们在华北使团的平均时间为 40 年。[①] 第一位“传二代”(琼·孟席斯)于 1896 年出生在中国。1923 年,她在多伦多接受护理专业培训后回到中国。当时,传教使命的重心正从百姓的精神层面转向身体健康,把他们的注意力转向照顾病人,作为基督教福音的一种表达方式。而在最初的 35 年里,传扬福音和培养中国基督徒属灵的发展,一直是华北使团的首要任务。与在中国其他传教组织一样,他们也面临着挑战,重点发展植根于基督教关怀精神的现代医院、医学院校和护士培训学校。经过一代又一代人建立的人脉关系和为基础设施所做的努力,加拿大传教团已经可以影响他们所在的中国卫生保健领域。然而,与此同时,当加拿大人开始质疑传教事业的价值(和投入)时,公众对传教的态度却急转直下。

20 世纪 30 年代,来华传教团在国内受到了严厉的审查。大萧条使加拿大的捐助者难以证明建造新医院以及支付相关设备和用品的费用是合理的。此外,美国和加拿大的主要传教组织呼吁:如果使团做到“充分满足当时的需要”,就必须进行自我改造。[②] 1932 年的《时代周刊》发表了《重新思考传教使团工作》的报告,这是对东亚新教工作有争议的多教派评价,强调国内的教会成员担心传教使命过时。据《时代周刊》报道,由约翰·戴维森·洛克菲勒(John D. Rockefeller)和一群浸礼会商人发起的评估委员会获知给各传教使团的捐赠降幅到了令人震惊的程度,人们不再认为传教像 30 年前那样是花费他们慈善基金最好的方式,大多数人不知道或不太关心国外传教地区的情况或形势发展。[③]《重新思考传教使团工作》指出,各使团变得不那么关心传播福音和讲道,而更关心与其他教派、机构和宗教合作,以期在东亚产生一定的影响力。

加拿大联合教会对《重新思考传教使团工作》中的批评进行了回应,再

---

① 汤姆森夫妇,36 年;孟席斯夫妇,46 年;博伊德夫妇,35 年;麦肯齐夫妇,31 年;麦克卢尔夫妇,50 年。

② Alyvn Austin, Jamie S. Scott and Canadian Missionaries, *Indigenous Peoples: Representing Religion at Home and Abroad*, Toronto: University of Toronto Press, 2005, p.153.

③ Alyvn Austin, Jamie S. Scott and Canadian Missionaries, *Indigenous Peoples: Representing Religion at Home and Abroad*, *Toronto*: University of Toronto Press, 2005, p.153.

次强调了传播福音的价值，同时指出了自己也在努力配合中国其他地方的情况，即更加强调预防保健、教育和医疗服务。在河南，各使团医疗保健服务现代化的压力越来越大，联合教会也面临缺乏宗教支持的问题。他们成功的关键是招募传教护士来培训新一代的中国护士。结果，1937 年中国爆发的战争中断了河南医疗保健服务现代化的不稳定进程，同时还为未来的传教士引入了一个新的招聘信息：战时的中国急需护士。然而，只有"传二代"们对此进行了回应。

传教士子女的身份影响了"传二代"生活中最重要的决定，包括成为传教士护士、妻子和母亲，这一点怎么说都不为过。随着时间的推移，她们的传教身份变得更加牢固——她们是来华基督教妇女，肩负着上帝赋予的使命。贝蒂·盖尔在战时的中国做传教士护士的那些岁月，她这样理解自己的经历：即使是痛苦或挣扎最终也能带来更好的结果。因此，即使 1941 年留在中国的决定给她的生活带来了新的创伤，但她认为拘禁最终是有益的。这段经历使她（和戈弗雷）能够为家人、朋友和病人提供实际支持，也有助于她个人精神的形成和性格的发展。贝蒂·盖尔认为集中营是最能体现"传教士冲动"的地方，正是这种冲动将她带到了中国。

集中营作为"快乐场所"的不协调

贝蒂·盖尔、乔治娜·刘易斯和玛丽·斯坦利在各自的集中营里度过了她们大部分的拘禁岁月。我们所能收集到的关于传教士侨民社会生活的大部分资料都来自贝蒂·盖尔的著作。还有一些惊喜，例如，至少在早期，特权的痕迹出乎意料。在齐鲁的生活，即使被软禁，也有私人厨师、奶妈和园丁，哥伦比亚乡村俱乐部也有一个游泳池和保龄球馆，尽管已不复存在。贝蒂·盖尔早期对游戏、运动、音乐和戏剧的描述与她在被拘禁前的部分传教经历并无太大不同。也许最令人惊讶的是玛格丽特·盖尔的早期设想，她在集中营里度过的童年意味着她生活在一个田园诗般的夏令营，而不是集中营。她回忆里的快乐童年，与畅销书籍中描述的日本战俘集中营版本形成了鲜明的对比，如巴拉德（Ballard）的《太阳帝国》（*Empire of the Sun*）、鲍尔的《小洋鬼子》(*Little Foreign Devil*)和布尔的《桂河大桥》(*The Bridge over the River Kwai*),这些书里面充满了悲伤与残忍的残酷场景。成千上万的人死在日本帝国和沦陷区的战俘营和集中营中。[①] 那么,为什么人们期望读到的关于被拘禁的内容会与贝蒂·盖尔的叙述不一致?

一种解释与战时营地的不同用途有关。日本和德国的战俘营大致划分为关押罪犯和持不同政见者的集中营,战俘营中关押被俘的敌军士兵,平民集中营关押居住在与祖国交战国家的外国人。此外,德国还有灭绝营来支持其种族灭绝的政策。医学历史学家查尔斯·罗拉德指出,香港和日本平民集中营的拘禁人数并不比其他集中营少,但总体来说,日本人对待被拘禁者比对待战俘"稍微好一些"。[②] 尽管如此,哈米什·杨仍然认为,战时的官僚主义导致了数千名囚犯的死亡。[③] 这也许可以解释为什么早期齐鲁和哥伦比亚乡村俱乐部对贝蒂·盖尔仅是"单纯"的忽视,而在他们到达扬州特别是浦东集中营的时候演变成了"致命的"疏忽。

贝蒂·盖尔对自己在中国的经历出人意料的乐观,其第二个解释是,她用一种救赎的叙事框架来解释自己的生活。贝蒂·盖尔认可《圣经》中的故事,这支持了她的信念:在宏大的历史叙事中,任何事情,即使是最灾难性的灾难,最终也会有意义——即使不是现在,也会在未来的某个时刻有所启示。无论是在战争期间写信、记日记,还是在近50年后的一次采访中回答问题,贝蒂·盖尔始终坚持自己的观点——她不后悔在集中营度过的时光。据所有接受采访的人说,她认为拘禁是一次宝贵的经历,这一点她从未动摇过。这还有更深层次的目的,如像一家人一样生活在一起,对她的婚姻和玛吉的社会发展都有好处,侨民需要良好的医疗照护,只有她的丈夫有资格提

---

① Hamish Ion, "Much Ado about Too Few: Aspects of the Treatment of Canadian and Commonwealth POWs and Civilian Internees in Metropolitan Japan, 1941-1945", *Defence Studies*, vol. 6, no. 3 (2006): 294.

② Charles Roland, *Long Night's Journey into Day: Prisoners of War in Hong Kong and Japan, 1941-1945*, Waterloo ON: Wilfrid Laurier University Press, 2001, p.45.

③ Hamish Ion, "Much Ado about Too Few: Aspects of the Treatment of Canadian and Commonwealth POWs and Civilian Internees in Metropolitan Japan, 1941-1945", *Defence Studies*, vol. 6, no. 3 (2006): 296.

供这种照护。玛吉天真的嬉闹也是父母的镇静剂,她深受那些无子女的父母和叔叔阿姨们的喜爱。

支撑贝蒂·盖尔被拘禁故事的道德信息,与她所学的基督教信息是一致的——她把自己的生命奉献给了上帝,她的生命成了上帝的工具。她的生命是为神所用,为他的目标和宏伟计划。无论如何展开,她的故事都是《圣经》故事的一部分,在这个故事中,上帝让他的孩子们在历史的进程中更接近自己。苦难是一条途径,一个人可以通过这条途径更接近他人,并最终接近上帝。贝蒂·盖尔说,被拘禁经历改变了她对世界的看法,尤其是她作为一个有特权的人在其中所处的地位。例如,她不再把贫穷看作是属于他人(弱势群体、外国人、病人)的东西,通过拘禁,她开始觉得自己与传教组织之外的人更一致,也有更多的共同点。也就是说,虽然加拿大传教士的使命是照顾那些贫穷、生病、饥饿和流离失所的人,但在被拘禁之前,他们作为西方人的特权地位意味着他们可以从自己所服务的弱势群体中撤离。传教士白天照顾病人,晚上、周末和节假日可以回到社交生活丰富的外籍社区。然而,在集中营中,照顾者和被照顾者之间不再有明显的阶级、种族或文化差异,不论背景如何,大多数侨民都一样贫穷、饥饿,并面临患病和受伤的危险。撤离、撤退,甚至从苦难群众中解脱出来并不是他们的选择。

1943 年,贝蒂·盖尔写道,她决定把浦东集中营当作自己永久的家,尽自己所能让那里成为孩子们的"快乐之地"。这开启了她生活的社会建构版本,在这个版本中,集中营是家庭而不是监狱。1945 年 2 月,贝蒂·盖尔在浦东集中营给母亲写了一封信(没有寄出去),在信中,她再次思考了留在中国的决定是否正确。四年前,她有一张船票和一条通往家的路,那时她看起来是那么渴望留下来,对此,她不知道母亲是否会有一点受伤。[①] 然而,她现在很清楚如果那时她离开,她的丈夫将独自面对多年的监禁,她一定会后悔的。她写道:"现在戈弗雷和我的关系比和平时期里十年的普通生活结束时

① 贝蒂·盖尔在上海浦东时写给在多伦多的玛格丽特·汤姆森的信,1945 年 2 月 11 日,来自玛格丽特·怀特曼的私人收藏。

更亲密。”[①]虽然她想念她在多伦多的家人，但她一如既往地确信，上帝想让她在这里度过这些年，学习如何与他人（有些极不合群人）相处，并学会依靠上帝的力量来满足他人的需求、批评、缺乏隐私等。[②] 关于玛吉在浦东集中营的作用，她写道：“当我看到这些人脸上的表情时，我几乎忍不住要流泪。他们根本没有在看我们的孩子，这么多年了，他们一直在努力想象自己的孩子是什么样子。”[③]拘禁生活，无论他们过得多么困难，也总有一些可取之处。

救赎叙事

一个有助于理解侨民表达的经历的框架叫作“救赎叙事”。莫娜·大川（Mona Oikawa）和帕梅拉·苏吉曼分别对1941～1945年被关押在加拿大集中营的日裔加拿大人进行了研究，发现他们的研究对象使用救赎叙事来解释他们的经历。这些第二代日裔加拿大人经常把他们被关押的经历称为“因祸得福”，说明他们实际上受益于20世纪40年代的驱逐和监禁。[④] 在对75名第二代日裔加拿大男女的采访中，帕梅拉·苏吉曼听到了对苦难和不公正的感人描述：关于强迫搬迁、行动受限、登记和宵禁的生动记忆，以及遭受隐私丧失、扁虱、臭虫、家庭分离的痛苦。[⑤] 这些描述听起来与贝蒂·盖尔讲的故事似曾相识。在同一次采访之后，苏吉曼注意到，同样是这些人讲述了快乐的故事，甚至提出拘禁为日裔加拿大人提供了进入主流社会的机会，带来了向上的经济流动性，从这个国家的一个地方迁移到另一个地方的希

---

① 贝蒂·盖尔在上海浦东时写给在多伦多的玛格丽特·汤姆森的信，1945年2月11日，来自玛格丽特·怀特曼的私人收藏。

② 贝蒂·盖尔在上海浦东时写给在多伦多的玛格丽特·汤姆森的信，1945年2月11日，来自玛格丽特·怀特曼的私人收藏。

③ 贝蒂·盖尔在上海浦东时写给在多伦多的玛格丽特·汤姆森的信，1945年2月11日，来自玛格丽特·怀特曼的私人收藏。

④ Mona Gail Oikawa, cited in Pamela Sugiman, “‘Life is Sweet’: Vulnerability and Composure in the Wartime Narratives of Japanese Canadians”, *Journal of Canadian Studies*, vol. 43, no. 1 (2009), p.210.

⑤ Mona Gail Oikawa, cited in Pamela Sugiman, “‘Life is Sweet’: Vulnerability and Composure in the Wartime Narratives of Japanese Canadians”, *Journal of Canadian Studies*, vol. 43, no. 1 (2009), p.210.

望，并为后代带来了更好的生活。胜利的故事与痛苦的回忆同在。尽管加拿大集中营充满艰辛和不公，这些被拘禁者传递的信息却是生活是甜蜜的。

虽然贝蒂·盖尔被拘禁的故事在很多方面与第二代日裔加拿大人不同，但其道德信息是相似的——拘禁使他们因祸得福。在这一点上，盖尔夫妇意见一致。戈弗雷·盖尔说道："我们得到了一些不可能得到的东西，也意识到物质缺乏也可以过得很好。而且，我们知道了谦卑的人能取得什么样的成就，也了解和理解了贫穷意味着什么。"①或者，正如贝蒂·盖尔所言："普通人的生活向我们展示了战胜逆境的可能性。"②

苏吉曼对受访者使用的因祸得福比喻提出了质疑。她认为，与其说这是宽恕和遗忘的反映，不如说是以一种恢复和生存的方式试图在过去和现在而不是伤害和失败之间架起一座桥梁。③ 利用阿利斯泰尔·汤姆森(Alistair Thomson)提出的"镇静"概念，苏吉曼认为，侨民叙事者(被拘禁叙事者)使用公共语言和他们文化的意义来"镇静"或构建自己的记忆。④ 因为与他们目前的身份不相符，或者因为固有的创伤或紧张从未得到解决而仍然痛苦或"不安全"，关于这种经历的回忆会被重塑或被压制。⑤

贝蒂·盖尔通过信件、日记和回忆对生活的叙述，必定抵制了受害和失败，其他传教士和"传二代"的回忆也是如此。1942 年夏天，考虑到有医生和护士的服务对其他被拘禁者是有好处的，于是贝蒂·盖尔接受了自己在"欺诈丸"遣返船上舱位被偷的不公平待遇。一名日本店主不肯更换她给玛吉

① 戈弗雷·盖尔的《日本人统治下的四年》(未出版的手稿)，来自玛格丽特·怀特曼的私人收藏。

② 贝蒂·盖尔的笔记(1944 年 1 月 1 日至 1945 年 10 月 2 日，未出版)中 1955 年(未标明日期)的内容，来自玛格丽特·怀特曼的私人收藏。

③ Mona Gail Oikawa, cited in Pamela Sugiman, "'Life is Sweet': Vulnerability and Composure in the Wartime Narratives of Japanese Canadians", Journal of Canadian Studies, vol. 43, no. 1 (2009), p.210.

④ Mona Gail Oikawa, cited in Pamela Sugiman, "'Life is Sweet': Vulnerability and Composure in the Wartime Narratives of Japanese Canadians", Journal of Canadian Studies, vol. 43, no. 1 (2009), p.199.

⑤ Mona Gail Oikawa, cited in Pamela Sugiman, "'Life is Sweet': Vulnerability and Composure in the Wartime Narratives of Japanese Canadians", Journal of Canadian Studies, vol. 43, no. 1 (2009), p.199.

买的衣服,她并没有因此而愤怒,而是告诉自己世界上已经有太多的战争,以此来接受这种不公正的对待。她解释说,上海人的粗鲁和歧视行为是他们突然失去财富和特权的自然结果。在宣布日本战败后,她对离开浦东集中营的悲伤、苍白、矮小的日本守卫感到同情。同理心成了一种生存策略,同时也是基督教精神的一种延伸。在盖尔到浦东集中营时,就已经学会了有意识地寻找与那些她害怕的人相处的方式,并为他们感到难过,这也包括她认为和她一样孤独、思念家人的日本守卫。

对贝蒂·盖尔的研究和对第二代日裔加拿大人的研究之间的一个重要区别是反应的时间。第二代日裔加拿大人的回忆是为了适应过去,而贝蒂·盖尔的记事则是为了适应现在和不确定的未来。从这个意义上来看,贝蒂·盖尔的救赎叙事既是回顾性的(日记、回忆),也是前瞻性的(信件、日记、笔记本)。1938 年,贝蒂·盖尔在罗光普的要求下,做出了返回中国的最初决定,从那时起,她创作并经历了一个既期待苦难又期待生存的故事。如果说她在珍珠港事件之前的生活是在为未知的灾难做准备,那么她之后的生活就是在接受这些灾难的意义。

这种救赎叙事对贝蒂·盖尔很有帮助。她将集中营构建为一个寻找意义的地方,这与精神病学家维克多·弗兰克尔(Viktor Frankl)的理论相吻合,即寻找意义是生活的主要动机。[①] 维克多·弗兰克尔是在他作为纳粹灭绝营囚犯的经历中得出了这一理论以及与之相关的革命性的心理治疗方法。弗兰克尔大胆地说:“在这个世界上,没有什么能比认识到人生的意义更能有效地帮助一个人在最恶劣的条件下生存下来。”[②]对弗兰克尔来说,寻找意义不是一种回顾,甚至不是一种反省,而是一种面向未来的思考。在他看来,那些能够把注意力集中在未来才能实现的意义上的战俘更有可能生存下来。弗兰克尔断言,对生命意义的追寻建立在一种信念之上,即意义本身是独一无二和特定的,因为它必须而且只能由寻找这种意义的人来实现。在他看来,心理健康需要一定程度的张力——一个人已经取得的成就和应

---

① Viktor Emil Frankl, *Man's Search for Meaning*, New York: Washington Square, 1984, p.121.

② Viktor Emil Frankl, *Man's Search for Meaning*, New York: Washington Square, 1984, p.126.

该取得的成就之间的张力,或者一个人已经取得的成就和应该取得的成就之间的差距。生存并不需要消除所有的张力,但需要有等待实现的潜在意义。

在中国,每一位被拘禁的传教士都不得不以自己的方式来接受被拘禁的事实。当贝蒂·盖尔和其他一些人从她的经历中找到了意义时,美国传教士海蒂·洛夫·兰金(Hattie Love Rankin)医生却没有找到。兰金医生1911年毕业于宾夕法尼亚女子医学院,1913年加入卫理公会的传教计划。她曾在苏州和常州工作,并在上海的西门妇孺医院(Margaret Williamson Hospital)担任主管。她嫁给了一个信奉原教旨主义的医学传教士,婚后她在真如(上海真如镇)开了一家诊所,后来又在上海开了一家医院。[①] 兰金医生描述了她在上海学习汉语和风俗习惯以及与"无知和玩忽职守"做斗争的困难。在她的回忆录《中国见闻(1913—1949)》(*I Saw It Happen to China, 1913-1949*)中,兰金详细描述了她在闸北集中营被拘禁时的"痛苦经历"。战争结束后,她一直留在中国,直到1949年才离开。那时,她已经完全沮丧了。在离开中国前不久,她写道:"今天我65岁了,只是一个普通的、不再可靠、精疲力竭的老传教士。"[②]可以看出兰金医生原来的使命感已经消失殆尽,不难想象她的其他同伴也有同样的感受,即使有些人没有像她那样坦率地表露。

帕梅拉·苏吉曼在她对日裔加拿大侨民的研究中指出,一些分享自己故事的男女从对不幸的描述转变为对"幸福"的描述,从而试图使他们的生活故事连贯起来,使过去与现在相遇,告诉他们的观众,他们自身比他们的

---

① 根据莱克的《帝国的俘虏》第543页中的名单,查尔斯(Charles)和海蒂·洛夫·兰金都是原道堂(Fundamentalist Mission)传教士,直到1945年8月才被遣返。这与查夫(Chaff)等人(1977)的描述不同,报告称海蒂的丈夫是一位律师出身的原道堂传教士,他们被关在集中营30个月(Sandra L.Chaft et al, *Women in Medicine*: *A Bibliography of the Literature on Women Physicians* Metuchen, NJ: Scarecrow Press, 1977, p.594.)

② Sandra L. Chaff et al., *Women in Medicine*: *A Bibliography of the Literature on Women Physicians*, Metuchen, NJ: Scarecrow Press, 1977, p.594.

战时经历更重要——无论过去多么深刻,无论它在记忆中多么强烈。[①] 就像第二代日裔美国侨民一样,贝蒂·盖尔努力保持她叙述的内容与定义她人生故事的道德信息之间的一致。1939年,她和玛丽·博伊德、多萝西·博伊德回到中国,她们相信自己有使命要完成。对她们来说,带着自己的信仰和诚实在艰难的经历中生存下来,是一种传承祖辈遗产的方式。她们的父母在中国的存在和特权是英国帝国主义政治的结果,他们被拘禁是日本帝国主义政治的结果。然而,他们的使命是一样的:如果他们在中国的生活是为了表达她们对上帝和《圣经》故事的信仰,他们就必须找到方法来证明基督教最突出的价值观,即爱他们的(中国)邻居就像爱自己一样。

在救赎叙事中,"传二代"护士用四种方式回应了围绕她们展开的事件:一是通过"传二代"的眼睛凝视;二是拒绝分离;三是适当的行动;四是传承遗产。正如贝蒂·盖尔所描述的那样,这些主题在被拘禁期间表现得最为明显,但它们根源于"传二代"护士早期在中国的生活,并提供了一些"传二代"护士如何适应被拘禁生活的线索。尽管贝蒂·盖尔、玛丽·斯坦利和乔治娜·刘易斯在集中营中幸存下来,甚至变得更优秀,但她们在被释放后并没有重返传教工作,因为她们已经完成了自己的使命。

通过"传二代"的眼睛凝视

尽管"传二代"护士对中国的看法带有萨义德东方主义眼光或观点的一些特点,[②]但出生在中国淡化了她们对中国人作为文化"他者"的描述。一方面,她们在中国的童年强化了一种感觉,即她们可以获得一定程度的特权和安全。她们的相对富有和良好的教育让她们过上了中国护理学生和员工无法企及的生活,更不用说她们的奶妈、厨师和家仆了。另一方面,在一起生活和工作的中国同事(大部分是信奉基督教的女护士)给她们灌输了一种团结一致的意识,将文化差异最小化。种族差异被某种程度的宗教和职业的

① Sandra L. Chaff et al., *Women in Medicine: A Bibliography of the Literature on Women Physicians*, Metuchen, NJ: Scarecrow Press, 1977, p.594.

② Edward W. Said, *Orientalism*, New York: Pantheon, 1978.

相似性掩盖。华北的加拿大传教士组织认为自己与中国人联合起来对抗日本侵略者,也让他们有更多的共同点。在中国的文化适应塑造了“传二代”护士对中国人,至少是中国基督徒的看法,认为他们属于同一个社会群体,有着共同的目标,即使这种观点没有得到中国人的回应。事实上,在贝蒂·盖尔作为一名传教护士的工作中,她在文化“他者”上遭遇的最大危机根本不是与中国人发生的,而是后来发生在与她一起拘禁的西方人身上。这些人包括上海本地侨民、劳工和小偷小摸罪犯,他们和她没有什么共同点,她也不信任他们。因此,比东方主义者将中国人定位为“他者”更引人注目的是贝蒂·盖尔与西方同胞“他者”的深刻斗争,尤其是那些既怀疑又鄙视传教士的人。

从“传二代”的角度来看,中国可能是一个充满威胁的地方,住在那里的外国人不得不接受这种危险。“传二代”学会了如何在各种风暴中心创造一个安全的空间,一个平静的地方,在那里正常地生活。在他们的成长过程中,这有时意味着要从河南撤离到中国更安全的地区。另一些时候,它仅仅意味着要适应威胁,比如 20 世纪 20 年代,当军阀在附近开火时,年幼的露丝·劳海德和父亲躲在一个相对安全的开放的坟墓里,此时父亲还让她吃三明治。当贝蒂·盖尔、多萝西·博伊德和玛丽·博伊德回到中国时,她们已经学会在河南遭到军事攻击的时候去往安全的地区(北京、北戴河、济南)享受舒适的生活。在珍珠港事件之前,即使是在战争威胁迫在眉睫的情况下,贝蒂·盖尔似乎也欣然接受了她帮助穷人和被剥夺公民权的人的愿望与生活在中国的西方人所享有的特权之间的不协调。齐鲁大学校园是这个地区的大多数中国人逃避现实生活的“避难所”。在被拘禁后,贝蒂·盖尔寻找机会继续参加社会活动,物资短缺增加了过生日和过圣诞节等活动的挑战与回报。随着被拘禁的日子越来越长,找到分享欢笑和乐趣的机会变得越来越困难,也越来越重要,因为这些活动消除了恐惧。

在浦东的空袭中,贝蒂·盖尔经历了最糟糕的拘禁时刻,她仿佛又回到了“传二代”的童年。玛吉天真的声音打破了突袭结束后的寂静,她问贝蒂应该把草涂成什么颜色,这说明人们需要创造正常生活的能力。就像上一代华北“传二代”一样，玛吉和伊莱也找到了自己的乐趣。这并不是说孩子们感受不到威胁，而是她们的父母成功地创造了一种安全感，这么做是他们的责任。在浦东的一次空袭中，伊莱仔细地盯着弗朗西丝·麦卡勒的脸，以此判断1945年空袭的严重性。伊莱和玛吉在听到盟军胜利的消息后，凝视着贝蒂·盖尔泪流满面的脸，以此判断她们应该感到害怕还是高兴。因此，“传二代”的凝视也包括从那些有权威的人的脸上识别威胁。

在对平民拘禁者的研究中，伯尼斯·阿彻注意到，侨民的孩子经常把焦虑转移到父母身上。事实上，那些在殖民地港口“养尊处优”惯的人，在集中营里享受到了新的自由和独立。当他们的父母管理着集中营，担心孩子的健康和安全时，孩子们有一种强烈的安全感。孩子们想让父母为他们操心。斯坦利集中营的一名侨民回忆说：“那些成年人都很冷漠，他们忙着求生。他们有很多问题，而我们没有。”[①]玛吉·盖尔童年时期将焦虑转移给成年人的能力，反映了贝蒂·盖尔和其他“传二代”在中国的成长经历。玛吉在从她母亲的脸上搜寻恐惧或威胁的迹象时，贝蒂·盖尔的反应和她父母那一代人的反应一样——她重新调整了自己的表情，显示出一种她实则没有感受到危险的平静。

拒绝分离

尽管贝蒂·盖尔的“传二代”成长经历促使她在1939年回到中国，但她抵制一些传统的传教士生活，尤其是家庭分离的做法。1941年，她断然不顾领事的劝告拒绝与丈夫分开，毅然决定留在中国。贝蒂·盖尔知道他们有被拘禁的可能，但她宁愿和戈弗雷一起面临拘禁，也不愿忍受与他分离的孤独。这是一个具有深远影响的冒险决定。在接下来的四年半时间里，贝蒂·盖尔利用她在传教士教育和护士培训中被灌输的价值观，来适应在集中营中日益贫困的生活。

从齐鲁的被软禁到哥伦比亚乡村俱乐部的流离失所，再到扬州集中营B

---

① Bernice Archer, *A Patchwork of Internment: The Internment of Western Civilians under the Japanese, 1941-1945*, New York: RoutledgeCurzon, 2004, pp.190-191.

营和浦东集中营的拘禁，贝蒂·盖尔可获得的物质和社会资源越来越少。无论是在中国还是在加拿大，贝蒂·盖尔生平第一次以一个文化局外人的身份生活，脱离了她一直生活的熟悉的中国传教组织。与数百名来自不同国籍、种族、宗教信仰、职业、财富水平、教育和社会地位的外籍人士一起居住，盖尔必须学会适应不断变化的需求和资源。1945 年 9 月，她从最苛刻的集中营里出来，瘦弱而疲惫。她的女儿患有佝偻病和由此引发的脊柱侧凸，她的丈夫患有肺结核（晚期）。但从那以后，贝蒂·盖尔就坚持认为这是值得的。与她的朋友弗洛伦斯·利德尔的命运相比，这是值得的，但也付出了代价。

我们不太可能知道贝蒂·盖尔和弗洛伦斯·利德尔对 1941 年决定留在中国的痛苦后果讨论到什么程度。弗洛伦斯·利德尔选择了分离和安全，她和孩子们幸免于集中营的忽视和痛苦，但失去了李爱锐在世时可以与他在一起的四年时光。贝蒂·盖尔和她的家人幸免于难，但他们为这个决定付出了情感、身体和经济上的代价。然而，这两位女士似乎都从苦难中团结起来，并将苦难视为精神和个人成长的必要组成部分。这种对苦难的看法被强化了，而且是被他们所成长起来的传教组织的观点所强化的。

适当的行动

贝蒂·盖尔对日本占领中国的反应是由围绕性别角色、宗教、种族和阶级的看法所形成的。她在中国生活的特点是尽力保持尊严，这不仅是一种性格特征，而且是一种生存手段。伯尼斯·阿彻认为，除了平民集中营对食物、住所和医疗保健的明显需求外，西方社会和文化传统对生存的帮助是维持“文明”和“有尊严”的行为模式。[①]

在被拘禁之前和被拘禁期间，贝蒂·盖尔善良温和的举止背后隐藏着她的坚韧和精明。例如，她邀请两名中国学生到家里喝茶，来帮助解决他们之间的分歧。她故意把基督教文学作品摆到桌子上，让他们参与到一场关

① Bernice Archer, *A Patchwork of Internment: The Internment of Western Civilians under the Japanese, 1941-1945*, New York: RoutledgeCurzon, 2004, p.224.

于基督教团结必要性的对话中。在齐鲁大学有日本守卫的情况下，她想出了最好的办法来赢得他们的青睐，从而增强自己在购物时的独立性。她还在她齐鲁的家门口摆放鲜花，欢迎她想象中会住在那里的日本兵妻子，这体现了她最坚定的信念之一，即使是敌人也能被善良和慷慨征服。

虽然贝蒂·盖尔在齐鲁生完玛吉后一直是一名护士，但是在被拘禁之后，她并没有寻求很多提供护理的正式机会。有人可能会说，传教士对已婚女性的工作持有保守或传统的观点，或者集中营缺乏儿童保育使工作变得不可能，但她的朋友弗朗西丝·麦卡勒却不是这样的。在扬州和浦东，贝蒂·盖尔很轻易地就转变了立场，不仅支持戈弗雷·盖尔，也支持弗朗西丝·麦卡勒。当然，其中一部分可以解释为护士对医生工作特权的适应程度，但是这种不平等也经常是由性别角色引起的——医生是男性，护士是女性。然而，贝蒂·盖尔和弗朗西丝·麦卡勒之间的不平等是惊人的，尽管她有时也做护士，但她对伊莱的照顾比弗朗西丝对玛吉的照顾要多。她的丈夫可能认为好客和照顾孩子比护理更适合她，或者她也可能只是想避免冲突。麦卡勒夫妇个性更加坚定，他们欣然承认与盖尔夫妇有时会有冲突。事实上，这四个人中，贝蒂·盖尔是唯一一位在回忆录中没有提及与麦卡勒夫妇分歧的人。

贝蒂·盖尔努力避免人际冲突。她对失望和冲突的慎重反应掩盖了潜在的焦虑和对被别人认可的渴望。她曾几次私下写过她对别人的不满，但她很少向这些人表达自己的忧虑。也有一些例外，比如她找到齐鲁医院的同事，问她为什么在自己的新职位上没有提供太多帮助。通过坦诚的对话，冲突很容易就解决了，这也使她的内心变得平静。还有一次，她在上海遇到了一位日本店员，这位店员拒绝更换她买给玛吉的一件睡衣。她对店员的暴怒让自己很困扰，于是她回来道歉，她为自己没有表现得更有尊严而感到尴尬。她在这种情况下并不期望或要求公正，这从整体上说明了她对待被拘禁的态度：她认为，在不公正的情况下表现得体面本身就是一种回报，就像她接受了那个日本店员认为他不欠自己什么的观点。

传承遗产

评估中国传教遗产的一种方法，是通过简单的统计传教记录中新皈依者、医院、护士和病人的数量来衡量传教政策和实践对中国的影响[1]，另一种方法是考虑传教士在中国开展的活动的寿命[2]，还有一种方法是考察传教士的子女寻求延续的“遗产”，那传教士留给子女的“遗产”是什么？

“传二代”知道他们的父母是在19世纪80年代末学生志愿者运动的浪潮中来到中国的，这一运动的目标是“在这一代人中向世界传播福音”。[3] 然而，“传二代”并没有把他们在中国的工作描述为拯救灵魂或见证其他人皈依基督教。“传二代”护士似乎准备继续医院的护理工作，培训中国护士，但她们似乎并不特别致力于获得新的皈依者或扩大现有的工作。虽然1939年华北使团的撤离确实使他们很难投身父母建立的机构的未来，但“传二代”在他们的信件和回忆录中并没有强调医院、学校或教堂的发展，相反，他们专注于个人成长以及与他人的关系。

贝蒂·盖尔的著作强调通过个人努力去辨别和追随上帝的意志以及耶稣树立的榜样。无私、谦逊、宽恕、善良、同理心和和平，这些构成她所理解的传教士工作的精髓。成长经历塑造了她，在中国面临的挑战考验了她，她还在作品中构建了给女儿的道德信息，她努力传递的“遗产”更多的是一个人如何与他人相处，而不是基督教制度的延续。这说明性格发展引起了共鸣，但活动发展没有。

拘禁结束时，贝蒂·盖尔不再以第一人称写作，她和丈夫也没有在他们

---

① “Breaking into Public Service: The Development of Nursing in Modern China, 1870-1949”, *Nursing History Review*, vol. 12 (2004), pp.67-96; Yong Wang, *Mission Unfinished: The United Church of Canada and China, 1925-1970*, PhD dissertation, University of Waterloo, ON, 1999; Yuet-wah Cheung, *Missionary Medicine in China: A Study of Two Protestant Missions in China before 1937*, Lanhan, MD: University Press of America, 1988.

② 在河南省，安阳和卫辉的原加拿大教会医院现在都是大型医疗机构的一部分，这是加拿大对中国医疗所产生影响的最佳体现。卫辉医院，现为新乡医学院第一附属医院，并于2006年庆祝建院110周年。2003年，我参观了安阳的一个曾为传教地点的教堂，当时安阳有8万基督徒。

③ 这是外国使团学生志愿者运动的口号，该运动1866年在利物浦举行了第一次国际会议后迅速发展壮大。

被拘禁后的回忆中区分各自的声音。帕梅拉·苏吉曼注意到，在共同的群体记忆中，即使自己可能并没有亲身经历过，叙述者也会把叙述的事件当作发生在自己身上的事件。[①] 虽然不清楚贝蒂·盖尔回到加拿大后是否经常或乐意公开分享她在中国的经历，但她作为一个信奉基督教利他主义的人，在她的同行中肯定是家喻户晓和受人尊敬的。在她对后期中国的回忆中，包括离开中国10年后写的演讲稿草稿中，她传递的主要道德信息是这样的：苦难很多，但不应该忽视，也不应该抛弃。选择介入他人的痛苦，可以提供改变生活的机会，尤其是改变我们自己的生活。

梦萦中国

如果日本没有入侵中国，很难推测加拿大的传教工作会如何发展，但似乎不太可能无限期地继续下去。甚至在日本侵略中国之前，来华使团的未来似乎就不确定了。正如1932年的《重新思考传教》报告阐明的那样，基督教传教士在其他文化和信仰的人群中一直是不速之客，他们的工作依赖于不断的财政捐助。然而，到了20世纪30年代，原先支持传教工作的教会成员开始质疑传教士是否已经失去了作用，远东的传教工作价值是否已经缩水。[②] 虽然非专业评估委员会建议来华使团继续开展工作，但他们也明确表示，这一领域急需改变。尤其是医疗使团，需要通过加强使团、政府和私人(慈善)组织之间的协作来进行巩固、标准化和改进。他们认为，护士培训需要成为拥有适当资源的教会医院的优先事项，需要与国家合作，更多地关注健康教育、预防医学和公共卫生护理。换句话说，为了保持影响力，传教士需要对未来有一个完全不同的愿景——一个不那么自主、不那么孤立的愿景，坦率地说，对那些已经投入大量精力建立教堂、医院和护理学校的长期传教士来说，不那么有吸引力的愿景。

---

① Pamela Sugiman, "*Memories of Internment*: *Narrating Japanese Canadian* Women's Life Stories", *Canadian Journal of Sociology / Cahiers de sociologie*, vol. 29, no. 3 (2004), pp.3369-3370.

② Commission of Appraisal, with William Ernest Hocking, *Chair*, *Re-Thinking Missions*: *A Laymen's Inquiry after One Hundred Years*, New York: Harper, 1932.

到了20世纪30年代,加拿大传教事业在中国已经发展成为一个错综复杂的家庭事业。对“传二代”来说,中国是一个虔诚的基督徒以切实的方式践行他们信仰的地方。如果“传二代”护士当时知道关于来华使团未来可行性的争论,她们也不会公开参与这些活动。她们执行任务的方式非常个人化,她们决心继续父母的工作(和生活方式),无论她们是否同意更广泛的愿景,即护理工作越来越协作化、国家化和预防化,因为这些对她们来说似乎都无关紧要。最终,这些“传二代”护士都没有在华北使团中占据权威地位。事实上,只有琼·孟席斯和乔治娜·孟席斯在河南的传教点做过护士。即使20世纪30年代和40年代是和平的,“传二代”护士也不太可能是引领护理行业向中国政府管理的国有行业转型人。这是因为到1941年她们就都结婚了,重心从护理转向了家庭。

正如我在第七章开头所说的那样,被日本人拘禁在一定程度上改变了华北的传教组织,他们通过在传教士之间制造裂痕,让他们彼此分离,迫使侨民融入新的、完全不同的组织。但是,传教士离开中国后发生了什么呢?尽管缺乏传教记录,很难追踪散居海外的传教士,但我们确实知道,到20世纪60年代,加拿大的传教士比20年前少了很多。传教士从人们的视线中消失后,他们仍然保持着密切联系,从1980年其他传教士在戈弗雷·盖尔和贝蒂·盖尔结婚40周年纪念日寄给他们的几十封信这件事就证明了这一点。一些传教士,比如罗光普,继续在韩国和中国台湾等地进行医学传教。彭纯修和苏西·凯尔西等人则在加拿大的土著社区从事传教护理工作。似乎还有一些人加入了战后人道主义机构,如联合国善后救济总署(United Nations Rehabilitation and Relief Administration)或世界卫生组织(World Health Organization)。例如,我们知道唐·法利斯在离开中国后参与了联合国在韩国、泰国和印度赞助的项目,并在加拿大大学海外服务团(Canadian University Service Overseas,CUSO)的建立中发挥了关键作用。[1] 不管传教

---

① Ruth Compton Brouwer, “When Missions Became Development: Ironies of ‘NGOization’ in Mainstream Canadian Churches in the 1960s”, *The Canadian Historical Review*, vol. 91, no. 4 (2010), pp.662-693.

士在离开中国之后做了什么，我们都知道传教工作在战后的加拿大不再像过去那样受到重视。

我在一篇描述1947年(中国内战期间)华北使团在中国的最后几天的文章中指出，来华使团的关闭使传教护理陷于沉寂，这种沉寂一直延续到今天。① 也就是说，考虑到传教士护士在20世纪早期加拿大的流行程度，令人惊讶的是，如今我们对这个群体知之甚少，甚至在护理学术界也是如此，特别是考虑到目前人们对全球健康的关注。对于这种沉寂有三种解释：一种战后观点认为来华使团是可耻的“失败”；二是期望回国的传教护士保持沉默，以保护生活在特殊时期下的中国基督教同事(Christian Chinese colleagues)；三是学术上，批评传教是殖民主义的武器。阿尔文·奥斯汀和杰米·斯科特(Jamie Scott)也同样指出，传教士在20世纪50年代之后从加拿大的流行文化和学术史中消失了。来华使团被重新定义为一个悲剧性的错误。更糟糕的是，传教士成了“历史上的耻辱”。②

2006年，当我与一群加拿大“传二代”(他们在20世纪30年代和40年代曾在中国生活过)一起访问中国时，这种认为传教是可耻历史的观点得到了证实。他们解释说，这是他们的经历，在加拿大，人们不愿意承认自己有传教士的过去。传教士父母就像家庭衣柜里的骷髅，“传教士”是一个冒犯性的词语。在中国东道主询问“传二代”关于他们父母在中国工作的记忆后，一个“传二代”告诉我，这是她第一次在公众场合说出“传教士”这个词。因此，传教组织的重塑并没有以被拘禁结束，而是一直持续到战后时期。事实上，它最戏剧性的修正可能发生在传教士返回加拿大之后。但是很遗憾，这是关于另一段时间的研究。

阿尔文·奥斯汀和杰米·斯科特认为，与在美国相比，加拿大传教活动

---

① Sonya Grypma, “Withdrawal from Weihui: China Missions and the Silencing of Missionary Nursing, 1888-1947”, *Nursing Inquiry*, vol. 14, no. 4 (2007), pp.306-319.

② Alyvn Austin, Jamie S. Scott and Canadian Missionaries, *Indigenous Peoples: Representing Religion at Home and Abroad*, Toronto: University of Toronto Press, 2005, p.5.

对加拿大人的身份影响更大，因为加拿大人从事传教士工作的比例相对较高。[①] 1950年，加拿大联合教会华西使团的杰西·阿纳普(Jesse Arnup)医生写了一封信(奥斯汀在《拯救中国》一书中引用了这封信)，说明了来华传教组织与一些有影响力的圈子的关系。

> 我有没有告诉你我的渥太华之行是为了向政府呼吁中国的新政权吗？我发现了一个奇怪的情况：总理莱斯特·皮尔逊(Lester Pearson)是一位著名的卫理公会牧师的儿子，他的副手埃斯科特·里德(Escott Reid)是一位英国圣公会牧师的儿子，他的干事杰瑞·里德尔(Jerry Riddell)的父亲是温尼伯卫斯理学院(Wesley College)的校长；远东方面的专家是(华北"传二代")亚瑟·孟席斯(Arthur Menzies)是吉米·孟席斯[Jimmy (J.M.) Menzies](河南)的儿子，他在日本的头号人物是赫伯特·诺曼(Herbert Norman)[丹·诺曼(Dan Norman)的儿子]，他在中国的主要代表是罗宁(Ronning)，也是一位传教士的儿子。在他们中间我感到很自在。[②]

即使到了20世纪50年代，加拿大公众已经不清楚传教士给中国留下了什么，但很明显，中国给了传教士很多。中国曾是19世纪传教士的试验场，他们渴望看到全世界齐心协力传教的结果。20世纪初，这里成了"传二代"的试验场，他们渴望以切实可行的方式在自己的青春岁月做出贡献。20世纪40年代，集中营成为社会性的试验场，在最艰难的环境下测试基督教的仁慈、忍耐和服务原则。对许多人来说，中国一直是建立牢固家庭关系的好地方。对于"传二代"来说，这是一个有归属感的地方。

贝蒂·盖尔和戈弗雷·盖尔用余生描述了这个为丰富他们精神生活而做出了巨大贡献的中国，即他们彼此之间、与他人之间以及与上帝之间的关系。像大多数中国传教士一样，他们从未在有生之年看到，他们在中国的努

---

① Alyvn Austin, Jamie S. Scott, Canadian Missionaries, *Indigenous Peoples: Representing Religion at Home and Abroad*, Toronto: University of Toronto Press, 2005, p.4.

② Alvyn Austin, *Saving China: Canadian Missionaries in the Middle Kingdom, 1888-1959*, Toronto: University of Toronto Press, 1987, p.308.

力如何或是否影响了他们前来服务的那些人。戈弗雷·盖尔从肺结核中恢复过来后，他们就在加拿大定居了。到 1950 年，盖尔夫妇又有了两个孩子。[①] 在很大程度上，他们离开中国后的生活是平淡无奇的。戈弗雷·盖尔最终在多伦多开始了全职医疗实践，在那里他治疗肺结核方面的专业知识得到了认可。盖尔一家过着平静的生活，完全沉浸在教堂生活和强大的家庭中，贝蒂·盖尔的父母和兄弟姐妹就住在附近。戈弗雷·盖尔和贝蒂·盖尔分别于 1986 年和 1995 年去世，都没有机会再与中国重新建立联系。

关于来华"传二代"护士的社会史，有一段重要的后记值得一读。也就是说，关押在日本集中营的平民在二战中仍然在很大程度上为人所忽视。尽管贝蒂·盖尔强调被拘禁提供了个人和精神转变的机会，但我们不能也不应该忽视被拘禁是这种政治和社会不公行为。1988 年，加拿大政府向在战争期间被拘禁在加拿大的日裔加拿大人正式道歉和赔偿。虽然加拿大人被本国政府拘禁和被敌方侵略者拘禁在外国是不一样的，但是值得注意的是，这掩盖了加拿大人的在华传教史，也掩盖了加拿大人的在华平民拘禁史。日本在香港战役后将大约 1000 名加拿大战俘关押了五年之久。2011 年 12 月 8 日，加拿大接受了日本政府的道歉。然而，迄今为止，还没有人向被关押在中国的 13544 名平民道歉。贝蒂·盖尔似乎认识到，她作为传教士和其他平民被拘禁于中国的见证者和参与者有着重要意义。她找到了很多方法来记录这个故事，如信件、日记、笔记本、日志，以及至少一次记录下来的采访。如果像帕梅拉·苏吉曼指出的那样，"编入文化和社会分析的个人记忆行为，终究是一个政治项目"，[②]那么，如果我们不去关注贝蒂·盖尔叙事背后的政治信息，那就是我们的失职了。

善良、自我牺牲和同理心是贝蒂·盖尔通过日记传递的道德信息的一部分。然而，在她的作品边缘，人们能感受到一种更深层次、更具争议性的政治信息——拘禁问题在政治上是不公正的。通过关注个人自主意识问题

---

① 肯德尔·盖尔和帕特丽夏·盖尔·麦克唐纳(Patricia Gale MacDonald)，都出生在加拿大。

② Pamela Sugiman, "Memories of Internment: Narrating Japanese Canadian Women's Life Stories", *Canadian Journal of Sociology / Cahiers de sociologie*, vol. 29, no. 3 (2004), p.384.

(即“我应该留下来吗?”),贝蒂·盖尔避免了直接回答一个更为危险的问题——我们是日本人的受害者吗?在被拘禁期间,她有很好的理由不把这些问题写在纸上。然而,尽管贝蒂·盖尔接受苦难作为一种救赎的价值使她很好地接受了拘禁的事实,但这也让她和其他人在任何政治意义上都保持沉默。战争期间和之后的自我审查有助于保护加拿大被拘禁者免受未来的伤害,这也有助于避免加拿大公众对拘禁悲剧的关注。哈米什·杨最近指出,加拿大政府早已原谅了日本人对被拘禁的加拿大战俘和平民的任何不当行为。[①] 1952 年,政府做出的一项政治决定是“赢得日本政府的善意比坚持原则要求为加拿大军人和平民伸张正义更重要”。[②] 尽管人数不多,但日本人的拘禁对加拿大来说是否无关紧要似乎值得怀疑。迄今为止,对加拿大平民被拘禁一事很少受到关注。相比之下,拘禁在多大程度上影响了幸存者的身心健康,却是荷兰非常感兴趣的问题。例如,战后移民到加拿大的荷兰被拘禁者最近开始在该国提出类似的问题。战后不要求为加拿大被拘禁者伸张正义的政策是否反映了加拿大接受平民被拘禁是生活在日占区的必然结果?随着幸存的被拘禁者成为加拿大老龄化人口的一部分,深入了解战时拘禁对健康的影响会如何影响目前加拿大医疗保健的政策和实践?这些都是加拿大尚未探索的问题。我们所知道的是,“传二代”护士在中国的时代在她们从平民集中营释放后就结束了。1947 年,当华北使团最后一次在枪林弹雨中撤离时,“传二代”护士就已经从中国消失了。“传二代”护士以一种出乎所有人意料的方式继承了传教士父母的遗产,被拘禁成了她们传教生涯中毁灭性的顶点。然而,加拿大“传二代”护士也因此积累了自己的私人遗产。

---

① Hamish Ion, “Much Ado about Too Few: Aspects of the Treatment of Canadian and Commonwealth POWs and Civilian Internees in Metropolitan Japan, 1941-1945”, *Defence Studies*, vol. 6, no. 3 (2006) p.311.

② Hamish Ion, “Much Ado about Too Few: Aspects of the Treatment of Canadian and Commonwealth POWs and Civilian Internees in Metropolitan Japan, 1941-1945”, *Defence Studies*, vol. 6, no. 3 (2006), p.311.

附　录

1941 年 4 月，来华加拿大传教护士名单如附表 1 所示，表中介绍了传教护士的身份信息，如姓名、出生地及出生年份、毕业学校及毕业时间等。

所有被拘禁于集中营的在华加拿大传教护士名单详见附表 2，表中介绍了传教护士及其丈夫、子女的身份信息、所在集中营、释放时间等。

附表 1　1941 年 4 月，在中国做护士的加拿大传教士

序号	姓名	出生地，时间	在华北使团的传教士父母	护士培训学校，毕业日期	在中国做传教士的时间	与来华传教士的结婚日期	所属教会	被拘禁日期	所在集中营
1	盖麻姑	多伦多，1886	—	温哥华总医院，1926	1910～1941	—	华北使团	—	—
2	彭纯修	布瓦塞万，曼尼托巴省，1891	—	皇家维多利亚医院（蒙特利尔），1922；麦吉尔大学（教育），1928；西安大略大学（伦敦）（医院管理），1931；西安大略大学（伦敦）（公共卫生），1938	1922～1947	—	华北使团	—	—
3	苏西・凯尔西	未知	—	温尼伯总医院，1923	1924～1949	—	加拿大圣公会	1941～1943	潍县
4	安娜・玛丽恩（费希尔）・法利斯	—	—	英属哥伦比亚大学，1923	1923～1941	唐・法利斯	华北使团	1941～1942	在齐鲁被拘禁
5	琼・（孟席斯）・斯托克利	安阳，1898	孟恩赐和戴维娜・孟席斯	多伦多总医院，1922	1927～1940/1941	汉德利・斯托克利，1927	华北使团；英国浸信会	—	—

续表

序号	姓名	出生地，时间	在华北使团的传教士父母	护士培训学校，毕业日期	在中国做传教士的时间	与来华传教士的结婚日期	所属教会	被拘禁日期	所在集中营
6	乔治娜·（孟席斯）·刘易斯	怀庆，1906	孟恩赐和戴维娜·孟席斯	多伦多总医院，1929	1931～1945	约翰·卢埃林·刘易斯，1939	华北使团；浸信会	1941～1945	上海沪西第二集中营
7	伊丽莎白·（汤姆森）·盖尔	安阳，1911	汤善和玛格丽特·汤姆森	多伦多总医院，1935；多伦多大学（管理），1938	1939～1945	戈弗雷·盖尔，1940	华北使团；伦敦会	1941～1945	扬州B营；浦东集中营
8	弗洛伦斯·（麦肯齐）·利德尔（后来是霍尔）	未知，1911	休·麦肯齐和爱格妮思·麦肯齐	多伦多总医院，未知	1934～1941	艾瑞克·利德尔，1934	华北使团；伦敦会	艾瑞克 1941～1945	潍县集中营
9	多萝西·博伊德	怀庆，1916	步亚德和杰西·博伊德	多伦多总医院，1938	1939～1941	非传教士，约翰逊，1941	华北使团	—	—
10	玛丽·（博伊德）·斯坦利	怀庆，1913	步亚德和杰西·博伊德	多伦多总医院，1938；多伦多大学（公共卫生），未知	1939～1945	查尔斯·约翰·斯坦利，1940	华北使团（华文学校）	1941～1945	潍县集中营
11	希尔达·麦克罗伊	未知	S·麦克罗伊（S. McIllroy）和亨利埃塔·麦克罗伊女士（Henrietta McIllroy）	圣约翰护士学校，未知	—	—	英国圣公会传教会或者加拿大传教士协会	1941～1945	扬州集中营A营和B营；浦东集中营

附表 2　所有被拘禁于集中营的在华加拿大传教士

序号	姓氏	名字	1943 年时的年龄	丈夫	子女	丈夫的国籍	丈夫的职业	组织	集中营	从集中营里释放时的时间
传教士护士										
1	盖尔	伊丽莎白·杜里	33	戈弗雷·利文斯通	玛格丽特·麦凯	英国	医学传教士	伦敦会	扬州 B 营；浦东集中营	1945.08
2	斯坦利	玛丽·博伊德	31	查尔斯·约翰	查尔斯·A	美国	图书管理员	燕京大学	潍县集中营	1945.08
3	刘易斯	乔治娜·罗博	38	约翰·卢埃林	约翰·孟席斯 玛格丽特·安	英国	医学传教士	浸信会	上海沪西第二集中营	1945.08
4	凯尔西	苏西	未知	—	—	—	—	加拿大圣公会	潍县集中营	1943.09
5	麦克罗伊	希尔达·伊丽莎白	37	—	—	—	—	加拿大传教士协会	扬州 A 营；扬州 B 营；浦东集中营	1945.08

续表

序号	姓氏	名字	1943年时的年龄	丈夫	子女	丈夫的国籍	丈夫的职业	组织	集中营	从集中营里释放时的时间
非传教士护士										
1	坎贝尔	艾米·伊莎贝尔	35	—	—	—	—	SM护理服务	上海沪西第二集中营	1943.09
2	罗宾逊	埃塞尔·埃斯蒂	60	—	—	—	—	—	闸北	1943.09
3	特纳	玛丽·伊冯	30	威廉·乔治	威廉·乔治，卡罗尔·露易丝	加拿大	警佐	SM警察	闸北	1943.09
4	伯吉斯	穆图·兰登	50	约翰·塞西尔（不确定）	—	加拿大	财务部长	公济医院（今上海市第一人民医院）	龙华；丈夫在海防	1943.09
5	威廉姆斯	内莉(Nellie)	44	—	—	—	—	宏恩医院（今华东医院）	龙华	1943.09

续表

序号	姓氏	名字	1943年时的年龄	丈夫	子女	丈夫的国籍	丈夫的职业	组织	集中营	从集中营里释放时的时间
6	克里斯蒂	凯瑟琳	34	—	—	—	—	加拿大陆军	宝云道；斯坦利	1943.09
7	科尔曼	海伦·埃尔希·马什	35	阿奇博尔德·布莱恩·麦克唐纳	—	加拿大	制冷工程师	奶牛场冰库公司	斯坦利	1943.09
8	费尔伯恩	玛丽·康斯坦斯	45	—	—	—	—	—	斯坦利	1943.09
9	格里夫斯	艾丽(Alys)	59	奥布里·弗农	—	加拿大	细菌学家	香港公共卫生署	斯坦利	1943.09
10	尼达	弗洛伦斯·珀尔	42	K.尼达姆	—	未知	军队（不确定）（香港战俘）	军队（不确定）	斯坦利	1943.09
11	斯托克斯	威妮弗蕾德·安妮	51	—	—	—	—	明德医院	斯坦利	1943.09

续表

序号	姓氏	名字	1943 年时的年龄	丈夫	子女	丈夫的国籍	丈夫的职业	组织	集中营	从集中营里释放时的时间
12	沃特斯	安娜·玛丽	42	—	—	—	—	军队(不确定)	宝云道;斯坦利	1943.09
13	尚	梅	43	盖伊	盖伊,尤金	加拿大	医生	英美烟草公司	Iltis Hydro;潍县	1945.08
军队护士										
1	克里斯蒂	凯瑟琳·G	—	—	—	—	—	加拿大军队	斯坦利	1943
2	沃特斯	安娜·梅	—	—	—	—	—	加拿大军队	斯坦利	1943